종정열전

종정열전

1

임혜봉 지음

도•서•출•판
문화문고

종정열전 1

초판 1쇄 인쇄일 ㅣ 2010년 1월 15일
초판 1쇄 발행일 ㅣ 2010년 1월 20일

지은이 ㅣ 임혜봉
펴낸이 ㅣ 고진숙
기획·편집 ㅣ 김종만
디자인 ㅣ 김경수
출 력 ㅣ 소망·콤(02-362-7254)
종 이 ㅣ 신승지류(주)(02-2270-4925)
인쇄·제본 ㅣ (주)상지사피앤비(031-955-3636)
펴낸곳 ㅣ 도서출판 문화문고
출판등록 ㅣ 2005년 5월 17일(제300-2004-89호)
주소 ㅣ 110-816 서울시 종로구 부암동 129-8 울트라타임 730 오피스텔 612호
전화 ㅣ 02-379-8883
팩스 ㅣ 02-379-8874
이메일 ㅣ jm-kayapia@hanmail.net

ISBN 978-89-7744-027-2(04220)
ISBN 978-89-7744-026-5(세트)

* 책값은 뒤표지에 표시되어 있습니다.
* 저자와의 협의에 따라 인지는 붙이지 않습니다.
* 잘못된 책은 바꿔드립니다.
* 이 책 내용 및 사진의 전부 또는 일부를 재사용하려면 반드시 저자와 사진 저작권자
  도서출판 문화문고의 동의를 모두 받아야합니다.
* 저작권자를 찾지 못한 일부 작품은 저작권자가 확인되는 대로 절차에 따라 사용 허락을 받거나
  계약을 맺을 예정입니다.
* 이 도서의 국립중앙도서관 출판시도서목록(CIP)은 e-CIP 홈페이지
  (http:www.nl.go.kr/cip.php)에서 이용하실 수 있습니다.(CIP제어번호 : CIP2010000055)

삶의 어떤 해답을 위하여

부끄럽다. 내 살아온 날이 남루하였고, 출가 후에도 삭발염의한 애초의 뜻에 미흡한 날들이 적지 않았다. 선종사(禪宗史)의 기라성 같은 선학(先學)들의 행적을 보면서 그들의 치열한 구도 열정에 깊이깊이 감명한 적이 많았다. 왜 사람들이 위인전과 이름 있는 인물들의 평전과 전기를 읽는가?

그들의 삶, 그들의 행적에서 인생의 해답을 시사 받으려는 기대 때문일 것이다. 나 역시 예외는 아니었다. 삶은 사람마다 혹독하고, 모든 이들은 자기의 삶이 가장 고민스럽고 심각하기 마련이다.

특히 인생의 궁극적 해답을 이번 생(生)에 꼭 알아야 되겠다거니, 영혼의 니르바나[해탈]를 꿈꾸는 자는 더욱 그러하다. 인생의 마지막 진실과 행복, 괴로움의 바다를 넘어 영원한 자유를 성취하려고 작심한 자는 더더욱 험난하다.

나는 세속 시절은 물론, 입산 이후에도 인생의 궁극적 의미를 알고자 온갖 문헌을 남독하고 수행도 흉내냈다.

불교 부분만 거론한다면, 『경덕전등록』, 『조당집』, 『조주록』, 『임제록』 등의 선종 사서(史書)와 선사들의 어록을 탐독했고, 한국 불가(佛家) 선학들의 가르침도 접해보았다.

허나 뜻은 세웠으되 배움은 쉽지 않았고, 진정한 영혼의 자유를 획득하는 것은 지난한 일이었다. 미로에서 헤매며 여기저기 기웃거리다가 전생(前生)의 습(習)을 버리지 못하고 다시 문자를 가까이 하였다. 그리하여 한국불교사와 근현대 불교계의 첨예한 문제들을 저술한답시고 몇 권의 어줍지 않은 책을 펴내기도 했지만 그건 한갓 치기와 스스로를 위안하는 소일거리에 지나지 않았다. 되돌아보면 부끄러운 일일뿐이었다.

그건 그렇고, 이번에 내는 이 책에 대해 말한다면 이 역시 선학 선승들로부터 무언가 배울 것이 있지 않을까 하여 행한 작은 시도의 하나이다.

어느 날 범해 각안(梵海 覺岸:1820~1896)의 『동사열전(東史列傳)』을 읽었다. 이왕 선승들의 삶에서 의미 있는 가르침을 얻으려면 『동사열전』

종 정 열 전

을 잇는 후속 작업을 하는 게 어떨까 하는 생각이 들었다. 그것이 이십 여 년 전의 일이었다. 그래서 그걸 주제로 고심하며 숙고한 끝에 몇 번 인가 연습하고 시행착오를 거쳐 대한제국 이래 망국의 비운 속에서도 일생의 목숨을 바쳐 진리를 추구한 선승들의 삶을 더듬어 보기로 했다.

하지만 대상이 많아 우선 멸망해가는 제국의 황혼기 이후 종정을 역임하신 선승들로 제한하였다. 그런데 그 분들의 행적이 제대로 정리되어 있지 않음을 알았다. 이에 그 분들의 자취를 찾고자 한말 이래 일제강점기, 해방공간, 그리고 최근에 이르기까지 불교계의 신문 · 잡지는 물론이고 일반 언론과 불교학이며 고승석덕들의 문집을 샅샅이 조사 · 열람하였다. 많은 낮과 밤을 보낸 후에야 겨우 그 분들의 행적을 조금씩 찾아낼 수 있었지만, 그래봤자 그건 그 분들의 삶과 진면목을 밝힐 수 있는 것이 아니라 기껏해야 빙산의 일각에도 미치지 못하는 바임을 절감했다. 완전함을 추구하거나 선승의 진실한 참모습을 언어로 그려낸다는 것 자체가 애초에 무망한 노릇이었음을 통감했다. 그러나 어쩌랴.

어떤 일을 하고자 한다면 미흡하면 미흡한대로, 모자라면 모자라는대로 일단 시작하고 또 끝낼 수밖에 없는 것이 세상사의 필연이 아니겠는가.

아놀드 토인비도 방대한 『역사의 연구』를 준비하면서 수많은 자료를 수집하였으나 결국 불완전한 상태에서 집필을 할 수밖에 없었나. 이러

책 머 리 에

한 예는 부지기수이다. 나 역시 그들의 경우를 핑계삼아 미흡한 상황에서 이 책을 시작하고 끝낼 수밖에 없었다. 4천 매 가까운 원고지에 그들의 삶을 조명하여 한국불교사의 일면과 치열한 구도 과정에서 인생의 가르침을 얻고자 시도했다. 허나 그분들의 진면목을 그려낸다는 것은 불가능에 가까웠고, 단지 그들의 일생을 수박껍데기 핥듯이 나열하는 가운데 어떤 시사하는 바를 짐작이나 할 수 있다면 대행(大幸)이라고 생각할 수밖에 없었다. 오랜 시간, 적지 않은 세월을 바쳤음에도 불구하고 겨우 겨자씨만한 결과물로 이 책이 탄생했지만, 현실적으로 책을 만드는 데에는 필자만이 아니라 주위와 출판사측의 노력도 적지 않게 요구되었다.

어떻든 이 책이 세상에 재탄생한만큼 주위에서 도와 준 많은 불자들과 관련 사진 촬영에 애써준 분이며 책을 만드느라 치밀한 열정을 쏟아준 도서출판 문화문고의 김종만 거사에게 진정 고마움을 표시하고 싶다. 그들의 노고를 어찌 한 마디 언설로 대신할 수 있으랴.

이 책의 출생에 즈음하여 필자로서 바라는 바가 있다면, 목숨을 걸고 인생의 궁극적 해답을 추구한 한암, 성철, 혜암…… 등 이 책에 나오시는 선승들의 자취 속에서 삶의 어떤 의미를 찾는데 작은 실마리라도 얻을 수 있게 되기를 기원한다.

종 정 열 전

　기축년(2009.11.16) 겨울 새벽, 스산한 삭풍 속에 떨어지는 나뭇잎이 일렁이는 소리를 들으며 설봉산 부석암의 도토리알 같은 명선실(茗禪室)에서 우르실〔愚谷〕혜봉(慧峰) 쓰다.

• 일러두기
____

1) 법호와 법명은 연서를 하되 법호와 법명 사이는 띄어쓰기를 하였다.
   한자표기도 마찬가지다.
   예) 퇴옹 성철(退翁 性徹)
2) 한자는 한글로 표기한 후 괄호안에 처리하였다.
   예) 종정(宗正)
3) 한글과 한자음이 다른 경우에는 [ ]로 처리하였다.
   예) 다케다 겐지[武田範之]
      종단을 팔고 조상을 바꾸었다[賣宗易祖]
4) 단행본을 비롯한 서적류는 『 』로 구분하였다.
   예) 『한암일발록』
5) 단행본을 비롯한 서적류에 수록된 글은 「 」로 구분하였다.
   예) 「조계산경운당대사비음기」
6) 신문, 잡지 등 연속간행물은 《 》로 구분하였다.
   예) 《선원》, 《해인》
7) 신문, 잡지 등 연속간행물 속에 수록된 글은 〈 〉로 구분하였다.
   예) 〈병상의 효봉 스님〉
8) 이 책은 『천고에 자취를 감춘 학처럼』의 내용을 수정, 재집필한 개정판이다.

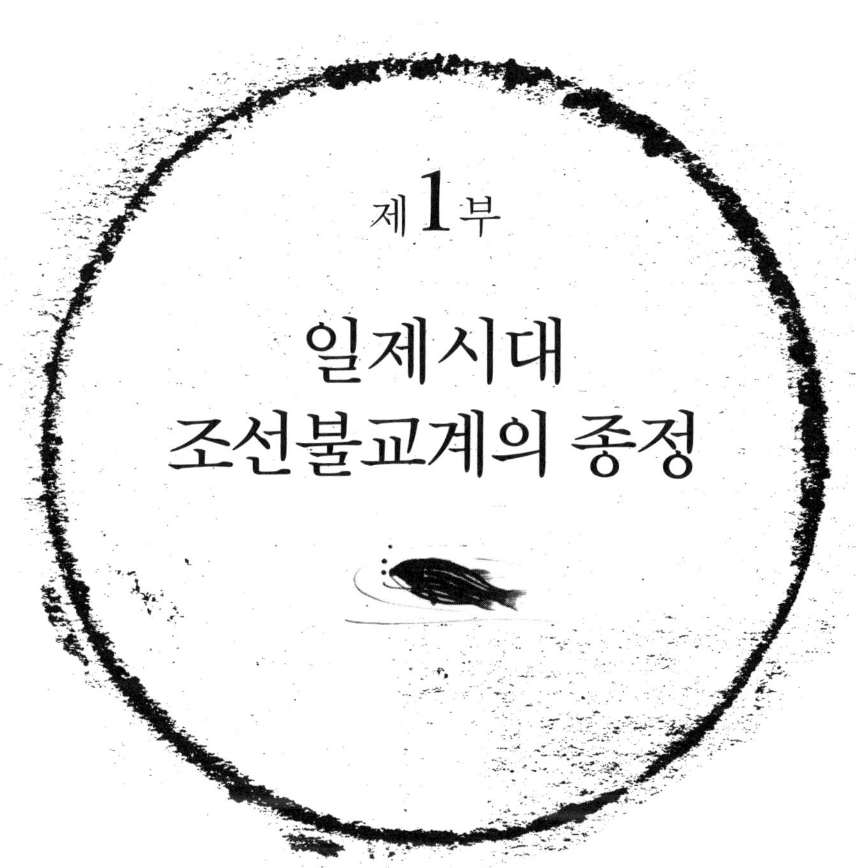

일제시대 조선불교계의 종정

원종과 임제종의 종정

초대 종단 원종의 종정 **회광** 사선
임제종의 종정 **경운** 원기

공연히 이 세상에 와서

空來世上

지옥의 찌꺼기만 만들고 가네.

特作地獄滓矣

내 뼈와 살을 저 숲속에 버려두어 산짐승들 먹이가
되게 하라.

命布骸林麓以飼鳥獸

- 진묵 일옥(震默 一玉 : 1561~1633) 선사의 열반송

초대 종단 원종의 종정
회광 사선

✳

1862~1933

초대 종단 원종의 종정
회광 사선

조선조 세종 이래 종명마저 없어진 채 내려오다가 1908년 원종(圓宗)
이 설립되자 최초의 종정이 된 이회광(李晦光) 스님은 1880년 19세에 설
악산 신흥사(新興寺)에서 출가했다. 1890년 28세의 나이에 건봉사(乾鳳
寺)에서 주지 보운 긍엽(寶雲 亘葉)의 법을 이어받아 설법을 시작했을 때

원종과 임제종의 종정

양서(兩西:황해도·평안도)와 삼남(三南:충
청도·경상도·전라도)의 학인들이 풀덤불
을 헤치며 모여들었다.[1] 그는 범해 각안
(梵海 覺岸:1820~1896 자는 환여幻如, 성은 최
崔. 14세에 해남 두륜산 대둔사(대흥사)로 가서
호의 시오縞衣 始悟에게 득도했다. 하의 정지荷衣
正持와 초의 의순草衣 意恂에게 수계한 뒤 공부하
여 27세에 시오의 법을 이었다. 진불암眞佛庵에서
개당했는데 선교학에 밝았으며, 22년간 경전을
강론했다.) 선사가 편찬한『동사열전(東師

동사열전 표지 1991년 김윤세(金侖世)
가 번역 출간했다.(광제원 발행)

列傳)』에 기록된 조선왕조 마지막 대강백이었다. 그러나 원종의 종정이
된 후 조선불교를 일본 조동종(曹洞宗)에 부속시키는 조약을 체결하고,
합방 후에는 일본 임제종과 합병을 꾀하는 등의 친일행위를 함으로써
'불교계의 이완용' 이라는 오명을 남기기도 했다.[2]

한말 최초의 종단, 원종

풍운의 대한제국 융희(隆熙) 2년(순종 2, 1908) 3월 6일, 전국 승려 대표
자 52명이 원홍사(元興寺:1899년 창건)에 모여 회의하고 원종 종무원을 세
웠다.

이것은 전년에 이회광을 회장으로 선출한 바 있는 불교연구회가 친
일성향이라는 비판을 탈피하고자 거국적인 교단을 형성하고자 하는 조
선 승려들의 요망에 의해 새로운 교단을 세운 것이다.

조선조 세종 6년(1424)에 조계종·천태종·총남종을 합해 선종(禪宗)

으로 하고, 화엄종·자은종·시흥종을 합해 교종(敎宗)으로 한 이래, 1908년 3월 전국 승려 대표자가 원종이란 종명을 정할 때까지 우리나라 불교는 종명도 없이 '조선불교 선교양종'이란 어정쩡한 이름으로 불려지고 있었다. 그러나 1878년 일본불교가 부산에 상륙한 이래 일본불교계 각 종파들의 활동과 새로운 시대적 자각 등에 의해 우리 불교계에서도 종명을 확정할 필요를 통감하게 되었던 것이다. 그래서 조선의 전국 승려대표들이 회합해 종명을 원종이라 결정했다.

종명을 원종이라고 이름 붙이게 된 까닭은 대체적으로 다음의 세 가지를 들 수 있다.

첫째, 전국 여러 절의 승려대표들이 의논해 함께 세웠으므로, 그 원융무애(圓融無碍)한 뜻을 취했기 때문이라는 설(이능화李能和의 설-『조선불교통사』하권, 937쪽), 둘째, 중국 영명사(永明寺) 연수(延壽:904~975)의 『종경록(宗鏡錄:100권. 선교일치를 시도한 저술. 표종장標宗章·문답장問答章·인증장引證章으로 구성)』에서 따온 것으로, 선교겸수(禪敎兼修)의 종문임을 표방한 것이라는 설(원종의 종정 이회광의 설-다카하시〔高橋亨〕, 『이조불교(李朝佛敎)』, 921쪽), 셋째, 당시의 불교가 참선·간경(看經)·염불 내지 밀교까지 원수(圓修)한다는 뜻으로 원종이라 했다는 설(김포광金包光의 설-『조선불교사고』, 송광사 프린트본, 96~97쪽) 등이 있다.[3]

그런데 이 원종의 뿌리는 1906년 2월에 설립된 친일지향적인 불교연구회에 그 바탕을 두고 있다.

불교연구회는 화계사(華溪寺:현재 서울 도봉구 수유동에 있는 사찰)의 주지 홍월초(洪月初:승명은 거연巨淵, 1858~1934)와 봉원사의 이보담(李寶潭)이 조직한 단체로서, 초기에는 명진학교(明進學校:동국대학교의 전신)를 설립하는 등 불교계에 새 기운을 진작하려는 면도 있었으나, 이들은 일본 정토종의 종지(宗旨)를 따르고 또한 일본 정토종 승려 이노우에〔井上玄眞〕와 결탁해 일찍부터 친일화의 길을 걸었다. 신학문을 연구하고 교육하는 것을 목적으로 한 불교연구회의 회장은 이보담이 되었고, 서울 창신동 원홍사 안에 세운 명진학교의 교장은 홍월초가 맡았다. 그러나 불교연구회는 창설인가를 얻자 일본 정토종을 표방하고 또한 일본의 '정토종 교회장'이라는 배지를 회원에게 달게 하는 등 친일행위로 말썽이 일어나자 회장과 교장의 자리를 이회광에게 물려주고 이보담과 홍월초는 사임했다.

이런 연유와 함께 앞에서 언급했듯이 조선불교의 종명을 확립하고 시대적 자각에도 부응하기 위해 원종을 창종하게 되었고, 종정으로는 당시 학인들 사이에 명망이 높았던 이회광을 추대했던 것이다.[4]

원종 종무원은 이회광을 대종정으로 추대하고, 이어 김현암(金玄庵)을 총무, 교무부장에 진진응(陳震應:1873~1941), 학무부장에 김보륜(金寶輪)과 김지순(金之淳)을, 서무부장에 김석옹(金石翁)과 강대련(姜大蓮)을, 인사부장에 이회명(李晦明)과 김구하(金九河:1872~1965, 법명은 천보天輔)를, 감사부장에 박보봉(朴普峯)과 나청호(羅晴湖:1875~1934, 법명은 학밀學密)를, 재무부장에 서학암(徐鶴庵)과 김용곡(金龍谷)을, 그리고 고등강사에 박한영(朴漢永) 스님 등으로 부서를 정하고 인선을 완료해 새 종단을 출범시켰다.

융희 4년(1910)에는 전동(磚洞:현재의 수송동)에다 각황사(覺皇寺)를 창건해 조선불교 중앙회무소 겸 중앙포교소로 했다.

원종의 종정이 된 이회광은 '조선불교의 장래를 위해 반드시 일본 불교의 원조를 받을 필요가 있다'는 일진회 회장 이용구(李容九:1868~1912)에게 설득당해 그가 추천하는 일본 조동종의 승려 다케다 겐지〔武田範

之)를 원종의 고문으로 앉혔다.

이회광에게 친일 조언을 한 이용구는 동학의 제2대 교주 최시형이 아끼는 제자로서 손병희와 함께 최시형의 고제(高弟)였다. 1894년 동학농민전쟁에 호서군으로 참가했고 최시형이 붙잡혀 처형될 무렵에는 그도 붙들려 옥에 갇혔으나 가까스로 사형을 모면하고 풀려났다. 석방된 후 이용구는 손병희와 그의 아우 손병흠과 함께 일본으로 망명했다가 손병희의 밀명을 받고 먼저 귀국해 포교활동을 하면서 진보회를 조직했다. 그는 일진회의 친일파 송병준의 권고와 매수로 1904년 애국을 가장한 통합일진회를 조직해 1905년의 을사조약 강요에 앞장섰다. 이어 적극적인 친일파가 된 이용구는 1907년 고종 폐위를 강요했고, 의병 토벌의 앞잡이 노릇을 한 자위단을 조직했으며 1909년 '합방' 성명서를 낸 매국노였다. 이용구는 1912년 5월 22일 죄 많은 생애를 마감한 뒤 일제로부터 성대한 장례식과 더불어 일왕으로부터 '훈일등서보장(勳一等瑞寶章)'이란 훈장까지 받았다. 이처럼 반민족적 친일파였던 이용구의 친일 권고를 받아들여 일본 승려를 원종의 고문으로 앉힌 이회광은 이 일을 계기로 급격하게 친일파로 전락했다. 왜냐하면 원종의 고문이 된 일본 승려 다케다는 일제가 조선을 병합하려고 노리듯이, 조선불교를 일본불교 조동종에 병합시키려는 야심을 품은 권승(權僧)이었기 때문이다.

다케다는 자신이 소속된 일본 조동종과 조선불교 원종을 병합시키고자 활동을 시작해 먼저 이회광을 회유했다.[5]

그리고 뒤이어 일본불교 종파 가운데 조선에 진출해 많은 세력을 확장한 정토종·진종·일련종 등과 조선불교 원종 사이를 이간시키는 공작을 벌였다. 원종의 종정인 이회광도 선을 종지로 하는 조선불교는 일본의 진종이나 정토종·일련종과는 도저히 융화될 수 없다고 생각했고,

원종과 임제종의 종정

이를 눈치챈 다케다는 일본의 선종인 조동종과의 병합을 적극 추진했다. 이러던 차 1910년 8월, 한일합방이 이루어지자 다케다는 즉시 이회광 일파에게 일본 선종인 조동종과의 연합을 설득하고 나섰다. 이리하여 이회광은 조선불교와 연합할 수 있는 일본 종파는 조동종밖에 없다는 결론을 내리고, 합병되던 그해 10월에 일본으로 건너갔다.

당시의 일본 조동종의 관장 이시카와〔石川素童〕는 이회광의 제의를 듣고 조선불교 원종이 일본 조동종에 종속되는 형식으로서의 연합을 고집했다. 그러나 이회광 역시 완강하게 대응해 조선불교 원종과 조동종은 마침내 종속이 아닌 약간 대등한 관계에서 1910년 10월 6일에 연합을 조인했다. 이는 같은 해 8월 22일 한일합병의 조인이 있은 지 꼭 45일 만의 일이었다. 나라가 강제로 합병당한 지 45일 만에 유구한 역사를 자랑하는 조선불교마저 일본불교의 한 종파에게 합병되고 말았던 것이다.

일본 조동종 종무 대표자 히로쓰〔弘律設三〕와 이회광이 조인한 연합조약은 전문 7개조였다.[6] 이 조약문을 자세히 읽어 보면 제2항부터 제5항까지가 일본 조동종 위주의 불평등한 내용으로 되어 있음을 알 수 있다.

첫째, 제2항에서 일본 조동종이 조선 원종의 설립 인가를 담당한다는 것은 은연중에 원종이 조동종에 부속됨을 의미한다.

둘째, 제3항에서 조선 원종은 일본 조동종에서 고문을 초빙하지만 조선 원종에서 고문을 파견한다는 내용이 없는 것도 대등한 입장에서 이 조약이 체결되었다고 볼 수 없는 근거가 된다. 즉 조동종의 승려가 원종의 고문이 된다는 것은 조선불교를 차등시해 지도·조언함으로써 일본불교 조동종을 상위에 두는 사대주의적이자 매종적인 친일행위가 아닐 수 없다.

셋째, 제4항 역시 불평등하다. 제4항에서 조선 원종은 조동종의 포교에 편리를 제공하고 각지의 사찰에서 숙식처를 제공한다고 되어 있지만 조선 원종의 일본 포교에 대한 조동종의 배려는 전혀 없기 때문이다.

조약을 체결하고 귀국한 이회광은 13도의 중요한 대사찰을 방문해 연합을 찬성하는 날인을 받고자 했으나, 조약 전문이 원종 종무원 서기의 손으로 통도사 승려들에게 누설되자 강력한 저항에 부딪쳤다. 이회광이 조약의 찬성을 얻고자 동분서주할 때 조동종은 와카오〔若生國策〕를 특파해 조선총독부에 조선불교 원종의 설립 인가를 청원했다.

한편, 조약의 전문을 읽어본 조선승려들은 조선불교를 조동종에 개종 내지 매종한 행위라면서 이회광을 규탄했다. 이회광의 이른바 종단을 팔고 조상을 바꾼 '매종역조(賣宗易祖)'의 망동에 반대해 전남 구암사(龜岩寺)의 학승 박한영, 화엄사의 강사 진진응, 범어사의 한용운(韓龍雲)과 오성월(吳惺月) 스님 등을 필두로 많은 조선 스님들이 이회광의 연합운동을 맹렬하게 반대했다.

이들은 태고 보우(太古 普愚) 국사 이후 조선의 선종은 임제(臨濟) 계통이라고 주장하면서 송광사·쌍계사·범어사 등지에 임제종 사무소를 설치하고 초대 종정에 선암사(仙岩寺)의 김경운(金擎雲) 스님을 선출한 뒤 격렬하게 이회광을 비판했다.[7]

조선을 강제로 합병한 지 반 년도 되지 않아 일본 조동종이 개입된 조선불교계의 대결 상황을 지켜보던 조선총독부는 조동종의 승려가 접수시킨 조선 원종의 설립인가에 대한 결정을 내리지 않았다. 그리고 다음 해인 1911년 6월에 조선총독부는 사찰령을 공포하면서, 조선불교는 '선교겸수(禪敎兼修)'를 종지로 하는 '선교양종(禪敎兩宗)'이라는 공식적인 태도를 보였다. 결국 총독부는 조선 원종의 설립인가를 부결하고 임제종 역시 인정하지 않았다.

원종과 임제종의 종정

이로써 이회광의 일본 조동종과 조선불교의 연합운동도 흐지부지되고 말았다. 이회광은 조선조 최초로 설립된 원종의 종정이 된 대강백으로서 그 뛰어난 학덕과 명망을 지키지 못하고 조동종과의 연합을 추진함으로써 친일승려로서 불교계의 이완용이라는 지탄을 받았다. 또 그의 이런 경거망동으로 모처럼 설립한 조선조의 불교 종단을 내부 분열 끝에 공중분해시키는 폐해를 불러일으켰다. 그는 조선시대 이래 최초의 종정으로 추대되었지만, 민족과 승단의 여망을 외면함으로써 '종정'이란 우리 불교계 최고의 직함이 지닌 명예를 고수하지 못하고 불명예스럽게 그 자리에서 물러나고 말았다.

조선조의 마지막 대강백, 이회광 스님의 생애

친일행적으로 비록 명예롭지 못하게 물러나긴 했으나 조선왕조 이래 최초로 설립된 종단인 조선불교 원종의 초대 종정으로 추대된 이회광 스님은 범해 각안 선사가 편찬한 『동사열전』의 마지막 장에 기록될 만큼 뛰어난 스님이었다. '물푸레나무 꽃의 향내를 맡았고 사향 노루와 같은 인품의 향기를 풍겼다'고 범해 선사가 격찬한 이회광 스님의 생애를 알아보자.

이회광 스님의 법명은 유선(有璿) 또는 사선(師璿)이고, 회광은 법호이다. 스님의 성은 이씨로서 강원도 양양에서 조선 철종 13년(1862, 임술년)에 태어났으며 뒤에 간성으로 옮겨가 살았다.

어렸을 적에, '석가모니 부처님께서 성벽을 뛰어넘어 출가해 머리 깎고 수행한 끝에 마침내 새벽별을 보고 깨달음을 성취했다'는 이야기를 듣고는 어버이를 하직한 뒤 산으로 들어가 스승을 찾아다니다가 설악산

건봉사 전경(1920년대) 강원도 고성군 거진읍 냉천리에 있는 절. 신라 제35대 경덕왕 17년(758) 발징(發徵)이 염불만일회(念佛萬日會)를 베풀어 우리나라 만일회의 시초가 되었다. 조선 세조 10년(1464)에는 임금의 원당(願堂)으로 삼아 조선 역대 임금의 원당이 되었다고 한다. ⓒ 민족사

신흥사의 설허(雪墟) 선사 문하에서 머리를 깎고 승복으로 옷을 바꿔 입었다.

뒷날 구족계를 받은 뒤에 신흥사를 떠나 전국 각처로 돌아다니며 내전(內典:불교경전)은 물론 외전(外典:불교 이외의 학문서)까지도 두루 설립했다. 범해 선사는 회광 스님의 학덕과 수행 경지를 『동사열전』에서 다음과 같은 말로 극찬하고 있다.

물푸레나무 꽃의 향내를 맡았고 매화나무 열매가 익었음을 보았다. 네거리 술집에서 흠뻑 술에 취해 집에 돌아오니 더 이상 갈 길을 물을 필요가 없구려.

원종과 임제종의 종정

이와 같은 표현은 회광 스님의 공부는 무르익을 만큼 무르익고 스승의 가르침에 흠뻑 젖어 떠돌이 생활을 청산하고 고향으로 돌아왔으니 다시 갈 길을 물을 필요가 없어졌다는 뜻이다.

회광 스님은 주위 사람들로부터 공부의 수준을 인정받아 마침내 보운 긍엽 선사의 조실에 들어가 법맥을 상속받았다. 강원도 건봉사 주지 보운 스님은 말끝마다 '사바하'를 외웠으므로 '사바하'라는 별호로 불리기도 했다.

종맥은 환성 지안(喚醒 志安)→함월 해원(涵月 海源)→영파 성규(影波 聖奎)→낙허 치관(樂虛 致寬)→성원 의찰(性圓 宜察)→경암 신묵(鏡庵 信黙)→진암 정우(眞庵 定旿)→보운 긍엽(寶雲 亘葉)→회광 유선(晦光 有璿)으로 상속되었다.

이로써 볼 때 회광 스님은 환성 선사의 9세 법손이 되고, 서산 대사 청허 휴정(淸虛 休靜:1520~1604)의 13세 법손이 되며, 연파 일봉(蓮波 日峰)과는 같은 문하의 법형제간이 된다.[8]

회광 스님은 스승으로 법맥을 상속받은 뒤 강당을 개설하고 독자적으로 설법을 시작하니 양서와 삼남 지역 학인들이 풀덤불을 헤치며 스님의 가풍을 우러러 몰려들었다. 스님은 전국에서 몰려오는 학인들을 맞아들여 귀를 당겨서 친절하게 가르쳐 보내느라 1년 사계절 내내 한가로울 여가가 없었다. 따라서 회광 스님의 명성은 이제 드높을 대로 드높아졌으므로 이름나는 것을 피할 길이 없게 되었다. 오대산과 건봉사에 머물다가 금강산·삼각산에 머물렀고 또 양산 통도사에서 하안거를 보낸 뒤 성덕산에서 동안거(冬安居)를 맞았다. 성덕산은 전라남도 곡성군의 삼기면·겸면·오산면과 화순군 북면의 경계에 위치한 해발 645미터의 산으로 금강사·관음사 등의 절이 있었던 것으로 전한다.

회광 스님은 계속 주석처를 옮겨 장성 백양사에 머물다가 구곡으로 가서 안거수행하기도 했다. 한번 묵고 지나가면 마치 봄에 사향노루가 산 속을 지나가매 풀이 절로 향기롭듯 인품의 향기가 남았고 한번 사람과 대화하면 마치 밝은 달빛이 선정(禪定)에 든 스님을 길이 비치듯 분명했다.

사향노루는 사슴과에 속하는 짐승으로, 수컷의 배 부분에는 달걀만한 향주머니가 있고 여기에 알 모양의 덩어리가 담겨 있는데 이를 사향이라고 한다. 본디 번식기에 이성을 유인하기 위해 내뿜는 분비물로서 향기가 멀리까지 미친다. 독특한 향내를 발함으로써 사향노루의 존재가 알려지듯 회광 스님의 공부 수준이 높고 인품의 향기가 발하게 되면 자연히 존재의 가치가 드러난다는 비유이다.

이 무렵 한말의 정세는 어지럽고 '승려의 바랑이 바닥나고 시절 운수도 막혀 해마다 가뭄이 극심해'가고 싶어도 운수행각할 시대상황이 아니자 회광 스님은 게송 한 수를 지었는데, '옛적 의상 나옹의 일과 사적이 같고 원효의 돌아온 발자취와 행적이 다르지 않거니 어느 곳엔들 무릎 들여놓을 토굴이 없겠으며 어느 산엔들 한 번 먹을 송구(소나무)가 없겠는가?(离中 義湘懶翁之事 適同事蹟 元曉之還歸 古今眞蹟 何處無容膝之窟 何山無一食之松乎)'라고 했다.

범해 선사는 회광 스님과 선게(禪偈)를 지어 주고받는 한편 그와의 인연을 『동사열전』에 기록해 '빛은 감춰도 저절로 드러난다'면서, '고종 31년(1894) 현재 회광 스님의 나이는 서른세 살인데 강원도 간성 건봉사에 주석하고 있다'라고 마지막 장을 마감했다.

원종과 임제종의 종정

총독부에 의해 해인사 주지가 되다

회광 스님은 범해 선사가 입에 침이 마르도록 칭찬했듯이 젊은 날의 뛰어난 학문과 인품으로 불교연구회 회장과 명진학교 교장을 거쳐 조선불교 원종의 종정이 되었다. 그러나 그는 매국노 이용구의 친일회유로 일본 조동종과의 연합을 도모하는 매종역조의 망동을 일으켰음에도 불구하고 오히려 그러한 친일행위는 총독부로부터 친일승려로 인정을 받아서 사찰령이 반포되자 30본사의 하나인 해인사의 제1세 주지로 1911년 12월 4일 인가를 받았다.

법보사찰 해인사의 주지로 취임하는 진산식을 거행하는 자리에서 그는 법상에 올라 법어를 하는 중에 이렇게 말했다.

"삼라만상이 산승(이회광)의 입에서 나왔느니라."

그러자 그 법어를 듣고 있던 석두 보택(石頭 寶澤:1882~1954) 스님이 "삼라만상이 스님의 입에서 나왔으면 스님의 입은 어디에서 나왔습니까?"하고 묻자 회광 스님은 얼굴이 벌개진 채 대답을 못했다. 이에 충격을 받았던지 그는 일주일 동안 두문불출한 후 주지실을 나와서는 가야산의 어떤 바위를 두드려 깼다고 한다. 그것은 해인사에서 선승이 배출되지 말라고 그랬다는 이야기가 설화처럼 여태도 납자들 사이에 떠돌고 있다. 이 얘기는 필자가 봉암사 선방의 철인 수좌에게서 우연히 들은 얘기이다.

이회광은 해인사 주지가 된 첫 행보로 1912년 1월 6일 통도사 주지 김구하, 법주사 주지 서진하(徐震河:중국 구법승, 호는 축원竺源. 1861~1926), 용주사 주지 강대련(姜大蓮:법명은 일형日馨. 1875~1942), 전등사 주지 김지순(金之淳:?~1912), 석왕사 주지 김윤하(金崙河)와 함께 조선총독 관저로 가서 총독 데라우치〔寺內正毅〕에게 신년축하를 했다. 데라우치 총독은 이들에게 일본 왕의 사진을 배알시키고 주요 본사의 주지들인 이회광 등의 여섯 스님에게 "일제의 법령을 잘 지켜 사원 관리에 힘쓰고 불교를 보급해(일제 관리들의 말을 잘 듣는) 순량한 사람이 되도록 화성(化成)케 해주길" 부탁했다. 이어 야마가타〔山縣〕 정무총감과 우사미〔宇佐美〕 내무장관의 간곡한 훈시를 들었으며 다과를 대접받았다. 이회광을 포함한 여섯 명의 친일 조선승려들은 총독 관저에서 총독과 정무총감, 내무장관 등의 최고위 식민종주국의 관료들로부터 황송한 대접을 받자, 《조선불교월보》 기자의 표현을 빌리자면 '각 주지는 미증유(未曾有)한 영광에 감읍하고 퇴귀(退歸)하얏다' 는 것이다.[9]

이회광을 비롯한 6개 본사 주지들이 총독 관저에 갔을 때 김상숙(金相淑:신륵사 주지) 스님이 수행원으로 동행했다. 특히 김상숙 스님은 일어에 능해 당일 행사에 통역을 맡았는데, 나중에 우사미 내무장관은 그의 곁에 와서 친절히 묻되 "내지(일본)에 유학했는가? 본시 출가인(승려)으로 일본어를 배웠는가?" 따위의 질문을 하며 칭찬을 아끼지 않았다.

해인사 주지가 되고 처음 맞는 석존 성도일인 1912년 1월 26일(음력 12월 8일) 서울 중부 전동 각황사에서 기념식을 거행하는데 이회광 스님이 설법을 했다.[10]

같은 해 4월, 회광 스님은 서울 동부 연화방(蓮花坊) 호동(壺洞)에 있는 호동학교(전 해동의숙)가 설립한 지 14주년에 졸업생도 40여 명이 배출되었으나 재정난으로 폐교 직전에 있다는 말을 듣고 매월 20원의 경비 지원을 자담하고 유지할 방침을 강구해 교장은 성훈(成塤) 씨로, 교감은 서광전 씨를 선정했다.[11]

회광 스님은 이 학교를 운영하면서 많은 관심과 재정지원을 아끼지

조선불교월보 선교양종 각 본산주지회의원에서
발간한 불교잡지 《조선불교월보》 제13호. 《조선불
교월보》는 원종에 이어 두 번째로 창간된 잡지로서
1912년 2월 25일에 창간되어 1913년 8월. 통권
19호로 종간되었다. ⓒ 민족사

않았다. 이에 감격한 호동학교 졸업생 7명은 1912년 5월 10일 동창사은
회를 각황사에서 개최해 회광 스님에게 사은장을 증정했다.

그는 1912년의 부처님 오신 날(사월 초파일, 양력 5월 24일)에도 해인사
주지이면서 본산에는 내려가지 않고 각황사에서 기념법회를 하고 설법
을 했다.[12] 그리고 초파일 닷새 뒤(1912년 5월 29일)에는 각황사의 종무원
과 《조선불교월보》의 임원 및 사립 호동학교 임원들과 연합해 개성으
로 원족회를 가서 관덕정, 선죽교, 채하동, 만월대, 숭양서원, 서사정,
박연폭포, 태종대 등 옛 고려 도읍지의 명승지를 유람하고 5월 31일에
돌아왔다.[13]

한편 스님은 원종의 종정이었던 옛 명예를 잊지 못하고 일제가 조선
불교의 분열정책으로 만들어 놓은 30본사(1924년 화엄사가 본사로 승격되어
31본사 됨. 따라서 그 이전은 30본사였다)의 주지들을 각황사로 소집해 '조선

불교 선교양종 각본산 주지회의'을 발족했다.[14] 1912년 6월 17일부터 엿새 동안 열린 이 회의의 의안은 ① 사법(寺法)과 사찰령 시행규칙을 준수하는 건, ② 사법을 똑같이 제정하는 건, ③ 과거의 원종 종무원과 주지회의원의 관계에 관한 건, ④ 주지회의원의 운영방침 등이었으며 제1대 주지회의원 원장으로 이회광을 선출했다.

회광 스님은 제2대 원장 김금담(金錦潭:1842~1914, 유점사 주지)에 이어 1914년 제3대 원장으로도 선출되는 등 원종의 종정이었던 여세를 몰아 합병 초기 조선불교계의 종권을 한손에 움켜쥐었다.

해인사 주지이자 30본사 주지회의원 원장이 된 이회광은 전체 본사 주지들과 체약을 성립시키고 일제의 악법인 사찰령과 사법에 충실히 따를 것과 본사 주지회의의 운영에 부수되는 재정과 각종 제반사항을 각 본사 주지들이 적극 협조할 것을 주내용으로 하는 약속을 성립시켰다.

30본사 주지회의원 원장으로서 이회광은 제일 먼저 해인사 본말사법을 제정해 총독부에 제출해 1912년 7월 2일 그 인가를 받아 친일승려로서의 면모를 과시했다.[15] 또한 그는 매종역조의 친일망동을 저질렀음에도 불구하고 24본사 주지들은 이회광이 원종 종정으로서 수년 동안 수고를 아끼지 않은 공적을 참작해 원종 종무원의 총무였던 김현암 스님과 함께 두 승려에게 각각 은제기념다종(銀製紀念茶鍾)을 증정했다.[16]

30본사 주지들이 구수회의를 하는 도중인 1912년 6월 21일에 경성부에서 전임 원종 종무원인 이회광 · 강대련 스님과 임제종의 한용운 스님을 소환해 원종과 임제종의 간판을 철거할 것을 명해[17] 조선불교계의 자생적인 두 종단은 일제의 강압에 의해 소멸되고 말았다.

원종과 임제종의 종정

금당화상비(해인사)　해인사에 세워진 금담 화상비. 금담 화상은 유점사 초대 주지를 지냈으며, 정법 수호와 후학 양성에 힘쓴 대표적 스님으로 평가받고 있다.　촬영 한승탁 ⓒ 문화문고

　　원종과 임제종의 현판이 철거된 뒤 30본사 주지회의원 원장 이회광은 조동종과의 연합 때 반대편에 서서 자신을 비판한 박한영 스님을 주지회의원이 있는 각황사로 초대해 지나간 과거의 일은 잊어버리고 불교를 위해 다같이 노력하자면서 화해를 제의했다. 이에 박한영 스님도 쾌히 마음을 열고 이회광의 제의를 받아들였다. 그리고 1912년 가을부터 본사 주지회의원 내에 고등불교 전문강당을 설립해 박한영 스님이 그 강사가 되기로 내정했다.[18]

　　그는 또한 해인사 주지로서 총독부의 승인을 받은 '해인사 사법'을 주지시키고자 해인사 관할 말사 주지와 소속 승려들을 소집해 사법을 입이 아프도록 자세하게 설명하고 말사 주지들의 책임을 강조하면서 사찰령과 사법을 준수하도록 강연했다.[19]

　　1912년 회광 스님은 매우 분주하게 살았는데 그해에는 수계의식만도

두 번이나 치렀다. 첫 번째는 1912년 1월 4일에 각황사에 금강계단을 설치하고 법본산(法本山) 해인사 주지인 회광 스님 자신은 화상아사리(和尙阿闍梨)가 되고, 안성 청룡사 주지 용허 장호(龍虛 莊昊:1869~1930) 스님은 갈마아사리(羯摩阿闍梨)로, 건봉사 운파(雲坡) 율사(律師)는 교수아사리(敎授阿闍梨)로 등단해 구족계와 보살계를 전수했는데, 수계 대중은 비구스님 66인, 사미승 3인, 사미니(어린 여승) 25인, 우바새(남신도) 28인, 우바이(여신도) 161인으로 당시로서는 매우 성황을 이룬 수계의식이었다.[20]

두 번째 수계식은 역시 그해 9월 27일 각황사에서 경기도 광주군 봉은사 주지 나청호 스님이 발기해 회광 스님을 화상아사리로 초청해 금강계단을 설치하고 비구 구족계와 보살대계를 설하자 동서 교외 각 사찰의 승려와 신도가 수계하기 위해 운집한 사부대중(비구·비구니·남녀 신도)이 165명에 달했다.[21] 이 두 번째의 수계식도 상당히 규모있게 치러져서 《조선불교월보》(제9호, 1912. 10. 25. 70쪽)에서는 '단규가 정숙하고 진퇴가 제제(濟濟:많고 성함)하다고 칭도(稱道)가 잦하다더라'고 보도하고 있다.

불교의 계율을 주는 의식에서 사용하는 아사리(阿闍利)란 용어는 범어 아챠랴(Acàrya)에서 나온 말로서 교수(敎授)·궤범(軌範)·정행(正行)이라 번역하는데, 제자의 행위를 교정하여 그의 사범이 되어 지도하는 큰 스님을 가리킨다. 그리고 아사리는 수계의식을 치르는 수계자들의 증명법사이자 계율의 스승인 것이다.

회광 스님은 수계식의 주요 전계법사로서 계를 설하는 한편 본사 주지회의원 원장으로서 능인보통학교의 설립을 청원해 1912년 8월 14일에 총독부의 승인을 얻어 그해 9월 2일에 개학식을 거행했다.[22]

그는 대강백답게 이렇듯 교육사업에 정성을 쏟았는데, 앞에서 말한 호동학교에 대해서도 운영의 정상화를 위해 많은 노력을 기울였다.

호동학교는 회광 스님과 각황사의 지원으로 운영되어 당시 교육계의 칭송을 많이 받았는데 1913년 1월부터는 수원 용주사, 광주군 봉은사, 양주군 봉선사, 강화군 전등사, 문경군 김용사 등 5본산이 발기해 기본금을 영원히 안전하게 지급하도록 조치를 취했다.[23]

그리하여 호동학교와 사립 능인보통학교의 교주(校主)가 된 회광 스님은 1913년 5월 15일 상오 8시에 능인·호동학교와 사립 양정여학교의 연합 소풍을 홍릉 약수터로 가서 오찬을 베풀었는데, 30본산 주지회의소와 각황사 및 조선불교월보사의 직원들도 모두 초청해 오후 4시까지 즐겁게 놀다가 헤어졌다.[24]

그는 이렇듯 바쁜 와중에도 박한영 스님이 발행하는 《해동불보(海東佛報)》 제7호(1914. 5. 20)에 〈봉기평양자선회(奉寄平壤慈善會)〉라는 글을 집필 게재하기도 했다.

그러나 이회광은 제3대 30본사 주지회의원 원장 때 공명심과 승부욕이 강한 용주사 주지 강대련의 강력한 도전을 받았는데, 이들의 종권 다툼은 결국 강대련의 승리로 끝났다.

강대련은 일본 진언종의 예를 따라 '30본산연합제규(三十本山聯合制規)'를 만들고 각황교당에 연합사무소를 설치했으며, 이어서 1915년 1월 16일 강대련이 30본산 연합사무소 위원장에 선임되었다.

친일단체 불교진흥회 조직

이렇게 전국 사찰의 권리를 강대련이 좌우하게 됨에 따라 이회광은 스스로 자기의 권리가 시든 줄 알고 강대련에 맞서고자 1914년 12월에 서울의 유생들과 연락해 불교진흥회를 조직해 자기의 권리를 옹호하고자 했다. 당시 조선승려들은 이회광의 이러한 행동을 비난했고 그 비판적인 기사가 후일 《동아일보》(1920.7.3)에 게재되기도 했다.

불교진흥회는 총독부가 획책한 친일외곽단체로서 1914년 11월 25일자로 조선총독부의 인가를 받았다.[25] 발기인은 30명으로 이회광을 비롯한 30본사 주지들이 대부분이었고, 이 회의 대표는 이회광이었다. 또 소수를 제외하고는 29명에 이르는 간사들 대부분이 일반인 또는 유생들이어서, 당시의 조선승려들은 총독부의 배경하에 이회광과 유생들이 결탁해 불교계의 종권을 장악하고자 불교진흥회를 조직했다고 비판했다.

친일 승려 이회광의 주도로 조직된 불교진흥회는 1915년 1년 동안에는 정기 간사회(1915.5.9)와 정기총회(6.20)를 개최해 남녀 회원 2백여 명이 회합해 회의를 하고, 불교진흥회의 고문인 자작 조중응·여규형 두 사람의 연설을 듣고 기념사진 촬영을 했다. 그리고 실업가 70여 명의 입회를 받아들이면서 입교의례를 장엄하게 거행하기도 하고, 기관지 《불교진흥회월보》(1915.3.15~12.15. 통권 9호)를 발간하는 등 왕성한 활동을 하기도 했다.

회주 이회광은 기관지 《불교진흥회월보》 창간호(1915.3.15)에 '축 불교진흥회 월보 간행'이란 축하의 짤막한 글을 서두에 게재했다. 빼앗긴 종권을 권토중래하려는 뜻을 품고 불교진흥회를 조직한 이회광은

원종과 임제종의 종정

다시금 기회가 오기를 기다리며 1915년 1월 1일, 30본산 주지회의 제4회 정기총회에 의기양양하게 참석했다. 바로 다음날에는 이회광을 위시한 30본사 주지 전원이 총독 관저에 초대되어 총독 데라우치의 훈유를 듣고 오찬을 함께했다. 1915년 정월 벽두에 개최된 30본사 주지총회는 열흘 동안 계속되었는데, 이때 이회광은 각황사 포교사로 선출되었다.

강대련의 세력을 제압하고자 조직했던 불교진흥회는 1915년 1년 동안 왕성한 활동을 한 후 곧 시들해지고 마침내 1917년 2월 친일 거두 이완용·권중현 등이 조직한 불교옹호회로 대치되고 말았다. 따라서 이회광이 주도한 불교진흥회가 친일인사들인 이완용 일파의 불교옹호회로 계승된 것을 보더라도 이 단체가 친일성향을 강하게 띠고 있었음을 알 수 있다. 불교진흥회의 친일경향은 '위로는 일본 천황의 통치를 보필하며 아래로는 백성의 복을 도모한다'[26] 는 설립 취지문에서도 명백히 알 수 있다. 뿐만 아니라 한입합방조약 체결 당시 각료로서 매국행위에 앞장섰던 제1급 친일파 조중응 등을 고문으로 추대한 것에서도 불교진흥회가 총독부의 어용단체요 친일파들의 불교단체였음을 분명하게 인식할 수 있다.

1916년 1월 2일, 그 전 해와 마찬가지로 이회광을 포함한 30본사 주지 전원은 총독 관저에 가서 데라우치 총독에게 신년하례를 올렸다. 그 다음날(1916.1.3) 오후 2시에 전임 본사 주지회의원 원장인 이회광의 현직 30본산 연합사무소 위원장인 강대련과 통도사 주지 김구하 등 세 사람은 총독의 명령으로 특별히 셋만 총독 관저에 불려가 테라우치의 간곡한 훈유(訓諭)를 들었다.[27]

1916년 연합사무소의 임원을 1월 2일에 선교양종 30대본산 연합 사무소 제5회 주지총회에서 선출했다. 이 총회에서 강대련은 위원장이 되었으며, 상치원(常置員 : 상임이사)으로는 해인사 주지 이회광을 포함해 모두 7명이, 그리고 감사원으로는 백양사 주지 김환응(金幻應)을 포함해 보현사·건봉사 주지 등 3명이 선출되었다.

이회광은 1916년 3월 22일에는 30본산 연합사무소 상치원 회의에 참석했고, 그해 4월 1일에는 종래 조선불교에 대해 '법을 위해 몸을 돌보지 않고 일' 했고, 또 '교육사업에 온 힘을 쏟았다〔爲法忘軀 興學盡力〕고 하여 30본사 주지들을 대표해 강대련으로부터 기념은배와 감사장을 받았다.[28]

일본 총리 데라우치에게 족자를 선물하다

1917년 4월, 통도사 주지 김구하 스님이 제3대 30본산 연합사무소 위원장으로 선출되었다. 그는 위원장이 되자 그해 9월, 일본시찰을 추진했다. 단장은 연합사무소 위원장 김구하, 단원으로는 당대의 대표적인 친일승려인 봉은사 주지 나청호, 위봉사 주지 곽법경(郭法鏡), 범어사 명정학교장 김용곡(金龍谷), 강화도 전등사 감무(監務) 이지영(李智永), 신륵사 주지 김상숙,《조선불교총보》기자 권상로(權相老 : 1879~1965) 등 9인이었으며, 이들을 안내한 사람은 조선총독부 학무국 촉탁인 일본인 관료 가토〔加藤灌覺〕였다.[29] 이들은 조선총독 하세가와〔長谷川好道〕로부터 특별 희사금 3백 원을, 그리고 정무총감으로부터도 현금 1백 원을 하사받아 일본시찰의 경비로 사용했으며, 심지어 여행중인 9월 8일 도쿄에서도 조선총독부 도쿄출장소에서 마침 본국 출장이던 정무총감을 다시 만나 이세 대묘의 배관(拜觀)을 권유받고 현금 1백 원을 기부받기

원종과 임제종의 종정

도 했다.

이회광을 비롯한 조선불교 대표급 승려로 구성된 일본사찰단은 1917년 8월 31일 제1급 친일거두인 이완용을 비롯한 많은 사람들의 전송을 받으며 일본시찰 길에 올랐다. 이들은 본격적인 일본여행이 시작된 9월 4일 오전 일본 수상 관저에 초대를 받았다. 당시의 일본총리는 데라우치였다. 데라우치는 1910년 5월에 제3대 조선총감으로 부임해 한일합방을 성사시키는 데 결정적인 작용을 한 '우리 민족 공적 제1호'에 해당하는 잔인한 식민통치자이자 초대 조선총독을 역임한 인물이었다.

그런데 조선불교 일본시찰단의 단장 김구하는 무려 150원이나 하는 은제 향로를, 그리고 약삭빠른 친일 강백 이회광은 특별히 준비해 간 그림 족자를 무단통치자였던 데라우치에게 선물했다. 이 무렵 쌀 한 가마의 시세가 7,8원 가량 했으니 김구하가 데라우치에게 선물한 향로는 쌀 20가마에 해당하는 금액이었다. 향로와 족자를 선물받은 데라우치는 김구하와 이회광을 비롯한 시찰단 일행을 식당으로 인도해 다과와 향응을 베풀고, 《조선불교총보》 제7호(1917.11.20)의 표현을 빌리자면 '아름답고 아름다운 담화'를 나누었다고 한다.

조선승려들이 조선 땅에서는 결코 받아보지 못한 성대한 환대였다.

이런 환대는 시찰이 진행되는 25일 동안 줄곧 계속되었는데, 이들이 만끽한 융숭한 대접은 총독부와 일본 정부가 정치적인 선전을 목적으로 치밀한 계산 아래 마련한 회유책이었지만, 당시 조선불교 일본사찰단의 승려들은 민족적 주체의식을 망각하고 오히려 자진해 적극적인 친일행위를 거리낌 없이 자행했다.

그 대표적인 친일행적의 예로 김구하가 메이지〔明治〕 일왕의 능에서

'천황의 권속들인 우리들'이라는 문구로 시작되는 축문을 봉독한 사실을 들 수 있다. 시찰단이 메이지 일왕의 묘에 참배한 것은 물론이고, 도쿄호국불교단의 환영회에서 김구하가 답사를, 이회광과 강대련이 연설을 하기도 했다.

이회광을 비롯한 시찰단의 친일행적 가운데 두드러진 행동으로는, 다이쇼〔大正〕 일왕이 닛코〔日光〕 산에 와서 피서를 하고 궁궐로 돌아간다는 소식을 듣고 시찰단의 조선승려들은 우에노〔上野〕 역에 나가 문부성의 지도로 일본 황족 귀족의 다음 자리에 서서 '천황의 행차'를 배영한 것을 들 수 있다. 그리고 일본 신사의 본원지인 이세 신궁 참배, 임진왜란을 일으킨 도요토미 묘소 참배 등도 일본 시찰시의 대표적인 반민족적 친일행적으로 열거할 수 있을 것이다.

『해동고승전』의 첫 발견자

《불교》 제37호(1927.7.1)는 잡지로는 파격적인 형태로 편집되어 있다. 이 잡지는 창간 3주년 기념으로 지면 전부를 단 두 가지 종류의 글로만 채웠다. 고려 각훈(覺訓:?~1230) 선사의 『해동고승전(海東高僧傳)』과 초의 의순(草衣 意恂:1786~1866) 선사의 『대동선교고(大東禪敎考)』가 그것인데, 두 문헌의 해제(解題)는 육당 최남선이 집필했다.

『대동선교고』를 편찬한 초의 의순은 비교적 근대의 선승이요, 『동다송(東茶頌)』과 『다신전(茶神傳)』의 저자로 일반인들에게도 웬만큼 알려져 있다. 그러나 『해동고승전』은 1910년경 처음 발견되었고 저자인 각훈에 대해서는 당시로서는 거의 알려져 있지 않았다.

그런데 《불교》 제37호에 실린 『해동고승전』에 대한 최남선의 해제에

원종과 임제종의 종정

의하면, 『해동고승전』은 일제시대에 이회광 스님에 의해 경상북도 성주 어느 사찰의 해묵은 종이 뭉치 속에서 2권 1책의 사본(寫本)으로 발견되었다.[30]

이 책은 당시 조선 별장(別藏)의 원(願)을 세워 우리나라에서 찬술한 고전을 수집하던 최남선의 조선광문회(朝鮮光文會:1910년에 설립)에 기증되어 전사(轉寫)·유포되었다.

이 기록에 비추어 보면 회광 스님이 『해동고승전』을 발견한 연도는 1910년 이전이었음이 틀림없다. 왜냐하면 조선광문회가 1910년에 설립되었으므로 비록 기증연도를 알 수 없긴 하나 『해동고승전』을 회광 스님이 성주의 어떤 사찰에서 발견한 1910년 이전임이 분명하고 기증은 1910년대였던 것으로 추정된다. 『해동고승전』은 1927년 7월 《불교》지에 전재되기 이전에 개인에 의해 필사되어 유포된 것으로 보여 진다.

어쨌든 회광 스님은 『해동고승전』을 성주 어떤 사찰의 종이 뭉치 속에서 가려내는 혜안을 지녔던 뛰어난 학승이었을 뿐 아니라 그것을 또한 조선광문회에 기증해 유통시킨 공적은 매우 크다. 『해동고승전』을 발굴 유통시킨 것만으로도 그 자신이 지은 허물의 전부는 아닐지라도 그 일부분이라도 상쇄시킴이 있는 것이다. 다만 아쉬운 것은 회광 스님이 처음 발굴해 최남선의 조선광문회에 기증한 『해동고승전』의 행방이 지금껏 알 수 없다는 점이다. 혹 6·25 전쟁통에 불타버린 것은 아닌지 모르겠다.

일본 임제종과의 합병 획책[31]

1919년 1월 2일, 30본산 주지 제8회 정기총회에서 이회광은 다시 상치원으로 선출되었다.[32] 그러나 이해 봄 3월 1일을 기해 조선 전국에서 독립만세 시위운동이 방방곡곡에 메아리쳤다. 그런데 3 · 1독립만세운동의 열기가 채 식기도 전인 1919년 11월, 30본산 연합사무소 위원장 강대련은 일본 승려와 일본 황실의 인척 관계를 예로 들고는 '일본 승려와 조선 승려들이 조선 왕족의 여자나 양반의 딸과도 결혼할 수 있게 하자'는 〈조선 불교 기관 확장 의견서〉를 조선총독 사이토〔齋藤實〕에게 제출했다. 강대련의 이 친일 망발로 조선 불교계가 시끄러울 때인 같은 해 11월, 이회광은 일본 임제종과 조선 불교의 합병을 추진하고자 일본을 방문했다.

그는 일본 임제종의 한낱 포교사에 지나지 않는 고토〔後藤瑞岩〕와 결탁해 외견상으로는 '일본의 포교 방법을 배우고 일선(日鮮:일본과 조선) 융화를 도모한다'는 명분을 내걸고 그의 추종자인 청암사 주지 김대운 그리고 진창수 등 3명을 데리고 일본으로 건너간 것이다.

도일한 이회광 일파는 총리대신과 체신대신을 찾아가 '조선불교는 다른 종교처럼 사회에 대한 자선사업이 없어 세상에서 환영을 받지 못하고 있으므로 그대로 두어서는 조선불교가 진흥하지 못할 것이니, 조선불교의 종명을 개정하고 사찰의 재산을 정리해야 한다'고 주장했다.

때마침 조선총독 사이토가 도쿄에 가 있었는데, 이회광은 총리대신을 만난 여세를 몰아 체신대신과 함께 사이토를 만나 종명을 바꿀 것과 사찰 재산을 정리할 것, 그리고 사찰 재산을 일괄 관장해 사업을 일으킬 주관부서로 새로운 조선불교 종무원을 설립할 것을 제안했다.

이때 사이토 총독은 이회광에게 "조선에 돌아간 뒤 잘 조처할 터이니 그대로 돌아가라"고 했고, 체신대신은 "계획을 후원할 테니 실행해 옮기도록 노력하라"고 했다.

이회광 일파는 도쿄에서 일본 정부 요로의 인물들과 접촉한 뒤에 교토(京都)의 묘심사에서 고토와 합류해 조선불교의 일본 임제종과의 합병문제를 숙의했다. 그러나 이회광과 함께 모의한 고토까지도 "내가 이회광과 친해 일선의 융화를 도모코자 했지만 급기야 그 사람의 심리를 본즉, 조선불교를 개혁하려는 진실한 마음이 아니라 자기가 조선불교의 권력을 통솔하려는 모양이다"라고 총독부 종교과장 나카라이〔半井淸〕에게 말할 정도였다.

1920년 2월 일본에서 돌아온 이회광은 김용사 · 고운사 · 은해사 · 동화사 · 기림사 · 통도사 · 범어사 등 경상도 7개 본사 주지를 대구로 초청해 자신의 음모를 구체화하는 일에 착수했다. 그는 10년 전 조동종과의 연합을 획책할 때 조약 전문을 밝히지 않고 진실을 감추면서 연합을 성사시키려 했듯이, 이번에도 경상도의 7개 본사 주지들에게 일본 묘심사와의 관계는 전혀 언급하지 않았다. 다만 교육사업을 진흥하며 조선불교를 개혁하기 위해 불가불 종명을 개칭하고 종무원을 설립해 사찰재산을 정리해야 되므로 30본사에 통문을 보내 종명개칭 신청서와 이유서에 연명해 총독부에 제출해야 한다고 했다. 이때 모인 본사 주지들은 "그렇게 되면 이 일을 30본산 연합사무소와 의논해야 되고, 의논하게 되면 자연히 의견이 충돌해 일이 잘되지 않을 것이므로 경상도 8개 본사(앞의 7개 본사와 이회광이 주지로 있는 해인사를 포함)가 먼저 주창하고, 그 취지를 다른 본사에 알려 동의하면 좋으려니와, 듣지 않으면 어쩔 수 없다"는 합의를 보아 전국 각 본사에 그 뜻을 알렸다. 이회광의 통문을 받은 여러 본사에서는 30본산 연합사무소 위원장인 강대련에게 그 사실 여부를 물어왔다. 그 무렵 일본 교토의 《중외일보(中外日報)》는 이회광이 일본에서 조선불교를 임제종 묘심사파에 부속시켰다고 보도했다. 이 보도로 인해 일본에 유학중인 조선승려들로부터 진위를 묻는 편지가 강대련 앞으로 쇄도했다.

이에 강대련은 총독부 종교과장 나카라이를 찾아가 "이회광 스님이 중앙정부에 교섭해 조선의 각 사찰을 일본 임제종 묘심사에 부속시킨다 해서 전국 사찰의 승려들이 동요하고 있으니 어떻게 하면 좋은가?"하고 물었다. 나카라이 종교과장은 고토에게 들었다면서 "이회광 스님이 조선불교의 권력을 쥐고 통솔하려는 야심이 있다고 하나, 조선 사찰은 사찰령에 의해 조선총독이 결단할 것이므로 아무리 본국 대신에게 진정서를 제출해도 효과가 없을 것이니 조선의 승려는 하등 동요할 것이 없다"고 대답했다.

강대련은 종교과장과 있었던 이야기 내용을 그대로 공문에 실어 각 본사에 회신했다. 이렇게 되자 이회광은 전국의 승려들로부터 빗발같은 비난의 화살을 받게 되었다. 이에 이회광은 태고 보우 국사와 중국의 석옥 청공(石屋 淸珙:1272~1352) 선사와의 관계를 얘기하면서, 임제종 태고파라고 개칭하자는 뜻이었지 일본 임제종 묘심사에 부속시키려 한 것은 아니었다고 궁색한 변명을 했다.

궁지에 몰린 그는 《중외일보》 기사를 취소시키려 했으나, 도리어 1920년 6월 26일자에 '일조(日朝) 불교 제휴 반대'라는 제목의 기사가 보도되었다. 강대련은 다시 이 《중외일보》의 기사를 번역해서 전국의 각 사찰에 돌려 이회광 일파에게 최후의 일격을 가했다.

원종과 임제종의 종정

결국 이회광 일파는 자신들의 계획이 실패한 것은 강대련이 《중외일보》 기사를 번역해서 각 사찰에 돌렸기 때문이며, 이 일이 국내 신문에 보도되어 명예가 훼손되었다고 추종자 조대영·김대운을 시켜 경성지방법원에 고소를 제기했다. 그러나 이 소송은 후일 이회광과 강대련이 화해함으로써 유야무야되고 말았다.

하지만 이회광의 일본 임제종 귀속획책을 안 조선승려와 신도들, 심지어 일반인들은 그를 분개·비판하지 않는 자가 없었다. 일본에서 공부하고 있던 조선 유학승들도 6월 20일 일제히 도쿄에 모여 이회광을 성토하는 모임을 가졌다.

그들은 이회광의 음모를 격렬하게 비판하는 4개항의 성토문을 만장일치로 가결했다.

이회광의 친일매종적인 경거망동에 처음 회동했던 경상도의 7개 본산과 국내·외 승려와 불교청년들이 거세게 비판하는 가운데, 1923년 10월 14일 해인사 대중 승려들은 총독부에 주지 이회광의 사임을 요구하는 탄원서를 제출했다. 총독부에서는 총독이 결정해야 할 조선불교의 사항을 본국 정부의 총리와 대신들에게 진정과 로비를 하는 이회광 일파의 소행을 달갑게 여기고 있지 않았으므로 이회광을 사임시키고 그 후임으로 김만응(金萬應) 스님을 인가했다(1924.9.10).

해인사 주지에서 해임된 이회광은 불교제중원의 병상에 누워버렸다. 그런데 이회광이 해인사 주지직에서 물러난 후 그가 그 동안 일본 등지로 돌아다니며 소비한 경비 따위가 막대한 부채로 남아 《불교》 제4·5·6호(1924.10·11·12월호)에는 이회광이 남긴 채무에 대해 신랄하게 비판했다. 부채 총액은 1만 원 이상에 달했고, 이회광이 저질러 놓은 채무를 정리하기 위해 후임 김만응 스님은 떨어진 고무신을 꿰매 신은 채

동분서주했으나 도저히 해결할 수 없었다.

그리하여 1925년 5월에는 총독부 학무국 종교과 주임 오카모토〔岡本義一〕와 중앙교무원 이사 김구하와 오이산 스님, 그리고 해인사측의 이고경과 허상현 스님이 나서서 이회광이 식산은행과 기타 각 기관에 지워 놓은 부채를 정리하고자 '해인사 부채정리위원'이 되어 일할 수밖에 없는 지경에 이르렀다.[33]

마지막 친일음모[34]

해인사 주지직에서 쫓겨난 후 거액의 부채로 많은 물의를 일으켰던 이회광은 자신의 그러한 잘못을 조금도 참회하지 않고 다시 본산 주지직이 박탈된 곽법경과 손을 잡고 또 다른 친일음모를 꾸몄다. 이회광의 공범자가 된 곽법경은 전북 전주의 본산 위봉사(威鳳寺) 주지 출신인데 그는 매불(賣佛) 사건으로 1925년 2월 19일 총독부로부터 주지직을 취소당한 자였다.

이회광과 곽법경, 이 두 사람은 불교유신회가 개혁운동을 일으켜 조선불교 중앙총무원을 조직했을 때(1922.1.9) 곽법경은 임시 총무원장에, 이회광은 사무부장이라는 요직에 앉았다. 그러다가 4개월 뒤(1922.5.30)에는 변절해 친일성향의 본사 주지들이 총무원에 대응해 화급하게 급조한 중앙교무원의 이사가 되었다. 즉 이회광은 교무원의 서무이사로, 곽법경은 학무이사로 변신한 전력을 가진 기회주의자들이었던 것이다.

이런 과거를 가진 두 사람은 30본사의 하나인 법보사찰 해인사와 대찰 위봉사의 주지직을 박탈당하자 본산 주지 시절의 영광과 명리, 그리

원종과 임제종의 종정

고 조선 불교계의 교권을 한때나마 휘둘러본 그 권세의 달콤함을 잊지 못하고 결국 이회광은 조선불교계의 종권을 다시 탈환하기 위해 은밀하게 음모를 꾸몄다.

이 음모에 가담한 자들은 이회광과 곽법경, 그리고 이회광의 스승으로서 건봉사 주지를 역임한 김보운(金寶雲:일명 사바하) 스님과 통도사 주지와 30본산 연합사무소의 위원장을 역임한 김구하 스님 등이었다. 이들은 일정한 직업이 없는 일본인 마사키(正本一郎)와 조선인 송진옥(宋鎭玉) 등과 의논해 이른바 조선불교개혁이라는 미명 아래 일선 융화를 표방한 불교운동을 일으켰다.

우선 이들의 대표로 나선 곽법경은 장문의 건백서를 휴대하고 1926년 5월에 일본으로 건너갔다.

그는 도쿄에서 귀족원 의원 와타나베(渡邊)와 통신사 사장 등과 결탁해 건백서(建白書)를 일본 내각에 제출하려고 수상을 방문하는 등 맹렬히 암중모색을 했다. 그런데 그 건백서의 내용은, 현재의 조선불교의 모든 기관을 파괴하는 동시에 새로이 서울에 조선불교 총본산을 건설하고 그 본전 법당 안에는 석가여래와 메이지 일왕과 고종 태황제를 한자리에 안치해 정교일치로 일선융화를 철저히 실현하겠다는 불교의 본지를 망각한 기괴하고도 철저히 친일적인 것이었다.

곽법경은 이 음모를 추진하면서 도쿄에 체류하는 동안 조선불교 유학승들로부터 혹시나 당할지 모르는 위해에 대비해 도쿄 경시청에 보호원을 제출하는 한편 조선불교 유학생들을 모함·중상하기도 했다.

이회광과 곽법경 일파가 획책한 이 사건의 전모는 이러하다.

일본의 마사키 등이 1925년 가을부터 선방을 들락거리던 조선승려 임해봉(任海峰)을 앞세워 이른바 조선불교부흥회 또는 조선불교 임제종

연합회를 조직했다. 마사키와 임해봉은 회관을 서울 견지동에 두고 그 동안 수 삼차 도쿄를 오가며 조선불교가 일선융화에 공헌할 터이니 임해봉을 수원 용주사 주지로 임명하고, 그 외의 다른 절도 누구누구에게 맡겨 달라는 등 온갖 공작을 꾸몄다. 이런 음모가 진행되는 동안 임해봉이 경비조달을 위해 수원 용주사 소유 전답의 소작사음권(小作舍音權)을 제주도 사람 이종태 외 5~6명에게 팔아 수천여 원을 편취한 사실이 발각되었다. 1926년 4월 도쿄에서 서울로 온 임해봉이 경찰서에 구속되어 음모가 뜻대로 진행되지 않자 일본인 마사키는 또다시 이회광·곽법경·김보운·김구하 등과 더불어 계속 음모를 추진했던 것이다. 그러나 이 사실이 국내 신문에 보도되자 이들의 친일 음모는 백일하에 폭로되어 마침내 와해되기 이르렀다.

이 사건 3년 뒤 이회광의 스승 김보윤이 1929년 음력 10월 22일에 강원도 건봉사에서 입적했다. 제자 이회광은 손제자 김밀운과 함께 스승 보운 긍엽의 원적계(圓寂界:승려의 사망공고)를 《불교》 제66호(1929. 12)에 게재했다.

이회광은 1926년 곽법경 일당과의 마지막 친일 음모에 그의 스승 김보운 화상을 끌어들여 그 명예를 실추시켰고 끝내 오래지 않아 보운 화상이 입적하자 다시는 역사의 전면에 등장하지 않았다.

내외전(內外典)을 두루 섭렵하고 『해동고승전』을 최초로 발굴한 공적을 세웠을 뿐 아니라 '물푸레나무 꽃의 향내를 맡았고 매화나무 열매가 익었음을 보았다' 고 『동사열전』의 저자가 극찬한 조선조 마지막 대강백 이회광.

그는 조선조 이래 불교계에서 처음 만들어진 종단인 원종의 초대 종정이 되었으나 뒤이어 일본 조동종과의 연합, 친일단체 불교진흥회 조

원종과 임제종의 종정

직, 일본을 시찰하면서 조선을 무단통치한 일본 총리 데라우치에게 족
자를 선물한 친일 행각, 그리고 일본 임제종과의 합병 및 곽법경 사건,
해인사에 거액의 부채를 남기는 등 반민족적이고 조선불교의 전통에
먹칠을 하는 매종역조적인 망동으로 이 땅의 불교계에 몇 차례 부정적
인 소용돌이를 일으키고는 1933년 한강변에 있는 견성선원에서 세수
71세, 법랍 53년의 생애를 쓸쓸히 마감했다. 저술로는 『목암집』 2권이
있다.[35]

아주 젊은 날 고향을 떠나

堪笑髫歲出鄕園

자비로운 불가에 귀의했다

偶入慈悲釋氏門

부처님께 절하고 불자가 되어

仍拜瞿曇爲佛子

수로왕의 자손이 되지 못하고 석가모니의 대를 이었다

未宗首露繼王孫

이미 형제간에 한 이불 속에 지내는 즐거움은 멀어졌고

己違昆季同衾樂

또 아버지 어머니가 길러주신 은혜도 저버렸구나

又背爺孃吐哺恩

60년의 세월이 틈 사이로 말이 지나가는 것 같다

六十年光如隙驥

한 가지 일도 사람들에게 말할 만한 것이 없음이 부끄럽도다

愧無一事對人言

- 경운 원기(擎雲 元奇 : 1852~1936) 스님, 환갑을 맞아 읊은 시

원종에 대항한 임제종의 종정
경운 원기

✻

1852~1936

원종에 대항한 임제종의 종정
경운 원기

김경운 스님의 법명은 원기(元奇)이고 경운(擎雲)은 법호이며 17세에 출가해 구례 연곡사(燕谷寺) 환월(幻月)의 제자가 되었다.[1]

1910년 이회광이 일본 조동종과 조선 원종의 합병을 추진하자 이에 대항해 임제종이 조직되었을 때 종정(임시 관장)으로 추대되었다.[2] 또

1929년 1월 조선불교 선교양종 승려대회에서 일곱 분의 교정 중 한 분으로 추대되었다.[3]

1880년 명성황후의 발원으로 사경한 『금자 법화경』이 유명하고, 1896년부터 한 자 한 행을 쓸 때마다 절을 한 번씩 해 6년 만에 완성한 화엄경 한 질이 통도사에 보관되어 있는데 필적이 매우 뛰어나다.[4]

경운 스님은 이처럼 글씨를 뛰어나게 잘 써서 근대의 대표적인 사경승이자 교학에도 밝아 선대의 강맥을 이어 법조(法祖)인 함명 태선(函溟 太先:1824~1902), 법부(法父)인 경붕 익운(景鵬 益運:1836~1915)과 솥의 세 발처럼 나란히 강사로 손꼽혔는데, 글씨를 잘 쓴다는 필명만은 경운 스님 홀로 드러났다. 그의 교학은 금봉 병연에게 이어졌는데 금봉은 '근대 4전의 적주'로 일컬어질 만큼 뛰어났다.[5] 또한 당대의 대강백으로 불려지며 일제시대 최고의 학승이었던 박한영 스님도 21세 때부터 3년 동안 선암사에서 경운 스님에게 공부를 했다.[6]

이렇듯 교학과 글씨에 뛰어났던 경운 스님은 임제종의 관장(1911년)과 조선불교 선교양종의 교정(1929년)을 역임했다. '관장'이란 일본 불교 종파의 종정을 지칭하는 호칭에서 따온 것이고, '교정'이란 1929년 당시 일본불교와의 차별성을 부각하는 한편, 조선불교계의 집단종정제도(당시 교정은 일곱 분이었다)에 해당하는 명칭이었다. 그러므로 비록 명칭이 다르긴 하나 경운 스님은 두 번에 걸쳐 종정을 역임한 것이다.

경운 스님의 생애

스님의 속성은 김씨이고 본관은 김해이며, 영남 웅천에서 1852년 1월 3일 출생했다. 모친은 구(具)씨였고, 석옹(石翁)이라는 호를 사용하

조계산 선암사　백제 성왕 7년(529)에 창건된 선암사는 함명 태선, 경붕 익운, 경운 원기, 금봉 병연 등 4대 강백을 배출하였고, 멀리 금강산의 유점사에 있는 스님까지 와서 공부하였다는 기록이 남아있는 사찰이다.　　　　　　　　　　　　　　　　　촬영 한승탁 ⓒ 문화문고

기도 했다. 웅천은 현재의 경남 진해시 웅천동을 가리킨다. 스님은 1868년(고종 5) 17세에 출가해 구례군 연곡사 환월(幻月:1819~1881) 화상의 제자가 되었다. 그는 선암사의 대승강원에서 경을 공부했다. 화엄종장(華嚴宗匠) 함명 태선은 법조이며, 경붕 익운의 밑에서 내전(불교경전)을 익혔다.[7] 30세 되던 1881년에 대중의 추대를 받아 스승 경붕 스님의 강석을 물려받았다. 경운 스님은 직접 강의를 담당해 선암사를 당대 강학의 중심지로 만들었다.

1890년부터 3년간 경운 스님 밑에서 공부를 한 박한영 스님은 스님 입적 후 공부할 때의 상황과 스님을 추모하는 심경을 〈조계산경운당대사비음기(曹溪山擎雲堂大師碑陰記)〉에서 다음과 같이 피력하고 있다.

원종과 임제종의 종정

내가 해마다 형제들과 어깨를 나란히 하고 선사(경운 스님)의 강의를 듣던 시절 강(講)하던 누각 남쪽에 어린 매화나무가 처음 꽃망울을 터뜨리며 향기를 날렸고, 또 그 동쪽 난간 밖에 영산홍이 한 자 남짓했다.

선사가 돌아가신 그 가을(1936년)에 조문을 가서 그 뜰을 들여다보니 매화가 이미 가지가 커져 그늘을 드리울 수 있고, 영산홍도 역시 늙어서 석양빛에 제법 어울린다. 그러나 머리를 돌려봐도 누구와 더불어 이 경치를 함께 말할 사람이 없었다.[8]

경운 스님은 스승의 강맥을 전수받기 1년 전인 1880년 『법화경』 1부를 사경했다. 일우(一愚:1918~1985, 법명은 종수宗壽 '계율은 엄격하기만 한 것이 아니라 아집을 없애고 남을 위하여 자비심을 키우는 수행'이라고 하는 독특한 계율관을 주창했으며, '계율의 엄격성과 절제야말로 질서있는 사회를 만드는 방법'이라고 강조.) 화상이 쓴 〈통도사백련사금자법화경사경연기(通度寺白蓮寺金字法華經寫經緣起)〉[9]에 의하면 이 경전의 사경에는 깊은 사연이 있다.

범어사의 승려 석정진(釋正眞)은 울산 사람 손유상(孫悠庠)의 아들인데 일찍 그 아버지를 잃고 입산해 승려가 된 지 10여 년이었다. 정진 스님이 1878년 5월 28일 밤에 홀연히 한 꿈을 꾸었다. 꿈 속에 한 노승이 불러 따라가다가 한 곳에 이르니, 잠깐 사이에 노승은 보이지 않고 서 있는 땅이 바닷속 섬으로 변했는데 구름이 끝없이 둘러싸고 있었다. 문득 어떤 사람이 와서 그(석정전)의 앞에서 서더니 관향과 성명을 묻기에 사실대로 이야기하자 그 사람은 크게 한숨을 쉬면서 "너는 나의 아이로다"하고 말했다. 또 "너와는 오랫동안 저승과 현상계의 길이 달라 만나지 못했더니 오늘에야 서로 만나니 실로 다행이로다"하고 말한 후 통곡을 했다. 정진 스님은 그 모습이 비록 처량하고 측은하나 그 생김과 음성이 생시와 다름이 있기에 의문이 들었다. 그래서 그의 평생 직업과 죽은 날짜를 물으니 자신의 아버지와 낱낱이 부합해 하나도 틀림이 없었다. 그제서야 정진 스님은 할 말을 잃고 크게 슬피 울었다. 그의 아버지는 위로하며 "선악과 과보는 스스로 짓고 스스로 받으니〔自作自受〕통곡한들 무슨 이익이 있는가. 이곳은 염부제(閻浮提) 동쪽에 있는 한 지옥으로서 이름은 요사(繞蛇)인데 내가 이 속에 있으면서 고통을 받는데 쉴 틈이 없으니 말하기도 씁쓰레하다. 너의 종숙(從叔)과 동리 사람 박문택(朴文澤)도 역시 이 속에 있다. 이곳에는 내가 처음 왔을 때 한 사람이 천상으로 간 자가 있었다. 그는 중국 소주자사(蘇州刺史) 정익수(鄭益壽)인데, 그의 아들 태을(太乙)이 『법화경』을 천 번 읽은 공덕이라 말했으니 너는 나를 위해 『법화경』 1부를 사경해 꼭 1만 번을 읽으면 내가 고통을 벗어나 즐거움을 얻을 수 있으리니〔離苦得樂之期〕열심히 노력하라" 하고 말을 마치자 모습이 보이지 않았다.

정진 스님은 놀라 잠을 깬 후에도 그 말이 여전히 귀에 맴도는지라 독실한 불자인 그의 어머니 김씨에게 이야기했다. 이 얘기를 들은 어머니는 역시 비통함을 이기지 못하고 저승의 부탁을 꼭 들어주리라 맹서했으나 집안에는 저축한 재물이 없었다.

그래서 혼자서는 일을 이룰 수 없으므로 시주자를 모집했다. 시주자를 모으는 과정에 이 소문을 들은 명성황후 민비가 황금과 종이 등의 경비를 하사하고 통도사 백련사에 도량을 열고 백련사 좌주(座主) 오성 우축(五聲 右竺)에게 감독을 맡기고 사경은 경운 스님이 맡게 되었다. 1880년 가을, 경을 서사하기 시작하려는 무렵에 산돈피〔山豽〕한 마리가 당에 들어와 오락가락하는 그 모습이 가축과 같으므로 그 털을 취해 붓을 만들어 『법화경』 전부를 경운 스님이 2개월 만에 완성했다. 그런데 『법

원종과 임제종의 종정

화경』 전부를 사경해도 붓 힘이 그대로였으며, 전혀 털이 닳지 않았다.[10]

이때 쓴 경운 스님의 금자 『법화경』은 통도사에 보관되어 있다. 『동사열전』을 쓴 범해 스님은 그 책에서 경운 스님의 글씨에 대해 다음과 같이 격찬하고 있다.

> 경운 스님이 글씨를 특별히 잘 쓰는 것은 전생(前生)에서의 숙련 덕택이지 금생에서의 노력만 가지고는 도저히 이룰 수 없는 경지다. 이는 하늘이 도와서 되는 것이지, 가르치고 인도해 가능한 것이 아니라고 생각된다. (중략) 예부터 겉과 실속을 함께 갖춘 이가 드물 듯이 문장과 글씨가 아울러 능한 사람도 드문 법인데 경운 스님은 다같이 능했으니 '으뜸으로 기이하다(元奇)'는 법명은 그것을 미리 알고 붙인 것처럼 자연스럽게 예언적 이름이 되었다.[11]

1887년(고종 24, 정해) 봄에 서울의 거사 안기선(安箕仙)이 선암사에 찾아와 경운 스님과 함께 자게 되었다. 그때 안기선이 말하기를 "나라에서 지내는 재(齋)에서 경전을 서사했는데 원기(경운) 스님이 최고의 명필로 인정받았고 그 나머지 모인 사람들은 모두 뒤처졌다"고 했다. 그래서 그는 경운 스님에게 어찌하여 나를 위해 좋은 글씨 한 편 써주지 않겠느냐고 채근해 이에 경운 스님이 안기선에게 글씨를 써주었다.[12]

경운 스님이 39세 때인 1890년, 21세 청년 승려 박한영이 선암사에 와서 경운 스님에게 대교를 배웠다. 선암사 강원에서 3년간 교학을 닦은 박한영은 훗날 일제시대 전 기간을 통해 최고의 대강백이 되었고, 1929년에는 조선불교 선교양종의 7인 교정 가운데 스승 경운과 제자 박한영이 나란히 추대되는 영광을 누렸다.

박한영 스님은 스물한 살의 나이로 책을 끼고 선암사 대승암에 입문했다. 그때가 경인년(1890) 중추였는데, 스님은 백양사 운문암의 김환응 스님에게 사교(四敎)를 마치고 곧장 대승암으로 와서 경운 스님에게 대교과를 3년 동안 공부했던 것이다. 참고로 '사교'란 스님들이 경전을 연구하는 교과 과정의 하나로서 『능엄경』·『기신론』·『금강경』·『원각경』을 말한다.

한영 스님은 처음 선암사 경운 스님께 공부하러 갔을 때의 광경에 대해 다음과 같이 술회하고 있다.

> 승선교(昇仙橋)를 지나 처음 석문(石門)에 들어가니 저녁 종이 산에 푹 잠겨 있고 등불이 막 켜지기 시작했다. 절 안에는 많은 승려들이 운집해 가사 장삼에서는 향내가 풍겼다. 맨 처음 그곳에 들어갔을 때 훌륭한 영산법회에 왔음을 완연히 느꼈다. 지금까지 그때의 모습이 눈에 선하다. 선사(경운 스님)의 춘추는 만 40세였다. 경운 스님의 강의는 소나무에 비 떨어지는 듯해〔搖松雨法〕 사람으로 하여금 뜻을 스스로 알도록 했다.[13]

1896년, 45세의 경운 스님은 선암사 비로암에서 『화엄경』의 사경을 시작해 6년 만에 전질의 서사를 완성했다.[14] 스님은 『화엄경』의 1행을 쓸 때마다 절을 한 번씩 하면서 금강과 같은 신심으로 서사를 했다.

임제종 관장으로 추대되다

경운 스님이 선암사에서 후학을 가르치고 경전을 사경하며 정법 진흥에 여념이 없는 가운데 나라는 기울어져 일제의 식민지로 전락했다.

원종과 임제종의 종정

1910년 8월에 단행된 강제적인 한일병합의 먹물이 채 마르기도 전인 그해 10월 6일, 원종의 종정 이회광 스님이 일본 동경에서 일본불교 조동종과 전문 7조의 연합맹약을 체결했다.

이에 대해 조선승려들은 조선불교를 일본 조동종에게 개종 내지 매종한 행위라면서 이회광을 격렬하게 규탄했다. 이회광의 이른바 '매종역조'의 망동에 대해 전남 백양사의 학승 박한영, 화엄사의 강사 진진응, 범어사의 한용운과 오성월 등을 필두로 대부분의 조선승려들이 이회광의 연합맹약을 맹렬하게 반대했다. 그리하여 연합맹약이 체결된 지 한 달 뒤인 그해 11월 6일, 한용운과 박한영 스님 등은 광주 징심사에 모여 이회광의 연합맹약을 반대함과 아울러 친일종단인 원종에 대항하기 위해 새로이 임제종을 발기했다.

이들은 태고 보우 국사 이후 조선의 선종은 임제 계통이라고 주장하면서 임제종 제1차 총회를 순천 송광사에서 개최하고 임시 종무원 관장으로 경운 스님을 추대했다. 그리하여 임제종을 설립한 일단의 조선승려들은 친일종단의 원종에 대항해 불교 자주화 운동을 전개했다. 그러나 이들의 대립도 일제 총독부가 사찰령을 반포해 1912년 6월에 원종과 임제종의 간판을 모두 철거함으로써 경운 스님의 임제종 관장직도 자연히 소멸되고 말았다.

이제 임제종 관장직의 의무에서도 벗어나 경운 스님은 1912년 음력 12월 24일, 선암사에 금강계단을 설립하고 스님 자신이 전계아사리(傳戒阿闍梨)가 되어 비구·비구니·남녀 신도 등 120여 명에게 비구계와 보살계를 주었다. 그리고 설선당(說禪堂)을 선실(禪室)로 변경하고, 또한 김운악(金雲岳) 스님이 전답 1백 두락을 기증해 그 선원의 일체 경비를 부담했다.

한편 선암사 심검당(尋劍堂)에는 불교 전문 강원을 설립하고 학인들을 모집해 경운 스님이 강의를 했다.[15] 이로써 선암사는 선(禪)·계(戒)·교학 등 삼학(三學)을 원만하게 갖추게 된 것이다. 이렇듯 선암사가 삼학을 고루 완비하는 데에는 경운 스님이 계와 교학 두 분야에 걸쳐 커다란 역할을 했다.

경운 스님은 1913년 2월,《조선불교월보》발간 1주년을 기념해 〈불보제1호연축사(佛報第一號宴祝辭)〉란 제목의 4언 율시를《조선불교월보》13호(1913. 2. 25. 131쪽)에 발표했다. 이렇게 불교잡지와 인연을 맺은 경운 스님은《불교월보》제14호(1913년 3월호)에 '봄의 우레를 전한다면 구천(九天)이 진동하리니' 라는 구절로 시작되는 〈독불교월보유감(讀佛敎月報有感)〉이라는 제목의 7언 율시 한 편과 〈국인 선생이 내게 주신 수시에 봉답하다〔奉答菊人先生寄我壽詩〕〉란 제목의 역시 7언 율시 한 편 등 도합 2편의 한시를 발표했다.

경운 스님은 그 전 해 1912년에 세수로 환갑을 맞이했고 국인 최동식(菊人 崔東植)은 경운 스님께 축사를 보냈던 것이다.

최동식은《불교월보》에 〈변자(變者)는 불교의 공이론(公理論)〉을 비롯한 많은 글을 쓴 사람으로서, 국인 외에도 예운산인(猊雲山人)·조계사문(曹溪沙門) 혜근(惠勤)·만향당(晩香堂) 혜근(惠勤) 등 필명을 사용했다.

이 무렵 조선불교계에는 산중으로부터 점차 도시로 진출해야 한다는 요청이 높아갔다. 이러한 시대 분위기에 따라 경운 스님은 전남 순천 남문 밖에 있는 환선정(喚仙亭)을 매입해 새로운 포교당으로 시설을 변경해 불교 홍포에 노력했다.

김윤식(金允植)이 쓴 〈환선정백련사기(喚仙亭白蓮寺記)〉(《조선불교총보》, 제3호, 1917. 4. 136쪽)에 의하면, 1913년 여름 순천의 환선정 옆 청류에 홀연히 백련 수십 송이가 물 가운데 난만하게 피어나므로 경운 스님이 그곳에 와서 보고 이곳은 부처님과 인연이 깊은 곳이라 하여 순천군청에 요청해 환선정을 매입했다.

그는 중국 여산(廬山)의 혜원(慧遠:334~416)이 백련사를 결성한 고사를 본받아 승려와 신도 일반인들과 함께 백련사를 조직해 포교당을 설립하고 포교사업에 힘을 기울였다. 당시 권상로가 편집인 겸 발행인으로 발간하고 있던 《조선불교월보》 제17호(1913.6.25)에는 경운 스님이 주도한 새 포교당에 대해 다음과 같이 보도하고 있다.

> **순천융불(順川隆佛)**:전남 순천군 남문 외(外) 환선정을 변작(變作)하야 불교 포교당으로 사용하기로 굉장히 수장(修莊)하난 중인데 근일에 조계산 송광사·선암사 양대 본산 법사의 주최로 불교흥융회(佛敎興隆會)를 선위(先爲) 조직했난대 당지 관헌과 원근 명사가 쟁선입회하야 시불문호(詩佛文豪)가 한 세계를 환주장엄(幻住莊嚴)하되 구도 구경은 도피안(到彼岸)할 목적이라더라.[16]

이 기사에는 경운 스님이 포교를 위해 설립한 백련사를 '불교흥융회'라고 표현하고 있다. 경운 스님의 이러한 도심 포교에 대한 의지는 1915년 서울 각황사의 포교사가 됨으로써 보다 효과적으로 실현된다.

각황사 포교시절

1915년 봄, 새로이 30본산 연합사무소 제1대 위원장이 된 강대련 스님은 선암사에서 주석하고 있던 경운 스님을 초청해 각황사의 포교사로

부임케 했다.[17] 경운 스님은 당시 전국 사찰을 통괄하는 30본산 연합사무소가 있는 각황사의 포교사로 재직하면서 그 동안 50년 가까이 갈고 닦은 교학을 널리 펴기도 했지만 그 무렵 그는 스승과 아끼는 제자를 잃는 일을 당하기도 했다.

64세 되던 봄에 서울 각황사에 포교사로 부임해 불법 홍포에 진력하고 있던 그는 그해 8월 10일, 법부 경붕(景鵬:1836~1915, 법명은 익운益運) 화상이 그 전날(1915.8.9) 입적했다는 부고 전보를 받고 서둘러 선암사로 가기 위해 남대문역(지금의 서울역)으로 나갔다. 역에는 불교진흥회 회원과 남녀 신도 일동이 나와 송별의 뜻을 표했고 경운 스님은 스승의 4·7 법재가 끝나면서 다시 서울로 돌아오겠다는 말을 하고 기차에 몸을 실었다.[18]

스승 경붕 익운 대선사

경운 스님의 스승은 법명이 익운(益運)이며 경붕(景鵬)은 그 호이다. 또 부요헌(扶搖軒)이라고 했다. 그의 속성은 김씨이며 관향은 김해이다. 부친의 이름은 기린(麒麟)이며 어머니는 경주 김씨이다. 순천군(지금의 승주군) 주암면 접기인이다. 그는 1836년 2월 24일 태어났다.

모형(母兄)인 화산(華山:1902~1966, 법명은 수옥守玉) 스님이 선암사에 출가했는데 그를 따라가서 책을 읽다가 방외(方外:세속 밖)에 뜻을 두게 되었다. 화산당(華山堂) 오선 선사가 권유해 입사(入寺)했는데 이때 나이 15세였다. 그 다음해에 선암사의 함명 태선(涵溟 太先) 스님 제자로 들어갔으며 호운(浩雲) 스님에게 머리를 깎고 구족계를 받았다. 내외의 여러 책을 두루 읽고 난 뒤 19세 되던 해에 사방으로 멀리 찾아다니며 능

원종과 임제종의 종정

엄 · 기신 · 반야 · 원각경을 응월(應月) 화상에게 배웠다. 설두 유형(雪竇
有炯:1824~1889 경담 서관鏡潭 瑞寬 · 함명 태선과 더불어 조선말기 불교계의 삼걸三
傑로 손꼽힌다) 화상에게는 화엄경과 선문염송을 배워 익혔다. 25세 조계
산(선암사)으로 돌아왔고 1868년 가을에는 무릉산 원효암에서 건당(建
幢:불법의 깃발을 세운다는 뜻. 비구계를 받은 후, 오랜 기간 수행하여 남을 가르칠 수 있
는 경지에 이른 승려가 스승의 법맥을 이어받고 법호를 받는 일.) 배우려는 사람이
산처럼 늘어섰다고 한다. 스승 함명 스님이 불자를 보내면서 말하기를
"나는 이제 다리를 펴고 잠잘 수 있겠다"고 했다. 경붕 스님은 35세에
스승 함명으로부터 강맥을 전수받았다.

20여 년간 제방의 용상(龍象:훌륭한 스님)들이 그 문하에 배출되었는데
강맥을 이은 전교(傳敎) 상족(上足:제자들을 스승의 발에 비유하여, 제자들 가운데
가장 뛰어난 이를 일컫는 말. 수제자)은 경운 스님이며, 전은(傳恩) 제자(弟子)는
운악(雲嶽) 돈각(頓覺)으로 실무에 힘써 불문에 많은 도움을 주었다. 경
붕 스님은 1915년 음력 6월 28일 입적했다. 세수 80세, 법랍 66세였다.[19]
경운 스님은 이 스승 경붕 스님으로부터 30세 때 강맥을 이어받았다.
이런 지중(至重)한 인연으로 경운 스님은 스승의 입적 소식을 듣자 지체
하지 않고 선암사로 달려간 것이다.

한편 일제는 1915년 9월 조선을 식민통치한 '시정(施政) 5주년 기념'
으로 경복궁에서 대대적인 '조선물산공진회'를 개설했다. 조선총독부
에서는 경복궁 터 3천7백여 평에 18개소에 이르는 진열관을 신축해
1915년 9월 1일부터 10월 31일까지 51일 동안 '조선물산공진회'를 개
설했다.

개회식에는 한원궁(閑院宮) 부부가 참석했고, 이어 공진회장에서는
일본 적십자사 조선본부 제2회 총회 · 애국부인회 조선본부 제3회 총회

경운 원기

(10일 2일) · 조선철도 1천리 기념축하식(10월 3일) 등의 행사가 있었다.

『조선총독부 시정 30년사』(조선총독부, 1942, 55쪽)라는 일제측의 문헌에 의하면 이 공진회의 진열품은 농업척식에서부터 미술품 · 고고자료에 이르기까지 13부 46류에 그 출품 총소는 4만 8천3백여 점이 포함되어 있었다. 이처럼 일제측이 행사에 심혈을 기울이자 조선불교계에서도 이 공진회 기간에 불교 포교 행사를 벌였다. 경운 스님은 선암사 비로암에서 6년에 걸쳐 사경한 『화엄경』을 가져와 매일 밤 설법했다. 청법하는 사람들은 경운 스님이 『화엄경』 사경에 들인 지극한 성심과 오랫동안 교학을 강설한 스님의 웅기(雄奇)한 변설에 깊이 감복해 불교에 귀의하는 자가 날마다 늘어갔다.[20]

경운 스님은 화엄법회가 이처럼 성황을 이루며 신도들과 일반인들의 호응이 좋게 되자 1915년 동안거 기간에도 조선물산공진회에서 행하던 화엄경 강설을 계속했다. 그리하여 동안거 기간에 매일 밤 7시부터 8시까지 한 시간 동안 화엄경을 설법했는데 청법 대중이 많이 몰려 성황을 이루었다.[21] 그리고 같은 해 12월에는 경운 스님이 환갑을 맞이한 해에 쓴 〈61초도자제(六十一初度自題)〉란 7언 율시와 이 운을 따서 운양(雲養) 김윤식, 상현(尙玄) 거사 이능화, 송거(松居) 강대련 스님, 퇴경 권상로 외 13명이 쓴 7언 율시를《불교진흥회월보》제9호(1915. 2. 15)에 게재했다. 환갑을 맞이해 읊은 경운 스님의 시는 다음과 같다.

아주 젊은 날 고향을 떠나	塭凉髻歲出鄕園
자비로운 불가에 귀의했다	偶入慈悲釋氏門
부처님께 절하고 불자가 되어	仍拜瞿曇爲佛子
수로왕의 자손이 되지 못하고 석가모니의 대를 이었다	未宗首露繼王孫

원종과 임제종의 종정

이미 형제간에 한 이불 속에 지내는 즐거움은 멀어졌고　　己違昆季同衾樂

또 아버지 어머니가 길러주신 은혜도 저버렸구나　　又背爺孃吐哺恩

60년의 세월이 틈 사이로 말이 지나가는 것 같다　　六十年光如隙驥

한 가지 일도 사람들에게 말할 만한 것이 없음이 부끄럽도다

愧無一事對人言[22]

1916년 가을, 경운 스님은 강맥을 전수해 준 아끼는 제자 금봉 병연을 잃었다.

애제자 금봉 병연 입적

경운 스님의 강맥을 이어받은 금봉 스님은 당시 선암사의 주지 소임을 보고 있었는데 1916년 9월에 세수 48세(법랍 33년)로 한창 일할 장년의 나이에 갑자기 입적하고 말았다.

금봉 스님의 속성은 장(張)씨이며 본관은 여수이고 이름은 기림(基林)이었다. 법명은 병연(秉演)이고 금봉(錦峰)은 호이다. 아버지는 건하(健廈)이며 어머니는 영광 정(丁)씨였다. 금봉은 1869년 12월 24일 근천부(近天府:지금의 여천군) 화양면 옥적리에서 태어났다. 1882년 14세에 영축산 통도사의 경담 서관(鏡潭 瑞寬:1824~1904)에게 출가했고, 이듬해 4월 8일에 삭발하고 사미계를 받았다. 이로부터 10여 년 동안 유명한 강백들을 찾아 가르침을 받으며 불경 연구에 몰두했다. 화엄사의 원화(圓化), 선암사의 경운 스님, 대둔사의 범해·원응 등을 스승으로 삼아 4집·사교·선문염송·경덕전등록 등 공부하지 않은 것이 없었다. 또한 명유(名儒) 이밀재(李密齋)·황매천(黃梅泉:황현黃玹 1855~1910)·여하정(呂荷亭:여

규형呂圭亨:1848~1921) 등과 교류했다.

1893년 경운 스님의 법을 이어받아 1895년 선암사 대승암에서 강의를 열자 많은 학인들이 운집했다. 10여 년 동안 후학을 지도하다가 외래의 문물이 날로 치성함을 보고 서울로 올라가 서학을 배우는 한편 실사구시에 힘썼다. 1913년 6월 선암사 주지가 되었으며 그 다음 해에 경운 스님이 순천에서 세운 포교당의 포교사를 겸했다. 1915년 선암사 주지를 연임해 사찰 업무를 주관하는 동시에 교육을 장려했다. 스승 경운 스님이 각황사 포교사로 재직하고 있던 1916년 9월, 세수 48세로 일찍 입적하니 많은 사람들이 안타까워했다.[23]

수법제자(受法弟子)로 철운 종현(鐵雲 宗玄:1906~1989, 관음종의 종정 저서로『법화경 강설 요지』『선문염송 강의』등), 용곡 정호(龍谷 正浩) 스님을 두었다. 종현 스님은 불후의 명작『태백산맥』을 지은 조정래(1943~) 작가의 부친이다.

경운 스님의 강맥을 전수받은 금봉 병연 스님은 '남방강가(南方講家)의 근대 4전의 적주' 라고 일컬을 정도로 뛰어났다. 이처럼 촉망받던 금봉 스님이 입적하자 그와 함께 선암사에서 경운 스님에게 가르침을 받은 박한영 스님은 한용운 스님과 상의해 그 해(1916년) 11월 5일 추도식을 거행했다. 박한영 스님이 제문을 지어 읽었고, 여하정 · 최동식 두 선생의 추도문이 있었다. 전남 광주군 징심사 포교당에서 김학산(金鶴傘) · 방혼성 두 스님의 발의로 11월 1일 추도회를 거행했고, 순천의 환선정 포교당에서도 순천군수 이병휘(李秉輝)와 김효찬(金孝燦) 등 여러 사람의 발의로 11월 19일 추도회를 거행했으며, 각황사에서는 30본산 주지회의를 기다려 1917년 1월 7일에 연합추도회를 거행했다. 박한영 스님은 스승 경운 스님의 비문 음기에서 금봉 스님에 대해 다음과 같이

원종과 임제종의 종정

기록하고 있다.

> 병연(秉演) 상인(上人:금봉 스님)은 나(박한영)와 동대(同隊)였는데 영걸스
> 런 자태가 심상치 않았다. 글과 생각이 아주 뛰어났고 이 분은 경운당의 소
> 사(小師)인데 후에 호를 금봉이라 했다. 금봉 법형이 나보다 한 살 위인데
> 경봉당의 법인을 친히 전해 받은 사람이고 여러 대중을 거느리고 가르친
> 지 10여 년이 되었다. 그의 법석은 심히 성했다. 나는 공부하던 길을 잃어
> 버리고 구암사를 떠나 북림(北林:서울을 가리킴)에 가서 나그네로 떠돌아다
> 니며 살았다. 고로 비오는 밤에 서로 마주앉아 재미있는 얘기도 별로 나눌
> 수 없었다. 금봉 형이 나이 겨우 48세에 자기 배운 것도 다 펴지 못하고 문
> 득 입적하고 말았다. 남쪽 하늘을 쳐다보며 밝은 별이 떨어진 것 같았고 언
> 제나 든든하게 의지하던 마음도 없어져 버렸다.[24]

박한영 스님은 물론 경향 각지의 불교계에서 금봉 스님이 '겨우 48세
에 자기가 배운 것도 다 펴지 못 하고, 입적 한 것을 아쉬워했다. 이런
애석함을 반영하듯이 예운 산인 최동식은 〈화엄대교사대본산선암사주
지금봉당전(華嚴大敎師大本山仙岩寺住持錦峰堂傳)〉을 지어 《조선불교총보》
제4호(1917.6.30, 211~213쪽)에 게재했다.

1917년 봄에 경운 스님은 서울에 온 일본승려들을 만났다. 즉 1917
년 3월 7일, 각황사 포교사 경운 스님과 30본산 연합사무소 제3대 위원
장 겸 통도사 주지 김구하, 용주사 주지 강대련, 봉은사 주지 나청호, 범
어사 서울 포교당 포교사 한용운, 석왕사 서울포교당 포교사 김남전(金
南泉), 평양 영명사 전 주지 이회명 스님, 《조선불교총보》 편집원 이능
화·권상로 등 9인이 조선호텔로 갔다. 이는 일본불교 진종(眞宗) 동본

원사(東本願寺) 법주(法主) 오타니〔大谷光演〕가 난조〔南條文雄〕와 무라카미〔村上專精〕두 박사와 동반해 3월 5일 서울에 도착했으므로 3월 7일에 위의 조선승려 일행이 이들과 만나기 위해 조선호텔에 간 것이다.[25] 《조선불교총보》의 표현을 빌리자면 '한·일 승려들은 서로 미미(媚媚:아름답고 아름다운)한 담화가 유했다'는 것이다.

또 4월 5일에는 일본 임제종의 관장 아시즈〔蘆津實全〕가 서울에 도착해 그 다음날 경운 스님을 비롯해 중앙학림의 박한영·김보륜·김포광(金包光) 스님과 《불교총보》의 이능화·권상로 외 3인 등 모두 9명이 서울에 있는 일본 임제종 사찰 묘심사로 가서 서로 법담을 나누는 등 담소를 주고받았다.[26] 그 무렵(1917년 4월) 이능화는 〈경운 대선사와 양처(兩處) 백련사〉란 글을 《조선불교총보》 제3호(1917. 4. 30. 134~138쪽) 발표했다. 이 글 속에 경운 스님이 청허 휴정의 법예(法裔)인 상월 새봉(霜月璽篈:1687~1767) 화상의 9세 적전(嫡傳)이며 수년 이래 조선불교 선교양종 30본산 연합포교당 경성부 수송동 각황사의 포교사라는 설명과 함께 두 곳의 백련사에 관한 사실을 기록했다.

첫째, 통도사 백련사에서 『금자법화경』을 사경한 일에 관해서는 일우 화상이 쓴 〈사경연기(寫經緣起)〉와 〈사연화경후발(寫蓮華經後跋)〉을 수록했다.

둘째 순천 환선정에 백련사를 결성한 일에 관해서는 김윤식의 〈환선정백련사기〉와 경운 스님이 쓴 〈경운원기선사백련사발원문〉을 수록했다.

경운 스님의 각황사 포교사 생활은 순조롭게 이어졌다. 3년째 되던 해인 1918년 2월 2일, 경운 스님은 불교 화혼식의 주례를 했다.[27] 이날 각황사에는 《매일신보》의 편집국장 선우일(鮮于日)의 딸 불함(不咸) 양과 신랑 송세호(宋世鎬) 군이 부처님 앞에서 새로 제정한 불교 화혼 예

원종과 임제종의 종정

식으로 결혼식을 거행했다. 영
산회상 주악 속에 신랑 신부는
경운 스님의 주례하에 성대히
결혼의식을 거행했는데, 여러
내빈과 많은 구경꾼이 몰려들
어 대단한 성황을 이루었다. 구
경꾼만도 수천 명에 달했다고
했는데 이는 불교식 결혼의례
가 드문 탓도 있었겠지만, 신부
의 아버지가《매일신보》의 편집
국장이었던 것도 하객이 많았
던 이유 중의 하나가 되었을 것
이다.

상월 스님 사리탑   상월 새봉 스님은 항상 학인
들에게 '학인이 반관(返觀)하는 공부가 없으면
날마다 1천 말을 외운다 해도 아무런 이익이 없
다' 고 하고, 또 '하루라도 착실히 공부하지 않으
면 밥이 부끄럽다' 고 말했다고 한다.
촬영 한승탁 ⓒ 문화문고

　　1919년 3월, 일제의 식민통
치에 저항하는 3·1 독립운동
이 전 조선을 태풍처럼 휩쓸었다. 그러나 경운 스님이 이 민족적 항일운
동에 어떤 태도를 보였는지에 대해서는 아무런 기록도 남아 있지 않다.
단지 3·1 운동 4개월 뒤인 1919년 7월 하순, 권중현이 〈경운화상참회
계계첩서(擎雲和尙懺悔戒牒帖序)〉를 《조선불교총보》 제21호(1920. 5. 20)에
게재했다.

　　개화파 중에서도 일본통이었던 권중현(權重顯:1854~1934)은 을사조약
체결 당시 농상공부대신으로 을사조약에 '가(可)' 자를 쓴 이른바 '을사
5적' 중의 하나이자 한일병합 때는 일제로부터 자작을 수여받고 중추원
고문이 되었으며, 후일에는 조선사편수회의 고문을 지낸 골수 친일파

가운데 하나였다. 일급 친일파였던 권중현은 '선각(善覺) 거사'라는 불교식 호를 사용해 종종 불교에 관한 글을 쓰기도 했는데, 특히 경운 스님과 관련해서는 두 편의 글을 썼다. 앞에서 이미 보았듯이 하나는 〈경운대선사등본화엄경서〉이고 다른 것은 〈경운화상참회계계첩서〉[28] 이다.

이와 같이 친일파 권중현이 3·1 운동의 열기가 채 가시지도 않은 시점에 경운 스님의 '계첩'에 서문을 쓴 것이나, 조선승려와 조선 왕족 및 양반가의 여자와 결혼을 주장하는 『조선 불교기관 확장 의견서』를 쓴 친일승려 강대련의 초청으로 각황사의 포교사가 된 것부터 경운 스님이 친일성향으로 기운 계기가 되었던 것으로 보여 진다. 이로 미루어 볼 때 3·1 운동 당시 경운 스님은 일제에 저항했다기보다는 침묵 내지는 오히려 친일파 권중현 등과 교유하면서 부일 성향으로 기울었던 것으로 생각된다.

이처럼 친일 성향을 은연중에 드러낸 경운 스님은 3·1 운동이 일어난 9월에도 초연하게 봉은사 주지 나청호 스님의 제자 강성인 스님의 건당식에 참석해 7언 절구 한 편을 읊었다. 강성인 스님의 성대한 사법식에는 경운 스님을 비롯해 강대련(용주사 주지)·김상숙(봉은사 주지)·이혼성·김정해·나청호 등 9명의 스님이 〈성인장실건당음(性仁丈室建幢吟)〉이라는 똑같은 제목으로 7언 절구를 읊었다.[29]

1919년 10월 26일, 일요일을 맞이해 총독부 학무국 직원들이 가을 원족회를 가는데, 30본산 연합사무소 위원장 김용곡(30본산 연합사무소 제4대 위원장, 범어사 주지) 이하 여러 임원과 각황사 포교사였던 경운 스님도 함께 동행했다.[30] 당시 30본산 연합사무소에는 일본 동경의 조동종 대학에 유학(1918년 졸업)한 경력이 있는 이혼성(유점사 출신) 스님이 재무장 겸 《조선불교총보》 주필이었고, 연합사무소가 있는 각황사의 포교사는 경운 스님이었으며, 그 외 감원(監院)으로 최용식, 서기로 최병호가 근무하고 있었다.

이들 총독부 직원과 30본산 연합사무소 소속 조선승려들은 종일토록 놀다가 귀로에 7언 절구로 된 한시를 읊었는데, 경운 스님은 총독부 일인 관료의 '유소림사운(遊小林寺韻)'을 따서 무려 여덟 편의 7언 절구를 지었다. 당시 조선총독부 학무국의 고위 일인 관료로 여겨지는 천골생이란 필명을 사용한 자는 '소림사에서 놀다'라는 운으로 다음과 같은 희시(戲詩)를 읊었다.

미인과 시인은 서로 방해하지 않고	美人詩客不相妨
또 산승을 재촉하여 술잔을 드나니	又促山僧擧酒觴
보살이 노래하고 나한이 취하도다	菩薩是歌羅漢醉
반야를 받들어 공양함은 불가의 탕이기 때문이리라	奉供般若佛家湯
	-天骨生[31]

이 시구에 의하면 이들의 가을 야유회에는 기생과 술이 있었음이 분명하다. 일제 관료들은 '조선승려에게 술을 권하고는〔又促山僧擧酒觴〕', '보살이 노래하니 나한이 취한다' 거나 또는 술을 '반야(般若)' 라는 은어로 표현해서 이를 조선승려가 마시는 것은 '불교집안의 탕〔佛家湯〕' 이라며 비웃고 있다. 한마디로 말해 '천골생' 이란 필명을 쓴 총독부 일인 관료의 이 시는 장난기가 다분할 뿐만 아니라 이름 있는 조선 승려인 30본산 연합사무소 위원장 김용곡과 경운 스님을 농하는 기색이 완연하다. 사실 필명으로 사용한 '천골생' 이란 말에도 조선을 식민통치하는 일인 고위관료로서의 오만이 느껴진다. '천골' 이란 어휘에는 '하늘의

뼈' 또는 '일본 천황의 적손'이란 의미가 깃들였다고 해석하면 지나친 과민반응일까? 이런 천골생의 야유에 가까운 희시에 강대련 · 김상숙 · 김정해 · 이혼성의 친일승려들은 물론이고 경운 스님도 앞장서서 여러 편의 시로 화답하고 있다.

경운 스님은 〈천골 선생의 운에 받들어 화답하다〔敬和天骨先生韻〕〉란 제목으로 무려 여덟 편의 시를 지었는데, 그 중에 다음과 같은 내용의 7언 절구도 있다.

태양이 붉게 안개를 비추니 더욱 아름답구나	日照彤霞倍得姸
부드러운 소나무 소리와 더불어 물소리가 이어진다.	松聲細與水聲連
산길의 나무꾼이 이야기를 나누는데	山程樵牧相回語
이 시대의 대임은 누구의 어깨에 달려있는가	大任當年誰荷肩
	-擎雲石翁[32]

이를 보면 경운 스님은 '석옹(石翁)'이란 아호를 쓴 것을 알 수 있다. 그런데 문제는 결구이다. '이 시대의 대임'은 무엇을 뜻하며 또 그걸 짊어질 자가 과연 누구인가 하는 점이다. 당시의 시대적 상황과 일제 관료의 운을 차운한 것으로 볼 때 이 시구의 내용은 다음과 같은 해석이 가능하다.

즉 '대임'이란 조선의 통치 또는 조선불교의 진흥을 가리키는 것일 수 있고, 그러한 책무는 '천골생 당신 같은 사람이 아니겠는가'라고 해석해도 과히 어긋나지 않은 일로 생각된다. 바꾸어 말하면 이 시의 결구는 천골생으로 대표되는 식민관료 일본인에게 아부하는 내용임이 확실하다. 만일 이 시에 대한 이러한 필자의 해석이 긍정된다면, 경운 스님

원종과 임제종의 종정

은 조선의 대표적인 사경승이자 선암사의 강맥을 이은 뛰어난 학승이요 반일 종단 임제종의 종정을 역임한 그 위상을 망각한 다분히 친일성향을 띠었음을 부인할 수 없을 것이다. 천골생의 희시와 경운 스님의 친일성향의 시는 물론이고, 일제 총독부 관료의 가을 야유회에 조선불교를 대표하는 30본산 연합사무소의 위원장과 68세의 경운 스님이 참석한 것 자체가 결코 바람직한 행위가 아니었던 것이다.

1921년, 경운 스님은 7년 동안의 각황사 포교사 생활을 끝내고 선암사로 귀향했다. 스님의 7년에 걸친 서울에서 포교사 생활은 영욕이 교차되는, 그러나 대체로 일련의 친일성향을 노정함으로써 그의 고고한 학승으로서의 면모에 오히려 흠집을 내었다고 보여진다. 그는 도심 포교에 공헌한 바도 적지 않았지만 그에 반비례해 김윤식 · 권중현 등의 친일인사와 강대련 · 김용곡 · 김정해 · 이혼성 등의 친일승려들과 섞이면서 항일종단 임제종의 종정을 역임한 조선불교의 정통성과 우리의 민족적 존엄성을 고수하지 못한 것은 매우 아쉬운 점이 아닐 수 없다.

차라리 경운 스님이 각황사 포교사로 서울에서 욕된 7년을 보내지 않고 그대로 선암사에 머물러 후학양성에 진력했다면 오히려 그 자신이나 이 땅의 불교에 더욱 공헌하는 일이 되었을 것이다. 이런 의미에서 그의 60대는 민족적 자존을 바로 세우지 못하고 오히려 '친일성향을 노정한 노추'였다고 말한다면 너무 가혹한 평가일까.

만년의 경운 노사

70세에 고향 같은 선암사로 돌아온 경운 스님은 전 봉은사 주지 나청호 스님의 공덕을 찬양하는 『불괴비첩(不壞碑帖)』에 이름을 등재하는 한

가로운 일에나 참여한 외에는 비교적 조용한 만년을 보냈다.

1928년, 경운 스님은 77세로 출가 60주년을 맞이해 「출가년환갑(出家年還甲)」이란 제목의 시를 《불교》지에 발표했다.

출가 환갑년에 出家年還甲

정묘년이 가고 무진해가 다가오니 뜻이 다시 새로워	卯去龍來意更新
불교에 귀의해서 산에 들어가던 봄을 다시 만났구나	再逢投佛入山春
참선하는 여가에 학을 길러서 집안이 번창하고	禪餘養鶴繁充戶
강(講)하는 여가에 경을 써서 등신을 이루고	講隙翻經積等身
그림자를 돌아보고 탈속한 사람을 불러보니	顧影雖呼超世者
마음을 단련해서 출진한 사람을 만나기 어려워	鍊心難匹出塵人
오늘도 선영을 찾아뵙지 못하고	至今未省先塋堆
멀리 고향을 바라보며 눈물 흘리네	遙望鄕園淚滿巾[33]

경운 스님은 출가 60주년 이듬해인 1929년 78세의 노령으로 조선불교 선교양종 승려대회에서 추대한 7인의 교정 가운데 한 사람이 되었다.[34] 당시 조선 불교계에서는 점차 거세어지는 일본불교의 조선 진출에 대응해 조선불교의 전통을 지키고자 전국 규모의 승려대회를 개최해 종헌을 새로 제정하고 경운 스님을 비롯해 백양사의 김환응 · 통도사의 서해담(徐海曇) · 오대산의 방한암(方漢岩) · 개운사 대운암의 박한영 · 안성 청룡사의 이용허(李龍虛) · 유점사의 김동선(金東宣) 스님 등 모두 일곱 분의 석덕을 교정에 추대해 집단종정제를 구성했다. 이 교정 제도는 처음 의도한 만큼 원활하게 운영되지는 못했지만 조선불교를 상징하는

원종과 임제종의 종정

굳건한 토대로서 훌륭한 정신적 지주 역할을 했다.

경운 원기 스님은 1930년(79세)에 다음과 같은 시를 읊었다.

절은 초연하게 속세를 떨쳤는데	蘭若超然隔世寰
사람들이 가끔와서 시나 그림을 그리네	謾將詩畵到人間
산마루 솟은 달은 고운 거울인 듯 비치고	峰頭湧懸瑤鏡戶
담밖에 샘물소리 옥반지 울림같구나	戶外泉鳴響玉環
일찍이 법문 들어 극락세계 알았는데	聽法方能知淨土
스승 따라 옛 명산에 수행을 마쳤네	從師止竟老名山
내 이 터전에서 인연이 깊었거니	我於此址因緣重
세월을 세어보니 팔십살이 돌아왔네	彈指光陰八十還

세수 80대의 경운 스님. 그 만년의 삶과 당시 선운사와 스님이 주석하고 있던 대승암의 상황을 알려주는 자료가 있다. 일제는 조선을 식민통치하면서 많은 자국민을 조선으로 이주시켰다. 따라서 당연히 일본불교도 많이 진출했다.

당시 일본 국내에는 12개 종단 49개 교파가 있었는데 그 가운데 1911년까지 조선에 상륙한 일본 종단은 6개 종단의 11개 종파였다.[35] 이러한 상황이었으므로 일제시대 조선에 거주하는 일본인들 가운데는 불교신도도 상당히 많았다. 이들을 위해 서울에서는 《조선불교》라는 제호의 일본어 불교잡지가 발행되고 있었다. 이 《조선불교》 1934년 3월호(제98호)에는 일본승려로 여겨지는 소마[相馬勝英]가 선운사 대승암의 경운 스님을 친견한 기행문이 6쪽에 걸쳐 게재되어 있다.

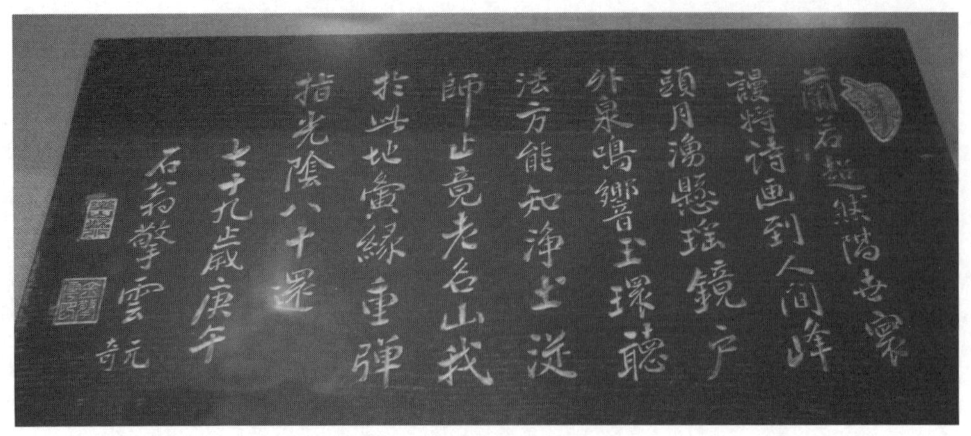

경운원기 시판　　선암사 성보박물관에 소장되어 있는 경운 원기의 시　　　　촬영 한승탁

〈경운 선사와의 상견(相見)〉이라는 제목의 이 기행문을 읽어보면 경운 스님이 주석했던 대승암의 정경과 스님의 만년 생활을 엿볼 수 있다.

1934년 1월 9일. 선암사 법무 소임을 맡은 조선승려의 안내로 소마는 해질녘 '남암(南庵)'이라 불리기도 했던 대승암으로 찾아간다.

두 사람은 옛날 역참(驛站)의 마구간이 있던 곳을 지나 언덕을 돌아 뜻밖의 부락도 지나가서 지난날 백련암 자리에 있던 숯 굽는 집에서 흘러나오는 불빛을 보고 겨울 삭풍에 흔들리는 마른 나뭇가지 소리를 들으면서 산길을 올라갔다. 이들은 본사에서 1천여 미터를 걸어 소나무 한 그루가 우산처럼 펼쳐져 있는 곳에 의자가 놓여져 있는 대승암에 도착했다. 소마는 대승암이란 현판이 걸린 본당을 참배했다. 그리고는 조선조 후 2백 년의 불교학은 이 암자에서 발양되었으며, 수백 명의 뛰어난 고승 석덕이 이곳에서 배출되었다고 회고하고 있다. 아울러 그는 선암사 대승암은 지금으로 치면 훌륭한 '불교대학'이라 이름 붙여질 만한 곳이라는 설명을 덧붙이고 있다.

일본승려 소마는 대승암에 조선 '최후의 사장(師匠)' 경운 선사가 이곳을 지키고 있다고 기록하고 있다. 그러나 별로 사람들이 돌보지 않은 겨울날의 대승암은 폐허와도 같이 '쓸쓸하고 슬퍼 보인다'고 묘사하고 있다. 하지만 암자에는 역대의 사장들이 감격해서 써놓은 〈제대승암(題大乘庵)〉이란 시들이 자리가 좁게 걸려 있는 것을 '난초와 국화가 그 아름다움을 서로 다투는 듯' 눈부시다면서 찬탄하고 있다.

이어 소마와 선암사 법무 소임을 맡은 두 사람은 당의 정면에 있는 진남대(鎭南臺)에 들어가 창을 열고 장엄하게 펼쳐져 있는 선암사의 원경을 '장관'이라고 찬미하면서, 그는 어느 때고 한국의 사찰을 이렇게 먼 곳에서 가람 전체의 아름다움을 보고 싶었다고 피력했다.

이윽고 경운 스님을 친견한 소마는 본능처럼 절을 한 후 선암사 법무의 소개가 끝나자 서울의 박한영 스님이 써준 편지를 드렸다. 경운 스님은 안경을 찾아 제자의 서신을 읽은 후 일승에게 이렇게 말했다.

"나는 옛 사람으로 아무것도 모르지만 그러나 불교는 일본도 조선도 같은 것이다. 그런데도 불구하고 이미 조선에 건너와서 선교를 연구해서 이렇게도 수행이 되었다는 것이야말로 불교의 생명이다. 이제 나를 이 산간까지 와서 일부러 방문해 준 것을 감사하게 생각한다. 나는 금년 83세, 보시는 바와 같이 쇠약해져 버렸다. 별로 병이 있다고 할 수 있는 것은 아니나 노쇠해 하루에 20여 회나 변소에 다녀야 하는 형편이다. 나는 최후의 힘을 기울여 불교에 헌신하고 싶으나 몸이 이처럼 늙어서 어떻게 할 수 없는 것이 안타깝다. 그러나 불법을 설명한다면 수행은 어려움 중의 어려움이다. 수행을 잊어서는 안 된다."

경운 스님은 여기까지 얘기하자 숨이 찼다. 그러나 스님은 시자에게 붓을 찾으라 일렀다. 법무가 먹을 갈자 경운 스님은 한 편의 시를 써서 일본 승려에게 건네면서 "나는 전력을 다해서 이 기쁨을 썼다. 아무쪼록 이 기분만을 가져주게"하고 말했다.

이때 경운 스님이 소마에게 준 시는 기행문 속에 기록되어 있지 않아 어떤 내용인지 알 수 없다. 다만 우리가 짐작할 수 있는 것은, 이 소마란 자는 조선에 건너와 조선불교를 연구한 학승이었으며 또한 서울에 있는 경운 스님의 제자 박한영 스님과도 친교가 있어 그의 소개장을 가지고 선암사로 내려와 경운 스님을 만난 것으로 보여진다.

따라서 그는 대승암에 오기 전 이미 경운 스님과 조선불교계의 내력을 자세히 조사·연구하고 내려온 듯, 경운 스님에 대해서 다음과 같은 존경의 뜻을 나타내고 있다. 83세의 경운 스님을 이 일본승려가 어떻게 생각하고 있었는지 그의 육성으로 직접 들어보자.

(경운) 선사가 여하히 법도를 지키고 복덕(福德)을 닦아 수행하는지는 우리들은 말할 자격이 없다. 압박이 몹시 심했던 이조(李朝), 쇠퇴에 기울어진 불교계에 봉착해서 잘 싸워서 결연코 반도불교의 특징을 유지시킨 것이다. 83년 동안 산을 내려가지 않고 출가의 면목을 유지시켰다. 파계의 승려가 구름 쌓이듯 하는 데도 불구하고 계율을 제일로 해서 정진하신 선사에 이르러 처음으로 살아 있는 반도불교를 엿볼 수가 있게 된 것이다. 교학의 사장으로서 많은 노력을 기울여 수많은 용상을 배출시켰다. 대승암의 법등(法燈)을 훌륭하게 빛낸 것이다. '오늘날 선사보다 나은 강사·학승이 있을까? 하고 생각한즉, 그 옛날 장소가 좁아라 하고 운집하던 학인들의 모습을 다시 생각하기에 충분하다. 사자후하던 선사의 모습이 엿보이는 듯하다. 그리고 상월 새봉(霜月 璽篈:1687~1767) 선사의 학풍은 최후를 결정한 것이었다.

원종과 임제종의 종정

지금부터 23년 전 경성에 처음으로 포교당이 세워져 각황사라 이름 붙여 불일(佛日) 부흥을 도모하고 가두의 민중에게 불타 자비의 비를 처음으로 내린 것도 역시 경운 선사였다. 산간에는 도심의 민중에게로 불교가 흘러든 것이다. 7년간 온갖 고난을 물리치고 포교에 종사했다. 이 기운을 만든 분으로서, 또 최후의 도심 포교를 한 인물로서 그렇게 노력한 것이다.

소마는 '파계하는 승려가 구름 쌓이듯 하는데도 불구하고 계율을 제일로' 하여 조선불교의 교학을 부흥시킨 경운 스님을 높이 평가하고 있다. 그는 경운 스님을 '최후의 사장'으로 호칭하고 있는데, 이는 선암사의 강맥으로 볼 때 타당한 면이 있다. 상월 스님으로부터 발원해 함명→경붕→경운→금봉으로 전수되었으나, 금봉이 1916년에 스승 경운 스님보다 먼저 입적했으므로 소마가 선암사 대승암을 방문한 1934년 당시에는 경운 스님이 선암사 교학의 '최후의 사장'이라 불려도 어긋나는 일은 아니다. 그러나 경운 스님을 조선불교계 전체 최후의 사장이라 부르는 것은 타당하지 않다. 그에게 3년 동안 내전을 배운 박한영 스님을 비롯한 많은 고승 석덕들이 처처에서 조선 불교의 학맥을 이어가고 있었기 때문이다.

소마는 경운 스님을 최상급의 어휘로 찬탄하고 있으나 그 역시 식민 종주국의 승려라는 체취를 곳곳에서 발산하고 있다. 예컨대 조선조를 '이조'라고 핍칭하는 거나, 조선불교를 '반도불교'라고 서술하는 것은 일본제국주의자들의 식민사관이 고스란히 반영된 것이다.

경운 스님은 친견하러 온 일본승려에게 '수행하지 않으면 안 된다'고 여러 차례에 걸쳐 강조하고는 젊은 시절 친히 사경한 『화엄경』을 구경시켜 주기도 했다. 80권이나 되는 방대한 『화엄경』의 사경을 본 이 일본

경운 원기

승려는 경탄을 금하지 못한 채 이렇게 기록하고 있다.

순수한 열정으로 『화엄경』·『법화경』·『지장경』 등을 사경한 스님의 신심에 깊은 존중과 아울러 자신을 비롯한 당대인의 부족함을 자성하고 있는 것이다.

그는 저녁 공양시간을 알리는 목탁소리를 듣고 경운 스님이 81세·83세 때 쓴 벽에 걸린 시편을 바라보고는 스님께 하직인사를 드렸다. 그는 경운 스님의 방을 물러나오면서 스님의 학맥은 한영 스님과 진응 스님에게 이어져 길이 전해질 것이라는 얘기를 길게 늘어놓으면서 마지막으로 대승암과 경운 스님의 모습을 묘사하고는 기행문을 마무리했다.[36]

입적하기 2년 전인 1934년 세수 83세의 경운 스님, 만년의 그 모습을 일본승려의 기행문을 통해 접하게 된 것은 역사의 아이러니로 느껴진다.

만년의 스님은 특별히 병이 있는 것이 아니었으나 하루 20여 회나 대소변을 보아야 할 만큼 쇠약했다. 그렇게 노쇠하신 스님을 50세가량의 제자와 아주 어린 제자 등 두 사람의 시자가 밤낮 교대로 시봉했다. 그러니 스님이 쇠약해서 대승암에는 학인들도 몰려들지 않았으므로 쓸쓸하기조차 했다는 일본승려의 묘사도 사실이었을 것이다. 1936년 11월 오전 11시, 평생 동안 후학을 양성하고 불경을 서사하는데 심혈을 기울인 근대의 대표적인 사경승이자 학승이었던 경운 스님은 선암사 대승암에서 세수 85세, 법랍 68년으로 입적했다.

스님의 사법(嗣法) 제자는 금성 계봉(錦城 啓峰)·금봉 병연(錦峰 秉演)·대응 찬호(大應 燦鎬)·죽암 지윤(竹庵 智潤)·보광 계언(普光 桂彥)·종산 용식

경운대사비 선암사 부도밭에 세워진 경운대사비
촬영 한승탁 ⓒ 문화문고

(鍾山 鏞植)·성봉 성오(星峰 星五)·석담 성신(石潭 性信) 등 도합 여덟 명이 있었는데,[37] 그중 금봉 병연이 가장 뛰어난 상족으로서 스승의 강맥을 이어 받았으나 48세로 일찍 입적해 스승과 도반들을 슬프게 했다.

경운 스님 입적 4년 후인 1940년 경운당 대사비가 선암사에 세워졌다. 전면의 비문은 미소산인(薇蘇山人) 정인보(鄭寅普:1893~6·25 때 납북)가 짓고, 글씨는 위창(葦滄) 거사(居士) 오세창(吳世昌:1864~1953)이 썼으며, 음기는 박한영 스님이 지었다.

일제시대 조선불교 선교양종의 교정

입적 후 이적을 보인 대선백 **환응 탄영**
사문의 종장 **동선 정의**
일제 시대의 대표적인 고승 **해담 치익**
삼학을 구비한 당대의 석덕 **용허 장호**

※ 1929년 조선불교 선교양종의 교정으로 선출된 사람은 환응 탄영·경운 원기·동선 정의·해담 치익·용허 장호·석전 정호·한암 중원 일곱 분이다. 그런데 경운 원기에 관해서는 제1장에서 서술했고, 한암 중원은 중복을 피하기 위하여 제1부 제4장에서 서술한다. 석전 정호는 해방 후 조선불교 초대교정으로 다시 추대되었으므로 제2부 제1장에 서술하였다.

머리는 세어도 마음 안 센다고

髮白非心白

옛사람 일찍이 말했던가.

古人曾漏洩

이제 닭 우는 소리 듣고

今聞一聲鷄

장부의 큰 일 능히 마쳤네.

丈夫能事畢

홀연히 내 집 어딘지 깨닫고보니

忽得自家處

모든 것이 다만 이렇고 이렇도다.

頭頭只此爾

천만금 보물인 대장경도

萬千金寶藏

원래 아무것도 써있지 않은 종이 한장이로다

元是一空紙

- 청허 휴정(清虛 休靜 : 1520~1604) 대사의 오도송

입적 후 이적을 보인 대선백
환응 탄영

*

1847~1929

입적 후 이적을 보인 대선백
환응 탄영

1929년 1월 5일, 조선불교 선교양종 승려대회에서 추대된 일곱 분의 교정 가운데 가장 먼저 입적한 스님은 환응 탄영(幻應 坦泳:1847~1929) 스님이었다.[1] 교정에 선출된 지 3개월 2일 만인 같은 해 4월 7일에 시적 (示寂)했으니 교정으로서는 가장 짧게 재임한 셈이다. 교정 일곱 분들은

일제시대 조선불교 선교양종의 교정

대체로 장수했다. 세수 여든을 넘긴 분은 환응(83세) · 해담(81세) · 동선(81세) · 경운(85세) 스님 등 네 분이었고, 한암(76세)과 한영(79세) 스님 두 분은 70대 후반까지 사셨으며, 용허 스님만이 예순 둘로 입적했다. 당시의 평균 연령이 40세도 못 되었다는 사정을 감안하면 조선불교계의 교정 일곱 분은 모두 장수했다고 기록해도 무방할 것이다. 그 가운데 교정으로 추대될 당시(1929년) 경운 스님만 78세였고, 해담(68세) · 동선(68세) · 용허(61세) · 한영(60세) 스님 등 네 분은 60대였으며 환응 스님이 제일 먼저 입적한 것은 자연의 도리였을 것이다.

이처럼 입적하던 그해에 교정으로 추대되어 3개월밖에 재임하지 못한, 그러면서 입적한 후 가장 불가사의하고 영이한 행적을 남긴 환응 스님의 생애를 살펴보자.

환응당의 생애

환응 스님은 천주교 탄압을 구실로 프랑스가 해군을 파견하던 무렵인 조선조 제24대 헌종 13년(1847) 4월 16일에 전북 무장현(지금의 고창군) 심원면 두어리에서 탄생했다. 속성은 김씨이고 본관은 김해이다. 그런데 환응 스님의 부친에 대해서는 문헌에 따라 기록이 상이하다. 박한영 스님이 쓴 〈도솔산환응당대사사리탑명병서〉에는 부친의 이름을 '기우(基愚)'로 표기하고 있고, 스님의 입적을 보도한 《불교》 제64호(1929. 10. 1. 30쪽)의 기사에는 '기옥(基玉)'이라 기록하고 있다.

환응 스님은 장남으로 탄생했는데 유년에 출가할 때까지의 소년 시절에 대해서는 아무것도 알려져 있는 사실이 없다. 그는 나이 14세 때 고창군 선운사(禪雲寺) 석상암(石床庵)에 주석하고 있던 성일(性鎰) 화상을 찾아가 머리를 깎고 승려가 되었다. 출가한 이유나 사정에 대해서도 아무런 기록이 남아 있지 않다. 어쨌든 그는 석상암에서 행자생활을 하면서 승려로서의 기본적인 이력을 쌓고 2년째 되던 1861년에 선운사 보월(寶月) 선사에게 사미계를 받았다. 이때 받은 법명이 탄영이었다. 환응은 그의 법호이다.

사미 생활을 한 지 4년 후인 1865년 스님은 열아홉 살의 나이로 경담 율사에게 구족계를 받았다.[2] 구족계는 대계 또는 비구·비구니계라고도 한다. 이는 비구·비구니가 받아 지킬 계법으로 비구는 250계, 비구니는 348계를 받는다.

이 계를 받으려는 이는 젊은이로서 일을 감당할 만하고, 몸이 튼튼하며, 병과 범죄 사실이 없으며, 이미 사미계를 받은 자에 한한다. 나이는 만 20세 이상이거나 사미계를 받은 지 3년 이상 되는 자여야 하며, 아무리 나이가 많아도 70세 미만이어야 한다. 구족계를 받은 환응 스님은 곧 만행(卍行:여러 곳으로 두루 돌아다니면서 닦은 온갖 수행)을 떠나 각지를 돌아다니면서 여러 산의 존숙(尊宿:수행이 뛰어나고 덕이 높은 노승老僧)을 두루 찾았다. 이렇게 8년 동안 공부를 해 교와 선의 제장(諸藏)을 통달했다.

스님이 공부한 것을 구체적으로 말하면 대략 이러하다. 즉 사미계를 받은 다음해인 1862년 2월 1일 백양산 운문암의 경담 강백을 찾아가서 불교 내전 공부를 시작했고, 이어 순창 구암사의 설두 화상과 조계산 송광사의 우담 홍기(優曇 洪基:1822~1881) 장로(長老:수행 기간이 길고 덕이 높은 수행자를 높여 일컫는 말) 밑에서 불교의 일대시교(一代時敎:부처님이 일생 동안 가르친 주요 경전)를 졸업했다.[3] 환응 스님이 내전을 공부하던 무렵 당대 호남의 3대 강백은 설두 유형(雪竇 有炯:1824~1889) · 함명 태선(涵溟 太先:1824~1902) · 경담 서관(鏡潭 瑞寬:1824~1904) 스님 세 분이었다. 말하

일제시대 조선불교 선교양종의 교정

자면 환응 스님은 당시의 3대 강백 중 설두·경담 두 분 아래에서 공부한 것이다.

조선말 불문의 삼걸

환응 스님은 1873년 봄에 경담 장로의 법실에 들어갔다. 이어 1877년에 경담 강백 문하로 건당식을 거행하고, 그해 8월 15일에 스승 경담 강백의 전강을 받았다. 그리하여 그는 백암산 운문암의 강좌를 맡아 화엄법계를 천양했다. 이같이 환응 스님은 조선말 불교의 3걸 중 한 분으로 일컬어지는 경담 강백의 법을 이었다. 따라서 환응 스님께 지대한 영향을 끼친 당대 조선 불교의 3걸로 지칭되는 경담 서관·설두 유형·함형 태선 세 스님에 대해 알아보도록 하자.

경담 서관(1824~1904)[4]

스님의 법명은 서관(瑞寬)이고, 경담(鏡潭)은 법호이며, 성씨는 주(朱)씨이다. 그 조상은 휘주(徽州) 신안(新安) 사람이고, 본래는 주문공의 후예로서 동쪽으로 흘러와 태인에서 우거했으며 집안은 농사를 업으로 삼았다.

1824년(순조 24) 6월 20일에 태어났는데, 아버지의 이름은 복문(福文)이고 어머니는 최씨였다. 15세에 전라도 고부 정토사(淨土寺)에 들어가 청련(靑蓮) 스님에 의해 승려가 되었고, 인월(印月) 장로에게 사미계를 받았다. 2년 후 행각을 시작해 조계산 침명 한성(枕溟 翰醒:1801~1876) 스님에게 나아가 구족계를 받았다.

침명 강백은 승주 선암사에서 학풍을 펼치고 있었다. 침명 스님은 1801년(순조 1) 경북 흥양군 남양방에서 태어나 열다섯 살 나던 해에 팔영산 능가사로 들어가 숙부 권민(權敏) 장로 문하에서 머리를 깎고 스님이 된 이래 선암사 대승암에 주석하면서 30여 년간 명강의로 이름을 떨쳤다. 1876년(고종 13)에 세수 76세, 법랍 61년을 일기로 입적했으며, 전강 제자로 함명 스님이 있고 전선 제자로는 설두·우담·경담·용호 스님이 있다.

이 전선 제자 중의 경담 스님과 설두 스님, 그리고 전강 제자 함명 스님이 조선말 불문의 3걸로 손꼽히는 것이다.

경담 스님은 침명 스님에게 구족계를 받은 후 당대의 뛰어난 선지식이자 명강백으로 이름을 떨치던 백파 긍선(白坡 亘璇:1767~1852) 스님을 순창 영구산 구암사(龜岩寺)로 찾아가 본격적으로 이력 과정을 밟기 시작했다. 백파 스님 문하에서 내전은 물론 외전까지도 두루 섭렵했다. 경담 스님은 청허의 12세요, 백파 스님의 3대 법손이 된다. 스님은 언젠가 『능엄경』을 읽다가 삼점차(三漸次)에 이르러 더욱 깊이 발심하고 이후 일생 동안 계율을 정엄하게 지켰다.

경담 스님은 정관(正觀) 옹의 법실을 거쳐 1850년 청류장실(淸流丈室)에서 상승법(上乘法)을 개강하자 수년 동안 있었으며, 고산(高山) 화암사(花巖寺) 강좌에 들어가 공부한 후 백암산으로 돌아갔다.

선지식 참방을 마친 뒤부터 학덕이 알려지기 시작, 선배들보다 도리어 앞좌석에 앉게 되었다. 스님이 대중의 청으로 백양사 운문암에 법연(法筵:설법하는 장소)을 열자 배우거나 토론하고자 찾아오는 학인들이 사방에서 몰려들었는데, 스님은 언제나 귀찮아하지 않고 즐거운 마음으로 대해 주었다.

일제시대 조선불교 선교양종의 교정

운문암　　　환응 스님이 20여 년 동안 바깥출입을 하지 않고 정진하던 곳으로 6 · 25전쟁 때 전소되어 1980년 이후 복원한 것이다.　　　　　　　　　　　촬영 한승탁 ⓒ 문화문고

　그러나 나이가 들고 기력이 쇠잔해짐에 따라 차츰 찾아오는 학인들을 거절하기 시작했으며, 거절해도 돌아가지 않고 배우기 원하는 사람들이 많아지자 마침내 1873년 제자 환응 탄영에게 전강했다.

　그리고는 동쪽에 따로 작은 암자를 지어 장실로 삼았다. 제자 환응이 강석을 물려받아 학인들을 제접하매 오는 자 막지 않고 가는 자 붙잡지 않아 서로 거리낌이 없게 되었다. 경담 스님은 선에 전념하며 26년 동안 그곳에서 보냈다. 스님은 만년에 스승 백파 스님의 옛 도량으로 돌아가길 원해 구암사로 옮겨 마칠 때까지 그 도량에 주석했다.

　입적은 1904년 3월 17일, 세수 81세, 법랍 66년이었다. 법계는 백파 긍선→도봉 국찬(道峰 國燦)→정관 쾌일(正觀 快逸)→경담 서관→환응 탄영→호명 가성(浩溟 佳成) 등으로 이어진다. 스님의 법을 이은 제자 중

환응 탄영·침계 순(枕溪 順)·환운 혜(幻雲 惠)·성암 홍(聖庵 弘)·농성 홍(聾惺 洪)·학산 운(鶴山 運)·호성 환(浩惺 煥)·율호 주(律虎 珠) 등 여덟 명을 경담 문하의 '8철(八哲)'이라 부른다.(박한영, 「화엄종주경담대율사비명」, 『동사열전』, 『한국불교인명사전』)

설두 유형(1824~1889)[5]

환응 스님이 구암사에서 가르침을 받은 설두 스님의 법명은 봉기(奉琪)이고, 자(字)는 유형(有炯)이며, 설두(雪竇)는 법호이다. 성은 완산 이씨로서 1824년(순조 24) 2월 24일 전남 곡성군 옥과면 옥전리에서 태어났다. 아버지의 이름은 동복(東馥), 어머니는 박씨였다. 스님은 일찍이 서당에서 태사사(太史史)와 소미서(少微書)를 공부했는데, 이때 스승께 4집(四集)과 3경(三經)의 의미를 판별해 줄 것을 졸라 스승을 당혹케 하기도 했다. 여기서 '태사사'란 태사공(太史公) 사마천(司馬遷)이 지은 『사기(史記)』를 말함이요, '소미서'는 소미(少微) 강지(江贄)의 『통감절요(通鑑節要)』, 4집은 『서장(書狀)』·『도서(都序)』·『선요(禪要)』·『절요(節要)』이고, 3경은 『시경(詩經)』·『서경(書經)』·『역경(易經)』을 지칭한다.

1842년(현종 8), 19세에 장성 백양사 지장암으로 들어가 정관 쾌일 대사 문하에서 머리를 깎고 승려가 되었다. 이어 백암 도원(白岩 道圓) 율사를 계사로 하여 구족계를 받고, 침명 강주에게서 선참(禪懺)을 받았다. 침명으로부터 사교의 의문점을 해소하고, 순창 영구산 구암사 백파 스님의 선담(禪談) 법회에 참석해 대교의 난관을 해결했다. 이 법회에서 스님은 한 가지의 화두를 받고 백파의 선맥을 이어 4대 법손이 되었다. 이 무렵 백파의 『선문수경(禪文手經)』에 대한 반론으로 초의선사의 『선

일제시대 조선불교 선교양종의 교정

문증정록(禪門證正錄)』이 나와 백파의 선론을 비판했는데, 스님은 다시 『선원소류(禪源溯流)』를 지어 백파의 선론을 옹호했다.

설두 스님은 1870년(고종 7) 모악산 불갑사(佛岬寺)로 주석처를 옮겨 황폐한 사찰의 면모를 일신시킨 뒤 다시 용흥사(龍興寺)로 옮겨가 그곳에 머물면서 또한 퇴락한 절을 중수했다. 스님은 백파 스님의 행장을 알리는 대기대용(大機大用:뛰어난 임기응변의 기량을 완벽하게 활용함)의 비석을 세우고, 어제어필(御製御筆)의 각(閣)을 건립했으며, 『염송집(拈頌集)』의 판역(板役)을 주선했다.

1889년(고종 26), 설두 스님은 환응 환진(幻翁 喚眞)의 청에 의해 양주 천마산 봉인사(奉印寺)에서 선문강회를 열었다. 이어 이듬해 법등을 문도인 설유 처명(雪乳 處明:1858~1903)에게 전하고 그해 8월 29일 세수 66세, 법랍 47년으로 구암사에서 입적했다. 저술로는 『해정록(楷正錄)』, 『통방정안(通方正眼)』, 『선원소류』, 『설두시집』, 『사기(私記)』 등이 있다.

설두는 백파의 제4대 법손이다. 백파의 법계는 서산 대사 문하의 4대파 중 하나인 편양문파에 속하며, 화엄사상의 선을 겸수하는 가풍을 계승했다. 법계는 다음과 같다.

청허 휴정→편양 언기(鞭羊 彦機)→풍담 의심(楓潭 義諶)→월담 설제(月潭 雪霽)→환성 지안→호암 체정(虎岩 體淨)→설파 상언(雪坡 尙彦)→퇴암 태관(退庵 泰瓘)→설봉 거일(雪峰 巨日)→백파 긍선(白坡 亘璇)→도봉 국찬(道峰 國粲)→정관 쾌일(正觀 快逸)→경담서관(鏡潭 瑞寬)→환응 탄영.

동문 형제로는 보월 만익(寶月 萬益)·영월 경문(影月 鏡文)이 있으며, 제자로는 다륜 익진(茶輪 翼振)·서월 경우(犀月 敬瑀)·영월 정(詠月 政)·보월 익(步月 盆)·완성 감(玩性 鑑)·용은 각(龍隱 恪)·청하 환(淸霞 歡) 등이 있다.

함명 태선(1824~1902)[6]

환응 스님이 함명에게 배웠다는 기록은 없으나 함명이 당대의 뛰어난 선지식이었으므로 익히 그 명성과 함께 친견한 사실도 있었을 것이다. 더구나 같은 호남 지역에 주로 주석했으므로 더욱 교류하기 쉬었을 것이다.

함명은 화엄학에 밝은 스님으로서 법명은 태선(太先) 또는 대현(臺現)이다. 성은 밀양 박씨로서, 1824년(순조 24년) 9월 9일 전라도 화순에서 출생했다. 어머니는 동복 오씨인데, 동복은 화순군에 속한 면의 이름이다.

1883년(현종 4) 15세에 장성 만연사(萬淵寺)의 풍곡 덕인(豊谷 德仁) 선사 문하에서 머리를 깎고 스님이 되었다.

함명 스님은 백양사의 정(定) 화상에게 구족계를 받았고, 침명 한성(枕溟 翰醒:1801~1876) 강백에게 삼장을 공부했다. 그리고 은사인 풍곡 법사의 법인을 전수받았다.

1849년(헌종 15) 서석암(瑞石庵)을 짓고 풍곡의 임제종관(臨濟宗觀)을 강의했으며 화엄종주로 이름을 떨쳤다. 당시 '오른편에는 설두, 왼편에는 함명'이라는 일컬을 정도로 함명의 명성은 자자했다.

1902년 1월 26일 세수 70세, 법랍 64년으로 입적했다. 저술로는 『치문사기(緇門私記)』 1권이 전한다.

법계는 청허 휴정→편양 언기→ 풍담 의심→월저 도안(月渚 道安)→설암 추붕(雪岩 秋鵬)→상월 새봉→용담 조관(龍潭 慥冠)→규암 낭성(圭岩 朗誠)→서월(瑞月) 거〈경〉감(巨)〈璟〉(鑑)→회운 진환(會雲 振桓)→원담 내원(圓潭 乃圓)→풍곡 덕인→함명 태선→경붕 익운→경운 원기로 이어진다.

그런데 교정 환응 스님은 설두 스님에 이어 조계산 송광사의 우담 장

일제시대 조선불교 선교양종의 교정

로에게서도 삼학을 공부했다. 그러므로 여기서 우담 강백에 대해서 간략하게라도 살펴보는 것이 유익할 듯하다.

우담 홍기(1822~1902)[7]

스님의 첫 법명은 우행(禹行)이고 우담(優曇)은 법호이다. 성은 권씨이며, 아버지의 이름은 중국(重國)이고, 어머니는 조씨이다. 경북 안동에서 1822년(순조 22) 3월 3일 태어났다. 약관에 명산을 두루 편력하다가 1837년(헌종 3) 16세에 소백산 희방사(喜方寺)의 자신(自信)에게 득도했다.

우담 스님은 팔공산 혼허(渾虛) 선사에게 사교를 배웠다. 이어 조계산 송광사의 연월(蓮月)에게 공부하고, 침명에게 교를 받았다. 선리를 탐구해 깊은 뜻을 터득한 뒤 개당해 많은 후학들을 지도했다. 평상시에는 말이 없다가도 선교를 강설할 때에는 말이 물 흐르는 듯했다고 한다. 1881년(고종 18) 9월 8일, 세수 60세 법랍 45년으로 입적했다. 제자로는 담화(曇華) 관훈(寬訓)이 유명하고, 송광사에서 강의할 때 훗날 교정이 된 환응당 대사가 그 밑에서 공부를 했다.

우담 스님은 만년에 『선문증정록』 1권을 지었다. 이 책은 백파 긍선의 『선문수경』이 고석(古釋)에 위배된다고 보고 그 반론을 제기한 것이다. 백파의 『선문수경』을 둘러싼 조선말의 선 논쟁은 유명한 일이었는데, 우담은 초의의 설을 보완해 백파의 선론을 반박한 것이다. 이에 설두가 『선원소류』를 지어 초의·우담의 선론을 반박했는데, 논쟁은 여기서 그치지 않고 법주사의 축원(竺源:1861~1926) 스님이 다시 『선문재정록(禪門再正錄)』을 지어 초의·우담의 선론에 입각해 백파·설두의 선론을 논박했다.

청정한 율행

환응 스님은 서른한 살에 스승 경담으로부터 전강해 이후 25년 동안 경을 강의했으며 율행이 청정했다. 스승 경담은 제자에게 강석을 물려주고 난 후 운문암에서 수백 보 거리에 따로 우은난야(愚隱蘭若)라는 암자를 지어 선리 참구에 전념했다.[8]

환응이 사방에서 모여드는 학인들을 제접하는데 몰두하고 있는 사이 나라는 일본제국주의자들의 식민지로 전락했다.

일제는 합병 이듬해 1911년 6월 3일 전문 7조로 된 사찰령을 반포했다. 이어 다음 달(7~8)에는 사찰령 시행규칙이 반포되고 조선불교계는 '30본 말사 제도'가 확립되었다. 일제는 이러한 법령을 바탕으로 조선승려들의 신상파악을 위해 총독부의 정무총감이 각 도 장관(도지사)에게 1911년 9월 1일, 조선승려 현원 명부 및 그 이력서 조사를 지시했다.

그리하여 그해 11월 17일 수원 용주사의 강대련 스님을 필두로 하여 전국 30본산의 주지가 차례차례 임명되었다.

당시 각 본산의 주지는 소속 사찰 대중 스님들의 선거로 선출된 스님을 총선총독 테라우치가 임명했다. 이때 전남 장성의 대본산 백양사에서는 본산 주지를 선출하라는 총독부의 통첩에 따라 대중 스님들이 환응 스님을 백양사의 주지 소임을 맡아달라고 추대했다.

그러나 환응 스님이 오랫동안 사양함으로써 백양사에서는 대개의 본산이 주지를 임명하고도 1년이 지난 다음해인 1912년 12월 19일에야

일제시대 조선불교 선교양종의 교정

인가를 받아 환응 스님이 주지직에 취임했다.[9] 하지만 스님은 운문암에 주석한 이래 20여 년 동안 동구 밖을 출입을 하지 않고 내방하는 학인을 가르치거나 서래종지(西來宗旨:선의 이치) 참구에 몰두했다.

이렇듯 불교를 세우고 교학의 진작에 노력하던 중에 64세의 노년에 이르러 대중의 요청으로 본산의 주지 소임을 맡아 군청에 1회 출장을 간 적이 있는데, 스님은 이 한 번의 외출 외에는 그림자도 산 밖을 나서지 않았다고 한다.

이와 같은 환응 스님의 청정한 율행에 대해 박한영 스님은 〈도솔산환응당대사사리탑명병서〉에서 다음과 같이 기록하고 있다.

아아, 대사는 입산한 지 70년 동안 그림자가 세속에 물들지 않고 세상살이에 눈을 돌리지 않았으니 아무도 산 밖에 나와서 다니는 것을 보지 못했다. 그러하기를 수십 년이 되었는데도 그 모습이 위풍당당하여 바라보면 아무도 감히 가까이 가지 못했다. 그러나 가까이 가보면 아주 온화하여 차근차근히 가르치기를 게을리하지 않았다. 이는 마치 백 가지 조화로운 향기 속에 앉아 있는 것 같았다.[10]

스님은 조선불교 선교양종 대본산 백양사 제1세 주지 소임을 마친 뒤 만암 송종헌(曼庵 宋宗憲)에게 주지직을 인계했다. 그리고 1921년, 스승에게 성효(誠孝)가 지극한 진호명(陳浩溟)이 선운사 주지로 취임하자 권속을 따라 선운사 동운암(東雲庵)으로 이석했다.[11] 14세에 선운사로 출가했다가 61년 만인 75세에 다시 출가 본산으로 귀향한 것이다.

환응 스님은 사미승 시절부터 아침저녁으로 관세음보살과 영산존자(나한)를 받들어 모셨는데 무릇 80세에 이르러서도 조금도 게을리 하지 않고 더욱 독실했다고 한다. 또한 스님은 특이한 행동이 있었는데 법연을 개강한 이후 변소에 갈 때면 반드시 옷을 갈아입었으며, 돌아 와서도 또 반드시 목욕을 하고는 다시 옷을 갈아입은 뒤에야 강의를 했다고 한다.

1929년 1월 5일, 앞서도 말했듯이 환응 스님은 조선불교 선교양종 일 곱 분의 교정 가운데 한 사람으로 추대되었다.[12] 그러나 교정이 된 두달 뒤인 그해 3월, 83세의 고령으로 발병하자 스님은 세연이 다해감을 짐 작하고 무려 44년 동안이나 머물렀던 백양 산천을 마직막으로 둘러보 길 원했다. 장성읍 사가리역(四佳里驛)에서 자동차를 대절해 3월 하순에 백양사와 운문암을 찬찬히 둘러보며 고별의 정을 나눈 것이다.[13]

입적과 불가사의한 이적

환응 스님은 입적하기 전해인 1928년 2월 15일, 석가모니 부처님의 열반절에 제자 중 하나인 현학(玄鶴) 스님을 불러서는 "내가 세상을 떠 날 날이 멀지 않았다. 한 번 왔다 한 번 감은 사바세계의 항상 있는 일이 아니겠느냐. 언제든지 내가 환망진구(幻妄塵垢)에 싸인 몸을 떠나면 1분 1초라도 지체하지 말고 네 손으로 꾹꾹 묶어다가 얼른 태워 버려라. 나 의 본원(本願:본본은 인위因位 또는 근본을 뜻함. 인위는 부처가 되려고 수행하는 기 간을 말함. 부처나 보살이 과거에 수행하고 있을 때, 모든 중생을 구제하려고 세운 근원 적 서원. 아미타불의 48원, 약사여래의 12원 따위.)이 있으니 화장도 속히 될 것 이다." 이렇게 이르고는 그 뒤에도 몇 차례 이를 깨우쳐 주었다.

그런데 환응 스님이 입적할 때 일이다. 그 무렵 현학 스님은 사찰일로 긴급히 군산에 출장을 갔는데, 사흘이 지나서야 문득 고령의 스승이 부

일제시대 조선불교 선교양종의 교정

탁한 말이 생각났다. 그는 그날로 귀산(歸山)하지 못하면 정말 스승의 부탁을 저버리게 될 것 같은 예감이 들어 그만 볼일을 중지하고 돌아가기로 결정했다.

군산발 오후 차로 출발한 스님은 곧 이리(현 익산)를 경유해 오후 6시경에 장성 사거리 역에 도착했다. 해는 진작에 저물었지만 그곳에서 잘 수는 없다고 생각한 스님은 음식점에 들러 요기만 면하고 수제등을 준비해 도보로 고창읍을 지나 선운사 아래의 사하촌에 이르렀는데 그때는 벌써 닭 우는 소리가 들렸다. 그러나 현학 스님은 거기서도 잘 수 없다고 생각하고 잠시 앉아 쉬고 있었다.

그때였다. 환응 스님을 시탕(侍湯)하던 사람과 부목(負木)이 등불을 가지고 마중을 나와서는 이렇게 말했다.

"노장님(환응 스님)이 말씀하시기를 지금 가면 만날 터이니 급히 불러 오라 전갈하십디다."

일행은 황급히 동운암으로 올라갔다. 암자에는 이미 여러 스님들이 환응 스님 둘레에 모여 앉아 있었다. 환응 스님은 현학을 보고는 "오, 너 잘 왔다." 그러고는 한참 조용히 계시더니 별안간 무릎을 치며 크게 웃은 뒤 "참, 묘하고 묘하구나!" 했다. 그리고는 여러 대중들을 둘러보면서 "세상은 무상이다. 자네들도 백사(百事)를 수연(隨緣)하면서 묘한 진리를 제각기 찾아보아야 하느니라"하는 말을 남기고는 마침내 태연하게 입적했다.

1929년 4월 7일, 세수 83세 법랍 69년으로 세연을 마친 것이다. 대중들은 입적한 지 사흘이 되는 4월 9일 오후 1시에 다비식을 거행했는데, 웬일인지 불이 잘 붙지 않아 간신히 한쪽에 불을 붙여 놓고 밤샘할 사람을 정했다. 이윽고 4시간 정도 지났을 때 다시 다비식 장소에 나갔더니 겉으로는 한 점의 불길도 보이지 않는데 이미 화장이 다 된 듯했다. 그러자 다비를 맡은 사람이 놀라 이렇게 말했다.

"아니, 이게 웬일이야! 내가 50여 회의 화장 경력이 있으나 탄장(炭葬)으로는 사나흘을 가고 목장(木葬)도 24시간 정도는 걸려야 습골을 하는 법인데, 이와 같이 신속해서야 내일을 기다릴 것이 무엇이랴."

그러자 여러 사람들은 환응 스님의 '삼매화(三昧火)'니 '성화자분(聖火自焚)'이니 하면서 의견이 분분했다. 결국 이들은 화장이 다 되었으니 겉의 타지 않은 나무들을 걷어내고 습골식(拾骨式)을 거행한 후 남은 재는 땅을 파고 묻었다. 이 모든 것이, 즉 다비식에서 습골식까지 5시간이 다 못 되어 모든 화장의식이 끝난 것이다.[14]

그런데 환응 스님 다비식 후 선운사에서 불가사의한 서기가 서렸는데, 이에 관해서 당시의 교계 잡지 《불교》 제64호(1929. 10. 1. 30~32쪽)에는 2차에 걸친 선운사 주지 김동수(金東洙) 스님의 자세한 보고가 게재되어 있다. 그 요지는 이러하다.

고 환응 화상 서기의 건

당사(선운사) 종운암 교정 대선사 환응 노화상 입적 후 5 · 7재 4일 뒤인 음력 5월 15일 하오 8시경에 6조(六條)로 된 오색 서기가 일어나 서방에 걸쳐 있고 다시 복합 3조(三條)해 선운사 대웅전을 향한 채 3시간 동안 비추고 있다가 소멸하므로 모든 선운사 대중들이 경건하게 이 서기를 지켜보았다. 같은 달 7 · 7재 전날인 24일 하오 9시경에도 역시 백색 서기가 공중에 뭉쳐 하늘에 구름처럼 서려 있다가 수 시간 후에 스러지는 것을 모든 대중이 함께 지켜보았다.

일제시대 조선불교 선교양종의 교정

이는 환응 스님이 70여 년 동안 독실히 정진했으므로 그 영적인 빛으로 생멸 중에 생멸이 없는 본의(本義)를 나타낸 것이며, 또한 많은 중생으로 하여금 발심해 신심을 일으켜 정법의 진리를 돈독하게 수행하라는 의미이므로 보고함.[15]

– 1929년 7월 8일, 선운사 주지 김동수

그런데 이 사실이 《불교》지에 실리게 된 이면에도 나름대로 사연이 있다. 환응 스님 입적 후 나타난 불가사의한 이적에 대해 많은 사람들이 사실을 발표하지 않는다고 성화를 부렸다. 그러나 환응의 제자 호명 스님은 "우리 불교에서는 신통방광(神通放光)이니 영주사리(靈珠舍利)니 하는 것을 그렇게 중대시하지 아니할뿐더러 입적하신 스님께서 일생을 통해 무상(無相)으로 종(宗)을 삼으신 까닭에 명상칭예(名相稱譽) 등에는 절대로 사양을 했으니 오늘날 영적(靈蹟)을 발표하는 것은 도리어 스님의 본뜻을 거슬리는 것"이라며 세상에 알리기를 주저했다.

그러나 수차례나 신문기자들이 찾아와 취재를 해서는 신문에 게재했다. 그러나 선운사의 스님의 제자들도 어차피 세상에 알려지는 것이니 세속의 신문에만 맡겨둘 수는 없다고 해 선운사 주지는 본사인 백양사에 보고함과 아울러 《불교》 제64호에도 게재하는 것을 허용했던 것이다.

박한영 스님도 '(환응 대사는) 세간에서 해탈해 상승(上乘)의 선업(禪業)을 닦았으나 화려한 세속의 문장에 등한히 했으므로 대사의 명성이 중외에 널리 알려지지 못했다'고 하고는, '대사가 바른 도를 행했기 때문에 오히려 기록할 일이 적고 세상에 알려지지 못한다 해 서러워할 인물이 아니'라고 그 비명에 기록하고 있다.

다비 후 제자들은 오색 사리 14과를 수습했다. 그리고 대사가 입적한

환응 스님 사리탑   촬영 한승탁 ⓒ 문화문고

지 14년째인 1942년 2월, 문도들이 협력해 스님의 사리를 상도솔 천연암탑에 모셨고 그 명(銘)은 석전 정호 스님이 지었다. 법계는 청허 휴정→편양 언기→풍담 의심→월담 설제→환성 지안→호암 체정→설파 상언→퇴암 태관→설봉 거일→백파 긍선→도봉 국찬→정관 쾌일→경담 서관→환응 탄영→호명 가성으로 이어졌다.

환응 대사 입적 후 대사의 승묘(勝妙:뛰어나게 기묘)한 덕을 기리는 추도식이 여러 곳에서 있었다. 1929년 11월 18일, 호남 대본산 장성 백양사에서는 그해 3월 27일에 입적한 학명 계종(鶴鳴 啓宗:1867~1929) 선사와 4월초에 입적한 교정 환응 대선사의 합동추도식을 봉행했다.[16] 백양사 본말사에서 주최한 추도식에는 백양사 주지인 만암 스님이 추도시를 읊었다. 오중산(吳中山)·국묵담(鞠黙潭) 스님이 입적한 두 대사의 약력을 보고했으며, 박장조(朴長照) 스님이 환응 대사에 대한 예사(禮辭)를, 그리고 황일규(黃一奎) 씨는 학명 선사에 대한 예사를 했다. 또 안주봉(安舟峰)·김봉수(金鳳秀) 두 사람은 추도사를 낭독하는 등 향을 사르고 독경을 하며 당대의 대선지식이었던 환응과 학명 스님을 기리는 추도식을 엄숙하게 봉행했다.

이 추도식에서 개암사 주지 안주봉 스님이 낭독한 〈고교정환응대선사

일제시대 조선불교 선교양종의 교정

애사(故敎正幻應大禪師哀辭)〉는 《불교》지 제68호(1930. 2. 1, 49~50쪽)에 게재되었다. 한편 1930년 3월 23일에는 제2회 조선불교 선교양종 종회에서 개회 벽두에 선운사에서 열반한 교정 환응 대사의 추도식을 거행하고, 그 추도사 전문 역시 《불교》지 제71호(1930. 5. 1, 11쪽)에 발표했다. 입적 후 신통방광을 해 당대의 사람들에게 깊은 감명을 준 환응 대상의 사리탑에 비문을 쓴 박한영 스님은 다음과 같이 스님을 기리고 있다.

도솔천의 빛이	兜率之光
금빛 파도로 황홀하고	金波滑忽
선운(선의 구름)이 비처럼 내린다.	禪雲若霏
대사가 하세한 후	我師下世
남은 애착이 없이	得無有愛
입적 후에도 방광이 계속되어	幻后續光
촛불을 켜놓아도 알지 못 하겠네	有難燭知[17]

목숨은 물거품과 다름 없기에

人生命若水泡空

팔십여 년 세월 한바탕 꿈이라네.

八十餘年春夢中

이제 껍데기도 내던지니

臨路如今放皮袋

한덩이 붉은 태양이 서산에 지네

一輪紅日下西峰

- 태고 보우(太古 普雨 : 1301~1382) 스님의 임종게.

사 문 의 종 장
동선 정의

❋

1856~1936

사문의 종장
동선 정의

18세에 출가해 1891년 36세에 유점사 반야암에서 개당하자 승려·납자·속인 등 배우고자 하는 사람들이 발꿈치가 맞닿을 정도로 몰려들었다는 동선 정의(東宣 淨義) 스님.

당시 그에게 배운 학인들은 동선 스님을 대방(大方)에서 온갖 것을 섭렵한 '사문(斯門)의 종장(宗匠:오랜 수행으로 성품이 청정하여 수행자의 모범이 되는 승려. 종사宗師)'이라 칭했다. 이러한 중망에 의해 스님은 유점사 만일연화사(萬日蓮花社)의 주실(籌室:운영책임자)과 화주(化主:신도들의 집을 돌며 절에 필요한 양식·물건·비용 등의 시물施物을 얻는 소임)를 맡았고 금강산 대본사인 유점사의 제2세 주지를 역임했을 뿐만 아니라, 동국경원(東國經院)을 설립해 수많은 후학을 양성하고 마침내 1929년 1월 5일 조선불교 선교양종의 집단 종정 제도였던 일곱 분의 교정(敎正) 가운데 한 사람으로 추대되었다.

동선 스님의 생애[1]

종문의 석덕(碩德)으로 교정에 선출된 동선 스님은 1856년(철종 7) 1월 4일, 경북 안동군 풍산면 소산리에서 출생했다. 속성은 김씨이며 본관은 안동이다. 아버지의 이름은 홍락(洪洛), 어머니는 변(邊)씨였다. 법명는 정의(淨義)이고 동선(東宣)은 호이다. 일찍이 향리의 서당에 입학해 경사(經史)에 통달했고, 정신과 뜻이 범상치 않았으며, 소년시절부터 달리기에 능했고 기세가 훤칠하고 밝았다.

18세 때 세상의 무상함을 깨달아 부모에게 말씀드리고 강원도 정선군 태백산 정암사(淨岩寺)로 출가했다. 정암사는 신라의 자장(慈藏) 율사가 창건한 절이었다. 그는 이 절에서 벽암 서호(璧庵 西灝:1837~1911) 선사에게 머리를 깎고 승려가 되었다.

1873년(고종 10) 10월 5일, 스님은 금강산 유점사에 들어갔다. 그리고 이듬해(1874년)부터 1886년 7월 15일까지 13년 동안 나은(懶隱)·환경 우인(幻鏡 雨仁)·용호 해주(龍湖 海珠:?~1887) 등의 뛰어난 석덕들 밑에서 불교 내전을 깊이 공부했다. 또한 정암사·월정사 등의 선원에서 공안을 침구하여 수선(修禪)했다. 보월 선사에게서 구족계를 받았고, 벽암 서호 선사의 법을 이었다.

동선의 스승들

동선 스님의 은사이자 법을 전해 준 스승 벽암 서호(1837~1911)는 김해 김씨이며, 아버지의 이름은 영윤(榮潤), 어머니는 경주 김씨였다.[2] 충청도 덕산군 대아리에서 태어났는데, 어릴 때부터 총명해 유학의 경서를 두루 섭렵하고, 1842년(헌종 8) 16세에 양주군 수락산 홍국사(興國寺)의 연월에게 득도했다. 환응 선사의 법을 이어받았으며, 이어 강주(講主:강원講院의 교육 전반을 맡은 승려)로서 홍국사에서 개강했다. 35세 때인 1871년『화엄경』「보현행원품(普賢行願品)」의 '모든 불보살이 법을 중히 여기어 신명을 아끼지 않고 피를 내어 경을 쓴다' 는 구절을 읽고 크게 감명을 받아 손가락의 피를 내어『아미타경』을 족자에 썼다. 한 자를 쓸 때마다 세 번 돌고 세 번 예배하고 세 번 극락정토를 부르면서 1백 일 만에 한 권을 이루었고, 그것을 판각해 1천여 부를 발행했다.

38세 때인 1874년 태백산 정암사에 가서 백일기도를 올린 뒤 수마노 석탑(水瑪瑙石塔)을 중수했다. 이 탑은 신라의 자장 스님이 당나라 청량사에 있는 문수대성전(文殊大聖殿)에 기도해 석가모니 부처님의 그 기저를 파니 기간 밑돌에 '벽암(蘗庵) 중수(重修)' 라는 글자가 새겨져 있었다. 스승의 행장(行狀:전기)을 쓴 동선 스님은 '천년 후의 일을 예언한 것은 이적(異蹟)' 이라고 감탄하고 있다.

1893년 57세 때 금강산 유점사로 가서 만일 염불회의 화주가 되어 연

일제시대 조선불교 선교양종의 교정

종(蓮宗:염불회)을 중흥시켰으며, 서울의 유력한 고관들을 신도로 삼아 1882년의 대화재로 불탄 유점사를 크게 중수했다. 1911년 4월 24일 유점사에서 세수 75세, 법랍 59년으로 입적했다. 법을 이은 제자는 동선 정의였다.(『동선노사유고』, 금강산 유점사, 1943, 46~48쪽.)

동선 스님이 불교 내전을 배운 환경 우인(幻鏡 雨仁:?~?)은 속성이 황씨이며, 환옹 환진(幻翁 喚眞:1824~1904)의 제자였다. 인격이 걸출하고 지혜가 뛰어나 영남의 대강백으로 이름을 남겼다. 그러나 자료가 남아 있지 않아 자세한 행적은 알 수 없다. 역시 동선 스님에게 내전을 가르친 용호 해주(龍湖 海珠:?~1887)는 취인(取仁)의 법을 잇고, 문경 사불산(四佛山)의 대승사에서 강설했다. 청화산(靑華山) 백련암의 대강사이며 화엄종주로 이름을 떨쳤다. 1887년 8월 30일 입적했다.[3]

동선 스님은 이와 같이 벽암 · 나은 · 환경 · 용호 등과 같이 훌륭한 스승들 밑에서 착실하게 공부해 학문의 기반을 잡았다. 그는 섶을 따내고 촛불로 비추듯이 분명하게 알아 선의 본지를 드러내고 불자(拂子)를 세워 살활(殺活)의 종지를 확연하게 드러냈다.

1890년(35세) 가을에 동선 스님은 〈금강산 표훈사 반야보전 3차 중건기〉를 썼다.[4] 표훈사는 장안사 · 유점사 · 신계사와 더불어 금강산 4대 사찰 중의 하나인데, 강원도 내금강면 장연리 금강산 만폭동에 위치했다. 금강산은 법기보살의 주처로 일컬어지는데 표훈사는 바로 그 법기 신앙의 중심 사찰이었다. 세종 6년(1424), 표훈사에 210결의 토지에다가 90결을 추가 지급하고 150여 명의 승려가 기거했다는 기록이 있는 걸로 보면 오래 전부터 매우 큰 사찰이었음을 알 수 있다.

본래 표훈사는 20여 채의 건물로 이루어졌으나 당시에는 동선 스님이 중건기를 쓴 반야보전을 중심으로 그 앞에 능파루 · 산영루가 있고,

반야보전과 능파루 사이에 서쪽으로 명월당이 있었다. 하지만 이 모두
는 6·25전쟁 때 소실되었다. 동선 스님 당시에 세 번째로 중건된 반야
보전은 정면 3칸 측면 3칸의 흘림기둥으로 겹처마 팔작지붕으로 지어
진 건물이었다.

동선 스님은 1891년 2월 15일 서른여섯 살의 나이에 개당해 널리 법
을 설했다. 그러자 소문이 멀리 퍼져 승속과 눈 푸른 납자들이 경전을
끼고 몰려와 가르침을 받았다. 뛰어난 학인들이 발꿈치가 서로 맞닿을
정도로 잇달아 늘어서서 배움을 청했다. 그리하여 처음에는 어려웠으나
나중에는 쉽게 되었고, 허(虛)한 채 와서는 실(實)하게 되어 돌아갔다.
따라서 동선 스님에게 배운 사람들은 모두 말하기를 "동선 스님은 대방
(온갖 것)을 섭렵한 사문의 종장"이라 칭했다.[5]

유점사와 동선 스님

동선 스님은 개당 이듬해인 1892년 12월, 〈유점사 중건기〉를 썼다.[6]
유점사는 금강산 4대 사찰 중의 하나이자 당시 전국 30본사 가운데 하
나인 거찰이었다. 강원도 고성군 서면 백천교리 125번지에 소재했는데,
금강산 미륵봉 동쪽 줄기 아래에 있는 선담(船潭) 하류의 동편에 위치하
고 있었다. 절의 뒤편에 청구산(靑龜山)이 솟아 있고, 남으로는 삼인봉
(三印峰)이 있는데, 사찰은 그 사이의 분지에 자리하고 있었다.

또한 멀리 서쪽으로 미륵봉이 보이고 동쪽으로는 개잔령(開殘嶺)이
보이는 그야말로 금강산의 절경 속에 그림자처럼 위치한 절이 유점사였
다.[7] 그런데 이 거대하고 수려한 유점사는 1882년 대화재가 발생해 수
충사(酬忠祠)·산영루(山映樓)·서래각(西來閣)을 제외한 수천 칸의 전각

일제시대 조선불교 선교양종의 교정

이 전소되었다. 다행히 53불(佛)과 인도산 진주 방석과 중종(中鐘) 등의 중요 보물은 소실을 모면하고 대종도 종각을 부수고 꺼냈다.[8]

화재 후 우은 달선(愚隱 達善:1831~1891) 장로가 주관이 되어 백방으로 노력해 사찰 중건에 썼으며, 순상(巡相) 남정익(南廷益)이 조정에 주청해 공명첩(空名帖) 5백 장을 특별히 하사받아 유점사 중건에 사용했다. 이렇게 해 1883년 봄에 중창 공사를 시작해 능인보전(能仁寶殿)·용음루(龍吟樓)·자묘암(慈妙庵)·연화사(蓮華寺)·수월당(水月堂)·봉향각(奉香閣)·가람전(伽藍殿) 등을 다시 세웠다.

하지만 이해 10월에 연화사가 또다시 불에 탔다. 동선 스님의 스승 벽암 화상은 서울의 유력한 고관들의 시주를 받아 유점사를 중수하는데 크게 기여했다. 이어 1884년(고종 21)에는 영산전(靈山殿)·시왕전(十王殿)·칠성각(七星閣)·천왕문(天王門)·연화사·규정소(糾正所)·범종각(梵鐘閣) 등을 다시 세웠다. 그리고 1890년에는 발용당(鉢龍堂)을 다시 지었다.[9]

이렇듯 유점사의 중창 불사가 착착 진행되어가던 중인 1891년 중창을 주관한 우은 장로가 입적했고, 10여 년 동안의 중창 불사가 거의 마무리되던 1892년 12월 동선 스님이 〈유점사 중건기〉를 짓게 된 것이다.

동선 스님은 유점사 중건을 무사히 마치면서 '나라가 있는 곳에 산이 있고, 산이 있는 곳에 절이 있다〔國有山 山有寺矣〕'는 감동적인 구절로 〈유점사 중건기〉를 끝맺었다. 그러나 스님이 중건기를 쓴 후에도 중창 공사는 계속되어 1894년(고종 31)에는 금당 화상과 혜운(慧雲) 상욱(尙旭)이 어실각(御室閣)을 새로운 터에 창건하고 옛 터는 수중사로 하여금 선사들의 영정을 봉안하게 했다.

이어 1895년에는 보타전(寶陀殿)과 용선전(龍船殿)을 중건했고, 1897

년에는 대암(大庵) 응환(應煥) 화상이 각 법당의 개금과 탱화의 조성 및 개채(改彩) 불사를 했는데 그 내역에 관해서는 같은 해 6월 상순에 동선 스님이 〈유점사 불사기〉에 기록했다.[10]

즉 개금은 본사존상(本師尊像) · 53불 · 아미타불 3위 · 약사여래와 보처(補處) 3위 · 관음보살 1위 · 법기보살 1위 등이었고, 새로이 조성한 탱화는 영산상단후탱(靈山上壇後幀) · 16각부 및 독성탱(獨聖幀) · 대웅전 · 신중탱(神衆幀) · 영산사자탱(靈山使者幀) · 가람신탱(伽藍神幀) 등이었으며, 개채는 관음보살 1위 · 나한 19위 · 제석상(帝釋相) 1위 · 가람신 1위 · 영산동자상 2위 등이었다.

동선 스님은 유점사 반야암에서 개당해 학인들을 지도한 지 6년째 되던 1897년부터 연화사 주실의 소임을 맡아 1902년까지 그 직무를 수행했다. 연화사에는 만일 염불회가 설치되어 있었는데, 여기에는 스승 벽암 화상이 이미 1893년부터 화주가 되어 활동하고 있었으므로 동선 스님은 스승을 보좌해 연화사의 실무 책임을 맡은 것이다.

연화사 주실이 된 스님은 매년 『화엄경』을 넓고 길게 설하여 사람과 하늘이 그 은덕을 입어 법우(法雨:부처의 가르침을 비에 비유한 말)가 윤택해졌으며, 원돈문(圓頓門) 안의 존망(存亡)을 함께 얻어 깨달음의 밝은 빛을 비추었다.

동선 스님이 유점사 반야암에서 강의를 시작한 지 8년이 된 1899년 10월 하순에 '금강산유점사동선강백문계(金剛山楡岾寺東宣講伯門契)'가 만들어졌다.[11] 스님에게서 가르침을 받은 제자들이 모여 계(契)를 만든 것이다. 말하자면 문도들의 친목계라고 할 수 있는데, 이때 문계(門契)의 서(序)를 쓴 것은 동선 스님의 문도로서 건봉사에 있던 보운 본엽(寶雲 本葉)이었다.

일제시대 조선불교 선교양종의 교정

동선 스님 입적 후에 편집된 『동선노사유고』(유점사, 1944)의 문인록에 의하면 스님의 제자는 매우 많았다.

수은 제자로는 회은 윤형(晦隱 允衡)·응선 창예(應宣 暢藝)·수암 자혜(秀庵 慈慧) 등을 비롯해 모두 6명이 있고, 수법 제자로는 탄월 보형(坦月 普炯)·우운 경식(雨雲 耕植)·야운 재은(野雲 在隱) 3명이 있고, 수계 제자는 일우 중광(日宇 重光:1934~2002 속명은 고창률高昌律이며 1960년 경남 양산 통도사로 출가, 계율을 어기고 기행奇行때문에 승적 박탈(1979), 백담사의 오현五鉉 스님으로부터 농암聾庵이라는 법호를 받음. 저서에 『허튼 소리』(1989) 『벙어리 절간 이야기』(1997) 등과 시인 천상병, 소설가 이외수와 함께 펴낸 『도적놈 셋이서』(1998) 등이 있다.)을 비롯해 8명이 있고, 수선 제자는 강대련·운허 용하(耘虛 龍夏:1892~1980, 대장경 한글화의 선구자. 1961년 국내 최초로 『불교사전』 편찬) 등 스님 14명과 거사 및 청신녀가 18명이 있으며, 그 외 법은손(法恩孫) 11명, 법손(法孫) 5명, 증손(曾孫) 18명, 현손(玄孫) 7명, 문손(門孫) 12명, 사제(師弟) 15명, 질좌(侄佐) 16명 등이 기록되어있다.

1900년(고종 37) 응환(應煥) 화상이 반야암을 중건했다. 반야암은 동선 스님이 9년 전에 개강한 곳이었다. 이처럼 인연 깊은 반야암이 중건되자 그 이듬해 5월 상순에 〈유점사 반야암 중수기〉를 썼다. 그로서는 감회가 남달랐을 것이다.[12]

역시 같은 해인 1901년 여름, 스님은 스승 벽암 선사가 경기도 여주읍에 사는 참판 김용규(金用圭)와 그 부인 송씨가 유점사 영산전(靈山殿)에 불량(佛粮)을 시주하겠다는 말을 듣고 그 사실을 기록했다. 참판 김용규 집안에서는 유점사 불사에도 상당히 많은 시주를 했고 계속해 영산전에 향불이 끊어지지 않도록 크게 보시를 했다. 그리하여 스님은 그러한 내용을 〈유점사영산전불량서(楡岾寺靈山殿佛粮序)〉[13]라는 제목으로 기록한 것이다.

연화사 주실 소임에 이어 동선 스님은 1903년 1월 15일에는 산중 노소 승려들의 간청으로 연화사의 화주(化主) 소임을 맡았다. 스승 벽암을 이어받아 화주가 된 것이다.

스님이 금강산에 자리잡고 앉아 연화사의 화주가 되어 연종의 향당(香幢:조사祖師의 화상·위폐를 모시고 제사를 지내는 당집)과 마니(摩尼:주珠·보주寶珠, 보배구슬)를 크게 진작시키자 사방에서 그 소문을 듣고 많은 납자와 승려들이 귀의했다.

동선 스님이 주관한 연화사의 만일 염불회가 얼마나 융성했는가는 수계 제자 일우 중광이 쓴 동선 스님 행장을 보면 자세히 알 수 있다.

> 믿고 따르는 것은 여산(廬山) 동림(東林)의 백련정사(白蓮精舍)와 같았고,
> 사람이 몰려오는 것은 혜숙(惠宿) 법사의 미타도량(彌陀道場)과 같았다.[14]

여기서 일우(日宇) 스님이 말한 '여산 동림의 백련정사'는 후세에 '연종(蓮宗)의 조사'라고 불리는 중국 혜원(慧遠:334~416)이 여산 동림사에 설립한 백련사를 가리키는 것이다.

혜원은 원흥(元興) 원년(402)에 123명의 동지와 함께 반야대(般若臺)의 아미타불상 앞에서 염불 실천의 서원을 세웠다. 여산의 염불삼매는 지루가참이 번역한 『반주삼매경(般舟三昧經)』에 근거를 두고 있었다. 반주삼매를 얻는 방법으로서 아미타불을 전념해 성불한다는 선관(禪觀)의 방법을 닦고 있던 사람들은 어느덧 내세의 왕생정토를 위한 염불 수행자가 되어 혜원을 연종의 조로 모시고 여산의 백련사를 탄생시켰던 것이다. 이 백련사 중에는 혜원을 비롯해 '동림 18현'이라고 불리우는 혜

일제시대 조선불교 선교양종의 교정

영(慧永)·혜지(慧持) 등의 훌륭한 승려 18명과 유정지(劉程之)·장야(張野) 등의 많은 거사와 이름 있는 명사들이 포함되어 있었다.[15]

말하자면 동선 스님이 주관한 유점사의 연화사도 중국 여산 동림사에서 혜원이 주도했던 백련사 못지않게 융성했다는 것을 동선의 수계제자 일우 스님이 혜원의 고사에 빗대어 기록한 것이다.

동선 스님은 유점사는 물론이고 금강산 안에 있는 여러 사찰의 불사에 대한 기록도 많이 했다. 1905년 8월에는 〈정양사불전장경승료중수기(正陽寺佛殿藏經僧寮重修記)〉[16] 를 썼다.

정양사는 강원도 회양군 내금강면 장연리 금강산 표훈사 북쪽에 위치하고 있다. 표훈사에서 위쪽으로, 그리고 장안사에서 10리 정도 떨어진 곳에 정양사가 있다.[17] 이 절은 서기 600년에 창건되었고 사세가 커진 것은 고려 태조가 중창한 후부터였다. 사찰의 정남쪽에 반야보전과 본전이 있으며 앞에 약사전이 있다. 그 외 영산전·나한전·혈성루가 있었는데, 이들 전각은 동선 스님 생존시에는 존속했으나 6·25전쟁 때 화재로 타버렸다. 전각 외에도 정양사에는 5층 부도·3층석탑·석등 등이 있다. 이중 3층 석탑 신림사(神林寺) 탑거리의 탑과 함께 '금강산 3고탑'으로 유명하다.

조선조 세종 때에는 이 정양사에 해인사의 대장경을 인출(印出)해 함에 넣어 진각에 봉안했다. 그러나 세월이 오래되면서 전각은 낡고 대장경은 많이 흩어져 버렸다. 이를 들은 여신도 장씨와 상궁 천씨가 금 3만여를 시주해 불전을 보수하고 이어 응진전(應眞殿)과 승료(僧寮)를 고쳐 짓고 빠진 대장경을 보완해 다시 불전에 봉안했다. 정양사의 이러한 불사 내역을 기록하면서 동선 스님은 '신녀(信女) 장씨는 몸은 비록 여자이나 장부의 일을 성취했다'는 구절로 중수기를 마무리지었다.

동선 스님이 정양사 중수기를 쓴 1905년 우리나라는 을사조약으로 일본의 보호국으로 전락했다. 이어 일제는 1907년 7월 24일, 한일신협약(정미7조약)을 조인하고 차관정치를 시작하면서 곧장 7월 31일 한국군대를 해산시켰다. 이에 한국군이 봉기하면서 전국 각지에서 의병이 봉기했다. 이 의병들의 대일항전을 흔히 '정미의병'이라 불렀다.

이 정미의병의 여파는 동선 스님이 주석하고 있는 유점사에도 미쳤다. 즉 의병 7백여 명이 유점사에 들어와 11일간 머물면서 고성읍(高城邑)에 들어가 활동을 전개했다. 이로 인해 금담 화상을 비롯한 21명의 승려들이 붙들려가 고초를 겪었으며, 한때 사찰이 폐쇄되기도 했으나 이듬해(1908년) 봄에 헌병분견대가 절 안에 설치되면서 다시 승려들이 들어와 거주했다.[18]

1909년(순종 3)에는 삼림령이 반포되면서 유점사 소유 삼림을 측량했는데 총면적이 1만 2천 정보에 달했다.

이해 스님은 서울 화계사 주지 월초 거연이 인솔한 일본시찰단의 일원으로 일본 각지를 둘러보았다.[19]

동선 스님의 시문 속에는 일본승려를 칭송하는 한시 한 편이 있는데 아마 이때 일본을 시찰하면서 만난 승려인 것으로 추정된다. 〈내지견진대사찬송(內地見眞大師贊頌)〉이란 제하의 이 시는 그 제목에서 알 수 있듯이 일본승려를 칭찬하는 내용으로 이루어져 있다.

사실 식민통치권자가 피지배 민족의 지도적인 인물을 종주국에 유학이나 시찰을 시키는 일은 친일분자로 회유하기 위한 식민정책의 일환인 경우가 대부분이었다. 조선불교계의 일본시찰도 대개 이런 범주를 넘어서지 못했다.

1907년의 이능화 일행, 1909년의 동선 스님과 홍월초 등 60여 명,

일제시대 조선불교 선교양종의 교정

1917년 통도사 주지 김구하 일행, 1928년 송광사 주지 임석진 스님일행, 1935년 경북 5본산 승려 11명, 1938년 강원도 3본산 승려 일행 등여러 차례에 걸친 조선승려들의 일본시찰은 대부분 친일성향을 띠는 경우가 많았다.

더구나 동선 스님 일행의 일본사찰을 주도한 홍월초는 조선승려이지만 1911년에 서울의 승려 30명을 이끌고 일본 교토에 가서 진종 본원사에 귀의, 그 오타니 법주에게 득도했을 만큼(『조선불교통사』하권, 937쪽) 친일성향을 가진 승려였다. 더구나 시찰하던 해는 일제의 통감정치가 행해진 시기였고 그 이듬해에는 한일병합이 단행된 시점이었던 만큼 홍월초 · 동선 스님 일행의 일본시찰은 친일성향이 다분했다는 비판을 모면하기가 쉽지 않다.

어두워 가는 하늘 밑에서

1910년 일제가 한국을 무력으로 병합한 한일합방 조약의 먹물도 채마르기 전인 그해 10월 6일, 조선불교 원종의 종정 이회광은 일본 조동종과의 연합맹약을 체결했다. 이에 한용운과 박한영 스님을 필두로 한조선승려들은 격렬하게 이회광을 비판하면서 임제종을 설립해 강력하게 반대운동을 일으켰다.

이렇게 일제에게 나라를 빼앗겼는데 한쪽에선 그러한 일본 세력을등에 업고 유점사의 진기한 물건들을 강압적으로 빼앗아가는 철면피한친일파가 있었다. 즉 일제에 의해 궁내부 장관이 된 친일파 민병석(閔丙奭)이 1910년 일본인 통역관 다나카〔田中德太郎〕를 유점사에 보내어 청동 향로 중종(中鍾), 53불이 올 때 같이 왔다는 인도제 유품 · 진주 방석〈

동선 정의

중종과 함께 온 것인데 윗면에서 '서역(西域) 개심사(開心寺)'라는 글귀가 있음〉·앵무 배(盃)를 가져갔다.

이에 유점사에서는 민병석에게 가져간 보물을 돌려달라는 진정서를 제출했으나 거절당하고 그후 돈 550원을 보물보관 상여금이란 명목으로 보내왔다.[20]

1911년 6월 3일, 일제는 사찰령을 반포하고 30본사를 정했는데 이때 유점사도 본사가 되었다. 제1대 주지로 금담 화상이 인가되었다.

이처럼 나라가 국권을 빼앗기고 조선 불교계와 유점사가 소연한 가운데 동선 스님의 스승 벽암 선사가 1911년 4월 24일 입적했다. 벽암은 목욕하고 옷을 갈아입은 후 서쪽을 향해 합장한 채 아미타불을 염하면서 미소를 머금고 입적했다. 세수 75세, 법랍 55년이었다. 사법제자 동선 스님은 스승의 다비식을 치르고 그 영정을 당에 봉안한 후 스승의 행적을 〈벽암대선사행장(蘗庵大禪師行狀)〉[21] 이란 제목으로 기록했다.

스승 벽암 선사가 입적한 그해 유점사에서는 선원이 없어 승려들이 선 수행을 하지 못하고 있음을 감안해 반야선원을 개원했다. 이에 동선 스님은 1911년 10월, 〈반야선원광연록서(般若禪院廣緣錄序)〉[22]를 써서 유점사에 선원을 개설한 사실을 기록했다.

이때 비구니 사득(四得)은 1905년 53불과 연화사가 3존상·시왕상·16나한상 등에 개금과 개체 불사를 하고, 각 전의 기와를 교체했다. 아울러 자신이 소유한 논 아홉 곳에서 80석의 수입이 있었는데, 그것을 모두 유점사 반야선원에 보시했다. 그 때문에 동선 스님은 1912년 9월, 비구니 사득이 전답을 보시한 내용을 〈대시주비구니박사득헌답서(大施主比丘尼朴四得獻畓序)〉[23] 란 제목으로 쓰기도 했다.

한편 1912년에는 사찰령에 따라 '유점사 본말사법'이 제정되어 금강

일제시대 조선불교 선교양종의 교정

산 내 6개 사암과 더불어 통천·고성·금성·김화·평강·이천·춘천·철원 등 9개 군의 57개 사찰이 유점사의 말사로 편입되었다. 그리고 이 법의 제정과 동시에 스님은 57세의 나이로 본산 유점사의 감무(監務) 소임을 맡았다.[24] '감무'란 주지를 보좌해 본사 유점사와 소속 말사의 종무행정을 실무적으로 처리하는 책임자였다.

스님은 감무 소임을 잘 수행하고는 1915년 3월 12일, 일제하 유점사의 제2대 주지로 취임했다.[25] 이로써 동선 스님은 금강산 내 6개 사암과 9개 군의 57개 말사를 총괄하는 직책을 맡은 것이다. 스님이 본사 주지가 된 그해 즉 정미의병 봉기 이후 유점사에 주둔하고 있던 일본헌병분견대가 철수했다.

주지 취임 다음 달인 4월에는 신라 남해왕(南解王) 원년 서기 4년에 월지국(月氏國)을 경유해 도래했다는 전설을 간직한 53불을 잘 받들어 모셔 복연(福緣)을 쌓고자 하는 사람들을 위해 「53불 계안서(五十三佛 楔案序)」[26]를 썼다. 그러나 이러한 주지 동선 스님의 노력에도 불구하고 그 이듬해에 53불 가운데 17불을 도난당하는 사건이 발생했다. 다행히 그 중 9불은 개성에서 발견되어 돌아왔는데, 스님은 이 9불을 개금해 원위치에 안치했다.

1916년 1월 2일, 동선 스님은 조선불교 선교양종 30본산 연합사무소 제5회 본산주지총회에서 상치원으로 선출되었다.[27] 요즘 말로 하면 상임이사쯤 된다. 세속 나이로 헤아리면 환갑을 맞이한 61세에 조선불교계의 종무행정을 실제로 담당하는 소임을 맡은 것이다.

그리고 이 해에 훗날 '조선 제일의 친일 포교사'가 되는 대은 김태흡(大隱 金泰洽:1899~1989) 스님이 동선 스님에게 비구계와 보살계를 받았다.[28] 대은 스님은 법주사 강원 대교과를 졸업한 후 10년 동안 독학으로 일본 도쿄에서 인도철학과 종교학을 공부한 일제 시기의 대표적인 엘리트 승려였다. 그는 1928년 귀국 후 초대 중앙포교사와 불교전문학교 강사로 활약했고, 1935년부터 불교계의 유일한 신문이었던 《불교시보》를 10년 동안 단 한 호의 빠짐도 없이 발간했다. 그러면서 그는 조선총독부의 심전(心田) 개발운동과 창씨개명 등에 적극 앞장서서 친일강연을 하는 '조선 제일의 친일 포교사'로 활약했다.[29]

1917년 1월, 유점사에는 법화회가 설치되고 동선 스님이 그 회장이 되었다.[30] 그리고 이듬해 4월에는 대본산 유점사의 제2대 주지직을 무사히 수행한 공로로 은배(銀盃) 1조를 기념품으로 받고는 주지직을 김일운(金一雲) 스님에게 인계해 주었다.

유점사 주지직에서 물러난 동선 스님은 젊은 문사 오기성(吳基成)이 금강산의 절경을 읊은 시집 『금강시림(金剛詩林)』에 서문을 쓰거나(1922년 7월),[31] 관서(關西)의 선비 김지강(金志剛)이 금강산을 3년 동안 구경한 후 쓴 글에 서문을 쓰는(1923년 8월) 등 비교적 한가하게 살았다.

그러던 중 1924년, 김일운 스님이 유점사 제5대 주지직을 수행하는 가운데 동선 스님은 유점사 연화사에 '동국경원'을 설립하고 그 원장에 취임했다.[32] 동국경원은 일종의 고급 강원에 해당했는데 스님은 몰려든 학인들을 지성으로 훈도했다. 그는 근원을 연구하기를 철저히 했고 사방에서 오는 사람들을 널리 제접했다. 그리하여 학문의 바다가 왕양(汪洋)해서 만경(萬頃)의 파도와 같았고 하늘의 뜻을 나열한 것이 삼라만상을 늘어놓은 듯했다.

스님은 동국경원에서 연구와 후학지도에 진력하는 한편 용하(龍夏) 경백(經伯)에게 7언 율시를 써서 헤어지는 섭섭함을 나타내기도 하고, 장안사의 수계식에서 교수아사리가 되어 계를 주는데 참여하기도 했다.

일제시대 조선불교 선교양종의 교정

즉 금강산 장안사에서는 1927년 봄에 진허 묘준(震虛 妙俊) 율사가 전계 대화상이 되어 설계(說戒)를 하는데, 동선 스님은 3사(三師) 7증(七證) 가운데 교수아사리가 되어 이 수계식에서 수계 제자 70여 명에게 계를 주었다.[33]

1927년 여름에는 일찍이 1909년, 함께 일본을 시찰한 홍월초 스님이 양주 봉선사(奉先寺)에서 중찰불사를 회향하기에 그에 대한 중수기를 써 주기도 했다. 월초 스님은 1925년부터 공사를 시작해 대웅전을 중수하고 칠성각을 새로 지었다. 이에 스님은 〈양주군봉선사대웅전중수칠성각신건기(楊州郡奉先寺大雄殿重修七星閣新建記)〉[34]라는 제목으로 봉선사의 불사내역을 기록했던 것이다.

교정으로 추대되다

1929년 1월 5일, 74세의 동선 스님은 종문의 석덕으로서 마침내 교정에 추대되었다.[35] 조선불교계에서는 승려대회를 개최해 종헌을 제정하고 교계의 석덕 7명을 교정으로 추대해 조선불교의 전통을 지키면서 불교 발전을 도모했다. 이에 동선 스님도 교정이 됨으로써 일제하 이 땅의 불교계 최고지도자가 된 것이다. 이는 1891년 36세의 나이로 유점사 반야암에서 개강한 이후 수많은 후학들을 양성했기 때문에 그 학덕과 수행력이 높이 평가되었으므로 가능한 것이었다.

교정이 된 그해 5월, 스님은 신계사 미륵암 선원의 대공덕주인 우담화(優曇華) 유청(劉淸) 부인의 비문을 써 주었다.[36] 유청 부인은 강릉 사람으로서 16세에 서울에 있는 정1품 벼슬을 가진 김영목(金永睦)의 제2부인이 되었다. 하지만 39세에 남편과 사별하고는 슬하에 일점 혈육도 없이 1918년 금강산 신계사에 들어와 불자로서 불교 수행에 정진했다. 그녀는 유마암의 옛터에 미륵선원을 세우고 선승 10여 인의 경비를 전담했으며 선실 12칸을 지었을 뿐 아니라 자신의 수입 2백여 석을 모두 보시했다. 자신의 재산으로 신계사 각사암의 유지보존에 힘썼으며 특히 신계사 선원의 탄생과 발전에 결정적인 공헌을 한 것이다. 이에 신계사에서는 유씨 부인의 공덕을 기리는 비석을 세웠는데 동선 스님이 그 비문을 썼던 것이다. 비문 말미에는 '유점사 화엄 종주 동선 정의'라고 기록했다.

한편 1929년 6월 7일부터 사흘 동안 평양의 창전리 유점사 포교당에서는 3사 7증을 초청해 수계식을 거행했다. 이 금강계단에 교정 동선 스님은 백용성(白龍城)·박보담(朴寶潭) 스님과 함께 전계 화상으로 참여해 3백여 명의 수계자들에게 계를 내려주었다.[37]

평양의 유점사 포교당은 포교사 김보련(金寶蓮) 스님이 10년 동안 철저하게 계율을 지키며 주민 교화와 불교 포교에 노력한 결과 많은 성과를 거두었다. 이렇게 포교에 성공을 하자 보련 스님은 포교당에 금강계단을 설치해 일반신도와 사미·비구·비구니 3백여 명에게 수계의식을 거행했고, 동선 스님은 여기에 유점사의 원로로서 그리고 조선불교계의 교정으로서 전계 화상이 되어 평양의 불자와 젊은 스님들에게 수계를 한 것이다.

아울러 동선 스님이 설립해 몸소 원장이 되어 지성으로 훈도한 동국경원의 제1회 졸업식이 1929년 7월 15일 거행되었다. 이때 기신과를 수료한 사람은 권정하(權定荷)·석창원(石昌元)·손동수(孫東秀)였고, 사교과를 졸업한 자는 안상근(安尙根) 외 3명이었으며, 대교과를 졸업한 사람은 최경수(崔景殊)·이재희(李載熹)·이해련(李海蓮), 그리고 부속 강

일제시대 조선불교 선교양종의 교정

원에서 사미과를 졸업한 사람도 세 명이나 있었다.[38]

이렇듯 스님은 교정으로 추대되고 나서도 바쁘게 지내다가 1934년 4월 외금강 신계사로 이석했다.[39] 신계사의 소재지는 강원도 고성군 신북면 창대리 170번지인데, 일제의 31본사 체제 아래에서는 유점사의 산외 말사에 속했지만 일찍부터 금강산의 4대 사찰로 손꼽히던 외금강산의 명찰이었다.

신계사는 정면에 기봉(奇峰), 왼쪽으로 응암(應岩), 오른쪽으로 문필봉(文筆峰)이 있고, 후면에 관음봉이 있는 매우 아늑한 지역에 자리하고 있었다. 일제시대 신계사는 유점사의 말사에 속했지만 그 규모가 거대했던 관계로 여러 개의 자체 말사를 두고 있었는데, 동선 스님은 신계사의 산내 소속 8개 사암 가운데 보운암(普雲庵)과 보광암(普光庵)에 머물렀으며 그중 보광암은 동선 스님 최후의 주석처였다.

1936년 3월 하순, 스님은 시연이 다했음을 알고 제자들에게 공양을 올리지 말라고 명했다. 문도들이 혹 미음이라도 올리면 경계해 말하기를 "삶은 유한한지라 나는 장차 갈 것이다. 너희들은 서러워하지 말고 부처님을 공경하고 수행자로서의 본분을 지켜라" 하고 이르고는 금강저(金剛杵:승려들이 수행할 때 쓰는 도구 중의 하나)를 찬하(餐霞) 거사 최기남(崔基南)에게 친히 내려주었다.

그해 윤3월 6일 축시(새벽 1시~3시)에 여든한 살의 동선 스님은 자리를 펴고 옷을 갈아입은 다음 합장을 하고 서쪽을 향해서 아미타불을 조용히 외우다가 문득 입적했다. 그의 최후는 벽암 선사의 입적 모습과 매우 흡사했다. 동선 스님이 입적하자 기이한 향내가 방 안에 가득하고 지체(支體)가 따뜻해졌다. 세수 81세, 법랍 62년이었다.[40] 스님의 제자들은 슬피 울면서 사리를 신계사에 봉안하고 영정은 유점사에 걸었다.

　수계 제자 일우 중광은 스승의 행장에서 동선 스님에 대해 이렇게 말하고 있다.

> 내가 생각해 보니 우리 선사는 천품이 총명한데도 그에 머물지 않고 아주 부지런해 참기 어려운 일도 능히 참고 여러 사람에게 베풀기를 두려워하지 않았다.
>
> 삼업(三業:몸과 입과 마음으로 짓는 행위와 말과 생각)이 청정해 십악(十惡:몸과 말과 뜻으로 짓는 열가지 죄악. ① 살생殺生, ② 투도偸盜, ③ 사음邪淫, ④ 망어妄語, ⑤ 악구惡口, ⑥ 양설兩舌, ⑦ 기어綺語, ⑧ 탐욕貪欲, ⑨ 진에瞋恚, ⑩ 사견邪見.)을 범하지 않았고 비록 천만 번 바빠도 과업을 폐하지 않았다. 법당에 올라 정성을 들일 때면 절을 수백 배했고, 칭명염불을 할 때는 수만 번을 불렀으며, 만년에는 백업(白業)에 정근했다. 서방의 극락정토에 마음을 두고 밥 먹고 잠자는 일을 잊을 정도로 각고의 뜻을 실행했다. 또 부(賦)와 시문(詩文)을 잘해 말을 하면 곧 문장이 되었으며 면모는 인자하면서 엄했다. 행의(行義)가 순숙(純熟)해 학도들을 이끄는 데 정성스러웠고 조금도 게을리하지 않았다.
>
> 원규(院規)가 청백하고 매우 지극해 끊임이 없었다. 이러한 고로 풍악산의 영장(靈場)인 유점사에 와서 우리 스승을 뵙지 못하면 천추의 비분할 일이 된다. 그래서 한 번만 우리 스승을 만나보면 '고기가 등용문에 올라간 것 같다'는 말이 있는데 이는 괜한 말이 아니라 사실이다.[41]

　금강산 유점사의 화엄종주이자 일제하 조선불교계의 최고지도자인 교정이었던 동선 정의 스님은 그 연원을 보면 임제 선사의 제38세요, 청허 선사의 13세이며, 환성 선사의 10세였다. 그 법계를 구체적으로

일제시대 조선불교 선교양종의 교정

서술하면 다음과 같다.

청허 휴정→편양 언기→풍담 의심→월담 설제→환성 지안→함월 해원→영파 성규→청담 성수(淸潭 性壽)→경월 유경(鏡月 有警)→호월 도훈(湖月 道訓)→혜봉 최성(慧峰 最性)→환응 선훈(幻應 善訓)→벽암→서호→동선 정의.

법을 이은 제자에 대해서는 『동선노사유고』의 「문인질(門人秩)」과 『해동불조원류』(경운 형준, 불서보급사, 1978, 360쪽)의 기록이 상이하다. 「문인질」에는 수법자로 탄월 보형·우운 경식·야운 재은 등 3명이 수록되어 있는데, 『해동불조원류』에는 탄월·보형·수암(秀庵)·창예(暢藝)·해월(海月)·연휴(蓮休)·태암(太庵)·하담(河潭)·거원(巨遠) 등 5명이 게재되어 있다.

푸른 산 푸른 물이 내 본래의 모습이니

　　　　　　　青山綠水眞我面

밝은 달 맑은 바람의 주인은 누구인가.

　　　　　　　明月淸風誰主人

본래부터 한 물건도 없다 이르지 말라

　　　　　　　莫謂本來無一物

온 세계 티끌마다 부처님 몸 아니런가.

　　　　　　　塵塵刹刹法王身

- 무학 자초(無學 自超 : 1327~1405) 대사의 오도송.

일제시대의 대표적인 고승
해담 치익

＊

1862~1942

일제시대의 대표적인 고승
해담 치익

오늘날 우리에게는 생소하게 느껴지는 해담 치익(海曇 致益: 1862~1942) 스님은 깊은 수행과 도력으로 일제시대 조선불교계를 이끌어 나간 대표적인 고승 가운데 한 분이다.

교(教)는 소백산 용문사(龍門寺) 용호 해주(龍湖 海珠:?~1887) 장로의 법을 이었고, 선(禪)은 등운산 고운사(孤雲寺) 수월 음관(水月 畜觀:1855~1928) 장로의 법을 이은 해담 스님은 1929년 조선불교 선교양종의 일곱 분 교정 중 한 분으로 추대되었다.

스님은 경상남도 헌산 감천리 출신이다.[1] 계명은 치익이고, 해담은 법호이며, 증곡(曾谷)이라는 호도 있다. 속성은 서씨이며 본관은 달성이다. 부친의 이름은 옥윤(玉潤)인데 벼슬이 정3품 통정대부에 이르렀고, 어머니는 밀양 박씨였다. 어머니 박씨는 꿈에 어린 사미승이 집에 들어오는 것을 보고 스님을 잉태했다. 1862년 4월 28일, 셋째 아들로 태어났는데 태어난지 5,6일이 지나도록 눈을 뜨지 않았다.

성질은 민감하고 느낌이 빨랐다. 8세에 취학했는데 사람들로부터 재예가 뛰어나다는 칭송을 받았다. 그러나 12세 때 찾아든 병은 의사들도 치료할 수 없었다. 투병생활을 하면서 또한 학문에도 뜻을 두어 스승을 정해 경사외전(經史外傳)을 배워 수료했으나 병든 몸으로 이 세상에 살고 싶은 생각이 없었다.

이런 연유로 열아홉 살 되던 1880년 7월, 양산 통도사 춘담(春潭) 장로에게 나아가 머리를 깎았다. 그러나 속으로 스스로 염려한 대로 다음 해(1881년) 늦은 봄에 병이 다시 재발해 승려 생활을 계속하는 것을 결정하기가 쉽지 않았다. 그러나 그는 아침저녁으로 예불을 하고 공부를 하는 여가에 관세음보살을 지성껏 부르며 기도했다. 마치 목마른 고래가 바닷물을 마시듯 하면서 쉬지 않고 기도를 계속했다. 그렇게 정진하는 가운데 여름이 되면서는 온몸이 너무 아파 앉지도 눕지도 못할 지경에 이르렀다. 이에 그는 자신의 병을 치유하기 위해서는 성스러운 힘의 가호가 반드시 있어야 함을 깨닫고 이 모든 것을 참고 평생동안 관세음보살 기도를 할 것을 결심했다. 악질을 고치기 위한 일대 결단이었다.

해 담 치 익

21세 때인 1882년에는 소백산 용문사에 주석하고 있는 용호 장로에게 나아가 불교 내전의 모든 과를 공부했다. 해담 스님은 내전을 공부하면서 스스로 용호 장로를 모시고 10년 동안 살았다.

용호 장로의 법명은 해주(海珠)이고 경북 문경 출신이었다. 취인(取仁) 스님의 법을 이었으며, 청화산 백련암과 문경 사불산 대승사에서 강설했다.

용호 스님은 처음 입산한 이래 전국의 선지식을 찾아다니며 공부를 위한 좋은 인연을 맺어나갔다. 스님은 낙동강을 중심으로 동쪽과 서쪽 전 지역에 걸쳐 고승 대덕을 찾아다니며 의심나는 부분을 질문했고, 나아가 호남지역과 그 북쪽지방으로까지 구도의 발걸음을 옮겨 의문을 해결하곤 했다.

이렇듯 스님은 수행에 정진하는 한편 후학을 가르치는 강사로서도 이름을 날려, 예천 용문사에 주석하면서 해담에게 10년 동안 교학을 가르친 것이다.

해담 스님은 용호 강백을 통해 수증(修證) 요의(了義:확실하게 이해함)하고 은밀히 여래(如來)의 밀인(密印:부처의 성품을 꿰뚫은 확실한 증거)을 체득했다. 이처럼 불교 진리를 깊이 탐구하는 가운데 스님의 병근(病根)도 차차 가벼워져 거의 쾌유되었다. 스님은 이것을 관세음보살의 가피력으로 더욱 신심이 견고해 일체의 오신채(마늘 등 냄새나는 채소)와 술 고기 등을 엄금하고 엄정하게 계를 지키고 율의를 받들어 존숭했다.

서른세 살 되던 해인 1894년, 스님은 경북 의성군에 있는 등운산 고운사로 가서 수월 장로로부터 선을 전수받았다. 수월 선사는 생전에 치아와 눈, 두 곳에서 사리 72과가 나온 뛰어난 선승이었다.

수월 음관(水月 音觀:1855~1928)은 근세의 선지식으로 일찍이 서산 천

일제시대 조선불교 선교양종의 교정

장사(天藏寺)에서 태허 성원(太虛 性圓)에게 득도하고 경허 선사의 법을 이었다.

해담 스님은 당대의 대도인 이 수월 선사의 지도를 받으며 참선 수행에 몰두했다. 그리고 33세의 나이로 수월 선사의 법맥을 이어받았던 것이다.

1895년 11월, 해담 스님은 마침내 출가 본사인 통도사로 돌아왔다. 스님은 통도사 금강계단에서 기도하면서 생각을 정혜(定慧)에 모으고 굳은 믿음으로 정진했다. 부처님의 서상(瑞相)을 보고자 하는 원을 세우고 치열하게 기도한 지 7일 만에 사자좌(獅子座)에 앉아 광명을 나투며 설법하는 삼신불로부터 진리의 법문을 듣는 현몽(現夢)을 얻었다.

1897년 7월 15일에는 중국 법원사(法源寺) 황계계단(皇戒戒壇)에서 대승과 소승의 계법을 전수받고 통도사로 온 승림(勝林) 율사로부터 율맥을 이어받았다.

승림 만하(勝林 萬下)의 계맥은 중국 법원사 제1대 전계 대화상 복취(福聚)였고, 제2대는 성질(性質), 3대는 원림(圓林), 제4대는 명안(明眼) · 명명(明銘) · 명관(明寬)이고 제5대는 정명(定明) · 정성(定誠), 제6대는 혜귀(慧貴), 제7대는 창도(昌濤)이고, 한국의 승림은 제8대이며, 혜담 스님은 제9대이고 한암 중원(漢岩 重遠)은 제10대로 기록되어 있다.[2]

이렇게 승림 율사의 계맥을 이어받은 혜담 스님은 여러 곳의 계단에서 3천여 명에게 계를 주었는데, 경봉 정석(鏡峰 靖錫:1892~1982) 선사도 1911년 사월 초파일의 수계식 때 해담 스님을 계사로 모시고 보살계와 비구계를 받았다.[3]

해담 치익

걸림 없는 언설변재

해담 스님은 통도사 서향각(西香閣)에 주석할 때, 마음의 향을 피우면서 묵묵히 기도한 결과 법을 설함에 있어 걸림이 없는 언설변재(言說辨才)를 얻었다. 그는 기도 중 꿈에 16나한전으로부터 눈썹이 흰 노스님이 그릇에다 꿀물을 담아가지고 와서 마시게 했다. 스님은 이 꿈을 꾼 후 뛰어난 언변설재를 갖게 되었다. 그리하여 스님은 걸림 없는 말솜씨로 법문을 했고, 법문을 하는 곳에는 언제나 청중이 운집했다. 특히 화엄경을 공부하는 화엄대법회에서는 40여회나 설법했는데, 때로는 방광(放光)의 상서(祥瑞)가 일어났고, 때로는 자장암(慈藏庵)의 금개구리가 법회장에 나타나는 이적을 보이기도 했다.

자장암의 금개구리 이적에 대해 말하려면 통도사의 역사를 간략하게라도 더듬어 보아야 한다.

통도사는 자장 율사가 당나라에서 돌아온 후 서기 646년경에 창건했다. 자장은 선덕왕과 함께 중국에서 가져온 부처님의 가사와 사리를 축서산(지금의 영축산) 밑에 계단(戒壇)을 축조해 안치했다. 여기에서 유래하는 것이 통도사의 금강계단이다. 통도사 창사(創寺)의 정신적 근거는 바로 이 금강계단에 있고, 이러한 계단의 역사적 바탕 위에 해담 스님도 자장에서 승림 율사로 이어지는 계맥을 이어받아 무려 3천여 명에게 계를 내려주었던 것이다.

스님은 열아홉 살에 통도사로 출가한 이래 경을 배우는 10년간을 제외하고는 줄곧 통도사에서 주석했다. 그는 전후 50여 년 동안 통도사에서만 살았다.

그가 화엄경 법회를 할 때 자장암의 금개구리가 나타나는 이적은 통

일제시대 조선불교 선교양종의 교정

도사를 창건한 자장 율사의 일화에 그 연원을 두고 있다. 자장암은 안양동대(安養東臺) 그 아래 골짜기를 감도는 계곡을 따라서 5리 정도 평탄한 길을 가면 통도사 8경 중의 하나인 자장통천(慈藏洞天)이 나타나고, 그곳에서 좌측 높다란 석벽 아래 암자가 보이니 이곳이 바로 금개구리 전설로 유명한 자장암이다. 자장암은 통도사를 짓기 전에 자장 율사가 석벽 아래 움집을 짓고 수도하던 곳이다.

이 암자의 법당 뒤쪽에는 암벽에서 맑은 석간수가 흘러나오고, 그 석벽에 엄지손가락이 들어갈 만한 작은 구멍이 있다. 자장 율사가 통도사를 짓기 전 이곳에서 수도하고 있을 때 두 마리의 개구리가 매양 석간수 맑은 물을 혼탁하게 하므로 자장은 신통력으로 석벽에 구멍 한 개를 뚫어 개구리를 들어가게 했다. 그 후부터 이 구멍에 들어간 개구리가 한 쌍의 금개구리로, 혹은 벌과 나비로 바뀌어 나타나곤 했다고 한다. 이능화의 『조선불교통사』에 보면 다음과 같은 기록이 있다.

통도사의 자장암 곁 석벽에 무지(拇指:손가락) 하나가 들어갈 만한 구멍이 있으니 그 속에 한쌍의 와자(蛙子:작은 개구리)가 있다. 몸은 청색이고 입은 금색인데, 어떤 때는 벌과 나비가 되기도 해 그 변화하는 것을 헤아릴 수 없다. 여름철에 바위가 과열되면 뜨겁기가 솥과 같으나 그 위를 자유로이 뛰어다닌다. 사승(寺僧)이 이를 일러 말하되 금와(金蛙:금개구리)라 하더라. 그런데 이 금개구리가 도무지 산문 밖을 나가지 아니한다고 하므로 한때 어떤 관리가 그 말을 믿지 아니하고 그 개구리를 잡아 함에 넣어 봉하고 돌아다니다가 도중에 열어보니 없어졌다. 세전(世傳)에 그 개구리는 자장 율사의 신통으로 나타난 것이라고 말한다.[4]

통도사를 찾는 참배객들은 대개 이 자장암의 금개구리를 친견하길 원한다. 암혈(岩穴) 속의 개구리를 보는 사람도 있고 때로는 보지 못하는 사람도 있으니, 이로써 부처님에 대한 신심을 측량하기도 한다. 그런데 이 금개구리가 해담 스님의 화엄대법회 때에 나타났다는 것은 그만큼 스님의 화엄설법이 뛰어났음을 실증하는 사례일 것이다. 해담 스님의 행장을 쓴 문제(門弟) 자성 스님은 해담 스님의 화엄법회 때 나타난 상서에 대해 이렇게 말하고 있다.

> 이러한 국견(局見:좁은 소견, 단견短見)을 보는 것은 항상 있는 일이 아니다. 감히 단언한다면 묘법이 화광동진(和光同塵:부처 · 보살이 중생을 제도하기 위해 본색을 감추고 인간계에 섞여 나타나 중생을 제도)함일 것이다.[5]

당시 해담 스님의 화엄법회는 널리 불교계에 그 높은 이름을 날리고 있었다. 그래서일까, 홍월초 스님은 1899년 화계사에 있을 때 마침 그 무렵 동궁(東宮:후일의 순종)이 병들었는데 백약이 효험이 없으므로 고종은 크게 근심해 당세의 고승으로 하여금 부처님께 치성을 드리게 했다. 이때 기도하는 승려로 선택된 홍월초 스님은 경북 청도군 운문사 사리굴(邪離窟)을 기도장소로 선택했다.

월초 화상은 운문사에 도착하는 즉시 화엄법회로 명성이 높은 해담 스님을 초청해 운문사에서 15일 동안 화엄법회를 봉행케 했다. 그리고 사리굴에 올라가 백일기도를 드렸는데, 동궁은 기도한 지 80여 일만에 꿈속에 나타난 어떤 스님의 금침을 맞고 병이 치유되었다.[6]

이 기록에 의하면 해담 스님은 1899년 이전부터 화엄법회를 열었던 것이 분명하다.

일제시대 조선불교 선교양종의 교정

안양암(통도사)　　안양동대라는 평평한 바위 위에 자리잡은 안양암은 고려 충렬왕 21년(1295)에 창
건되고 조선 고종 2년(1865)에 중건되었다.　　　　　　　　　　　　　촬영 한승탁 ⓒ 문화문고

통도사 큰절에서 5백여 미터 떨어진 곳에 안양암이 있다. 1916년 무렵 해담 스님은 이 안양암 선원의 조실로 주석하고 있었다. 안양암은 통도사 8경 중의 하나인 안양동대에 위치하며 대웅전 앞 서남쪽 우뚝 솟은 봉우리에 있다. 이 암자는 고려 충렬왕 21년(1295) 찬인(贊仁) 대사에 의해 창건되었고, 조선조 고종 2년(1865) 양담(兩潭) 대사가 중건했다.

1916년 여름, 경봉 스님이 은사 성해(聖海) 화상의 허락 없이 통도사를 떠난 허물로 이 안양암에 돌아와 금족령 속에서 참선 수행에 몰두했다. 경봉은 선·화엄·계율·염불·기도 등 불교의 모든 공부에 조예가 깊은 해담 밑에서 참선 정진을 하는 여가에 역대 조사들의 깨달음과 염불정진법, 계율에 관한 공부, 화엄경의 대의 등에 대해 자세한 지도를 받을 수 있었다.

1917년 1월 19일, 경봉 스님은 경남 마산포교당으로 파견하기로 산

해 담 치 익

안양암 북극전　북극전은 사람의 장수(長壽)를 도와주는 북두칠성(北斗七星)을 봉안하는 불전이다.
본래 북극전만을 안양암이라고 불렀다.　　　　　　　　　　　　촬영 한승탁 ⓒ 문화문고

중회의에서 결정되어 바랑을 꾸려 안양암을 떠나면서 해담 스님께 그동안의 고마움과 석별의 마음을 담은 시 한 편을 드렸다.

이 암자에 머물러 고락을 함께 겪었으며	苦樂同堪往此庵
불문의 오묘한 이치 스님과 담론했네	佛門妙旨與師談
인연 따라 가는 길 멀리서 바라보니	隨緣歸路遙望看
구름은 희고 산은 푸른데 달이 한 연못에 담겼네	雲白山靑月一潭

　비록 나이가 30세 연하요 6개월의 짧은 기간을 함께 있었지만, 지혜가 남다르고 기상이 빼어난 경봉 스님을 떠나보내는 것이 해담 화상도 못내 서운했다. 해담 화상은 즉시 붓을 들어 〈송별경봉행방포교(送別鏡峰行方布教)〉라는 제목의 송별시를 지어 경봉에게 주었다.[7]

일제시대 조선불교 선교양종의 교정

비록 서로 떠나 천리 밖에 살지만	雖有分居千里外
취향이 같으니 한 방에 앉아 이야기 하는 듯	趣同一室坐相談
누가 알랴, 봄바람에 취해 춤추는 곳에	雖知醉舞春風末
산은 만춘봉이요 물은 만연못임을	山萬層峰水萬潭

연령을 초월한 두 사람의 지기는 헤어지는 것을 아쉬워하면서 젊은 경봉이 지역포교에서 부딪칠 갖가지 고난을 염려해주는 시였다.

해담 스님은 1929년 조선불교 선교양종의 7교정 가운데 한 분으로 추대되어 불교계를 이끌었다. 스님은 만년까지 통도사 안양암에서 후학들을 지도하다가 1942년 7월 9일, 세수 81세 법랍 62년으로 입적했다.

저술로는 『증곡집(曾谷集)』 1권이 있다. 이는 활자판으로 부산 대원사(大願寺)에서 스님 생전인 1934년에 간행했다. 스님은 부와 시문에도 능했는데, 자기를 드러내기 위해 교묘하게 글을 수식하지 않았고 진솔하게 조화되도록 시와 문장을 썼다.

제자로는 고전(古田), 손겸곡(孫謙谷), 서덕산(徐德山), 김경담(金景潭) 등이 있다.

스님이 입적하자 경봉 스님은 급히 안양암으로 달려가 장례를 치르는 사흘 동안 매일 다비법문을 설했고, 화상의 평생을 기리는 한 수의 시를 지어 바쳤다.

일생토록 도학을 가슴에 지니고	一生道學藏胸中
앉으나 누우나 옛 가풍을 드날렸네	坐臥經行扇古風
근본으로 돌아가 찾을 수 없는 그곳	返本還元無覓處
산빛 물색 모두가 둥글게 통하네	山光水色盡圓通[8]

해 담 치 익

봄에는 아름다운 백화가 만발하고
가을에는 밝은 달이 온천지 비추도다.

春有百花秋有月

여름에는 서늘한 바람 불어오고
겨울에는 아름다운 흰눈이 날리도다.

夏有凉風冬有雪

쓸대없는 생각만 마음에 두지 않으면

若無閑事掛心頭

이것이 바로 좋은 시절이라네.

便是人間好時節

- 조주 종심(趙州 從諗 : 778~897) 선사의 오도송

삼학을 구비한 당대의 석덕
용허 장호

❋

1869~1930

삼학을 구비한 당대의 석덕
용허 장호

상없음을 바탕으로 삼고 적멸을 낙(樂)으로 삼는 불교에서는 신통방광이나 사리영골을 특이하게 생각하지 않는다. 그러나 상없음만이 종지가 아니고, 적멸만이 진락(眞樂)이 아니다.

용허 장호(龍虛 莊昊:1869~1930) 스님은 입적과 더불어 한줄기 흰 빛이

청룡사　청룡사는 용허 장호 스님이 출가하고 주지로 있었던 사찰이다.　ⓒ 이계수

속리산의 무궁한 하늘에 기운차게 뻗쳐 절 안의 대중과 산 아래 20리 밖에 있는 용화동 주민들이 이 서기를 지켜보았다.

계(戒)·정(定)·혜(慧) 삼학을 구비한 현세의 석덕으로 1929년 교정에 추대되어 조선불교계 최고지도자의 한 분이었던 용허 장호 스님.

출가 사찰 청룡사

용허 스님은 1869년(고종 9) 11월 19일 경기도 안성군 미양면 보체리 전주 이씨 순엽(順曄)의 장남으로 태어나서 1884년(고종 21), 16세에 안성 청룡사(靑龍寺)에서 경사(敬思) 스님께 나아가 득도했다. 스님은 청룡사에서 출가하고 후일 청룡사 내원암(內院庵)에서 오랫동안 강석을 폈다.[1]

교정 용허 스님이 출가한 청룡사는 경기도 안성군 서운면 청룡리 28

번지 서운산(瑞雲山) 아래에 자리하고 있다. 현재는 조계종 2교구 본사 용주사 소속 말사로 되어 있다.

청룡사는 고려시대인 1265년(원종 6) 명본(明本) 대사에 의해 대장암 (大藏庵)이라는 이름의 작은 암자로 창건되어 1백여 년 동안 소박한 모습으로 존속하다가, 1364년(공민왕 13) 나옹(懶翁:1320~1373) 국사(國師)에 의해 크게 중창되었다. 이때의 전설이 있다.

나옹 국사가 한 마리 푸른 용이 오색 빛으로 찬란하게 빛나는 상서로운 구름을 타고 하늘에서 오르내리는 것을 보고는 산 이름을 서운산, 절 이름을 청룡사라고 고쳤다고 한다. 이 전설은 이곳의 지형이 청룡의 형국이라는 뜻으로서, 풍수지리설에 의한 창건 배경을 짐작하게 한다.

조선시대 광해군은 수원에 있는 논 50결을 이 청룡사에 하사했으며 또 당시 한양에 있던 용흥사(龍興寺)와 진관사(津寬寺)의 물건들을 이곳으로 보내기도 했다. 또 인조의 셋째 아들 인평대군(麟平大君:1622~1658)은 이곳을 원찰(願刹:신라·고려·조선 때, 창건주 자신의 소원을 빌거나 죽은 사람의 명복을 빌기 위해 세운 사찰)로 삼기도 하는 등 청룡사는 호국원찰로서의 성격을 띠기도 했다.

1720년(숙종 46)에는 사간(思侃) 스님이 중수와 더불어 사적비를 세웠으며, 1849년(헌종 15)에는 유관 선사의 보수가 있었다. 1863년(철종 14)에 하월 선사가 중수했고, 용허 스님이 출가하기 3년 전인 1881년 (고종 18)에는 한주 선사가 다시 중수를 했다. 그 후에도 보수가 계속되어 1942년 만하 선사가 중수를 했고, 1993년에도 사천왕문 중수가 있었다.

현재 청룡사는 대웅전을 비롯한 명부전 봉향각(요사채) 관음전 사천왕문 등 전부 다섯 동의 건물이 있다. 청룡사의 부속 암자는 본래 은신(隱

일제시대 조선불교 선교양종의 교정

청룡사 대웅전   청룡사는 고려 원종 6년(1265) 명본(明本) 대사에 의해 대장암(大藏庵)이라는 이름의 작은 암자로 창건되어, 공민왕 13년(1364) 나옹(懶翁:1320~1373) 국사(國師)에 의해 크게 중창되었다.
ⓒ 이계수

神)·청련(靑蓮)·은적(隱寂)·내원암(內院庵) 등 4곳이 있었으나, 현재는 은적암만이 옛 모습을 지닌 채 남아 있으며 얼마 전까지 있던 내원암은 불에 타 모두 없어지고 말았다. 근래 서운암(瑞雲庵)과 수행을 위한 굴암(窟庵)이 새로 건립되었다.[2]

용허 스님은 얼마 전까지 존속했던 내원암에서 많은 후학을 지도했나. 스님은 청룡사에서 출가한 후 공주 동학사(東鶴寺)와 장성 백양사(白羊寺) 등지에서 일대시교를 모두 배운 후 청룡사 내원암, 공주 마곡사, 보은 법주사에서 강석을 폈다. 그는 수십 명의 학인에게 경론을 가르치며 종풍을 드날렸다.

덕망과 불가사의한 이적

용허 스님은 강학도 뛰어났지만 그 융중한 덕망으로 인해 많은 사람들의 존경을 받았다. 스님은 불사 이외에는 행하는 일이 없었고, 불교 이외의 것은 말하지도 않았다. 계율로 생명을 삼고 정진으로 일과를 삼았던 것이다. 대중 가운데 아픈 사람이 있으면 스님은 한약을 주문해 직접 탕을 다려 주었다. 또 김장 백채(白菜)에 벌레가 생겨도 시봉(侍奉)으로 하여금 벌레 한 마리도 잡지 못하게 하는 극단적인 불살생주의자였다. 그리하여 생율(生栗:생밤)을 몰래 가져간 쥐들이 그 밤을 다시 갖다 놓는 불가사의한 일도 있었다.

1926년 스님이 속리산 법주사에 있을 때였다. 법주사 대중 가운데 박삼천(朴三千)이란 스님이 있었다. 삼천 스님이 어느 날 경전 가운데 모르는 부분이 있어 용허 스님께 물으러 갔다. 그때 용허 스님은 삼천 스님께 "애, 삼천아, 참 이상한 일도 있다" 하면서 이야기를 했다. 그 내용을 요약하면 이러하다.

용허 스님이 1926년 10월 30일 저녁에 불공에 쓰려고 밤 세 되를 가져다가 후원 울에 넣어 두었다. 그런데 이 밤이 매일 밤마다 없어지므로 혹 아이들이 가져갔는가 해서 일일이 물어보았으나 모두 가져가지 않았다고 했다. 그러자 스님을 시봉하던 사미승이 "쥐가 가져갔겠지요"하면서 고양이를 데려다가 울 안에 넣었다. 그러자 쥐들이 도망가면서 비명을 질러댔다. 이를 본 용허 스님은 "그까짓 밤은 또 사면 그만이지 왜 쥐를 놀래키니"하면서 고양이를 울 안에서 꺼내면서 혼잣말로 "야, 이 못된 쥐놈들아! 불전에 공양드릴 것을 한 톨도 남기지 않고 죄 갖다 먹었으니 이 일을 어쩐단 말이냐?" 하고는 방으로 돌아갔다.

일제시대 조선불교 선교양종의 교정

그런데 다음날 시봉 사미가 "스님, 스님"하고 부르면서 흥분한 목소리로 이야기를 했다.

"스님, 쥐가 밤을 두 되 가량이나 물어다 도로 갖다 놓았고, 점심때에는 먹다 남은 쪼가리까지 합해 반 되 가량이나 갖다 놓았습니다."

용허 스님은 이 얘기를 하면서 쪼가리 밤을 두 주먹이나 삼천 스님 앞에 내놓았다. 그리고는 이렇게 덧붙이는 것이었다.

"그 쥐들이 참 착해여! 아마 제딴에는 '그까짓 밤 몇 되 갖다 먹었다고 그 무서운 고양이를 갖다가 우리의 생명을 빼앗으려 했으니 그런 무정한 인사가 어데 있느냐. 굶어 죽드래도 밤을 도로 갖다놓자' 한 게여.…… 나는 쥐가 도리어 불쌍해 못 견디겠어. 지금도 굶고 앉았겠지."

용허 스님이 측은한 표정으로 이 말을 하자 삼천 스님이 위로했다.

"그럴 리가 있겠습니까. 스님께서 덕행이 원만하시고 계율이 고상하시니까 쥐란 놈들도 황송해서 도로 밤을 가져다 놓았겠지요."

"무얼, 내가? 아니야 의식(意識)은 매일반이야. 쥐껍데기를 썼으니까 축생이지. 그 마음이야 사람보다 고결하지 않은가. 이 쥐만한 사람이 세상에 몇 사람이나 되겠는가?"

"과연 그렇습니다." [3]

이상의 내용은 용허 스님께 직접 얘기를 듣고 쥐들이 다시 물고온 밤을 본 법주사의 박삼천 스님이 《불교》(1927.3.1,제33호,42~44쪽)에 〈괴이한 서 생원(鼠生員)〉이란 제목으로 기고한 글을 요약한 것이다.

삼천 스님은 이 내용을 소개하고는 '죄를 짓고도 뉘우칠 줄 모르는 사람은 이 서 생원만도 못하니, 오히려 이 쥐들의 행동을 괴이하다 하지 말고 그를 모범으로 삼아 배우라' 고 말하면서 쥐에 관련된 일화 세 가

용허 장호

지를 수록했다.

용허 스님 방에는 빈대가 많았는데도 그들은 스님의 몸에는 조금도 침범하지 않았다고 한다.

여러모로 고승의 풍모가 역력했던 용허 스님에 대해 당대의 사람 광명산인(光明山人) 대세(大世)는 그에 관해 이렇게 묘사하고 있다.

용허 노사는 성품만으로 이렇게 전형적인 고승이 아니라 의표(義表)로 보아도 역시 그러하시다.

우선 유연경청(柔軟輕淸)한 그 음성! 듣는 사람으로 하여금 저절로 마음이 부드러워지고 고개가 숙여진다. 자비적 위엄이 진실로 이것일 것이다. 더욱이 영반시식(靈飯施食:죽은 사람의 영혼을 위로하는 불교의식) 석상에 울려 나오는 범패 아닌 노사의 범패성은 참으로 단상의 영혼이 감동하는 것 같다. 청국식(淸國式)도 아니요 불식(佛式)도 이니요 조선식도 아닌 동시에 또한 청국식이요 조선식이요 불국식인 소박한 노사 특유의 거무스름하고 허여스름한 의복, 자애스런 노구에 걸치고 나오심을 보면 오직 노사에 한해서만 사람으로 하여금 마음을 평화하게 하고 웃음을 웃게 할 뿐이다. 적으면서 큰 듯한 노사의 두 눈, 평안보다 좀 크고 넓적한 두 귀, 조금 삐뚜러진 듯한 입, 크지도 작지도 아니하나 좀 약한 듯한 몸, 귀여운 아이가 걸어가는 것같이 재빨리 떼어놓는 걸음. 무엇이든지 노사에게는 잘 조화가 되어 사람으로 하여금 부드러운 호감을 준다.[4]

용허 스님을 가까이 모신 적이 있는 것으로 여겨지는 광명산인 대세의 묘사는 매우 리얼하게 스님의 모습을 소묘하고 있다.

김칫독의 벌레 한 마리 잡지 못하게 할 정도로 철저한 불살생주의자

일제시대 조선불교 선교양종의 교정

청룡사 부도밭　용허 장호 스님의 부도가 확인되지 않는다. 안타까운 일이다.　　ⓒ 이계수

이고 쥐들도 가져간 밤을 다시 갖다 놓을 정도의 법력을 지닌 용허 스님은 1929년 1월, 조선불교 선교양종의 7교정 가운데 한 분으로 추대되었다.

그러나 스님은 교정으로 추대된 그 이듬해에 사바의 인연이 다해 서방 정토로 가셨다.

1930년 4월 24일 오후 6시까지도 건재하시던 용허 스님은 갑자기 열여섯 실 나는 시봉 사미승을 불러서 앞에 앉히고는 "내가 지금 죽을터이니 너도 같이 염불을 하여야겠다. 자 염불을 하자"하고서는 시봉과 함께 '나무아미타불'을 여섯 번 부르고는 문득 입적했다. 법주사 복천암(福泉庵) 나한전(羅漢殿)에서 세수 62세, 법랍 46년으로 세사와의 인연을 마감한 것이다.

스님이 입적한 그날밤, 복천암 부근에서 하늘에 커다란 무지개 같은 이상한 한줄기 흰 빛이 무궁한 공간에 끝없이 기운차게 뻗쳐 있음을 복천암과 법주사 대중이며 인근 주민들이 지켜보았다. 더욱이 법주사로부터 20리 밖에 있는 용화동 사람들은 한밤중임에도 불구하고 더욱 똑똑히 이 빛을 목격하고는 혹시나 대란이 일어날 조짐은 아닌가 해서 두려워했다.[5] 그러나 다음날 복천암의 용허 스님이 입적함으로써 일어난 방광임을 알고는 안심했다고 한다.

용허 스님의 방광 이적을 기록한 대세 스님은 그의 입적에 대해 다음과 같이 찬탄했다.[6]

오! 승행문란이 그 극에 달하고 덕성 파괴가 그 절정에 이른 이 말세에 있어 노사의 숭고한 활훈(活訓)을 뵈옵게 되니 재세하시던 그때보다 몇 배나 더 경앙하옴을 마지않는 바이다.

일제시대 조선불교 선교양종의 교정

일제시대 조선불교 선종의 종정

무주상 보시의 자비도인 혜월 혜명
한국선맥의 주역 덕숭산 문중의 만공 월면

※ 1935년에 조선불교 선종의 종정으로 추대된 사람은 혜월 혜명·만공 월면·한암 중원 세 분이다. 그런데 한암 중원은 조선불교 조계종 종정으로도 추대되었기에 중복을 피하기 위하여 제1부 제4장에서 다루기로 한다.

일체의 함이 없는 법은

$\qquad$一切有爲法

본래 진실한 상이 없도다.

$\qquad$本無眞實相

상에서 상 없음을 안다면

$\qquad$於相義無相

견성을 하였다고 하느니라.

$\qquad$卽鳴爲見性

- 혜월 혜명(慧月 慧明 : 1862~1937) 스님의 열반송

무주상 보시의 자비도인
혜월 혜명
❋

1862~1937

무주상 보시의 자비도인
혜월 혜명

혜월 선사는 한국 근대불교사에서 가장 유명했던 무심도인으로 여러 가지 일화가 전해 내려오고 있다. 선사의 일화는 후에 서술하겠지만, 그보다는 일제 중반기인 1935년에 조선불교 선종의 종정으로 추대된 사실부터 밝힐 필요가 있다.

일제시대 조선불교 선종의 종정

우리나라 불교는 고려 후기에 접어들면서 '5교 양종이 모리배들의 소굴'이라고 지탄받을 만큼 부패 타락했다. 그리하여 조선조가 개국되면서 불교는 신진사대부의 불교배척론으로 점차 설 땅이 좁아졌다.

조선왕조가 수립된 후 태조와 정종 때(1392년~1400년)까지는 태조 자신의 불교와의 인연과 개국 초창기의 여러 상황으로 인해 불교에 대한 적극적인 규제조치는 취하지 않았다. 그러다가 태종(재위:1401~1418) 때에 와서 전대미문의 탄압과 혁파의 조치들을 취해 나갔다.

예컨대 많은 승려들을 환속하게 하고, 사사(寺社)를 혁거(革去)했으며, 사원의 토지를 몰수하고, 사원의 노비를 관노로 충당하는 등의 일을 단행했다. 또 태종 6년(1406) 3월에는 조계종·총지종을 합해서 70사찰, 천태종 법사종을 합해서 43사찰, 화엄종·도문종을 합해서 43사찰, 자은종 36사찰, 중도종·신인종을 합해서 30사찰, 남산종·시흥종을 각각 10사찰을 정해서 남겨 두고 그 밖의 사원은 모두 폐지하도록 했다.

이렇게 종단별 사찰수를 제한함으로써 쇠퇴의 길로 접어든 조선불교는 세종 때에 이르러 극도로 위축되었다.

세종은 1424년에 조계종·천태종·총남종 3종을 합해 선종으로 하고 화엄종·자은종·중신종·시흥종을 합해서 교종으로 했다. 그리고 선종 교종에 각각 18개 사찰을 남기고, 그밖의 사찰은 폐지해버렸다. 이리하여 조선불교는 태종 때에 242개 사찰로 축소되었다가 세종 때에 이르러서는 36개 사찰로 급격히 줄어든 것이다.[1]

이처럼 극도로 위축된 조선불교는 겨우 명맥만 유지하며 조선시대를 이어오다가 한말인 1908년에 원종을 설립하면서 재기를 꿈꾸었다. 그러나 원종의 종장 이회광 스님이 한일병합 40여일 만에 조선불교 원종과 일본 조동종과의 연합맹약을 체결하자 이에 반대하는 한용운·박한

혜월 혜명

영 스님 등이 임제종을 설립해 대항했다.

그러나 한국을 무력으로 병합한 일본인 총독은 사찰령을 반포해 원종과 임제종의 간판을 철거케 했다. 그리고는 조선불교는 선교 양종이라면서, '조선불교 선교양종'이라는 기묘한 종명으로 부르도록 했다.[2]

이러한 상황 속에서 전국 본말사의 중요한 사찰 대부분을 친일 대처승들이 전횡하게 되자 조선불교의 전통과 선 수행을 중요시하는 여러 스님들이 1921년 10월, 서울 안국동에 '조선불교 선학원 본부'를 창건했다.

흔히 '선학원'으로 불려지는 이곳은 일제하 조선불교의 선맥을 계승하는 데 지대한 역할을 했다. 선학원은 석왕사 선실의 좌주 강도봉(姜道峰), 석왕사 경성포교당 포교사 김남전(金南泉), 범어사 주지 오성월(吳惺月), 범어사 승려 김석두(金石頭), 그리고 송만공·설석우·오이산·김경산(金擎山) 등의 선승들이 적극 협력해 조선불교의 선풍을 진작했다.

이 선학원에서 1935년 3월 7~8일, 양일에 걸쳐 조선불교 수좌대회를 개최해 조선불교 선종의 종정으로 신혜월(申慧月)·송만공(宋滿空)·방한암(方漢岩) 선사를 추대했다.[3] 말하자면 조선총독부의 강력한 규제를 받는 31본말사는 교종에 해당하고, 선학원과 전국의 선원은 선종이라 할 수 있었다.

당시 선학원에서 발행한 기관지 《선원(禪苑)》에는 전국 선원의 동·하 안거에 참여한 선승들의 실태를 매호마다 수록했다. 이는 법적인 뒷받침을 받는 것은 아니었으나 조선불교의 법맥이 선의 진작에 있음을 강력하게 표방한 것이었다. 그러므로 상징적인 일이었으나, 혜월·만공·한암 선사가 조선불교 선종의 종정으로 추대된 것은 한국근대불교

일제시대 조선불교 선종의 종정

사에 있어 그 의의가 적지 않다. 당시 전통적인 조선불교 선종의 최고지
도자로 추대된 혜월 선사의 행적을 조명해 보자.

혜월과 그의 시대[4]

혜월 혜명(慧月 慧明) 선사가 출생한 1862년 무렵은 각종 민란을 비롯
해 조선왕조의 온갖 부조리가 분출되면서 봉건왕조가 멸망의 징후를 극
명하게 드러내던 시대였다. 진주에 이어 익산 개령 함평 그리고 충청 ·
경상 · 경기 · 황해도 등 전국 각지에서 민란이 일어나고 마적 화적 등의
도적떼가 발호했다.

뿐만 아니라 한편에서는 천주교인과 프랑스인 베르뉘 등의 선교사를
처형하는 병인교난(丙寅敎難:1866년)이 일어나고, 동학의 적극적인 포덕
(布德)으로 신도수가 급증해 1892~1893년에는 교조의 신원(伸冤)을 호
소하며 마침내는 폭압에 항거하는 농민들과 연합해 동학농민전쟁(1894
년)이 발생했다.

이렇듯 내정이 어지러운 가운데 한반도를 둘러싼 일본 · 중국 · 러시
아 등의 열강들은 조선의 이권을 서로 차지하기 위해 하이에나처럼 서
로 물고 뜯으며 싸웠다. 그러나 위정자와 관리들은 백성들의 굶주림과
고통은 외면한 채 세력 다툼과 가렴주구에 골몰하고 있었다. 1860년대
와 1870년대, 혜월의 유 · 소년은 이처럼 민란과 도적과 관리들의 착취
가 들끓는 극도로 혼란한 시대였다. 그의 출가는 이러한 사회적 혼란 및
개인적인 가난과 밀접한 관련을 맺고 있었다.

출가와 오도

혜월은 조선조 말기 제25대 임금인 철종 13년(1862) 6월 19일, 충남 예산군 덕산면 신평리에서 출생했다. 속성은 신(申)씨이며 본관은 평산이었다.

미화하기 좋아하는 사람은 그가 숙세에 불연이 깊어 출가했다고 말하지만, 그보다는 찢어지게 가난했던 속가 사정으로 한 식구의 입이라도 덜어야 한다는 가족들의 궁여지책으로 열두 살 철부지 어린 나이에 어머니를 따라 인근에 있는 덕숭산 정혜사(定慧寺)로 가서 친척이었던 혜안(慧安) 스님을 은사로 머리를 깎고 승려가 되었다고 보는 것이 옳다.

그는 3년 동안 행자생활을 하다가 열다섯 살이 되던 1876년 비로소 사미계를 받고 혜명이란 법명을 받았다. 사미승이 된 그는 늘 관음정진에 몰두하면서 열아홉 살이 될 때까지 정혜사를 떠나 본 적이 없었다. 혜명 사미가 19세 때 그의 은사 혜안이 환속했다. 은사는 환속하기 전 혜명 사미를 서산 천장사에 있는 당대의 선지식 경허(鏡虛) 선사에게 맡겼다.[5]

소설가 최인호는 혜월을 평생 글을 배우지 않은 일자무식의 까막눈으로 묘사하고 있지만(최인호, 『길없는 길』), 실제 혜월은 '낫놓고 기역 자도 모르는' 무식쟁이는 아니었다.

천장사로 옮긴 지 3년 후, 혜명 사미는 경허 스님께 글을 가르쳐달라고 청했다. 스물한 살이나 된 늠름한 청년 승려 혜명이 때늦게 글을 배우겠다고 하자 경허 선사는 의아해 하면서도 그의 요청대로 글을 가르쳐주었다. 혜명이 경허에게 글을 배운 기간은 3년 정도로 추정되는데, 처음에 무엇부터 배웠는지 기록에는 남아 있지 않으나 아마 『초발심자

일제시대 조선불교 선종의 종정

경문(初發心自警文)』이나 『사미율의(沙彌律依)』 등을 통해 기초적 문자 및 강원 사미과의 교재를 익힘으로써 승려로서 갖추어야 할 기본적인 불교학을 공부했을 것이다.

1884년, 열네 살의 만공이 동학사에서 경허를 따라 천장사에서 처음 갔을 때 수월이 부목을 하고 혜월이 보조 지눌(普照　知訥:1158~1210)의 『수심결(守心訣)』을 배우고 있었다고 한다.[6]

『수심결』은 보조국사가 수심의 요체는 돈오(頓悟) 점수(漸修)의 2문에 있음을 논한 것이다. 즉 자기본성인 제불(諸佛)과 조금도 다르지 않음을 깨닫는 것을 돈오라 하고, 그에 입각하여 무시(無始:시작을 알 수 없는 아주 먼 과거) 습기(習氣:여러 번뇌를 끊었으나 아직도 남아있는 습관적인 번뇌의 여운)의 망념을 점차로 닦는 것을 점수라 하면서 수심관(守心觀)을 체계화 한 것이다.

혜월은 『수심결』을 읽다가 '목전에 뚜렷하고 형상 없이 홀로 밝은 것이니라' 하는 대목에서 '형상 없이 홀로 밝은 것이 무엇인가?' 하는 의심이 일었다.

이 무렵 경허 선사가 법문을 하면서 "알겠느냐? 어느 물건이 설법하고 청법하느냐? 형상 없으되 뚜렷한 그 한 물건을 일러라" 하는 말을 듣고 더욱 의심덩어리가 혜월을 짓눌렀다. 이로부터 혜월은 지게를 지거나 밥을 먹을 때나 밭에서 일할 때나 심지어 잠잘 때까지도 이 한 생각뿐이었다.

이렇게 거다란 의심에 휩싸여 일념으로 정진하길 1주일이 되던 날, 그는 짚신 한 켤레를 다 삼아놓고 마지막으로 신골짚신을 틀에 넣어 두드려 모양새를 고르는 일을 치기 위해 '탁' 하고 망치로 치는 순간, 그토록 노심초사하던 '한 물건의 소식'이 홀연히 드러났다. 마침내 오도를

혜 월　혜 명

한 것이다. 혜월은 기뻐하며 경허 선사에게 자기의 깨달은 경지를 낱낱이 이야기했다. 경허 선사는 그에게 공안에 대해 여러 가지로 질문을 했다. 그리고 마지막으로 혜월에게 이렇게 물었다.

"참선은 무엇 때문에 하는가?"
혜월이 곧장 대답했다.
"못에는 고기가 뛰고 있습니다."
"그래, 자네는 지금 어디에 있는가?"
"산꼭대기에 바람이 지나갑니다."

1890년, 경허 선사는 그에게 인가하고 혜월이란 법호와 함께 다음과 같은 전법게를 내려주었다.

법자 혜월에게 주다 與法子慧月

일체법을 요달해 알면 자성에는 소유가 없다

이와 같이 법의 성품을 깨쳐 알면 곧 노사나 부처를 보리라

세상의 생멸법 쉬어 생사 초월도리만 부르짖노니

청산 다리 한 관문으로 서로 우물쭈물하도다

> – 경인년 늦은 봄날, 경허가 혜월에게 주다

了知一切法 自性無所有 如是解法性 卽見廬舍那

依世諦倒提唱無生印 靑山脚一關以相塗糊

> – 水虎中春澣日 鏡虛爲慧月[7]

일제시대 조선불교 선종의 종정

전법게를 내린 경허 선사는 혜월에게 "남방이 연토(緣土)니라"하고 일러주었다. 경허 선사로부터 이 말을 듣고도 혜월은 덕숭산 정혜사에서 그대로 살았다. 그가 정혜사를 떠나 영남지방으로 간 것은 1908년이었다. 따지고 보면 19세 때 천장사로 옮겨간 수년을 제외하고는 줄곧 정혜사에 살았으므로 전후 무려 38년 동안 출가 본사인 정혜사에서 살았던 것이다. 그 외 경허 선사가 개심사에서 주석하고 있을 때 그곳으로 잠시 찾아가 법거량을 했다는 일화가 있다. 1884년 오도 후에 있었던 일로서 아마 1890년 경허로부터 법을 인가받기 전에 있었던 얘기로 추정된다.

혜월이 개심사로 경허를 만나러 갔을 때 경허는 문을 열어놓은 채 방 안에서 졸고 있었다. 졸고 있는 경허에게 혜월은 문 밖에서 커다란 목소리로 고함치듯 말했다.

"스님, 관세음보살이 북으로 향한 것이 무슨 뜻입니까?"

경허는 졸고 있던 눈을 뜨지도 않은 채 응답했다.

"그것 말고, 또……."

잇달아 경허가 눈을 뜨고 문 밖을 바라보자 혜월이 말없이 주먹 하나를 치켜들고 서 있는 것이 보였다. 그걸 보고 경허가 입을 뗐다.

"들어와 앉아라."

경허는 이로써 혜월을 자신의 수법 제자로 받아들인 셈이었는데, 어쨌든 출가 후 정혜사와 천장사에서 38년간 살면서 개심사의 경허를 방문한 외에 다른 사찰과 어떤 인연이 있었다는 기록은 남겨져 있지 않다. 덕숭산 아랫동네에서 태어나 40대 후반(47세)에 이르기까지 줄곧 호서(湖西:충남) 지방에서만 살았던 것이다.

천진불 혜월의 일화

혜월은 경허 선사로부터 법을 인가받아 전법게를 받은 후에도 9년 동안이나 그대로 정혜사에서 살았다. 그는 이 기간에 정혜사에서 깨달음 후의 보림(保任:어떤 상태를 보호하여 안전하게 간직함)을 하며 더욱 정진했다. 그가 보림을 끝내고 호서지방을 떠난 것은 1908년, 불혹을 넘긴지도 7년이 지난 마흔 여덟 살 때였다.

스님은 도리사(桃李寺)를 거쳐 경북 팔공산 파계사에 딸린 작은 암자인 미타암(彌陀庵)에 바랑을 풀고 머물렀다. 그때 스님은 열 살 남짓한 동승 하나와 함께 살았는데, 스님은 이 사미승을 '큰스님'이라 부르며 자연 그대로 때묻지 않은 천진불(天眞佛)로 대했다.

이 무렵 혜월의 소문을 듣고 송광사의 젊은 승려 하나가 스님을 친견하기 위해 파계사 미타암으로 찾아왔다. 객승이 절을 올리자 혜월이 물었다.

"어디서 오셨는가?"

"조계산 송광사에서 왔습니다."

"전라도 부처는 요즘 시절인연이 어떠하던가?"

"행주좌와(行住坐臥:가고 머물고 눕는 것)가 여일합니다."

"그럼 뭣하러 이곳까지 찾아오셨는고?"

"그거야 부처가 되려고 그러지요."

"참선은 앉아서 하는 건가, 서서 하는 건가?"

"그야 앉아서 하지요."

"그놈의 부처는 다리병신인 모양이지, 앉아만 있게."

"좌선은 앉아서 하는 것이 아닙니까?"

일제시대 조선불교 선종의 종정

"그건 앉아만 있는 것이지 부처되는 일은 아니야."

"그럼 어떻게 해야 합니까?"

그러자 혜월이 꾸짖듯 소리질렀다.

"명색이 먹물옷 입고 시주밥 먹는 중노릇 하면서 그것도 모르시나."

"그래서 큰스님을 친견하러 오지 않았습니까?"

객승의 이 말을 들은 혜월은 자리에서 일어나면서 말했다.

"아이구, 나도 모르겠네. 점심 공양이나 하시게. 나는 시장에나 다녀와야겠네."

혜월이 객승을 앉혀놓고 절을 나서려고 하자 옆방에서 아이의 칭얼거리는 소리가 들려왔다. 혜월은 그 소리가 나는 방 앞에 가서 합장을 하며 말했다.

"큰스님, 저 시장에 다녀오겠습니다."

"아니, 내 점심은 안 주고 어딜 간단 말이냐?"

"곧 다녀오겠습니다. 큰스님. 점심은 부엌에 있으니 찾아드시고 객스님과 재미있게 노십시오."

그러자 문이 열리더니 갓 열 살이 넘은 듯한 동승이 고개를 내밀고 말했다.

"빨리 갔다 오너라. 해지기 전에."

이 광경을 지켜본 객승은 어이가 없었다. 더욱 가관인 것은 객승과 눈이 마주친 동승이 벌떡 일어나 큰소리로 이렇게 말하는 것이 아닌가!

"스님은 누구요? 못 보던 얼굴인데. 오라, 알겠다. 우리 절에 온 객중인 모양이구나. 그런데 대체 어디서 온 객승인데 건방지게 눈이 마주쳐도 앉아만 있는고? 우리 혜월 스님은 아침저녁 내게 문안 인사를 올리는데."

객승은 어처구니가 없어 잠시 동승을 바라보다가 버르장머리 없는 사미승의 언행을 뜯어고쳐야겠다고 생각하고는 동승을 불러들여 사미로서 지켜야 할 예법을 차근차근 가르쳤다. 물론 고분고분할 리 없는 소년을 완력과 우격다짐을 써서 복종시킨 후 사미승이 지켜야 할 율의를 가르친 것이다.

혜월이 저녁에 돌아와 동승의 방 앞에서 큰소리로 "큰스님, 시장에 다녀왔습니다"하고 말하자 방 안에서는 아무 말이 없다가 한참 후 동승의 훌쩍거리는 소리가 들려왔다. 혜월이 방 안으로 들어가 "큰스님 어디 편찮으십니까?" 하고 말하자, 동승은 혜월에게 합장하면서 "큰스님, 이제 다녀오십니까?" 하고 인사를 했다. 혜월은 동승의 행동을 보고 모든 사태를 금방 알아차렸다. 그는 곧장 객승에게 가서 화난 음성으로 말했다.

"스님, 내가 예법을 몰라서 그 어린아이에게 가르쳐주지 않았다고 생각하는가? 아니네. 천진한 모습이 하도 좋아 이 세상의 때가 묻지 않도록 가꾸고 있었는데 스님이 그 천진을 깨뜨려버렸네. 스님이 예법을 가르쳐줌으로써 천진 그대로의 부처를 죽이고 말았으니, 한 번 죽은 천진불은 다시는 살아날 수 없는 노릇, 이제 동승과 나와의 인연이 다 됐으니 내일 아침 스님이 암자를 떠날 때 아이를 데리고 함께 가게."

혜월이 어린 소년을 '큰스님'이라 부르며 예의도 가르치지 않고 산것을 "천진 그대로의 모습이 하도 좋아 세상의 때가 묻지 않도록 가꾸기 위해서"라고 하지만, 실제로는 다른 의미가 내포되어 있을 수도 있다.

역사가 오랜 전통 사찰(예를 들면 송광사 · 해인사 · 통도사 등의 큰 사찰)에서 행자생활을 겪어본 스님이라면 짐작하겠지만, 노스님이 층층이 있는 대가람의 행자생활은 대개 엄격하고 혹독하다. 아마 혜월도 열두 살의 어

일제시대 조선불교 선종의 종정

린 나이에 정혜사로 출가해 어렵고 힘든 행자시절을 보냈을 것이다. 사찰의 연료를 화목(火木)에만 의존하던 시대에 땔나무를 하는 부목 소임은 행자들의 당연한 몫이었고, 공양간 부엌의 밥 짓고 반찬 만들고 빨래하고 논·밭 농사 등 사찰 전반의 어렵고 힘든 일도 도맡아 해내야 했다.

이러한 일을 감내하는 덕목이 인욕과 하심(下心)이었으며, 이는 또 승려로서 마땅히 갖추어야 할 수행이기도 했다. 그러나 이와 같은 승가의 덕목이 때로는 부당하게 강요되거나 남용되는 일면도 있었다. 아마 혜월도 동진 출가해 이러한 행자생활을 겪었을 것이다. 그러므로 그의 고통스러웠던 행자시절의 기억이 혜월로 하여금 미타암의 동승에게 본래의 자연과 천진스러움을 유지토록 하고 또한 '큰스님'이라 존칭하는 일을 감행하게 했을지도 모른다.

혜월의 이 일화를 사람들은 '낫 놓고 기역자도 모르는' 무식한 천진도인 혜월이 열 살짜리 소년을 자연 그대로의 천진불로 대했다는 식으로 미화하기 일쑤이나 실제 이 얘기는 과장된 에피소드이거나 아니면 혜월의 장난기 어린, 그러나 그 자신이 지향하는 어떤 소망이나 이상의 한 단면을 표출한 것일 수 있다.

한편 이런 일화도 있다.

어느 여름철에 신도 한 사람이 깨끗한 모시 두루마기 한 벌을 혜월에게 지어드린 일이 있었다. 스님은 이 두루마기를 입고 시장엘 나가다가 마침 아이들이 개울에서 잡아가지고 가는 미꾸라지를 보고 다시 놓아주려는 생각으로 물고기를 팔라고 했다. 그러나 아이들은 한사코 팔지 않겠다고 버텼다. 혜월은 아이들하고 옥신각신 말씨름을 하면서 계속 팔 것을 졸랐지만 아이들은 여전히 듣지를 않았다.

이렇게 미꾸라지통을 가운데 두고 티격태격하는 사이에 그의 새 두루마기는 온통 흙물투성이가 되었고, 혜월은 아이들을 지서까지 데려가 담판을 했다. 그런데 혜월은 원체 그 지방에서는 알려져 있는 유명한 무심 도인이라 순경들이 아이들을 달래어 그 미꾸라지를 마침내 혜월 스님께 팔게했다.[8] 그의 살아 있는 생물에 대한 자비심은 이처럼 끈질겼다.

그런데 혜월에게는 '까막눈 도인'이라는 닉네임도 붙어 있었다. 그래서일까, 그에게는 문자에 대한 콤플렉스를 나타내는 듯한 일화도 있다. 물론 『수심결』을 경허 선사에게 배운 그가 문자에 어두웠을 리는 없지만 글자와 관련된 다음과 같은 일화가 전해내려오고 있는 것이다.

젊은 학승들이 모여 있던 강원에 어느 날 갑자기 혜월이 죽비를 들고 나타났다. 혜월은 죽비를 한 번 쳐서 학인들의 시선을 집중시킨 후 "수수께끼를 하나 낼 터이니 이를 풀어보라"고 했다. 그리고는 죽비를 방바닥에 내려놓으면서 이렇게 말했다.

"여기 죽비 하나를 내가 놓았습니다. 그럼 이것이 무슨 글자입니까? 여러분들은 문자에 밝고 유식하며 교리를 잘 알 터이니 이게 어떤 글자인지 말해보시오."

젊은 학승들은 도저히 종잡을 수가 없고 아무도 답을 알아내지 못했다. 그러자 혜월이 어린애처럼 깔깔 웃으며 말했다.

"스님들이 이 쉬운 글자도 모른단 말인가?"

혜월은 방안의 학승들을 빙 둘러보고는 말했다.

"임금 왕(王)자 아닌가."

"어째서 죽비 하나가 임금 왕자입니까?"

"땅 위에 한 일(一)자가 놓였으니 임금 왕자지. 땅을 흙 토(土)로 쓰지 않는가. 흙 토 위에 한 일자면 임금 왕 자가 아니고 무엇인가."

일제시대 조선불교 선종의 종정

혜월의 설명에 학승들은 아무 말도 못했다고 하는데 문자를 자랑하는 젊은 학승들을 꾫려준 이 일화는 '불립문자(不立文字) 견성성불(見性成佛)'을 주창하는 선가의 전통적인 선지를 깨우쳐주기 위한 혜월의 한 방편이었겠지만, 더러 이 에피소드를 까막눈 도인 혜월과 학승들 사이의 대립이나 갈등으로 보는 시각은 세속인들의 단견에 지나지 않는다.

파계사 미타암을 떠난 혜월은 울산을 거쳐 양산 천성산(千聖山)에 머물렀다. 팔공산에 있을 때도 미타암에 머물렀고, 천성산에 와서도 원효가 창건했다는 경남 양산군 웅상면 소주리에 소재한 미타암에 주석했다. 또 더러는 천성산 원효암에 머물기도 했다.

혜월의 스승 경허가 몸 위에 독사가 있다는 만공의 말에도 태연히 "실컷 놀다가 가게 내버려두어라"고 했듯이, 혜월도 뱀들에게 무척 자비했다. 한여름 산 속의 절에는 여러 가지 짐승들이 몰려들게 마련인데 뱀들이 나타나면 혜월은 그들을 조용히 타이르곤 했다.

"사람들이 너희들을 싫어하니 사람들 눈에 띄기 전에 자리를 피해 빨리 가거라"하고 타이르면 뱀들은 그의 말에 순종하듯 조용히 사라졌다. 그러나 그의 이런 조용한 타이름에도 뱀이 물러가지 않으면 그는 "왜 이리로 오느냐" 하면서 아무렇게나 뱀을 손으로 숲 속으로 던져 놓아 주곤 했는데, 이상하게도 뱀들은 절대로 혜월의 손을 물지 않았다고 한다.

짐승과의 친화력은 혜월의 사형인 수월 선사에게도 보인다. 수월은 만주의 사나운 밤개의 공격도 받지 않았다는 얘기가 전해오고 있다.

혜월은 뱀과의 친화력만 있는 것이 아니라 부산 선암사에 있을 때는 까마귀와 까치 등의 산새들이 날아와 몸에 앉는 경우도 흔히 있었는데, 이는 기심(機心)을 버린 그의 깊은 자비심이 산새들에게도 전해졌기 때

부산 선암사 경내　　부산시 부산진구 부암동에 위치한 사찰로 신라 문무왕 15년(675) 원효대사가 창건한 절로 원래는 견강사(見江寺)였다. 신라의 국선(國仙) 화랑도들이 수련하였다 하여 선암사로 부르게 되었다고 한다.　　　　　　　　　　　　　　　　　　촬영 한승탁 ⓒ 문화문고

문일 것이다. 하지만 혜월이 많은 동물들 가운데서도 유독 사랑했던 것은 소였다. 그는 묶인 소를 보면 곧 풀어주곤 하는 기벽이 있었는데, 그 때문에 사하촌 사람들은 혜월이 마을에 나타났다는 말이 들리면 소부터 살펴보곤 했다.

어떤 때는 풀어준 소가 콩밭에 들어가 콩밭을 망쳐놓아 화가 난 사람들이 절로 찾아와 항의하면 "이 사람아, 콩밭은 누가 제일 애써 갈았나. 이 소가 아닌가. 그러면 소부터 먹여야지, 안 그런가." 하고 말했다. 또 부산 선암사에 있을 때는 먹이던 얼룩소를 도둑이 훔쳐가자 "얼룩아, 얼룩아"하고 소를 소리쳐 부르자 끌려가던 소가 "음매" 하고 대답하듯 울어서 소를 되찾기도 했다. 그리고 소도둑을 잡은 대중들이 도둑을 때리자 이를 말린 후 용돈까지 주어서 보냈다는 것이다.

일제시대 조선불교 선종의 종정

선승으로서 그의 면모를 엿보게 하는 유명한 선화(禪話)도 있다. 천성산 원효암에 있을 때였다. 마침 아래의 큰 절인 내원사(內院寺)에서 7월 보름날 우란분절을 맞이해 당대에 명성이 높던 해담 치익(海曇 致益) 스님을 법사로 초청해 설법을 했다. 해담 스님은 초심학인(初心學人)을 위한 내용의 법문을 주로 했는데, 혜월은 탁자 아래에 앉아 그의 법문을 열심히 듣고 나서 공손히 절한 다음 이렇게 물었다.

"어떤 것이 처음 마음을 내어 배우는 사람입니까?"

해담 스님은 선지에 입각한 살아 있는 답을 하지 못하고 문자풀이로 설명에 설명을 장황하게 늘어놓았다. 그러자 혜월은 "나는 산 사람인 줄 알았더니 이제 보니 송장이구먼."하면서 돌아섰다.

이 선화는 당시 내원사 법회에 동참했던 스님들의 입으로 전파되어 불교계에 널리 알려졌다. 혜월은 천성산에 머물다가 통도사 극락암과 울산의 어떤 암자를 거쳐 범어사에서도 주석했다. 범어사에서 그는 한용운과 오성월 등의 스님과 교류했으며, 가는 곳마다 여법하게 정진에 몰두했고, 여가가 나면 항상 김 매고 나무하며 부지런히 운력(運力:절에서 대중이 모여 함께 일하는 것)을 했다. 그의 근면성은 정혜사 행자시절 이래 몸에 배인 습성이었다.

스님은 오도한 뒤에도 중국 백장(百丈) 선사의 청규(淸規:수행자들이 지켜야할 규칙) 그대로 '하루 일하지 않으면 하루 먹지 않는다[一日不作 一日不食]'는 규칙을 철저하게 실천했다. 부지런히 경내를 청소하고 짚신 삼고 새끼를 꼬며 노는 땅을 일구어서 새로운 논밭으로 일구는 데 힘썼던 것이다.

경허의 제자 중 '수월이 있는 곳에 두타 수행이 있고, 만공이 있는 곳에 중창 불사가 있으며, 혜월이 있는 곳에 사전(寺田) 개간이 있다'는 소문이 있지만, 사람들 중에는 일제하 3대 걸승으로 불모지를 개간하는 혜월, 도량 중수를 많이 하는 만공, 역경 포교에 전념하는 백용성 스님 세 분을 꼽기도 한다.

이 얘기에서 알 수 있듯이 혜월은 가는 곳마다 거친 땅을 일구어 논밭을 만들곤 했으므로, 그에게는 '개간(開墾) 선사'라는 별명이 따라다닐 정도로 항상 손에서 괭이를 놓지 않았다. 이런 연유로 개간에 따른 재미있는 일화도 두어 편 전해지고 있는데 요약하면 이러하다.

혜월은 1921년 부산 선암사 주지를 지내면서 산지를 개간해 논을 만들었다. 그리고 문전옥답 다섯 마지기를 팔아서 그 돈으로 일꾼들을 고용해 밭을 일구었다. 이때 일꾼들이 그의 설법에 정신이 팔려 일이 진전되지 않아 다섯 마지기의 돈으로 자갈밭 세 마지기만을 겨우 일구었다. 이에 제자들이 그에게 묻기를 "다섯 마지기 팔아서 세 마지기 만들면 무엇하느냐?" 하니, 그는 "다섯 마지기는 그대로 있고, 세 마지기의 밭이 더 생겼으니 좋지 않으냐"고 대답했다.

그 외 논 세 마지기를 교활한 마을 사람들의 꾐으로 두 마지기 값만을 받고 팔아버린 일도 있었다. 이때도 힐난을 퍼붓는 제자들에게 "논 세 마지기는 그대로 있고 여기 두 마지기 논값이 있으니 논이 다섯 마지기로 불어버렸는데 무슨 말이 그렇게 많으냐"고 했다.

혜월의 자갈밭 개간과 논값에 얽힌 일화는 그의 묘한 대승적 계산법과 천진성을 웅변해주고 있다. 혜월의 독특한 산술법은 세간 소유의 개념을 넘어섰을 때라야 납득할 수 있을 것이다.

1924년 11월 15일, 선학원에서 제3회 선우공제회(禪友共濟會) 정기총회가 열렸다. 이 총회에서 혜월 선사는 선우공제회의 법주로 위촉되었다. 당시 선우공제회는 통상회원 203인과 특별회원 162인, 합계 365인

일제시대 조선불교 선종의 종정

의 선승들이 회원으로 소속되어 있었는데, 선풍 진작을 위해 노력하는
것이 주목적이었다.

무주상 보시의 자비 도인

혜월은 스스로의 생활은 아주 검소하고 순박하게 살아 가진 것이라
고는 발우 한 벌에 약간의 옷가지밖에 없었다. 그러나 그는 형편이 딱한
사람을 보면 그냥 지나치지 못하고 무주상 보시를 행하기도 했다.

어느 날 신도가 부친의 사십구일재를 청하면서 일금 1백 원을 시주했
다. 일제 중기인 당시로서 1백 원은 쌀 7가마니 값에 해당하는 거금이
었다. 그는 이 돈을 가지고 재 준비를 위해 시장으로 가는 길에 노상에
앉아 울고 있는 한 여인을 보고 그 연유를 물었다.

"제 남편이 남의 빚보증을 잘못 서서 살던 집에서 쫓겨나게 되었고
빚쟁이에 시달려 죽게 되었습니다."

"그래 그 빚이 얼마나 되는가?"

"80원이나 되어 가난한 저희 사정으로는 구경조차 힘든 큰 돈입니다.

혜월은 곧 재 지낼 돈 중에서 80원을 건네주면서 말했다.

"이 돈으로 빚을 갚고 어떻게든 살 도리를 하시오."

하지만 스님은 여인의 딱한 사정을 불쌍히 여겨 끝내는 나머지 20원
마저 주고 말았다.

다음 날이었다. 재주(齋主)가 마침 절에 와서 스님의 얘기를 듣고는
"참으로 진짜 재를 잘 지내주셨습니다" 하고는 다시 1백 원을 시주했다.

혜월의 무주상보시도 자비로운 일이지만 그 신도 역시 스님을 닮아
서인지 진정 육바라밀을 실천할 줄 아는 자비보살의 마음씨가 아닐 수

없었다.

이와 비슷한 일은 부산 선암사 주지로 있을 때도 있었다. 부산진의 한 신도가 부친 사십구일재로 돈뭉치를 놓고 갔다. 재일 하루 전 상좌 운암 스님이 시장에서 물품을 흥정해 놓고 돈을 가지고 오기로 한 혜월 스님을 기다리고 있었다. 그런데 혜월은 돈을 가지고 시장으로 가다가 양쪽 다리를 모두 잃은 거지가 추위에 떨고 있는 모습을 보고는 재 지낼 돈뭉치를 몽땅 그 걸인에게 주어 버렸다. 운암이 혜월 스님께 물건값을 주고 가자고 했더니 "재 다지냈어. 내가 오다가 재 잘 지냈다"고 했다.

형식에 구애받지 않는 무심 도인 혜월의 진면목을 잘 보여주는 일화인데 격외(格外)의 자유를 누리는 선승이 아니면 행하기 어려운 일이다.

고봉 경욱(古峰 景煜:1890~1961) 스님의 전기 『격외가(格外歌)』에는 혜월이 기르던 소를 판 고봉의 이야기가 다음과 같이 기록되어 있다.[9]

고봉이 양산 내원사 혜월 스님을 찾아가니 혜월은 대중들과 함께 황무지 개간에 여념이 없었다. 그러나 혜월은 대중운력만 호되게 시킬 뿐 먹는 것은 엉성하기 그지없었다. 마침 혜월 스님이 부산에 가고 없는 틈을 타서 고봉은 몇몇 스님들과 같이 소를 끌고 양산시장에 나가 팔아버린 후 그 돈으로 곡차를 실컷 마시고 와서 남은 돈으로 맛있는 반찬을 장만해 대중공양을 잘 시키도록 했다. 며칠 후 돌아온 혜월은 소가 없어진 것을 알자 소를 찾아오라고 야단했다. 대중들은 대충 사정을 아는 터라 전전긍긍하며 한 사람도 대답을 못했다.

그때 고봉이 갑자기 옷을 훌렁 벗어버리고 조실방에 들어가서 "음매 음매" 하며 송아지 소리를 내면서 사방으로 기어다녔다. 혜월은 "내 소는 어른 소지 이러한 송아지가 아니다" 하면서 고봉의 볼기짝을 때리고는 문 밖으로 쫓아냈다. 고봉은 "새끼소가 어미소 되지 어미소가 송아

일제시대 조선불교 선종의 종정

지 됩니까? 농사 핑계로 수행자의 공부를 방해하면 무간지옥에 떨어집니다"했다.

이 일이 있은 이후로 대중운력도 완화되고 공양도 사뭇 좋아졌다고 한다. 여기에 대해 어떤 사람은, 고봉의 소 우는 흉내 소리를 듣고 혜월이 '우리 소의 울음소리가 아니다'라고 했다면서 '무애의 도리와 인과법문'을 보인 것이라고 기록하기도 했다. 또 어떤 사람은 조선총독 미나미 지로〔南次郎〕가 혜월을 방문해 "부처님의 진리를 일러 주십시오"라고 하자 혜월이, "귀신 방귀에 털난 소식이니라"했다고 한다. 그러자 혜월의 무례에 총독부의 무관이 칼을 들고 혜월을 협박하자 혜월의 일격에 그 무관이 칼을 떨어뜨리고 항복했다는 믿기지 않는 얘기도 전해져 오고 있다.[10]

제7대 조선총독 미나미는 일본 육군 대장 출신으로 일본내각의 육군 대신을 역임한 자였다. 그는 1936년 8월 26일 조선에 부임했고 혜월은 1937년 6월 16일 세수 76세로 열반했다. 미나미가 조선에 와서 임종 전의 혜월을 만났다면 10개월도 채 못 되는 기간에나 가능했다는 얘기인데, 부임 첫머리에 《동아일보》를 무기정간시키고 '국체명징 · 신사참배 · 황궁요배 · 일본기 게양 · 일본어 상용' 따위의 황민화정책에 광분한 조선총독 미나미가 유서 깊은 전통 사찰도 아닌 부산 선암사 아랫편의 사설 암자에 불과한 안양암에 와서 혜월을 친견했다는 것은 믿을 수 없는 얘기다.

혜월의 스승 경허는 안변 석왕사에서 마지막 설법을 한 후 종적이 묘연했다. 경허의 소식을 전한 것은 혜월의 사형 수월이었다. 경허는 머리를 기른 선비차림으로 갑산 · 강계 등지를 떠돌다 1912년 봄에 갑산 웅이방 도하동에서 입적했다고 수월이 정혜사로 서신을 보내와 제자들에게 알려졌다.

영남에서 이 소식을 들은 혜월은 덕숭산의 만공에게 연락해 두 사람은 1913년 7월, 스승의 자취를 찾아 갑산으로 갔다. 혜월과 만공은 마을 사람의 안내로 스승의 운구를 다시 파내어 만공이 선물한 담배와 쌈지가 함께 매장된 것을 보고 스승임을 확인했다. 둘은 스승의 운구를 산소 근처의 난덕산에서 다비하고 경허가 남긴 임종게를 가지고 돌아왔다. 혜월이 52세 때의 일이다.

선종의 종정으로 추대된 혜월

혜월은 팔공산·천성산·영축산 등지에 주석하다가 나중에는 부산 선암사 주지를 역임했다. 그리고 만년에는 선암사 아래 안양암을 세우고 정진했다.

스님은 임종 3년 전인 1935년, 74세의 노구로 조선불교 선종의 종정으로 추대되었다. 여덟 살 아래의 사제 만공과 오대산에 은거하고 있는 한암과 더불어 전국 선승들의 결집체인 선학원이 표방하는 조선불교 선종의 세 사람의 종정 중 첫 번째로 열거되는 선가의 수장으로 추대된 것이다. 종정으로 추대될 당시 혜월이 74세, 만공이 62세, 한암이 56세였다. 세수로 보나 경허 선사로부터 법을 이은 순서로 보나 혜월이 세 사람의 종정 중 첫째로 꼽히는 것은 당연한 일이었다.

혜월을 비롯한 세 사람이 조선불교 선종의 종정으로 추대된 일은 일제시대 불교계의 사정을 간략하게라도 살펴봐야 그 사정을 이해하기 편리하다.

일제는 조선을 식민지로 병합하면서 조선불교계를 장악하기 위해 병

일제시대 조선불교 선종의 종정

합 즉시(1911년) 사찰령을 반포해 본말사의 인사권과 재정권을 틀어쥐었다. 그리고 천황의 존패를 본존불 앞에 모시고 예불 때마다 축원토록 했으며 불교 본연의 법식에 앞서 일본 고유의 경축일과 일본왕가의 군주들을 추앙하는 각종 행사를 거행케 했다. 또 비구 · 비구니의 독신승 전통을 허물어 일본불교와 같이 승려의 결혼을 장려했다. 일제는 이를 위해 1926년에는 사찰령과 사법까지 개정해 비구계를 받지 않은 대처승들도 주지가 되게 함으로써 조선의 유수한 사찰은 대처승들이 대부분 차지했다.

이렇게 되자 선 수행을 하는 납자들은 수행도량을 확보할 수 없어 점차 설 곳이 없었다. 사찰 운영의 전권을 쥔 대처승 주지들은 선에 몰두하는 납자들을 달가워하지 않아 마침내 선승들은 수행도량이 없어 우왕좌왕하는 처지에 몰리게 되었다. 이에 뜻있는 선승들이 중심이 되어 선의 대중화와 선 본연의 수행을 위해 선학원(禪學院)을 서울 안국동에 개설했다.

선승들은 사찰령의 규제를 피하기 위해 '사찰'이나 '암자'를 나타내는 명칭은 가능한 피했고, 그리하여 1934년 재단법인 조선불교선리참구원(朝鮮佛敎禪理參究院)으로 인가받았다. 이어 선학원 관계자들은 1935년 3월 7~8일, 양일 동안 조선불교 수좌대회를 개최해 종정에 혜월 · 만공 · 한암을, 원장에 오성월, 부원장에 설석우를 선출했다(《동아일보》, 1935년 3월 13일자).

이 전조선 수좌대회에서 선승들의 수행도량 확보와 납자들의 선 수행을 뒷받침하기 위해 마침내 납자들은 전국 선원의 통일기관으로 조신불교 선리 참구원을 '조선불교 선종'으로 격상시켰고, 그 상징적 최고 선승으로 혜월 · 만공 · 한암 등 경허 선사의 수법 제자 중 세 명의 명안 납자를 종정으로 추대한 것이다.

혜월은 이처럼 조선의 선종을 대표하는 종정으로 추대된 뒤에도 자신의 기관지염 치료를 위해 솔방울을 주우러 다니며 정진하다가 1937년 6월 16일, 선암사 밑 바위 아래의 소나무 가지를 잡은 채 서서 열반했다. 선가에서 '좌탈입망(坐脫立亡)' 한다는 말이 있듯이 혜월 선사는 서서 육신을 벗고 천화(遷化:고승高僧의 죽음을 이르는 말)했으니 세수 76세, 승랍 62세였다.

혜월 스님은 다음과 같은 열반송을 남겼다.

일체의 함이 없는 법은

본래 진실한 상이 없도다.

상에서 상 없음을 안다면

견성을 하였다고 하느니라.

一切有爲法

本無眞實相

於相義無相

卽鳴爲見性[11]

혜월의 제자로는 운봉 성수(雲峰 性粹:1889~1941), 운암 봉우(雲岩 奉祐), 추산 성규(秋山 性奎), 운경 경훈(雲耕 敬訓), 금우 지호(金牛 智浩), 보해 병선(寶海 柄善), 탄월 채성(呑月 彩成), 도암 긍현(道庵 亘玄), 석호 봉하(昔湖 奉何), 만화 관준(萬化 寬俊:1850~1919), 철우 대주(鐵牛 大柱), 원경 상호(圓鏡 相浩) 등 모두 12명인데, 이 가운데 운봉 성수가 상족이었다.[12]

운봉은 36세 때인 1923년 백양사 운문암에서 오도했다. 혜월은 입적하기 전에 운봉에게 전법게를 남겼다. 운봉의 제자 향곡 혜림(香谷 慧林:1912~1978)은 1947년 문경 봉암사에서 오도하니 향곡은 혜월의 제3세 법손이다. 향곡의 수법제자는 진제 법원(眞際 法遠:1934~)이다. 혜월

일제시대 조선불교 선종의 종정

선사의 법계를 구체적으로 열거하면 다음과 같다.[13]

　　태고 보우→환암 혼수(幻庵 混修)→구곡 각운(龜谷 覺雲)→벽계 정심(碧溪 淨心)→벽송 지엄(碧松 智嚴)→부용 영관(芙蓉 靈觀)→청허 휴정→편양 언기→풍담 의심→월담 설제→환성 지안→호암 체정→청봉 거안(靑峰 巨岸)→율봉 청고(栗峰 靑杲)→금허 법첨(錦虛 法沾)→용암 혜언(龍岩 慧彦)→영월 봉율(永月 奉律)→만화 보선(萬化 普善)→경허 성우(鏡虛 惺牛)→혜월 혜명→운봉 성수→향곡 혜림→진제 법원.

빈 산에 서린 이기는 고금 밖이요

　　　　　　　空山理氣古今外

흰 구름 맑은 바람 스스로 가고 오네

　　　　　　　白雲淸風自去來

무슨 일로 달마는 서천을 건너왔나

　　　　　　　何事達磨越西天

축시에 닭이 울고 인시엔 해가 뜨네

　　　　　　　鷄鳴丑時寅日出

- 만공 월면(滿空 月面 : 1871~1946) 스님의 오도송

한국 선맥의 주역 덕숭산 문중의
만공 월면

✳

1871~1946

한국 선맥의 주역 덕숭산 문중의
만공 월면

우리나라 선맥의 우뚝한 거봉으로 일컬어지는 이른바 '덕숭산(德崇山) 문중(門中)'은 충남 예산의 덕숭산(480미터)을 중심으로 한 수덕사(修德寺)와 정혜사 등지에서 선풍을 떨쳤던 만공 선사의 법맥을 그 근간으로 하고 있다.[1] 현재 수덕사는 대한불교 조계종 제7교구 본사로서 충남

수덕사 대웅전 국보 제49호로 지정되어 있으며, 고려 충렬왕 34년(1308)에 건립되었다. 현재 금룡
도(金龍圖)를 비롯한 그림과 단청의 일부가 남아있고 한국 목조 건축물의 백미로 손꼽힌다.

촬영 한승탁 ⓒ 문화문고

예산군 덕산면 사천리에 있으며 소속 말사가 41곳이다.

만공 선사는 이 덕숭산에서 수행정진을 하며 많은 법제자를 배출했
는데 그들의 법손이 오늘날에 이르기까지 한국불교의 주역을 담당하고
있으며, 또 그 법맥을 전하는데 힘쓰고 있다.

덕숭산 문중을 말할 때 만공 선사를 첫머리에 떠올리듯, 만공 선사를
말하려면 그 스승 경허(鏡虛:1849~1912) 선사를 떠올리지 않을 수 없다.

기왕에 많이 알려져 있듯이 경허 선사는 지리멸렬했던 조선불교를
새롭고 활달하게 만든 중흥조(重興祖)였다. 그의 출현으로 그때까지 염
불작법(念佛作法) 간경(看經)을 업으로 삼던 조선불교가 선풍을 크게 진
작하는 계기가 되었다. 이러한 큰 법기(法器) 경허 선사를 만난 만공 스
님 역시 대기였다.

한국 선맥의 거봉이자 현대 한국불교의 큰 인맥을 형성하고 있는 덕

만공 월면

숭산 문중의 수장인 만공 선사, 그의 선적 삶을 조명해 보자.

만공과 그의 시대

한국불교사의 큰 별이었던 만공이 태어난 1871년, 그해 4월에는 미국이 군함 5척을 거느리고 와서 통상을 요구했다. 이 신미양요가 일어나던 해에 탄생해 1946년 입적하기까지 만공이 살다간 75년은 우리나라가 근대화의 시련 속에서 여러 외세에 시달리다가 끝내는 일본에 의해 식민통치를 겪어야 했던 불행하고 고통스런 시대였다.

만공이 태어나던 무렵은 고종의 아버지 흥선군 이하응이 정권을 장악해 전국의 서원을 철폐하고(1871년) 쇄국정치를 펴고 있었다. 한편 민중들은 진주민란(1862년) 이래 자각운동의 한 방법으로 도처에서 봉기해 혁명적인 민중운동을 전개했으나 번번이 실패했다.

만공의 유년시절인 1870년대는 이러한 민란과 도적떼의 창궐로 하루도 조용한 날이 없었다. 그리고 만공의 10대 시절인 1880년대 전반기 역시 관리와 토호의 토색으로 민란과 화적 및 자연재해 등으로 나라가 어수선했다. 만공이 출가하기 2년 전에는 임오군란(1882년)이 일어났고, 그가 출가하던 해(1884년)에는 김옥균과 박영효 등의 개화당이 갑신정변을 일으켰다.

만공이 행자를 거쳐 사미승으로 보낸 10년 세월 동안에도 나라는 왕족과 관리들의 부패로 점차 쇠락의 길을 걸었다. 그가 두 번째 깨달음을 얻을 무렵(1901년)에는 동학농민혁명과 청일전쟁(1894년)을 거쳐 나라는 패망 직전의 말기적 현상을 노출하고 있었다. 만공이 스승 경허로부터 법호와 함께 전법게를 받은 다음해(1905년)에 우리나라는 을사조약으로

일본의 보호국으로 전락해 통감정치가 실시되었고, 이어 한일합방으로 귀결되고 말았다.[2]

만공은 청년시절과 그 만년을 일본 제국주의자들의 강압적 식민통치 아래에서 보냈으며 나라가 광복을 찾은 그 다음해에 입적했으니 그는 독립을 찾은 이 나라의 광영도 별로 누리지 못하고 세연을 다했다. 우리 나라가 근대문명을 수용하는 과정에서 지금껏 약술했듯이 온갖 질곡을 겪은 암울한 시대에 일생을 보낸 근세 한국 선의 거성 만공 선사의 생애 는 전북 태안에서 시작한다.

탄생과 출가

만공 스님은 1871년 3월 7일, 전북 태인군 태인읍 상일리에서 아버지 송신통(宋神通)과 어머니 김씨 사이에서 태어났다. 본관은 여산, 속명은 바우 즉 도암(道岩)이고, 사미계를 받을 때의 불명은 월면(月面)이며, 만 공(滿空)은 법호이고 수산(叟山)이란 도호를 쓰기도 했다.

만년의 만공 선사를 모신 덕숭산 수덕사의 방장 진성 원담(眞惺 圓潭) 스님이 쓴 「만공 월면 대선사 행장」에 의하면, 그는 만공 스님의 탄생과 출가에 대해 이렇게 기록하고 있다.[3]

어머니 김씨는 신령한 용이 구슬을 토하매 황홀한 광명을 발하는 태 몽을 꾸고 스님을 잉태했다. 스님이 두 살 때 그의 아버지는 부인에게 "이 아이는 장차 세속의 일을 하지 않고 불문에 들어가서 고승이 될 것 이오."라고 말했다. 그가 열세 살 때 김제 금산사에 가서 과세(過歲)하면 오래 산다는 말에 부모는 아들을 데리고 금산사로 갔다.

만공은 생후 처음 부처님과 스님을 보는 순간 자신도 모르게 환희심

만 공 월 면

이 용솟음쳤다. 며칠을 절에서 지내고 돌아온 그는 출가하여 승려가 될 뜻이 간절했다. 아들의 생각을 안 부모는 크게 당황해 사촌형으로 하여금 출가하지 못하도록 감시하게 했다. 그러나 이미 출가할 뜻을 굳힌 그는 14세 때 야밤에 지게를 지고 몰래 집을 나와 전주 봉서사(鳳棲寺)로 갔다. 그곳에서 며칠 머무는 동안 스님들이 머리 깎기를 권했지만 마음에 들지 않아 그곳을 떠나 다시 찾아든 곳이 전주 송광사(松廣寺)였다.

그곳에서 출가의 뜻을 밝혔으나 "이곳에는 훌륭한 스님이 없으니 논산 쌍계사(雙磎寺)로 가 진암(眞嵓) 노스님을 만나 청해보라"는 말을 듣고 다시 쌍계사로 갔다. 그러나 진암 노사는 몇 달 전 계룡산 동학사로 옮겼다는 것이었다. 또 길을 떠나 동학사로 가서 진암 노사에게 그 동안의 경위를 얘기하자 그를 행자로 받아들여 머물 것을 허락했다.

진암 노사는 만공이 비록 소년이었으나 행동이 비범하고 총명하므로 각별히 총애했다. 「만공 월면 대선사 행장」에는 당시 진암 노사와의 일화에 대해 이렇게 소개하고 있다.[4]

만공이 행자생활을 한 지 얼마 안 가 양식이 떨어졌다. 그래서 대중들이 탁발에 나서게 됐다. 만공도 함께 가려고 하자 "아직 유발동자가 무슨 탁발을 하느냐?"고 말하면서 막았다. 그러자 그는 "얻어먹는 사람이 어디 승속(僧俗)이 따로 있습니까?" 하고 말하면서 기어코 탁발에 나섰다. 10여 일 후 그가 엽전 여덟 냥을 가지고 돌아오자 "남의 집 귀한 아들을 스님으로 만들기 전에 동냥부터 시키다니……" 하면서 한탄했다. 그는 "순 임금도 독장사를 했답니다. 너무 걱정하지 않으셔도 됩니다" 하면서 오히려 진암 노사를 위로했다.

일제시대 조선불교 선종의 종정

경허 선사와의 운명적 만남

그해 가을, 행자 만공은 그의 일생에 커다란 영향을 미칠 영혼의 스승 경허 선사를 만나게 된다. 스승 경허와 제자 만공의 만남을 행장은 이렇게 적고 있다.

갑신년(1884) 시월 초순 어느 날, 중년 객승(客僧)이 왔는데 큰 키에 고인(古人)의 풍모를 갖춘데다 뜻과 기운이 과감하게 굳세었으며 변재(辯才)를 갖춘 위풍이 당당하고 안광이 대중을 놀라게 했다. 그 스님이 바로 서산 천장사에서 보림하고 있던 당대의 위대한 선지식 경허 화상이었다.[5]

경허 선사는 1849년 전주에서 송두옥(宋斗玉)의 차남으로 출생했다. 이름은 동욱(東旭)이며 출가해서의 법명은 성우(惺牛)이고 경허는 법호이다.

9세에 부친을 잃고 경기도 광주 청계사(清溪寺 : 지금은 경기도 의왕시 청계동)에서 계허(桂虛) 스님을 은사로 출가했다. 그곳에서 박 처사로부터 글을 배우고 14세에 은사 계허 스님의 천거로 계룡산 동학사 만화(萬化) 화상을 찾아 그의 문하에 들어가 공부하고 23세에는 동학사 강원의 강백이 되었다.

나이 31세 때, 스님은 이미 환속한 은사 계허를 찾아 상경길에 올랐다. 그때 천안 인근에서 모진 풍우를 만나 민가로 잠시 몸을 의탁하려했다. 그러나 그 동리는 마침 호열자(虎列刺 : 콜레라)가 만연해 시신이 널려 있었다. 스님은 생사의 절박감을 깨닫고 발심, 다시 동학사로 돌아와 학인들을 해산하고 강원을 폐하는 한편 오직 용맹정진, 참선만 했다. 당시 스님의 공안은 '나귀의 일이 끝나지 않았는데 말의 일이 닥쳐왔다(驢事 未去 馬事到來)'였다.

스님은 밤에 졸리면 송곳으로 허벅지를 찔러가며 3개월 동안 화두에 몰입했다. 그해 11월 15일, 한 사미승이 "소가 되어도 고삐 뚫을 구멍이 없다"라고 하는 말에 할연대오(割然大悟)했다.

스님은 그후 20년간 연암산 천장사, 덕숭산 수덕사, 정혜사를 비롯해 개심사·문수사·부석사·마곡사·장곡사·보석사·태고사·갑사·동학사·신원사·법주사 등 호서 일대에 선풍을 진작했다.

만공 스님이 경허 선사 문하에 든 것은 경허 선사의 나이 36세, 만공 스님이 14세 때인 동학사에서였다. 경허 선사는 그후 범어사·정암사·해인사·송광사·화엄사·실상사·쌍계사·통도사·동화사 등 영호남 일대에서 선풍을 드날렸다.

경허 선사는 56세 때 수법제자인 만공에게 전법송을 내려주고 자취를 감추었다. 그리하여 비승비속으로 삼수·갑산·강계 등지를 방랑하다 64세에 입적했다.

경허 선사의 수법제자는 송만공(1871~1946)·신혜월(1861~1937)·전수월(1855~1928)·혜봉·침운·방한암(1876~1950) 등이다.

1884년 경허 선사가 동학사에 갔을 때 진암 노사가 경허에게 "이 도암 행자(만공)가 비범한 기틀임을 엿볼 수 있으니, 화상이 데려다가 잘 지도해 장차 이 나라 불교계의 동량재가 되도록 해주시오"하고 부탁했다.

경허 선사는 그 길로 만공을 데리고 서산 천장사로 갔다. 천장사에는 경허의 실형인 태허(泰虛) 스님이 주지로 있었다. 만공이 천장사에 갔을 때 수월 스님은 부목을 했으며, 혜월 스님은 『수심결』을 배우고 있어 만공은 공양주 소임을 맡았다.[6] 경허 선사를 계사(戒師)로 하여 사미계를

일제시대 조선불교 선종의 종정

받고 월면이라는 법명도 받았다.

스승 경허는 사미승 월면에게 각별한 관심을 두었고, 그래서 그들 사제지간에는 여러 가지 일화가 전해오고 있다.

경허 선사가 어느 날 석양에 어떤 미친 여자를 데리고 와 같이 식사하고 함께 잠자는 것을 만공이 지켜본 것은 만공 스님이 직접 술회한 유명한 일화의 하나이다. 만공은 지독한 악취까지 풍기는 미친 여자를 스승 경허처럼 같이 데리고 잘 수는 없구나 하면서 스승의 법력에 더욱 존경심이 깊어졌다고 한다.

경허 선사가 자장암 토굴에 있을때였다. 천장사에서 좀 떨어진 산모퉁이 골짜기에 작은 초가 암자가 하나 있었는데 그 암자가 바로 지장암이었다. 경허는 그곳에서 한겨울을 혼자 정진하며 그 암자에서 지내게 되었다. 지장암은 수리를 하지 않아서 벽 사이에 틈이 나고 문창이 아주 뒤틀린 낡은 집이었다. 그런 집에서 한겨울을 지내게 된 경허는 추위와 바람을 막기 위해 불장에 보관된 화엄경을 뜯어서 문도 바르고, 벽도 발라 도배와 장판까지 손수 말끔히 했다.

하루는 경허 선사를 뵈러 찾아간 제자들이 이 광경을 둘러보고 깜짝 놀라 "스님, 이 경전을 가지고 이렇게 도배 장판을 해도 됩니까?"하고 여쭈었다. 경허 선사는 태연히 "자네들도 이러한 경계에 이르면, 이렇게 해보게나."하고 서슴없이 대답했다. 만공을 비롯한 찾아간 제자들은 경허 선사의 경지에 자신들이 감히 미치지 못함을 못내 안타까이 생각하면서 그 암자를 나왔다.[7]

배 위에 노는 독사

경허 선사가 천장사에 있을 때의 일이다. 어느 여름밤이었다. 만공이 큰 방에 볼 일이 있어 경허 선사가 누워 있는 그 앞으로 불을 들고 지나가다 얼결에 보니, 경허 선사의 배 위에 길고 시꺼먼 뱀이 척 걸쳐 있었다. 만공 스님이 깜짝 놀라 소리쳤다.

"스님, 이게 무엇입니까?"

"가만히 두어라. 실컷 놀다 가게."

경허 선사는 놀라지도 않고, 쫓지도 않고, 그대로 태연히 누워 있을 뿐이었다.

얼마 후 경허 선사는 법문을 하면서 그 일을 거론했다.

"그런 데에 마음이 조금도 동요됨이 없이 자기 공부에 정진해야 하느니라."[8]

하루는 경허 선사가 큰 방에서 정진하고 있는데 만공이 경허 선사에게 넌지시 "스님, 저는 콧구멍이 간질합니다." 하자 "왜 그런가?" 하고 경허 선사가 되물었다. 만공이 대답했다. "벌들이 저의 콧구멍 속으로 드나드느라고 그러합니다." 만공의 대답을 들은 경허 선사는 "이 사람아. 벌들이 드나드는 콧구멍은 간지럽지를 않아" 하고 나무랐다. 만공은 자기의 견처를 과시하고자 이런 말을 했으나, 조작된 망상임을 뉘우치고 경허 선사의 자연스런 지적에 깊이 깨우친 바 있었다.[9]

역시 천장사에 있을 때였다. 어떤 사람이 경허 선사께 찾아와서 불법의 도리를 물었는데, 종일 그대로 앉아 있으며 일절 말이 없었다. 그러

일제시대 조선불교 선종의 종정

다가도 누구든지 곡차를 갖다 올리면 그 곡차를 드시고 난 후 법문을 종일이라도 했다. 만공 스님이 손님들이 돌아간 후 경허 선사께 항의했다.

"스님께서 만인 앞에 평등해야 할 도인이신데 어째서 그렇게 편벽하십니까?"

그러자 경허 선사가 짧게 대답했다.

"이 사람아, 법문이라는 것은 술김에나 할 것이지 맑은 정신으로는 할 게 못 돼."[10]

또 이런 일화도 있다. 어느 날 경허 선사가 제자 만공과 함께 먼 길을 나섰다. 어느덧 한낮이 가까워 오고 있었다. 길은 첩첩산중이고, 사람의 집은 눈에 띄지 않는데 시장기가 돌기 시작했다. 이윽고 굽이굽이 산길을 돌아 어느 고개 마루턱에 당도했을 때였다. 저쪽 어디선가 사람들의 웅성거리는 소리가 들리고 오색 포장과 깃발 같은 것들이 늘어져 있었다. 마침 상여행렬이 마루턱에 쉬는 중이었다. 경허 선사는 만공을 데리고 그 장례행렬 앞으로 다가갔다. 그리고는 상여 앞에 합장을 한 후 음식을 청했다. "시장해서 음식을 좀 청합니다."

"행상(行喪) 길이니 술밖에 더 있나요."

한 상여꾼이 장난스럽게 대꾸하자 경허 선사는 태연히 말했다.

"술이 있으면 술을, 고기가 있으면 고기를 주시지요."

사람들이 모두 눈을 크게 떴다.

"아따 참, 원 별난 중들도 다보겠네."

그중 한 사람이 빈정거리듯 뇌까렸다. 그때 점잖아 보이는 한 회장(會葬)꾼이 말했다.

"아니 대사가 어찌 술을 달라 하시오? 곡차라 하지도 않고……."

만공 월면

경허 선사가 그를 보며 대답했다.

"시장한데 한잔하면 되지, 굳이 다른 말할 게 뭐 있겠소."

"정히 그렇다면……."

사람들이 어이가 없다는 듯 술 한 대접을 듬뿍 떠서 내놓았다. 막걸리였다. 그러나 경허 선사는 술잔을 받지도 않고 손을 내저었다.

"잔이 너무 작습니다. 차라리 바가지나 동이째 주시오."

"워디, 동이째 내줘 봐."

술이 가득 담긴 동이를 들어 경허 선사 앞에 내놓았는데, 선사는 그것을 단숨에 비워버렸다. 상황을 지켜보던 상주의 마음이 움직였다. 상주는 도가 높은 대사라는 생각이 들어 상장(喪杖)을 짚고 경허 선사 앞으로 가서 공손히 말했다.

"무애행(無碍行)을 하시는 도가 높은 스님들 같사온데 스님들의 자비로움으로 망인(亡人)이신 우리 아버님의 명혈(名穴)을 하나 잡아 주실 수는 없는지요?"

그러자 경허 선사는 느닷없이 큰 소리를 버럭 질렀다.

"명혈은 해서 뭐에 써? 죽으면 다 썩은 고깃덩어리밖에 안되는 걸,"

이 말을 들은 상제들은 술을 대접하고도 별안간 주정꾼의 주사처럼 표변한 걸승의 말투가 어이가 없는데다 울화까지 치밀어 모두 달려들 형세였다.

"아니, 어디서 떠돌던 중놈들이……."

대 막대기를 들어 당장에라도 후려칠 듯 기세가 험악해졌다. 하지만 경허와 만공도 만만치 않았다.

"네 이놈들!"

그들도 두 팔을 걷어부치고 딱 버티고 섰다. 경허와 만공은 모두 6척

일제시대 조선불교 선종의 종정

이 넘는 건장한 체구로 위세가 매우 당당했다. 순식간에 일어난 이 뜻밖의 사태를 상여꾼들은 그저 멍청히 지켜보고만 있었다. 그때 맏상제가 흥분한 아우들을 물리치고 앞으로 나섰다.

"스님 말씀이 지당합니다, 『남화경(南華經:장자)』에도 있듯이, 사람이 죽으면 까막까치나 구더기의 밥이 되는 것이지요. 우리들이 미흡해서 알아뵙지 못했습니다. 그러나 자손된 도리는 그렇지 못해서요."

상주는 행상길을 재촉해 떠날 채비를 했다. 그때 잠자코 있던 경허 선사가 중얼거렸다.

"모든 것은 다 허망할 뿐이니 죽고 사는 것 원래 그러하므로, 만약 모든 것이 참으로 허망한 줄 알면 그대들도 참모습을 볼 수 있을 것일세."

이처럼 생멸의 실상을 만공에게 들려줄 때 상여행렬은 고개를 넘어갔다.[11]

천장사에서 경허 선사의 형님인 태허 스님이 갈산 김씨네 사십구일 재를 지내기 위해 푸짐하게 장을 보아다 갖가지 과일과 떡을 탁자에 정성껏 진열해 놓았을 때였다. 구경꾼 아이들이 와서 구경을 하고 있노라니까, 홀연히 경허 선사가 나타나 법당에 차려놓은 과일을 모조리 구경꾼에게 나누어 주었다.

이를 안 태허 스님이 화를 내면서 "재나 다 지낸 뒤 주지, 어째서 재지낼 것을 다 나누어 주느냐?" 하자 경허 선사가 대답했다. 이렇게 지내는 것이 바르게 지내는 재입니다.

태허 스님은 할 수 없이 급히 사람을 보내어 새로 잿상을 봐오게 하고, 재주에게 미안하다는 사과를 했다. 그런데 재주는 오히려 환희심을 내어 이렇게 말했다는 것이다. "우리 부친의 재는 잘 지냈습니다." 그러

고 나서 태허 스님께 경허 선사의 무애행을 깊이 존경하고 재의 설비 비용을 다시 내었다.[12]

만공 스님은 스승 경허 선사의 이러한 무애행을 지켜보면서 천장사에서 10여 년 동안 선승으로서의 기량을 탁마하고 있었다.

선 수행과 오도

1893년 만공 스님 나이 23세되던 그해 11월 1일, 17,8세 되어 보이는 한 소년이 천장사에 와 스님과 하룻밤 동숙하게 되었다. 그때 소년이 만공에게 물었다.[13]

"모든 이치가 한 곳으로 돌아간다는데, 그 한 곳은 어디로 간다는 겁니까(萬法歸一 一歸何處)?"

"사람들은 이것만 알면 생사에 해탈하고 만사에 막히는 것이 없다 하는데 이것이 무슨 뜻입니까?"

소년의 질문에 만공은 아무런 대답도 못했다. 이에 깊이 분발해 그는 '만법귀일 일귀하처' 란 화두를 들고 열심히 참구했다. 그리하여 어떤 때는 의단(疑端:의심스러운 일의 실마리)이 절로 일어 며칠을 잠도 제대로 자지 못하고 지내기도 했다. 그러나 어른 스님을 시봉하면서 정진하자니 무척 힘이 들었다. 그래서 몰래 천장사를 떠나 온양 봉곡사(鳳谷寺)로 가서 노전(爐殿:불전佛殿을 관리하는 직책)을 보며 더욱 수행에 열중했다.

그러기를 2년, 을미사변(1895년)이 일어난 해 7월 25일이었다. 스님은 그날도 '만법귀일' 화두를 들고 동쪽 벽을 의지해 서쪽 벽을 바라보고 있었다. 그때 홀연히 벽이 무너지면서 일원상(一圓相)이 나타났다. 결국 그날밤을 꼬박 새우면서 의단 타파에 전념하고 있는데, 새벽 쇳송(鍾頌)

일제시대 조선불교 선종의 종정

중 『화엄경』 제1게인 '만일 사람이 삼세(三世:과거·현재·미래)의 일체 부처님을 요달해 알고자 한다면 마땅히 법계의 성품을 관(觀)하라. 일체가 오직 마음으로써 지은 것이니라(若人欲了知 三世一切佛 應觀法界性 一切唯心造)' 하는 구절을 외다가 문득 법계성(法界性)을 깨달아 일체의 의심덩어리가 무너졌다. 홀연히 화장찰해(華藏刹海)가 열리니 기쁜 마음을 금치 못하고 만공은 오도송을 읊었다.

빈 산에 서린 이기는 고금 밖이요	空山理氣古今外
흰 구름 맑은 바람 스스로 가고 오네	白雲淸風自去來
무슨 일로 달마는 서천을 건너왔나	何事達磨越西天
축시에 닭이 울고 인시엔 해가 뜨네	鷄鳴丑時寅日出

스님은 오도한 후로는 만나는 사람마다 붙들고 "나에게 희유(稀有)한 일이 있으니 나와 함께 공부함이 어떻소?" 하고 권유했다. 그러나 사람들은 만공 스님의 경지를 알지 못하고 "멀쩡한 사람이 밤 사이에 미쳤군" 하면서 오히려 그를 비웃기만 했다.

스님은 이런 문외한들과 같이 봉곡사에 더 머물 수 없어 걸망을 챙기고 지리산 청학동을 향해 떠났다. 전라도 장성 땅에 이르러 한 노인에게 지리산으로 가는 길을 물었더니 "장성에 기산림(奇山林)이란 선생이 유학자들을 동원해 사방에 진(陳)을 치고 지나가는 중들을 모조리 붙잡아 들여 진중에서 밥 짓는 일을 시키니 그런 위험한 곳에는 가지 않는 것이 좋을 듯합니다" 하고 말했다.

당시는 동학농민전쟁이 전라도 전역을 휩쓸고 있었으며 유학자들은 반농민군을 조직해 동학교도들을 소탕하고 있었다. 만공은 전란을 피하고자 청학동 가는 것을 포기하고 본사인 천장사로 발길을 돌렸다. 그런데 공주 마곡사에 들러 쉬어가려고 할 때였다. 마곡사의 보경(普鏡) 화상이 만공에게 "내가 조그마한 토굴을 하나 묻었으니 그곳에서 공부를 해 보라"하고 권했다. 만공이 그 토굴에 가보니 마음에 드는지라 그곳에 머물기로 했다.

스님은 토굴에서 공부하면서 파전(坡田)을 일구기도 했다. 그곳에 산지 1년이 지난 1896년 7월 보름 무렵, 경허 선사가 마침 마곡사에 들렀다가 만공이 있는 토굴을 방문했다. 오랜만에 스승 경허 선사를 만난 그는 그때까지 공부해 온 것을 죄다 말씀드렸다. 제자의 애기를 들은 경허 선사가 감탄을 했다.

"오호, 화중생련(火中生蓮)이로다!"

이어 선사가 만공 스님께 질문을 던졌다.

"여기 등(藤) 토시와 부채가 있는데, 토시를 부채라고 하는 것이 옳으냐? 부채를 토시라고 해야 옳으냐?"

"토시를 부채라 해도 옳고, 부채를 토시라 해도 옳습니다."

"네가 다비문(茶毘文)을 보았느냐?"

"보았습니다."

"그럼 '눈 달린 돌사람이 눈물을 흘린다(有眼石人齊下淚)'는 말이 무슨 뜻이냐?"

만공은 진땀만 흘릴 뿐 대답을 못했다. 그러자 경허 선사가 준엄하게 말했다.

"자네가 '눈 달린 돌사람이 눈물을 흘린다'는 말의 뜻도 모르면서 어찌 토시를 부채라 하고 부채를 토시라 하는 도리를 알겠느냐? '만법귀일 일귀하처'의 화두는 더 진보가 없으니 조주(趙州) 스님의 '무자(無

일제시대 조선불교 선종의 종정

字)’ 화두를 드는 것이 옳다. 원돈문(圓頓門)을 짓지 말고 경절문(徑截門)을 짓도록 해라.” 여기서 경허 선사가 말하는 원돈문은 초발심의 신위(信位)에서 차례차례 만행을 닦아 마침내 성불위(成佛位)에 이르는 것을 가리킨다. 경절문은 문자나 언어를 여의고, 수행의 단계나 절차를 거치지 않고 바로 증과(證果)를 얻는 간결한 방법을 지칭한다.

경허 선사가 떠난 후 만공은 스승의 가르침대로 문자와 언어를 여의고 오직 ‘무자’ 화두를 참구하면서 더욱 열심히 정진했다. 그러나 날이 갈수록 스승 경허 선사에 대한 경모의 생각이 더욱 간절해 가므로 서산 도비산(島飛山) 부석사로 경허 선사를 찾아갔다. 훗날 만공은 스승의 문하에서 공부하던 당시에 대해 다음과 같이 술회했다.

나는 날마다 경허 화상에게 법을 물어 가르침을 받았으며 현현(玄玄)한 묘리를 탁마해 나갈 수 있었다.[14]

만공이 스승의 가르침대로 ‘무자’ 화두를 통해 두 번째 깨달음을 성취한 것은 31세 때인 1901년이었다. 그해 여름 경남 동래 범어사로부터 하안거를 지도해 줄 선지식으로 경허 선사를 초청했다. 당시 범어사에는 계명암선원(鷄鳴庵禪院)이 있어 결제 때면 전국에서 납자들이 몰려들었는데, 그때 하안거를 지도해 줄 큰스님으로 경허 선사를 초청했고 만공은 침운과 함께 경허 선사를 모시고 범어사로 향했다. 이때 있었던 일화 하나가 전해오고 있다.

경허·만공·침운 등 세 사람의 스님은 서산 부석사에서 범어사까지 도보여행을 하고 있었으니 나중에는 걷기도 싫을 만큼 일행이 지쳤다. 그러자 경허는 제자들에게 축지법을 가르쳐 준다며 물동이 이고 가는 마을 처녀에게 느닷없이 달려들어 입을 맞추자 동리 청년들이 몽둥이를 들고 이들을 잡으러 쫓아왔다. 경허 일행은 봉변을 면하고자 정신없이 도망을 갔다. 안전한 곳까지 달려간 일행에게 경허 선사가 어린애처럼 웃으며 말했다. "이 보라구, 다 내가 그렇게 했기 때문에 이렇듯 빨리 온 게 아니야!"

어떤 이는 경허와 만공이 탁발을 나갔다가 길은 멀고 탁발한 곡식은 무거우므로 경허 화상이 마을 처녀에게 갑자기 입을 맞추어 동네 청년들에게 쫓겨 걸음아 나 살려라 하고 달아났다고 말하고 있다. 따라서 이 사건은 어느 때에 일어난 에피소드인지 확인하긴 어렵지만, 경허와 만공이 겪은 이 일화는 경허가 제자 만공에게 '일체유심조'의 도리를 유머 섞인 장난을 통해 체험토록 한 것이리라.

대오와 전법게

한여름을 스승 경허와 함께 범어사 선원에서 하안거를 지낸 후 만공은 스승과 헤어져 양산 통도사로 떠났다. 통도사에는 산내 암자가 13곳이 있는데 그 중 큰 절에서 가장 먼 암자가 백운암이다. 만공은 통도사 금강계단에 이르러 부처님께 예배드린 후 곧 백운암으로 올라갔다.

이 암자는 통도사에서 약 6킬로미터 떨어진 곳에 있으며 극락암과 비로암의 사잇길 송림의 오르막길을 계속 따라서 영축산 상봉 약 8부 능선까지 올라가야 한다. 흰 구름이 떠도는 높은 곳에 있다는 뜻에서 암자 이름을 백운암이라 했는지도 모른다. 만공이 흰 구름 감도는 백운암에 올라 내려다보자 저 아래 통도사의 산곡(山谷)이 그림처럼 아름답고 저 멀리에는 푸른 동해가 보였다.

일제시대 조선불교 선종의 종정

백운암은 신라 진성여왕 6년(892) 조일(祖日) 대사에 의해 창건되었지만 이 암자는 그 동안 몇 번이나 흥폐했는지 알 수 없었고, 다만 순조 10년(1810) 침허(沈虛) 대사가 중건했다고 전할 뿐이다. 암자 서남쪽 5백 미터되는 지점에 금수(金水)라는 약수가 있다. 이 물은 석간수로서 가을의 맑은 하늘 아래서는 금색 빛이 찬연하므로 '금수'라고 이름지어졌다. 만공도 이 석간수를 마시고 산 그림자 서쪽으로 기우는 시간에 통도사 8경의 하나인 백운명고(白雲鳴鼓)의 북소리를 들었을 것이다.

스님은 늦장마를 만나 보름 동안이나 꼼짝 없이 이 백운암에 머물게 되었다. 그리고 이 암자에서도 여전히 조주의 '무자' 화두에 정진하고 있었는데, 어느 날 새벽 종소리를 듣고 홀연히 다시 깨달았다. 이제 그에겐 단 하나의 미혹도 없고 백천삼매(百千三昧)와 무량묘의(無量妙義)를 하나도 걸림 없이 통달해 마침내 '일을 다 마친 대장부(了事丈夫)'가 되었던 것이다.

드디어 도를 이룬 만공은 1901년 7월 말, 자신의 본사인 천장사로 돌아와 머물렀는데, 만공행장은 당시 그의 생활에 대해 이렇게 표현하고 있다.

배가 고프면 밥을 먹고, 피곤하면 잠을 자고, 홀로 거닐며 자재했다.[15]

飢來喫飯 困來打眠 逍遙自在

만공이 서른네 살되던 갑진년(1904) 2월, 스승 경허 선사가 천장사에 들렀다. 스님은 스승에게 예를 갖춘 후 자신이 그 동안 공부하고 보림한 것을 낱낱이 말씀드렸다. 경허 선사는 제자의 깨달음을 인가하고 '만공'이란 법호와 함께 다음과 같은 전법게를 내렸다.

구름 달 산과 내가 도처에 같으니	雲月溪山處處同
수산 선자(만공)의 대가풍이여!	叟山禪子大家風
은근히 무문인(無文印)을 분부하노니	慇懃分付無文印
한 조각 기권(機權)이 눈 속에 살았구나	一段機權活眼中

마침내 스승과 작별을 앞둔 만공은 경허 선사가 쓰는 담뱃대와 쌈지가 너무 오래된 해진 고물이기에 새 것으로 장만해 마지막 선물로 올렸다. 선사는 만공의 선물을 받고는 즐거워하면서 '불조(佛祖) 혜명(慧命)을 부촉하네' 라고 말한 후 산수 갑산으로 떠났다.

만공은 평생동안 스승 경허 선사로부터 두 번 크게 꾸중을 들었다. 한 번은 마곡사 토굴에서 첫 깨달음을 얻은 후 스승과 선문답을 나누다가 크게 혼난 일이고, 또 한 번은 그보다 일찍이 천장사에서 경허를 모시고 살 때의 일이다.

그때 만공은 스무 살 가량의 청년승려였는데 공부를 하던 어느 날 갑자기 식(識)이 맑아지면서 타심통(他心通)이 열려 사람의 마음과 세상 일을 보지 않고도 알게 되었다. 그 무렵 만공은 사미승 하나가 경허 선사의 꾸중을 듣고 갑자기 자취를 감춘 것을 찾아냈다. 그러자 경허는 만공을 법당으로 불러들인 후 다음과 같이 준엄하게 꾸짖었다.

"일찍이 서산 대사는 『선문촬요(禪門撮要)』에서 이렇게 말씀 하셨다. 현실적인 신통(神通)이란 깨달은 사람의 경지에서는 오히려 요망스럽고 괴이한 일이며 또한 성인에게는 지엽적인 말단의 일이라 혹 그것을 나타낼지라도 쓸모없이 여기거늘, 요즈음은 어리석은 무리들이 함부로 말하기를 한 생각을 깨달으면 곧 한량없는 묘한 작용과 신통변화를 나타낸다고 한다. 그러

일제시대 조선불교 선종의 종정

나 이는 마치 모난 나무를 가져다 둥근 구멍을 막으려는 것과 같으니 어찌 큰 잘못이 아니겠는가. 그러니 월면, 자네가 타심통이 열려 신통을 부릴 수 있다 하더라도 이는 요망스럽고 괴이한 일이며, 지엽적인 말단의 일이며, '모난 나무로 둥근 구멍을 막으려는 것(如將方木逗圓孔)'과 같은 사술에 불과한 일이니 앞으로는 절대로 술법을 행하지 말것이야. 도인이 아무리 훌륭한 도가 있더라도 술법을 행하면 이미 귀신이니 이를 믿을 수가 없는 법이네. 그러니 그대가 살고 남도 살려주는 일이 있다 하더라도 앞으로는 절대로 그러한 짓은 하지 말것이다."

이때 이후 만공은 스승의 말을 깊이 가슴에 새겨 절대로 신통력을 사용하는 일이 없었다고 한다. 이는 부처께서 『장아함견고경(長阿含堅固經)』에서 신통력을 사용치 말라는 가르침을 경허 선사 자신은 물론 제자 만공에게도 실천하도록 한 것이다.

만공은 스승 경허 선사가 북방으로 간 후 산천을 유력(遊歷)하다가 마침내 그의 나이 34세되던 1905년, 덕숭산 수덕사 뒤편에 작은 모암(茅庵)을 지어 금선대(金仙臺)라 이름하고 그곳에서 보림을 했다. 사방에서 납자들이 모여들어 그에게 설법하기를 간청하자 여러 번 사양하다가 마침내 법좌에 올라 개당 보설(普說)을 시작했다.

이 무렵 그는 백야 김좌진(白冶 金佐鎭:1889~1930)과 팔씨름을 하고 갈산 김씨의 양반 자제들에게 감금당한 비구니를 구하는 등의 일화를 세간에 뿌리기도 했다.

1910년 여름, 나라가 국권을 잃은 슬픔에 이어 그로부터 2년 뒤인 1913년에 스승 경허 선사가 갑산에서 입적했다는 소식을 수월 스님의 서신으로 접했다. 만공은 스승이 열반했다는 소식을 듣고 그를 추모하는 시를 읊었다.

경허 법사의 천화를 듣고 읊다 聞鏡虛法師遷化吟

착함은 부처님을 지나고 악함은 호랑이에 지나던	善惡過虎佛
이 경허 선사께서	是鏡虛禪師
천화하여 어느 곳으로 가셨나이까?	遷化向甚麼處去
술에 취한 붉은 얼굴 꽃 속에 누워 계시네	酒醉花面臥[16]

이 시의 제목에 쓰여진 '천화'란 말은 고승의 죽음을 일컫는 말이다. 마지막의 '술에 취한' 구절이란 말의 의미는 지옥과 천당이 공(空)하고, 생사와 열반이 허망한 어리석은 꿈의 환영을 뜻한다. 그리고 '붉은 얼굴 꽃 속에'라는 구절은 경허 선사의 법의 경계가 죽어도 죽지 아니하고, 아무리 감추어도 감출 수 없는 진신(眞身)을 표현하고 있다. 이 시의 압권은 만공이 경허를 평가한 첫 구절이다. 즉 '착함은 부처님에 지나고 악함은 호랑이에 지난다'는 대목은 경허의 모습을 단적으로 나타내는 의미 깊은 표현이다.

경허 선사가 잠적한 10년 후에 수월 스님의 서신이 예산 수덕사 위에 있는 정혜선원으로 왔다. 경허는 호를 난주(蘭州)라 하며 머리를 기르고 유관(儒冠)을 쓴 선비 차림으로 갑산 강계 등지로 내왕하면서 시골 서당 훈장을 하기도 하고, 혹은 시장 거리에서 술잔을 기울이기도 하다가 1912년 봄에 갑산 웅이방 도하동에서 입적했다.

경허는 임종에 앞서 제자 만공이 준 담뱃대와 쌈지를 꺼내 놓고는 주인에게 말했다.

일제시대 조선불교 선종의 종정

"이것을 내 시신과 함께 꼭 묻어주시오."

"왜 그렇게 해야 하오?"

"언젠가 이걸 찾으러 여기에 올 사람이 있어서 그러하오."

경허가 예견했듯이 그의 입적 1년 후인 1913년 7월, 만공은 사형인 혜월과 함께 갑산 웅이방으로 찾아갔다. 그곳 경허가 열반한 곳에서 가매장한 묘를 헤치고 보니, 과연 만공이 스승과 작별할 때 준 담뱃대와 쌈지가 나왔다. 만공은 이것을 보고 비로소 그 시신이 만년을 객지에서 유랑하다가 입적하신 스승 경허임을 확인했다. 만공과 혜월은 스승의 시신을 난덕산에서 다비한 다음 유품을 가지고 돌아왔다. 만공은 스승을 다비하면서 이렇게 읊었다.

함경도 갑산군 웅이면 난덕산 밑에서 선법사의 다비를 모실 때 읊다

於咸鏡道甲山郡熊耳面 難德山下 先法師 茶毗時吟

예로부터 시비가 여여한 객이	舊來是非如如客
난덕산에서 겁 밖의 노래 그쳤네	難德山止劫外歌
나귀와 말 불살라 다한 이 저문 날에	驢馬燒盡是暮日
먹지 않는 두견새 '솥적다' 한하네	不食杜鵑恨小鼎

만공이 난덕산에서 스승 경허가 '겁 밖의 노래를 멈추었다'고 읊었듯이, 그기 스승을 추모하는 마음은 스승의 문집 편찬과 초상을 그려 봉안하는 일로 이어졌다. 어떤 면에서 경허가 한국 근대 선의 중흥조로 존경받는 상당한 이유가 제자 만공으로부터 비롯한다고 해도 과언이 아닐 것이다.

　물론 꺼져가는 선맥 자체를 이은 것은 경허 자신이지만 그러한 선풍을 계승 발전시키는 데 지대한 공헌을 한 것이 경허의 수법 제자인 수월·혜월·만공·한암 등이었는데, 그 가운데서도 만공은 스승 경허와 가장 오랫동안 고락을 나누었다. 그의 스승을 향한 경모의 열정은 그의 생애 후반에도 끊임없이 계속된다.

　만공은 1930년에 『경허집』을 간행하려고 유고를 수집하는 한편 한암에게 경허 선사의 행장을 찬술해 줄 것을 요청했다. 한암은 다음 해에 〈선사 경허 화상 행장〉을 완성해 만공에게 넘겨주었다. 그로부터 6,7년 뒤 만공이 그렇게 찾고 있던 스승의 유고 뭉치를 강계 출신 김영극(金瑩極)이 만공에게 가져왔다. 김영극의 조부는 경허 선사를 강계의 자기 집에다 여러 해 모셨고 두 사람은 글을 주고 받으며 담소를 즐겼다. 경허의 임종도 그의 조부가 지켜보았다.

　김영극은 고이 간직했던 한 장의 경허 선사 사진과 유묵(遺墨)을 내놓았고 이것을 바탕으로 만해가 책으로 엮었다. 『경허집』의 발간은 1942년 선학원에서 주관했다. ‘우리 공로자의 표창은 우리 손으로’라는 표어하에 진행된 『경허집』 발간은 전국 선원 수좌의 힘으로 부담하기로 했는데, 이 사업의 중심기관이 중앙선원 즉 선학원이었던 것이다. 당시 발기인은 송만공을 비롯해 한용운·오성월·강도봉·김경산·설석우·방한암 등 선학원 관련 인사를 중심으로 40여 명의 불교계 중진들이 대거 참여했다.[17]

　선학원 중심의 『경허집』 발간 노력은 선학원이 창건 이후부터 일관되게 추진한 한국 불교 전통의 계승 및 선의 대중화 정신과 맥을 같이 하는 것이었다. 이 선학원에는 만공이 일찍부터 깊이 관여했다.

일제시대 조선불교 선종의 종정

만공과 선학원

선학원은 1921년 창설되었는데 만공은 1922년 3월 30일부터 4월 1일까지 개최된 선우공제회 창립총회에 참석했으며, 만공 외에도 백학명(白鶴鳴)·김남전·임석두·이고경·박고봉 등 35명의 승려가 출석했다. 이 선우공제회의 결성은 선학원이 추진하는 선풍진작 활동의 하나였다.

만공은 이 선학원에 깊은 관심을 보여 1924년에는 논 20,370㎡(6,173평)을 헌납해 선학원이 재정적 기반을 구축하는 데 일조했다. 그 외 불영사(佛影寺)의 이설운(李雪耘)이 연수입 80석 상당의 논을, 해인사의 김영해(金映海)가 논 33,330㎡(10,100평)과 밭 2,521㎡(764평)을, 표훈사의 이성혜(李性惠)가 논 10,741㎡(3,255평), 이성윤(李性潤)이 논 13,952㎡(4,228평), 김도권(金道權)이 논 21두락(斗落:마지기)을 헌납했다. 이 1924년 11월 15일의 제3회 정기총회에는 만공의 사형인 혜월 선사가 법주로 위촉되었다.

전통 한국의 선과 불조정맥(佛祖正脈)을 중흥하기 위해 세워진 선학원에서는 선학원 창립정신을 구현할 조직체로서 선우공제회가 결성되어 본격적인 활동에 들어갔다. 선우공제회는 전국의 선원과 청정비구들을 회원으로 해서 선풍진작과 선 수행의 상부상조 정신을 실천해 갔다. 만공은 이 선우공제회의 창립총회에 참석했을 뿐 아니라 1924년의 제3회 정기총회에서는 논 20,000㎡(6천여 평)을 헌납해 선학원이 재정적 기반을 잡는 데 다시금 적극 협력했다.

1930년초, 침체에 빠진 선학원을 김적음(金寂音) 스님이 인수해 납자와 신도 20여 명이 참선을 하는 등 재건활동을 시작했다. 또한 한용운

백용성 스님 등이 설법과 강화 등의 행사를 거행했는데 만공 스님도 선학원에서 선법문을 했다.[18]

선학원은 1934년 12월에 조직 기반을 확립하고자 재단법인 조선불교 선리참구원으로 개편했다. 재단법인으로 개편 당시 만공은 충남 예산군 덕산면 사천리에 있는 논(시가 8천182원 30전)과 밭(309원 80전)을 기부했고 또한 이사장으로 선출되었다. 부이사장은 한암 스님이었고, 상무이사는 오성월·김남전·김적음 스님이었다.

선학원이 재단법인 조선불교 선리참구원으로 개편되면서 1935년 3월 7~8일, 양일에 걸쳐 조선불교 수좌대회를 개최했는데 여기서 조선불교 선종의 종정으로 신혜월·송만공·방한암 선사를 선출했다.[19] 선종의 자립과 전국 선원을 대표하는 통일기관의 성격을 갖는 종무원을 구성하고 그 대표를 추대한 것이다.

또한 선학원은 '중앙선원'으로 명칭을 변경하고, 재정적 기반도 재단법인 선리참구원으로 확정되면서 조선불교 선종의 위상으로 그 성격이 변경되었다. 아울러 만공을 비롯한 세 종정은 조선불교 선종의 최고지도자가 된 것이다. 1940년 서울 안국동에 있던 조선불교 선종 중앙교무원(禪學院)에서는 전국 선원과 그 선원에 안거하는 납자 수를 조사한 적이 있는데, 선원은 총 27곳이었고 수좌들은 모두 458명이었다.[20]

이를 배경으로 선학원에서는 1941년 2월 26일부터 21일간 '유교법회(遺敎法會)'를 개최했다. 이 법회에서 행한 만공 선사의 법어가 시자 진성이 편찬한 『만공법어』(수덕사 덕숭총림, 1986)에 13쪽에 걸쳐 수록되어 있다. 법문을 행한 일시와 장소는 1941년 3월 10일 선학원으로 되어 있다.

만공의 법문에 의하면 박한영과 동산(東山) 스님은 『범망경(梵網經)』을 설했고, 만공은 '선 수행을 철저히 하여 부처님의 혜명을 이으라'는

일제시대 조선불교 선종의 종정

유교법회 1941년 2월 26일부터 10일간, 선학원에서 개최된 고승유교법회의 참석자, 한국의 정통 선을 알리기 위해 개최된 이 법회에는 송만공, 박한영, 하동산, 장석상, 채서응 등 당시 기라성 같은 청정비구가 참석하였다. 법회종료 후에는 비구승으로 결성된 범행단(梵行團)을 조직하고 선학과 계율의 종지를 선양하기 위한 노력도 기울였다(사진은 1941년 3월 13일 촬영) 『한국불교100년』(민족사 발행) 참조   촬영 한승탁 수덕사 근역성보관 소장.

요지의 설법을 했다.

1942년 선학원에서 한국 전통 선의 재흥 사업으로 『경허집』의 발간을 주관하게 된 것도 수제자 만공이 선리참구원 이사장과 선종의 종정으로 선출될 만큼 폭넓게 활동을 한 것이 커다란 영향을 미쳤을 것이다.

아무튼 만공 선사는 31세 때 획철대오한 선승으로서 은거생활만 한 것이 아니었다. 이 나라 영혼의 스승으로서 한국 선의 진작을 위한 대표 기관이었던 선학원에 초창기부터 관여해 1940년대 일제의 대동아전쟁기라는 궁핍하고 고통스러운 시대에도 선리참구원의 이사장과 선종의 종정이라는 대표적 소임을 맡아 충실하게 그 역할을 다했다.

만공 선사가 1935년 조선불교 선종의 종정으로 추대될 당시 그의 세수는 환갑을 갓 넘긴 62세였다. 스님은 종정으로 추대된 다음해 1936년 12월 8일, 설산(雪山) 최광익(崔光益)에게 의뢰해 경허 선사의 초상을 그리게 하고 스님이 영찬(影讚)을 써서 금선대의 진영각(眞影閣)에 봉안했다. 만공 스님이 쓴 영찬은 이러했다.

경허법사영찬 鏡虛法師影讚

빈 거울에는 본래 거울조차 없고	鏡虛本無鏡
소를 깨달음에 일찍이 소도 아니로다	惺牛曾非牛
거울도 없고 소도 아닌 곳곳마다	非無處處路
산 눈(活眼) 자유로이 술과 다못 색이로다	活眼酒與色

이 영찬은 스승의 법호 '경허'와 법명 '성우(惺牛)'를 교묘하게 활용해 지은 중의(重義)를 지닌 시이다. 『만공법어』를 엮은 진선 스님은 주(酒)는 법에 비유한 것이고 색(色)은 묘공(妙空)이나 방광(放光)에 비유했다고 주석을 달고 있으나, 실제로 경허 선사는 술과 여색에도 걸림이 없는 무애행을 즐긴 선승으로 널리 알려져 있다. 따라서 주색에 대한 진성 스님의 각주가 오히려 군더더기 같다는 느낌을 지울 수 없다.

중창 불사로 유명한 만공

경허 선사의 제자 중 수월·혜월·만공을 일제 암흑기의 조선에 뜬 '세 개의 달'이라 지칭한다. 이는 세 스님의 법호나 법명에 모두 '달 월(月)' 자가 들어 있는 탓도 있지만, 그들의 법력이 한결같이 뛰어났기 때

일제시대 조선불교 선종의 종정

문이다.

수월은 조선의 변경과 북간도에 오래 주석해 북녘 하늘을 비춘 상현달이라 했고, 혜월은 중년 이후 영남지방에 주석했으므로 남녘하늘의 하현달이라 했으며, 만공은 덕숭산에 주로 머물렀으므로 중부지방의 만월이라 불렀다. 그런데 이들 세 선사의 특징을 이렇게 말하기도 했다.

"수월이 있는 곳에 두타 수행이 있고, 혜월이 있는 곳에 사전(寺田) 개간이 있으며, 만공이 있는 곳에 중창불사가 있다."

만공 스님은 이 말과 같이 많은 건축 불사를 했다. 특히 그는 덕숭산에서 여러 가지 중창불사를 일으켰는데, 1905년에 금선대를 지은데 이어, 1920년대 중반에는 덕숭산 산허리에다 소림초당(少林草堂)을 지어 주석했다.

그는 굽은 나무의 천연미를 살린 재목을 쓰고 볏집 이엉을 얹고 약 5척의 탑형 토조(土造) 지붕상투를 올린 집을 지어서는 소림초당이라 편액했다. 또한 퇴락한 수덕사 대웅전(국보 제49호)을 4년여에 걸쳐 해체 복원한 것을 비롯해 부속 당우도 증개축했으며, 덕숭산 중턱에 거대한 자연석을 서 있는 채로 조각해 용출관음석불(湧出觀音石佛) 입상을 조성했다. 그리고 정혜사에 발우형(鉢盂形) 석소 수조를 만들어 '부처님의 젖이 흐르는 집'이라는 뜻으로 '불유각(佛乳閣)'이라 이름을 붙였다.

스님은 정혜사의 사우(寺宇)를 일신히게 만든 후 능인선원(能仁禪院)을 열어 제방 납자를 제접하니, 덕숭산을 한국 근세 선불교의 중심지가 되게 하는 데 결정적인 역할을 했던 것이다. 또 그로 말미암아 덕숭산 문중이 발흥하게 되었다.

견성암　1930년 만공 스님에 의해 세워진 우리나라 최초의 비구니 선원이다. 1965년 벽초 스님에 의해 현재 위치에 2층 석조 건물의 형태로 이전 건립되었다.　　촬영 한승탁 ⓒ 문화문고

1924년, 서울에 있는 기석호(奇石虎) 스님이 정초에 만공 선사에게 편지를 보내어 물어왔다.

"세상 사람이 다 일컫되 송구영신이라 하니 알지 못하겠습니다. 어떤 것이 새해라고 할 수 있습니까?"

만공 선사가 답해 일렀다.

"새해는 갑자(甲子:1924년)니라."[21]

기석호 스님은 목사 출신 스님으로 포교에 큰 공헌을 했으며 서울 안국동의 선학원 활동에도 크게 기여한 선객(禪客)이었다.

만공 선사는 덕숭산에 한국 최초의 비구니 선원인 견성암(見性庵)을 건립해 훌륭한 여성 수도자를 배출케 함으로써 한국 비구니의 한 중심지가 되게 했다. 특히 이화학당에서 공부하고 일본에 유학한 신여성 김일엽(金一葉:1898~1971 법명은 하엽荷葉 비구니 스님, 문학가. 이름은 김원주金元周,

일제시대 조선불교 선종의 종정

필명은 김일엽. 아버지 김용겸金用兼이 독실한 기독교 신자여서 20대까지는 교회에 다니며 성장. 이화학당, 이화전문학교 졸업. 1920년 《신여자(新女子)》 주간. 《동아일보》 문예부 기자, 월간 문예란 담당 기자 등을 지냄. 1928년 31세에 금강산 서봉암棲鳳庵에서 성혜性惠를 은사로 득도하고, 1935년 표충사에서 성혜를 계사로 보살계와 구족계를 받았다. 여성의 자유와 개방을 추구했으며, 여성의 지위 향상을 위해 노력했다. 저서로는 수상집 『어느 수도인의 회상』(1960), 『청춘을 불사르고』(1962), 『행복과 불행의 갈피에서』(1964), 『미래세가 다하고 남도록』(1974) 등이 있다. 소설 작품으로는 「계시」, 「자각」, 「순애의 죽음」, 「사랑」 등이 있다.)을 출가시킨 이야기는 유명하다. 이런 인연 때문인지 만공 선사는 견성암 방함록(芳啣錄)에 서문을 쓰고 비구니에게도 더러 게송을 내려주었다.

스님은 1928년 1월 15일, '생사의 고해를 여의고 깨달음의 피안에 오르는 것이 방함이라' 는 요지의 견성암 방함록 서문을 써주었다. 아울러 『만공법어』에는 네 명의 비구니에게 내린 게송이 수록되어 있다. 그중 묘리(妙理) 비구니에게 써준 게송은 이러하다.

묘리 비구니 법희에게 妙理比丘尼法喜

일만상 적멸함이 석가불의 면목이며	萬像寂滅釋迦面
적멸함도 멸하여 나한 곳이 진귀조사 면목이로다	寂滅滅已眞歸面
불조가 천화한 지 2,3천 년에	佛祖遷化二三千年
묘한 이치 참된 광명이 길이 매(昧)하지 않도다	妙理眞光永不昧[22]

이 게송의 말미에는 '세존 응화 2943년 충남 예산군 덕산면 사천리 정혜사 금선대 법사 만공' 이라 표기되어 있다. 이 기록이 맞다면 만공

정혜사　1930년 조실이었던 만공 선사가 중수하였다.　　　　촬영 한승탁 ⓒ 문화문고

선사가 1916년 정혜사 금선대에 있을 때 묘리 비구니에게 위의 게송을 써준 것이다.

만공은 1934년 5월 1일 백련 도엽(白蓮 道葉)이라는 법호와 법명을 쓴 김일엽 스님께도 다음과 같은 게송을 내려주었다.

백련 도엽 비구니에게 보이다 示白蓮道葉比丘尼

성품이 백련과 같은 연후에라야

비로소 산에서 나가게 하여라

– 세존응화 2961년 갑술(1934년) 5월 초하루 금선대 경허문인 송만공

性若白蓮後　始之出山

– 世尊應化　二千九百六十一年　甲戌　五月　初一日　金仙臺　鏡虛門人　宋滿空　稿[23]

일제시대 조선불교 선종의 종정

정혜사에서 바라본 전경   촬영 한승탁 ⓒ 문화문고

금강산 유점사의 조실

1927년 이혼성(李混惺) 스님이 금강산 유점사 제6세 주지로 부임해 연화사 동국경원을 회향하고 선원으로 변경했다. 그리고 1930년 만공 선사를 유점사 조실로 초빙해 선승 53인이 안거했다. 이때 조실 만공 선사가 신도 김수곤(金水坤)이 53불 가운데 빠져 있던 8불을 조성해 봉안했다.[24]

당시 선학원에서 발간한 《선원》 창간호(1931.10)와 제2호(1932.2)의 '지방선원 소식'에 의하면, 1931년에는 유점사 선원, 1932년에는 유점사 비로선원에 주석하고 있다고 소개되어 있다. 이상의 기록으로 볼 때 만공 선사는 명칭이 어떠하건 간에 금강산의 대본사인 유점사에 설치된 선원의 조실로서 선승들을 지도했던 것이 분명하다. 『만공법어』에는 유

점사 선원에 처음 왔을 때에 불조 혜명을 잇고자 하는 마음을 나타낸 5언 절구 한 편이 있다.

비로봉에서 읊다 毘盧峰吟

부처님 탄생하신지 2934년의 세월	二九三四秋
월면(만공 선사의 법명)이 벽공에 솟아오르네	月面登碧空
비로봉 정상에서 방광하고	放光毘盧頂
동해에 무문인을 분부하려 하노라	分付東海印[25]

금강산 비로봉은 구성동 골짜기를 따라 오르거나 외금강 구룡연에서 비사문을 거쳐 구성동 골짜기의 막바지인 용마석에 다달아 곧장 비로봉에 오를 수 있다.

해발 1천 638미터인 비로봉에 올라간 만공은 '월면이 벽공에 솟아오르네' 라는 시구와 '동해에 무문인을 분부하려 하노라' 는 구절에서 밝혔듯이, 동해 금강산에서 불조의 법을 이어받아 선지를 펴려는 의욕을 강하게 드러내고 있다. 그리고 스님이 주석하고 있던 선원의 이름이 '비로' 였으니, 이 역시 두 가지 의미가 겹쳐 있는 5언 절구라고 할 수 있다.

『80 화엄경』에 의하면 금강산은 법기보살(法起菩薩)의 주처(住處)로 되어 있다. 즉 『80 화엄경』「제보살주처품」제32에 의하면 동북방 청량산(淸凉山) 다음에 해중(海中) 금강산(金剛山)을 열거하고 법기보살이 그곳에 거처하며 1천 2백여 명의 권속을 거느리고 지금도 설법을 한다고 했다.

어느 때인가 한 납자가 아침 일찍 조실로 와서 절을 하므로 만공 선사

일제시대 조선불교 선종의 종정

가 법기보살에 관련된 설화 한 가지를 말했다.

"내가 밤에 들으니 팔린보살(八隣菩薩)이 법기보살님에게 법을 물어 가로되 '인자(仁者)는 무슨 법으로 중생을 제도하나요?' 하매, 법기보살이 '인자야!' 하니 팔린보살이 '네!' 하고 대답했다. 법기보살이 말했다. '풀이 한길이 넘었도다' 했으니, 그 뜻이 무엇인가?"

"조실 스님, 분명히 들으셨습니까?"

"듣다마다……."

"분명히 들으셨습니까?"

"누구 귀먹은 사람 있나?"

"못 알아 먹으면 귀머거리가 됩니다."

"오히려 네가 귀머거리구나."[26]

법기보살이 등장하는 이 선문답에 대해 『만공법어』를 엮은이는 '과녁은 멀지 않건만 지나친 헛손질'이라고 평했다.

만공 선사는 유점사 조실로 3년 동안 금강산에 머물렀다. 당시의 선화로 이런 얘기도 있다.

한번은 수미암(須彌庵)에 가서 뜰에 앉은 만공 선사는 앞산의 강선대(降仙臺)를 바라보며 말했다.

"옛날 양봉래(楊蓬萊) 신선은 저 가파른 봉우리를 어떻게 올라갔을까?"

이에 젊은 납자가 대답해 말했다.

"지금도 올라가는 사람이 있습니다. 누군가 조금 전에도 올라갔습니다."

만공 선사가 말을 받았다.

"그 사람 재주 용하군."[27]

만공 월면

이 얘기로 미루어보건대 1930년대초에는 수미암이 존속했던 것으로 보여지는데, 1978년 한국불교연구원이 편찬한 『북한의 사찰』(일지사, 1978) 수미암 조항에는 언제 폐암되었는지 미상(未詳)이라 기록되어 있다.

수미암은 만폭동 상류 금강산의 심장부에 위치한 마하연사(摩訶衍寺)의 속암으로서 가섭봉 위 수미봉 정상에 위치하고 있다. 수미암은 기암괴석, 신묘한 조망이 아주 뛰어난 곳이다. 아마 만공 선사 역시 이 신묘한 조망을 구경하고자 수미암에 갔을 것이다.

선사는 그 외에도 〈금강산 반야대에서〉, 〈보덕굴에서 읊다〉, 〈금강산 묘보리에서 읊다〉, 〈금강산 업경대〉 등 금강산의 절경을 읊은 7편의 시가 전하고 있다. 그 가운데서도 '업경대(業鏡臺)'를 읊은 시를 음미해보자.

금강산 업경대 題業鏡臺

50년 동안 씻기를 다해 온 늙은이	五十年來洗盡翁
밝은 거울 쓸데없어 높은 대에 걸었네	謾將明鏡掛高臺
한 걸음으로 4성의 안목을 타파했거니	一步破四聖眼
이제는 그 업경이 아무 용처가 없구나, 쯧쯧	於今業鏡作何物 咄[28]

금강산 업경대를 이야기하기 전에 만공 선사의 시 업경대부터 말해보자.

이 시의 첫 구절 '50년 동안 씻기를 다해 온 늙은이'란 열네 살에 승려가 되어 전생의 업장을 소멸하고자 수행해 온 만공 자신을 가리키고

일제시대 조선불교 선종의 종정

있다. 금강산에 갔을 때 만공은 승려가 된 지 50년 가까이 되었고 또한 승랍이 17년이 되었을 때(1901년) 확철대오했으니 업경대가 필요 없는 경지에 도달했다. 따라서 이 시의 두 번째 구절도 합당한 사실이라 할 수 있다. 그리고 성문(聲聞)·연각(緣覺)·보살·불(佛)을 4성(四聖)이라 하는데, 한걸음에 4성의 안목을 타파했다는 것은 이 역시 만공이 성취한 깨달음을 지칭한다. 말하자면 '일을 마친 장부(了事丈夫)'에게는 업경이 아무 필요가 없다는 것인데 이는 전적으로 타당한 견해이다. 깨달음을 성취한 자는 윤회의 마지막 단계에 도달했기 때문에 업(業)을 비출 거울은 더 이상 필요하지 않은 것이다.

금강산 업경대는 장안사 가까운 영원동(靈源洞)에 있다. 금강산을 이야기할 때 이 일대의 영원동 일대는 '명부(冥府)' 소속이라는 전설이 있다. 그래서 이 일대의 암벽과 거목 등에도 모두 명부에 관계되는 명칭을 붙였다. 냇물의 이름은 황천강(黃泉江), 그리고 왼쪽의 산줄기가 개울쪽으로 비어져 나온 곳에 하나의 바위가 봉우리처럼 우뚝 서서 절벽을 이루었는데, 그 벽면이 깨끗이 다듬고 연마한 듯 불그스레하면서도 누르스름한 빛을 내고 있다. 마치 커다란 거울을 산에 의지해 세워 놓은 것 같다. 이것이 유명한 '업경대'인데, 달리 '명경대'라고도 부른다.

높이가 90미터, 너비가 30미터인 업경대는 거대한 기념비마냥 높이 서있고, 둘레의 산비탈에는 단풍나무·박달나무·참나무·서어나무 등이 울창한 숲을 이루고 있으며, 개울은 업경대를 에돌아 원을 그리며 흐르고 있다. 업경이란 말 그대로 '업을 비추는 거울'이라는 뜻이다.

전생에 지은 각종 행위, 구체적으로는 입과 몸과 마음으로 지은 모든 행위들이 그대로 비쳐져서, 그에 따라 내세의 방향이 결정된다고 한다.

전설에 의하면 업경대는 신비한 거울로서 사람들의 마음속까지 다비

만공 월면

치어 죄가 있는가 없는가 하는 것을 다 가려낸다고 한다. 배석대에 올라 업경대를 향해 꿇어 엎드리면 업경대에 죄의 있고 없음이 환히 비치는 데, 저승의 재판관들인 시왕판관들이 그에 따라 판결을 내려 도장(인봉)을 찍고 사자는 죄인들을 지옥문으로 보내고 죄 없는 자는 넓은 극락문으로 보낸다고 한다. 배석대의 무릎자리는 판결을 받기 위해 업경대를 향해 엎드렸던 자리이고, 흠은 죄 있는 자들이 떨군 눈물이 흐른 자리라고 한다.

이런 전설 때문일까? 업경대 앞의 천진봉(天眞峰)은 균열과 모습이 기묘하게 생겼는데 암벽의 갈라진 틈 사이를 지옥문이라 하고, 거기부터 뻗어 올라간 계간식의 암벽마다 죄인·사자(使者)·판관(判官)·시왕(十王) 등의 이름이 붙여졌다. 또 업경대의 중턱쯤에는 사람이 출입할 수 있을 정도의 큰 구멍이 뚫려 이는데, 이것은 황사굴(黃蛇窟), 그 옆의 이보다 좀 작은 구멍은 흑사굴이라 한다. 황사굴은 극락으로 통하는 곳이요, 흑사굴은 지옥으로 통하는 곳이다.

만공 선사는 금강산의 이 명부를 모두 둘러보고 금강산 업경대라는 제목의 시를 쓰면서 '업을 비추는 거울'이 없어도 되는 자신의 경지를 당당하게 노래했다. 금강산의 업경대는 물론 자연의 기묘한 경치에 비유해 삶의 어떤 교훈을 주기 위한 상징적 이야기에 지나지 않을 것이다. 하지만 이러한 비유나 전설 자체가 진리의 어떤 일면을 반영하고 있는 것도 사실이다.

만공은 금강산 유점사 선원 조실로 가던 1930년 1월, 참선법으로 견성성불해야 한다는 간절한 발원을 했고, 그해 동안거 때는 선원의 조실로서 다음과 같은 결제법문을 했다.[29]

일제시대 조선불교 선종의 종정

법좌에 올라 주장자로 법상을 세 번 내리찍고 이르되 "한 개의 물건도 짓지 아니함을 이름하여 도를 지음이라 하고, 한 개의 물건도 보지 아니함을 이름하여 도를 본 것이라 하고, 한 개의 물건도 닦지 아니함을 이름하여 도를 닦는다 하고, 한 개의 물건도 얻지못한 것을 이름하여 도를 얻은 것이라 하느니라."

끝으로 주장자를 잡고 이르되, "대중은 자세히 보라!"

양구(良久:한참동안 침묵함)했다가 주장자를 들어 법상을 한 번 내리찍고 이르되, "모든 법이 본래부터 항상 적멸한 상(相)이니, 불자가 이 도리를 행하여 마치면 이것이 곧 부처를 증득(證得)한 것이니라, 고기가 움직이니 물이 흐려지고, 새가 날으니 깃이 떨어지느니라(魚行水濁 鳥飛毛落)."

– 경오년(1930) 동안거 법문

만공 선사는 유점사 선원의 조실로서 납자들을 제접하는 한편 서울 안국동에 있는 선학원에도 지대한 관심을 가져 1931년에는 선학원에서 일반 대중들을 향해 설법했으며, 또한 같은 해 한암에게 청해 경허 선사의 행장을 짓게 했다. 한암은 만공의 청에 의해 〈선사경허화상행장(禪師鏡虛和尙行狀)〉을 찬술해 이듬해 《불교》 제95호(1932.5)에 〈경허화상 행장〉이란 제목으로 번역 게재했다.

만공 선사가 유점사의 조실로 간 것은 60세 때인 1930년인데, 그는 1934년에는 금강산의 심장이라 할 마하연사에 주석하고 있었다. 이는 1934년 12월 1일에 발행된 《조선불교》 제105호 6면에 게재된 〈송만공 선사와 일문일답〉이란 인터뷰 기사에서 확인할 수 있다. 이 기사에 의

하면 '금강산 마하연사의 주지 송만공 선사가 서울 안국동 선학원에 유석(留錫) 중이라 듣고' 라는 구절이 있는 것으로 보아, 만공선사가 유점사 선원에서 언제 옮겨간지는 모르나 1934년 11월에는 마하연사의 주지로 있었던 것이 분명하다.

만공이 주석하고 있던 마하연사는 강원도 회양군 내금강면 금강산 만폭동 가장 깊은 곳에 위치하고 있다. 마하연사는 의상(義湘:625~702) 조사가 중국에서 귀국해(670년) 신라가 삼국을 통일한 직후에 화엄 10찰을 비롯한 여러 사찰을 지은 뒤에 창건했다고 한다. 의상 조사는 금강산 중향성(衆香城)에 들어와 법기보살의 주처를 예배하고 1만 2천 보살과 함께 마하반야(摩訶般若)를 강설하는 까닭에 조사가 창건하고 이름을 마하연이라 했다고 한다.

고려 때 나옹 선사도 마하연사에 오래 머물러 수선했으며, 조선시대에는 율봉 청고(栗峰 靑杲, 도력이 뛰어나 활불活佛이라 했음) 선사가 이곳에 와서 후학을 지도했는데, 율봉은 『금강경』과 화엄일승(華嚴一乘)의 가르침을 설했다. 화악 지탁(華嶽 知濯:1750~1839)이 지은 〈금강산 표훈사 마하연사 중건기〉에 의하면 1831년(순조 31)에 당우가 퇴락해 월송(月松) 화상이 제자인 용암 용담(龍岩 龍潭)과 더불어 전각과 요사채 50동을 중건했다. 또 1848년(헌종 14)에 씌어진 〈마하연 선실 신창기〉에 의하면 대운(大雲) 선사가 마하연 뒤에 마하연 선실을 지었고, 그후 화응당 형진(華應堂 亨眞) 선사가 마하연사에 와서 10년간 정진하면서 1932년 59칸의 당우를 중건했다고 한다. 그런데 만공 선사가 유점사 선원에서 마하연사로 옮긴 것은 형진 선사가 마하연사를 다시 중건한 1932년경으로 보여진다.

마하연사는 경역(鏡域)이 유승(幽勝)하여 선찰로 이름 있는 곳인데,

일제시대 조선불교 선종의 종정

만공은 화응당이 마하연사를 중건하자 이곳으로 이석해 선승들을 지도 했던 것이다.

1934년 11월, 만공 선사는 선학원을 재단법인으로 조직 개편함과 동시에 개선책을 마련하고자 서울 안국동 선학원에 머물고 있었다. 1934년초 총독부에 신청한 선학원의 조직개편이 재단법인 조선불교 선리참구원으로 곧 인가될 예정이었으므로 선사는 그 대책 마련에 부심했던 것이다.

그는 이때 다수의 논(지가 8천182원 30전)과 밭(지가 309원 80전)을 선학원에 기부했는데, 이는 당시 선리참구원에 재산을 기부한 승려 17명 중 두 번째로 많은 액수였다. 뿐만 아니라 그는 당시 조선 선계의 유명한 선승으로 그 명성을 드날리고 있었기 때문에 재단법인 조선불교 선리참구원의 이사장으로 선출되기도 했다(1934년 12월 5일).

선리참구원의 이사장에 피선되기 직전인 1934년 11월 어느 날 이루어진 것으로 보이는《조선불교》와의 인터뷰 기사에 만공 선사가 조선불교의 진흥에 대해 다음과 같은 생각을 갖고 있었다. 이《조선불교》라는 일어 불교잡지는 일제시대 조선에 거류하고 있던 일본인 불교도와 그네들의 식민지 조선불교정책을 뒷받침하기 위해 일본인들이 발행하던 잡지라는 사실을 염두에 두고 일본인 기자와 만공 선사가 나눈 대화를 직접 들어보자.

송만공 선사와 일문일답

현대 조선 선계의 대인물로서 오대산 상원사의 방한암 선사와 나란히 불리는 금강산 마하연사의 주지 송만공 선사가 시내 안국동 선학원에 유석중이

만공 월면

라 듣고 어느 날 스님을 선학원으로 방문해 조선불교의 진흥책에 관한 의견을 타진해 보았는데 선사는 겸손한 표정으로 기자의 질문에 대답했다.

기자: 이시이(石井) 군으로부터 선사의 명성을 알고 있었기 때문에 그 동안 두세 번 방문을 했으나 오늘 이렇게 뵐 수 있어서 기쁘게 생각합니다.

선사: 때때로 내방을 받았으나 매번 부재중이어서 실례가 되었습니다. 이시이 씨는 금강산 유점사 선원에 찾아온 일이 있습니다. 함께 십수 일 동안 같이 좌선한 일을 기억하고 있습니다. 그때 출가에 대해서 얘기를 했는데 어떻게 되었습니까?

기자: 저도 그때 곧 헤어졌기 때문에 한동안 소식이 없어서 잘 모릅니다.

선사: 선생이 조선불교 진흥을 위해 다년간 여러 가지로 배려하고 있었던 것을 미리 알고 있습니다. 많이 부탁합니다.

기자: 내지(內地: 일본)에서는 근래 불교 부흥의 소리가 높아서 출판물과 라디오 성전(聖典: 불경) 강의 등으로 상당히 성(盛)하고 있는데 조선불교계의 현황은 어떠합니까?

선사: 한때는 완전히 절멸에 빠졌습니다만 2,30년 전부터 점차 선 수행에 정진하는 자가 나타나 최근에 와서는 꽤 부흥의 서광이 보이는 감이 듭니다.

기자: 선사가 말하는 좌선에 정진하는 운수(선승)가 얼마쯤 있습니까?

선사: 확실한 것은 모르겠지만 3백 명 가까이 되리라고 생각됩니다. 그러나 그 안에는 운수라고는 하지만 이쪽 저쪽으로 떠도는 자가 많아서 진실한 수행자는 극히 소수라고 말할 수 밖에 없습니다.

기자: 조선불교 진흥책으로서 선사는 어떻게 하는 것이 제일 좋다고 생각합니까?

선사: 운수들에게 확실히 수행시키는 방법을 강의하는 일이 우선 무엇보다

일제시대 조선불교 선종의 종정

필요하다고 생각합니다. 모양만 승려로서 심안이 열리지 않으면 아무것도 안됩니다. 즉 견성의 경지에는 가지 못해도 불교가 무엇이라고 하는 것쯤은 알지 않으면 승려로서 자격이 없습니다.

기자:선사가 지도하고 있는 운수 가운데 심안이 열린 사람이 상당히 있겠지요.

선사:마하연사는 근래에 관계했습니다만 충남 예산의 수덕사에서 30년래 선당을 관리하고 있기 때문에 운수라고 이름하는 승려들이 한 번은 오기는 했는데, 그중 14,5명쯤은 상당히 희망이 있는자가 있습니다.

기자:조선불교를 전체적으로 진흥시키려면 어떻게 하는 것이 좋다고 선사는 생각하십니까?

선사:옛날에는 강당과 선당이 있어 먼저 강당에서 경전을 배운 후 경을 버리고 선에 들어가는 것입니다. 그것이 사찰령에 의해 '선교양종'이 되고 나서는 강당과 선당 어느쪽도 발전되지 않았습니다. 거기에다 근래에는 학교교육을 하지 않으면 안된다고 하기 때문에 강당과 선당이 더더욱 발전되지 않게 되어서 사실 폐해진 곳이 많이 있습니다. 오늘날의 형편으로는 물론 학교교육도 필요하겠지만 승려는 승려로서의 수행이 없으면 안됩니다.

기자:재단법인의 기금을 강당이나 선당의 부흥에 쓰면 어떻게 될까요?

선사:누구나 생각할 수 있는 일입니다. 60만 원의 재단이라고 하면 이것을 3등분해서 20만 원은 학교교육에, 20만 원은 강당부흥에, 20만 원은 선당부흥에 사용해서 절차탁마시킨다면 상당히 효과가 있을 것으로 생각합니다.(《조선불교》 제105호, 1934.12.1, 6쪽)

위의 기사에서도 보듯이 만공 선사는 일제의 사찰령이 시행된 후에는 선원과 강당이 모두 피폐해졌다고 날카롭게 비판하면서 아울러 근대식 학교교육도 필요하지만 승려는 전통적인 승려로서의 수행이 필수불가결함을 강조하고 있다.

그리고 만공 선사와 일인 기자가 언급한 재단법인의 60만 원 기금은 당시 전 조선불교계의 총본산이라고 할 수 있는 '재단법인 조선불교중앙교무원'이 1933년 3월 13일에 개최한 제11회 평의원 회의에서 40만 원 증자를 결정해 재단의 기금이 전체적으로 60만 원이 된 것을 가리킨다. 그리하여 이 제11회 평의원 회의의 가결에 따라 전국 31본사와 그 휘하의 말사에서는 사찰의 재정형편에 따라 기금을 출연해 '재단법인 조선불교 중앙교무원'이 60만 원의 기금을 가진 재단이 되었다.

만공과 일인 기자가 말하는 '재단법인의 기금'은 위의 것을 지칭하는 것인데, 만공 선사는 이 60만 원의 기금을 3등분해 각각 20만 원씩 학교교육과 강당 및 선원 부흥에 사용하면 조선불교의 진흥이 이룩될 것이라고 그 방안을 제시했다. 그러나 만공 선사의 이러한 제안은 중앙교무원측에 받아들여지지 않았다. 주로 대처승인 주요 본말사의 친일승려들은 자기들의 기득권을 고수하기 위해 만공 선사가 제안한 이 방안을 채택하지 않았던 것이다.

이에 만공 선사는 전통적인 선의 진작을 위해 선학원에 많은 논과 밭을 기증해 재정적 기반을 확충하고 선학원을 재단법인 조선불교 선리참구원으로 개편해 그 이사장직을 맡았던 것이다. 만공 선사가 선리참구원의 이사장이 된 것은 1934년 12월 5일의 이사회서였다. 그리고 1935년 3월 7~8일, 선학원에서 거행된 조선불교 수좌대회에서 만공 선사는 혜월 및 한암 선사와 함께 조선불교 선종의 종정으로 추대되었다. 이어 그해 10월 9일에는 충남 공주의 대본사 마곡사(麻谷寺)의 주지로 인가받고, 11월 22일 진산식(晋山式:절의 주지가 취임하여 거행하는 의식)을 거행했

일제시대 조선불교 선종의 종정

다.(《조선불교》제117호, 1935.12.1, 28쪽)

일제하 31본사의 하나로서 만공 선사가 주지로 주석하게 된 마곡사는 충남 공주군 사곡면 운암리 567번지 태화산(泰華山) 동쪽 기슭에 위치한 유서 깊은 고찰이었다. 만공 선사에게 있어 이 마곡사는 인연 깊은 사찰이었다. 스물다섯의 젊은 나이에 오도 후 스님은 마곡사의 보경 화상이 만든 토굴에서 홀로 정진했고, 그 다음해(1896년) 7월 보름에는 토굴을 방문한 스승 경허 선사로부터 자상한 가르침을 받았다.

젊은 날의 이런 감회 때문이었을까? 만공은 마곡사 주지로 부임한 후 5언 율시 세 편을 읊었다. 그중 한 편을 보자.

태화산에서 읊다 泰華山吟

태화산 속에 흐르는 물은	泰山骨裡水
옛 부처 마음을 씻어 가는데	洗去古佛心
월면(만공)의 참소식을	月面眞消息
전나무에 부치노라	付了柏樹子[30]

만공 선사가 마곡사 주지 소임을 맡았을 때는 세수 예순다섯 살이었다. 그는 조선불교 선종의 종정이자 충남의 대본사 마곡사의 주지로서 그해(1935년) 동안거 해제 때 몽술(夢述)이라는 이름을 가진 행자와 다음과 같은 선문답을 나누었다. 몽술 행자가 동안거 해제하는 날 만공 노스님께 나아가 절을 했다.

"네가 누구냐?"

"몽술이라 합니다."

만공 월면

"이곳에 무슨 일로 왔느냐?"

"노스님의 법문을 들으려고 왔습니다."

"법문을 어데로 듣느냐?"

"귀로 듣습니다."

"귀로 들으면 잘못 듣는 법문이니라."

"그렇다면 어데로 듣습니까?"

그러자 만공 선사는 잠자코 쥐고 있던 주장자로 몽술 행자의 머리를 한 번 소리나게 치고 나서 되물었다.

"알았느냐?"

이어 스님은 다시 한 번 더 때릴 기세로 주장자를 번쩍 들어올렸다.

"알았다 해도 이 주장자를 면치 못할 것이고, 알지 못했다 해도 이 주장자를 면치 못하리라. 속히 일러라."

몽승 행자는 그만 머리를 만지며 아픈 소리를 냈다.

"아야! 아야!"

그제서야 만공 선사는 주장자를 내리고 박장대소했다.[31]

여기에 나오는 몽술 행자는 훗날의 진성(眞惺) 사미로서 그로부터 몇 년 후에는 만공 스님을 시봉하게 된다.

1937년 3월 11일, 조선총독부 제1회의실에서 조선불교 31본사 주지 회의가 개최되었다. 만공 선사는 마곡사 주지로서 이 회의에 참석했다. 회의의 의제는 조선불교 진흥책이었고, 참석한 사람은 당시 총독이던 미나미를 비롯해 13도 도지사와 31본사의 주지들이었다. 일본 육군대장과 육군대신을 역임한 전력이 있는 총독 미나미는 회의 벽두부터 강압적인 자세로 전국 31본사 주지들에게 말하기 시작했다.

"전 총독 데라우치는 사찰령과 사법 등을 제정함으로써 조선불교 진

일제시대 조선불교 선종의 종정

흥에 큰 공을 이루었다. 그러므로 앞으로 조선불교는 일본불교와 합병해 보다 큰 진흥을 이루어야 할 것이다……."

총독의 말이 조선불교의 말살을 획책하는 망언임에도 불구하고 대부분의 본사 주지들은 총독의 위세에 눌려 입을 다물고 있을 때 만공 선사가 벌떡 일어나 총독을 가리키며 다음과 같이 할(喝)을 했다.

"청정이 본연하거늘, 어찌하여 산하대지가 나왔는가(淸淨本然 云何忽生 山河大地)."

이어서 선사는 "전 총독 데라우치는 조선승려로 하여금 일본승려를 본받아 아내를 얻고 주육을 먹도록 함으로써 승려들을 파계시킨 장본인으로 지금은 죄를 지어 무간아비지옥에 떨어져 고통을 받고 있을 것이다. 이런 자들을 지옥에서 구하고 조선불교를 진흥하는 길은 오직 조선승려들이 수행을 엄히 하고 용맹정진하여 성불하는 일밖에 없다. 총독부는 조선불교를 간섭치 말고 조선승려에게 맡기는 일만이 유일한 진흥책이 될 것이니 종교를 분리하라"고 역설했다.

장내의 31본사 주지들과 도지사들의 간담을 서늘케 하는 발언이었다. 이 얘기를 전해 들은 한용운 스님이 그날 밤 만공 선사의 처소로 찾아왔다.

"장하시구려, 사자후여! 한 번 할을 하매 여우새끼들의 간담이 서늘했겠네. 그러나 비록 일할(一喝)도 좋았지만 한 방망이 후려쳤으면 더 좋았을걸."

한용운 스님의 이 말을 가만히 듣고 있던 만공 선사가 껄껄 웃으며 대꾸했다.

"이 좀스런 사람아, 어리석은 곰은 방망이를 쓰지만 사자는 할을 쓴다네."

만공 선사의 기개는 이렇듯 당당했다.

만공과 선승들의 교류

위에서 보았듯이 만해 한용운과 만공 스님은 항일의식을 지닌 동지이자 수행도반이기도 했는데, 한번은 만해가 오도송을 지어 만공 선사에게 가져왔다.

남아가 이르는 곳마다 내 고향인데	男兒到處是故鄕
몇 사람이나 객의 수심 가운데 지냈던고?	幾人長在客愁中
한 소리 큰 할에 삼천대천세계를 타파하니	一聲喝破三千界
눈 속에 복사꽃 조각조각 날으네.	雪裏桃花片片飛

만공 선사가 만해 스님에게 일렀다.

"날으는 조각은 어느 곳에 떨어졌는고?"

"거북 털과 토끼 뿔이로다."

두 사람은 이렇게 법거량(法擧揚:스승이 제자의 수행상태를 점검하기 위해 주고받는 문답)을 하기도 했다.[32]

만공 선사의 첫 수법제자로 보월 스님이 있다. 보월 선사는 당대의 선지식으로 덕숭산 정혜사에서 30리 남짓 거리에 보덕사(寶德寺)에서 많이 주석했다. 당시 보덕사는 만공 선사의 정혜사 회상(會上)보다 더 번성했다고 전하는 사람도 있다.

덕숭산 문중에서 하나의 큰 줄기를 이루는 금오(金烏) 문중은 보월 선사로부터 비롯한다. 즉 만공 월면→보월 성인(寶月 性印)→금오 태전(金

일제시대 조선불교 선종의 종정

烏 太田)으로 이어지는 문손이 그것이다.

만공과 제자 보월 스님 사이에도 뜻 깊은 일화 두 가지가 전해오고 있다.

어느 날 만공 선사가 보덕사에서 대중 스님들과 더불어 수박 공양을 하려 할 때였다. 마침 나뭇가지에서 유난스레 우는 매미 소리를 들으며 만공 선사가 대중들을 둘러보고 말했다.

"누구든지 날랜 사람이 있어 매미를 맨 먼저 잡아오는 사람에게는 수박값을 안 받기로 하고, 만일 못 잡아 온다면 동전 서 푼씩을 받아야겠으니, 여기에서 대중들은 모두 한마디씩 일러보아라."

이 말을 들은 대중 가운데 어떤 이는 매미 잡는 시늉을 내고, 어떤 이는 매미 우는 소리를 내었으며, 어떤 이는 할을 했고, 어떤 이는 주먹을 들어보이는가 하면, 또 어떤 이는 스님의 등을 탁 때리고 말하기를 "매미를 잡아왔습니다"하니, 만공 스님이 말하기를 "모두 돈 서푼 내라"했다.

그때 금봉 스님이 나와서 원상(圓相)을 그려 놓고 말하기를 "상 가운데는 부처가 없고(相中無佛), 부처 가운데는 상이 없습니다(佛中無相)"라고 했다. 그러나 만공 선사는 "금봉, 자네도 서 푼 내게"했다.

마침 보월 스님이 들어오자 만공 선사가 이르기를 "지금 대중이 이러이러했으니 자네는 어떻게 하겠는가?"하고 물었다. 보월은 곧 주머니 끈을 풀고 돈 서너 푼을 만공 선사께 올렸다. 선사가 비로소 웃으며 "자네가 비로소 내 뜻을 알았네"했다.[33]

만공 선사는 매미 소리로 대중들의 안목을 가린 것이다.

또 이런 선화도 있다.

부산에서 운암 선화(雲岩 禪和)가 편지로 정혜사 만공 조실 스님에게 묻기를 "과거·현재·미래의 마음을 도무지 알 수 없다(三世心都不可得)

하는 도리를 분명히 지시해 주소서"했다.

만공 선사가 이 편지를 받아보고 답서하기를 '위음왕불(威音王佛) 이전에 이미 설(說)해 마쳤느니라' 하고, 제자 보월 스님을 불러 편지를 내보이며 "자네가 여기에 대해서 한마디 일러 보게"했다.

보월 스님이 편지를 받아들고 말하기를 "스님, 죄송합니다만 스님께서 누구의 눈을 멀게 하시려고 이런 짓을 하십니까?"하고 다시 보월 스님이 붓으로 쓰기를 '덕숭산 만공 스님 회상을 등지고 영남으로 향하는 것은 심중에 나머지 의심을 끊지 못함이러니, 지금에도 나머지 의심을 끊지 못했도다. 차후엔 다시 나머지 의심을 끊어 이런 짓을 말도록 하라' 하고 만공 스님이 쓴 답서는 태워버렸다. 이 정경을 지켜본 만공 선사는 통쾌히 웃으며, "보월! 자네한테 오늘에야 밥값을 받았네"했다.[34]

여기서 '영남' 이란 당시 범어사에 주석하고 있던 혜월(慧月) 선사 회상을 말한다.

어쨌든 이처럼 만공이 아끼던 보월 스님은 안타깝게도 세수 40에 스승보다 먼저 입적했다. 보월 선사의 사법 제자로는 금오 태전이 특출했으나, 스승 보월 선사가 1924년 12월 12일에 갑자기 입적함으로써 입실키로 한 건당식을 미처 거행하지 못했다. 이에 보월 선사 입적 후인 이듬해(1925년 2월 15일) 덕숭산 정혜사에서 만공 선사는 금오가 보월의 사법제자임을 증명하는 건당식을 치러주었다.

만공 선사는 제자 보월 대신 문손에게 건당식을 행하여 주고 전법게를 내렸다.

덕숭산맥 아래	德崇山脈下
무늬 없는 인을 지금 전하노라	今付無文印

일제시대 조선불교 선종의 종정

보배 달은 비록 계수나무에서 졌으나 寶月下桂樹

금까마귀 하늘에 사무쳐 날으네. 金烏徹天飛[35]

보월 선사의 법계를 이어받은 금오의 제자로는 월산(月山)·탄성(呑星)·월성(月性)·월만(月滿)·월고(月古) 등이 있다. 만공 선사의 기라성 같은 수법제자 가운데 전강 영신(田岡 永信:1898~1975) 선사라는 거목이 있다. 현재 덕숭산 문중 가운데서도 수행문중으로 손꼽히는 맥이 바로 전강 문중이다.

전강(1898~1975)은 24세 때 개안하고 만공 선사를 찾아갔다. 그런데 선사는 이미 전강의 자만을 익히 알고 있었다.

"어떠한 것이 본래 무일물(無一物)인가?"

전강 스님이 손뼉을 세 번 치며 문 밖을 나가자 선사가 기뻐하며 말하는 것이었다.

"과연 사람을 물고 다니는 사자군! 부처님은 계명성을 보고 오도를 했지 않은가? 자네는 저 많은 별 중에 어느 별을 보고 깨닫겠는가?"

전강 스님이 만공 선사 앞에 엎드려 짐승처럼 무엇을 찾는 시늉을 해 보였다.

"부처도 훔치고 조사도 훔칠만하다. 착한 자여!"

만공 선사는 이때 참으로 훌륭한 법제자를 만났음을 즐거워했다.

한번은 만공과 보월 스님이 함께 있을 때 전강 스님이 경허 선사의 오도송을 두고 말했다.

"무비공(無鼻孔)은 '없다' 는 허물이 있고, 돈각시아가(頓覺是我家)에는 '깨달았다' 는 허물이 있으며, 무사태평가(無事太平歌)에도 역시 허물이 있으니, 이런 것이 붙어서 생사묘법(生死妙法)을 못보고 제9 암마리식

만공 월면

(識, 百淨識)을 못 건너가게 딱 막고 있으며, 배우는 자가 그곳에서 넘어
지게 되는 것이니 배우는 사람에게 바로 지시해야 하겠습니다."

보월 스님이 말했다.

"그 사람 참 공연히 말을 제멋대로 하네."

만공 선사가 말을 받았다.

"그러면 자네가 한번 일러보게."

"그럼 큰스님께서 한번 청해주십시오."

이에 만공 선사가 물었다.

"그러면 경허 선사의 무비공 도리나 각견(覺見) 도리나 무사태평가 도
리를 어디 한번 제쳐버리고 일러 보게나."

"경허 선사의 오도송을 두고 제가 건방지고 당돌하게 송(頌)의 끝 장
을 채울 것이 아니라, 그대로 두고 내 도리만 이르겠습니다."

그리고 나서 전강 스님이 "여여 여여로 상사디여!"했다.

"이 사람아, 무슨 노래를 부르는가. '여여로 상사디여'는 노래가 아닌
가? 노래를 부르는 것이 무슨 일인가?"

"그럼 스님이 다시 청하면 다시 이르겠습니다."

만공 선사가 다시 청하자 전강은 보기 좋게 춤추며 노랫조로 '여여여
여로 상사디여'를 불러제쳤다. 그러자 만공 선사가 "적자농손(嫡子弄孫)
일세!"하고 기뻐했다. 그리고 다음과 같은 전법게를 써주었다.

전강 선자에게 보이다 示田岡禪子

| 불조가 일찍이 전하지 못했고 | 佛祖未曾傳 |
| 나도 또한 얻은 바 없네 | 我亦無所得 |

일제시대 조선불교 선종의 종정

오늘도 가을빛 무르익어 가는데   此日秋色暮

뒷산봉우리에 원숭이 울음소리   猿嘯在後峰[36]

전강 선사의 문하에는 송담·정무·정대 스님 등이 있는데 송담(松潭)이 상족이다.

한암과 만공

한암 중원은 경허 선사에게 인가를 받았으므로 만공과는 같은 법형제이다. 그리고 두 사람은 1935년 조선불교 수좌대회에서 함께 선종의 종정으로 추대된 당대의 뛰어난 선지식이었다. 이런저런 인연으로 두 사람은 의기투합하는 도반이었는데 만공이 한암보다 다섯 살 위였다.

한암이 묘향산에 있을 때 만공이 한암에게 편지하기를, '우리가 이별한 지 10여 년이나 되도록 서로 거래가 없었도다. 구름과 명월과 산과 물이 어디나 같건만, 언제나 북쪽을 향해 바라건대 북녘 땅에는 춥고 더움이 고르지 못할까 염려되오. 북방에만 계시지 말고, 걸망을 지고 남쪽으로 와서 납자들이나 지도함이 어떻겠소?' 했다.

한암 스님으로부터 만공 스님께 답서가 오기를, '가난뱅이가 묵은 빚을 생각합니다' 했다. 만공 스님이 다시 이르되 '손자를 사랑하는 늙은 첨지는 자연히 입이 가난하다오' 했다. 한암 스님이 이르되 '도둑놈 머리에 벌써 화살이 꽂혀느니라' 했다.[37]

한암 스님이 금강산에 있을 때도 만공과 다음과 같은 서신문답을 주고받았다.

229

만공 월면

만공:한암이 금강산에 이르니, 눈 위에 서리까지 겹쳤도다. 지장도량에 업경대가 있으니 허물이 얼마나 되오?

한암:묻기 전과 물은 후를 합해 30방을 맞았습니다.

만공:맞은 뒷소식은 어떠하시오?

한암:지금 곧 잣서리가 한창이니, 이때를 놓치지 말고 오셔서 같이 먹으면 어떻겠습니까?

만공:암두의 잣서리 늦은 것은 원통하지만, 덕산의 잣서리 늦은 것은 원통하지 않소.

한암:암두와 덕산이라는 이름은 알았으나, 그들의 성은 무엇이라 합니까?

만공:도둑놈이 벌써 천리는 도망갔을 터인데 문전 나그네여, 성은 물어 무엇하겠소?

한암:금선대(金仙臺:만공의 처소) 안에 보배 화관이여! 금·은·옥·백으로 견주기 어렵도다.

만공 선사는 마지막으로
오른쪽 그림을 그려서 보냈다.

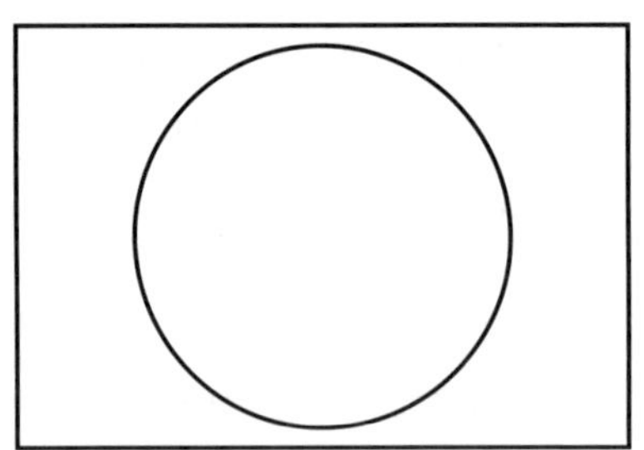

만공 선사는 스승의 법을 이은 제자 중의 하나인 침운이 영남 표충사에서 도를 펴다가 56세로 범어사에서 설법하고 임종게를 쓰고 입적하자 〈침운당 임종게 답송〉과 〈침운당 만송〉을 읊었다.

침운 현주(枕雲 玄珠)는 수월·혜월에 이은 경허 선사의 셋째 상좌로

일제시대 조선불교 선종의 종정

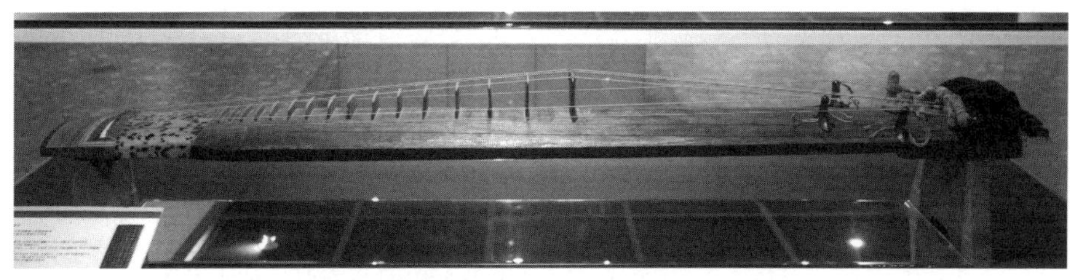

거문고　만공 스님의 유품. 문화재자료 제192호. 고려 공민왕, 야은 길재를 거쳐 조선왕조 왕실, 대원군, 의친왕 이강 공에게 전해졌던 것을 받은 것이라고 한다.　촬영 한승탁 수덕사 근역성보관 소장.

서 만공의 사형에 해당했다. 그런데 만공이 읊은 〈침운당 만송〉에 묘사된 침운의 모습이 기묘하다.

만송에 의하면 '침운당은 청정하기가 똥 같다'고 반어적 표현을 했으며, '분망함은 마치 술집 종과 같다'고 했는가 하면, '늙은이 스스로 괴술업(魁術業)이 있어 한번 걸음에 인천(人天)을 눈멀게 했다'고 쓰고 있다.

마지막 구절에 의하면 침운 역시 오도를 한 선객이 틀림없다. 더구나 이는 한암이 쓴 경허 선사 행장에 경허의 법을 받은 제자 네 사람(혜월·침운·만공·한암) 가운데 한사람으로 열거되어 있으므로 침운도 깨달음을 성취한 것이 분명하다.

만공 선사는 그 외 혜암 현문(慧菴 玄門)·고봉 경욱·성월(惺月)·학몽(學夢)·올연(兀然)·포산(飽山) 등의 스님들에게도 게송을 내려주었다.

현현한 거문고 법문

덕숭산을 한국근세불교의 우뚝한 선도량으로 가꾸는 데 결정적인 역할을 한 사람은 만공 선사였다. 그런데 어떤 연유로 수덕사 소유의 덕숭

만공 월면

산 임야를 이왕궁(李王宮)에 맡긴 적이 있는데, 이를 빌미로 그 소유권이 이왕직(李王職)으로 넘어갔다.

1930년대 중반, 만공 선사는 이왕직에 그 부당함을 설파해 마침내 덕숭산 임야의 소유권을 돌려받았다. 이 과정에서 운현궁에 있던 비운의 의친왕(義親王) 이강(李剛) 공이 만공 선사에게 귀의했다. 이때 의친왕은 화제(畵題)가 없는 그림 족자를 보이며 만공 선사에게 화제를 요청하므로 선사는 다음과 같은 시구를 써주었다.

이 왕궁 족자에 붙이다 李王宮簇子畵題

명월이 뜨기 전에 갈대꽃이 이미 희었고	明月未到蘆花白
푸른 강호에 기러기 백년이나 서있구나	雁立百年江湖靑[38]

이강 공은 이어 만공 선사에게 귀의하는 신표(信標)로 무엇이든 하나 드릴 테니 이야기하라고 했다. 그러자 선사는 운현궁에 대대로 내려오는 거문고를 달라고 했다.

그 거문고는 고려 때 것으로 풍류를 즐기던 공민왕이 좋은 오동나무를 얻어 만들어 탔던 명기였다. 한때는 야은 길재(冶隱 吉再:1353~1419)가 애용했으며 조선왕조 때는 왕실로 옮겨와 왕손들의 손때가 묻어왔다. 이런 왕실 세전 가보가 대원군을 거쳐 이강 공에게 전해져 온 것이다.

이런 왕가의 가보를 만공 선사가 갖고자 하니 의친왕도 조금 당황했다. 그러나 의친왕은 거문고를 주기로 단안을 내렸다. 하지만 왕실 가족의 눈치를 살피느라 그날 밤 아랫사람을 시켜 수채 구멍으로 거문고를 들고 나가게 하여 만공 선사가 머물고 있는 선학원으로 보내주었다.

일제시대 조선불교 선종의 종정

소림초당　1920년대 중반에 지은 암자로 기둥은 자연목을 사용하였고 그 위에 볏지붕을 덮어 자연의 곡선미가 그대로 살아있는 아담한 초당이다. 수덕사 발행《근역성보관》참조.　ⓒ 김경희

만공 선사는 덕숭산 소림초당에 이 거문고를 걸어두고 명월이 만공산하면 초당 앞 계곡 갱진교(更進橋) 위에서 현현법곡(玄玄法曲)을 타면서 노래를 불렀다.

<blockquote>
흐르는 물소리는 조사의 서래곡이요　　　　　流水西來曲

너울거리는 나뭇잎은 가섭의 춤이로세　　　　樹葉迦葉舞
</blockquote>

소림초당 앞 계곡 위에 놓은 다리를 '갱진교'라 명명한 것은 '백 척 절벽에서 다시 일보를 내딛어라〔百尺竿頭 更進一步〕'하는 용맹정진의 경지를 표현한 것이다.

왕가의 세전 가보인 거문고는 만공 선사의 손에서 현현한 곡조를 뿜

어냈다. 그의 거문고 법문을 직접 들어보자.

거문고 법문 彈琴法曲

한 번 퉁기고 이르노니 이 무슨 곡조인고?

이것은 체(體) 가운데 현현한 곡이로다

한 번 퉁기고 이르노니 이 무슨 곡조인고?

이것은 일구(一句) 가운데 현현한 곡이로다

한 번 퉁기고 이르노니 이 무슨 곡조인고?

이것은 현현한 가운데 현현한 곡이로다

한 번 퉁기고 이르노니 이 무슨 곡조인고?

이것은 돌장승 마음 가운데 겁 밖의 곡이로다

쯧쯧!

– 불기 2964년 호서 덕숭산 금선동 소림초당 만공 월면

一彈云 是何曲 是體中玄曲一彈云 是何曲 是句中玄曲

一彈云 是何曲 是玄中玄曲一彈云 是何曲 是石女心中劫外曲 咄

– 佛紀 二九六四年 湖西 德崇山 金仙洞 少林草堂 滿空 月面[39]

이 거문고 법문은 그 후기에도 있듯이 1937년 소림초당에 주석하고 있을 때 달이 휘영청 밝은 고요한 밤에 홀로 거문고를 안고 나와 갱진교 위 나월하(羅月下)에서 즐기던 도락의 한 게송이었다.

일제시대 조선불교 선종의 종정

만년의 만공 선사

세수 일흔한 살의 만공 선사는 1941년 봄, 선학원에서 개최한 고승대회(유교법회)에 참석해 무려 12쪽에 달하는 법어를 했다. 1941년 3월 10일에 행한 이 법문은 부처님의 혜명을 잇기 위해서는 '나의 주인공을 깨달아야 한다'고 강조했다.

1941년 6월, 조선불교 조계종이 출범하면서 김경산과 송만암 스님과 함께 만공 선사가 종무고문으로 추대되었다. 이때의 조계종단은 친일승려와 총독부 관료들이 야합해 만든 친일종단이었다. 친일승려들은 덕숭산의 조실이자 선학원측의 조선불교 선종의 종정인 그의 탁월한 선승으로서의 면모 때문에 종무고문이란 허울 좋은 명예직을 선사한 것이다.

선사는 친일승려들의 이러한 자의적 움직임에도 아무런 말 없이 초연하게 스스로의 삶에 충실했다.

그런데 이보다 조금 앞서는 1930년대 말, 만공노사를 시봉하던 사미승 진성이 사하촌의 나무꾼들로부터 이상한 노래 하나를 배웠다.

저 산의 딱따구리는
생나무 구멍도 잘 뚫는데
우리 집 멍텅구리는
뚫린 구멍도 못 뚫는구나.

사미승 진성이 이 '딱다구리 노래'를 구성지게 부르는데, 지나가던 만공 선사가 듣고는 "그 노래 좋은 노래다. 잊어버리지 말거라"라고 했다.

그 무렵의 어느 봄날이었다. 서울 이왕가(李王家)의 상궁과 나인들이 수덕사로 기도를 와서 만공 선사를 친견하고 법문을 청했다. 만공 선사는 쾌히 응낙하고 좋은 법문을 들려주겠다고 하면서 진성 사미를 불러 방 한가운데에 세우더니 '딱다구리 노래'를 부르라고 했다.

진성 사미는 노스님이 시키는 대로 목청껏 멋들어지게 노래를 불렀다. 이 노래를 들은 이왕가의 청신녀(淸信女)들은 어리둥절했다. 이때 만공 선사가 엄숙한 얼굴로 법문을 시작했다.

바로 이 노래 속에 인간을 가르치는 만고불역(萬古不易)의 직설 법문이 있고 두두물물(頭頭物物) 진진찰찰(塵塵刹刹)이 법문이 아님이 없지만, 이 노래에 담긴 무진(無盡)한 뜻을 헤아리게 되어야 내 말을 이해할 수 있을 것이오. 마음이 깨끗하고 밝은 사람은 딱따구리 노래에서 많은 것을 얻을 것이나, 마음이 더러운 사람은 이 노래에서 한낱 추악한 잡념을 일으킬 것이다. 원래 참법문은 깨끗하고 더러움과 아름답고 추한 경지를 넘어선 것이오. 범부 중생들은 부처와 똑같은 불성을 갖추고 이 세상에 태어났지만 자기자신이 원래 뚫린 부처 씨앗(佛種子)이라는 것을 모르는 멍텅구리오. 뚫린 이치를 찾는 것이 바로 불법이오. 삼독(三毒 : 탐내고, 성내고, 어리석은 것)과 환상의 노예가 된 어리석은 중생들이라 참으로 불쌍한 멍텅구리인 것이오, 진리는 지극히 가까운 곳에 있소. '딱다구리 노래'는 뚫린 이치를 못 찾는 사람들을 풍자한 법문이오.

만공 선사가 이렇게 법문을 하자 상궁과 나인들은 뜻 깊은 딱따구리 법문을 멋지게 잘 들었다고 큰 절을 하면서 고마워했다.

한편 서울로 돌아간 상궁 일행은 늘 모시던 윤비(尹妃 : 순종의 황후)를 뵙고 수덕사에서 배운 딱따구리 노래를 들려드렸다.

일제시대 조선불교 선종의 종정

노래를 듣고 난 윤비가 처연한 얼굴로 말했다.

"어쩌면 나의 슬픈 신세를 두고 노래한 것 같구나. 참으로 한이 맺힌 노래구나. 정말 잘 들었네."

궁녀들은 혹시나 꾸중을 들을까 봐 조마조마하던 터라 윤비가 잘 이해를 해주자 안도의 한숨을 쉬고 진성 사미의 딱따구리 노래와 만공 선사의 법문에 대해 자세히 말씀드렸다.

망국 대한제국의 마지막 황제인 순종의 황후로서 나라가 멸망하고 임금마저 1926년에 붕어(崩御:천자가 세상을 떠남)했는데도 자신은 죽지도 못하고 욕된 삶을 이어가자니 한이 많을 수밖에 없었다. 그리고 이러한 망국의 지아비 없는 마지막 황후로서 그 마음을 다스리고자 불문에 귀의하고 있었다. 윤비는 궁녀들의 얘기를 들은 다음 이렇게 말했다.

"만공 스님의 시자 사미승이 서울 왕궁 구경을 아직 못했을 것이니 불러올리도록 해보라."

만공 선사의 시자 진성 사미는 '딱다구리 노래' 덕분에 뜻밖에 서울 나들이를 하게 되었다. 촌닭 같은 산중 소년이 처음 왕궁에 들어서서 두리번거리자 그를 알아본 젊은 궁녀들이 "야! 저기 딱따구리가 왔어"하면서 환호성을 지르고 손뼉까지 치면서 진성 사미를 반겨주었다.

여담이지만 진성 사미는 서울 초청을 해준 보답으로 윤비와 궁녀들이 모인 자리에서 다시 한 번 '딱다구리 노래'를 우렁차게 불렀다. 그리고 그의 노래를 들은 윤비와 궁녀들은 다시 한 번 박장대소했다.[40]

이 딱따구리 노래 법문은 곡해와 비방을 받을 소지도 있지만 실제로는 만공 선사의 혜안을 엿볼 수 있는 감동적인 에피소드이기도 하다.

만공 선사는 서산 앞바다, 망망한 대해가 아니라 자잘한 섬들에 둘러싸여 있는 간월도(看月島)의 간월암(看月庵)을 복원하고자 뜻을 세웠다.

벽초 대종사비　　　　　　촬영 한승탁 ⓒ 문화문고

간월도는 백제 때는 피안도(彼岸島)라 했고 절 이름도 피안사(彼岸寺)였다. 그러나 조선조 태조의 왕사 무학(無學:1327~1405) 대사(大師)가 이절에서 밝은 달을 보고 오도한 뒤로부터 간월도와 간월암이 되었다. 그러나 조선왕조의 배불(排佛)로 절이 헐리고 그 터에 묘가 들어섰다. 이에 만공 선사가 묘를 이장하고 절을 세웠는데 마무리는 만공 스님의 뜻을 이은 마벽초(馬碧超:1899~1986) 스님이 중창을 마쳤다. 1941년의 일이었다.

만공 선사는 간월암을 중창한 후 그 감회를 다음과 같이 읊었다.

일제시대 조선불교 선종의 종정

간월암　충남 서산시 부석면 간월도리 작은 섬에 있다. 조선 태조 이성계의 왕사였던 무학대사가 창건, 무학사라고 했다. 1914년 폐사된 절터에 만공 스님이 다시 세워 간월암이라고 불렀다. ⓒ 이계수

간월암 중창 게송 看月庵重創頌

두 선인의 고적이 몇 해나 되었는고?	兩聖古蹟幾春秋
지난 일들 모두가 한바탕 꿈이어라	往事無非一夢間
수산 월면이 도리어 다사로워	叟山月面還多事
삼라만상에 무문인을 분부하노라	分付森羅無文印[41]

만공 선사는 간월암이 다시 건립되자 그곳에서 서해의 푸른 물결을 바라보며 이 암자에 머물렀다는 원효와 무학 대사의 족적을 생각하며 자신이 다시 암자를 중창한 감회를 7언 절구로 읊었던 것이다.

한편 선사는 간월도에 갔다가 수덕사로 돌아가는 길에 고북(高北) 땅에서 대나무 한 그루를 얻어 시자 진성 사미로 하여금 메고 가게 하면서 또 다시 시 한 구절을 읊었다.

전월사　1941년 만공 스님이 세운 토굴로 허공의 둥근 달을 굴린다는 뜻으로 전월사로 지었다고 한다. 해발 670미터에 위치. 만공 스님이 이곳에서 입적하셨다. 지난 2007년 11월 29일 열반 61주기를 맞아 복원 낙성 및 다례를 봉행했다. 　　　　　　　　　　　촬영 한승탁 ⓒ 문화문고

간월도 다녀오는 길에 대나무 한그루를 얻고 읊다 看月島巡廻得竹吟

노승이 바다를 밟음에 물이 묻지 않았고	老僧踏海水不着
사미가 대를 이어 걸머지매 시방이 봄이로다	沙彌擔竹十方春 [42]

일설에는 만공 선사가 1942년 여름부터 간월암에서 조국해방 기도를 올렸는데 회향 3일 만에 8 · 15해방을 맞이했다고 한다.[43]

아무튼 간월암을 복원하던 1941년, 만공 선사는 덕숭산 동쪽 산정에 초옥 한 칸을 지어 '허공의 둥근 달을 굴리며〔轉月〕' 만년을 보냈다. 그리하여 초옥을 전월사(轉月舍)라 하는데, 당시의 시자는 진성(眞惺) · 수

일제시대 조선불교 선종의 종정

업(修業)·성오(性悟)·수련(修蓮) 등이었다.

1942년에 만공 선사가 오랫동안에 걸쳐 추진해 온 스승의 문집『경허집』이 조선 전국 선승들의 협조로 간행되었다.

그해 겨울, 눈이 많이 내렸는데 견성암에서 공양 초청을 하기 위해 비구니들이 눈길을 말끔히 쓸고 만공 노선사를 모시러 와서 말했다.

"노스님! 눈길을 깨끗이 쓸었습니다. 어서 가십시다."

"너희들이 쓸은 길로는 안 가련다."

"그럼 스님께서는 어느 길로 가시겠습니까?"

"너희 절 부처님이 하얗더구나!"

만공 노선사가 이렇게 말하자 비구니가 대답을 못했다. 만공 선사는 한 발자국도 움직이지 않으면서 크게 공양을 받은 것이다. 이때 대화를 나눈 여승은 지명(智明) 비구니였다.

1943년, 만공 선사는 일흔셋의 고령으로 오대산에 갔다. 그곳 월정사에서 스님은 오대산 월정사에서라는 제목으로 5언 절구를 읊었다.

오대산의 뼛속 물	臺山骨裡水
문수의 마음을 씻어가네	洗去文殊心
만약 능히 이 같음을 해득한다면	若能如是解
머리마다 문수의 스승이 되리라	頭頭文殊師[44]

오대산은 문수보살이 주석하고 있는 명산이었고 또한 그곳에는 부처님의 진신사리가 모셔져 있는 적멸보궁이었다. 만공 선사는 적멸보궁의 부처님 진신사리를 친견하고는 '나와 부처님이 서로 담연하여 만겁에 길이 멸하지 않도다(見佛相湛然 萬劫永不滅)'라고 했다.

당시 한암 선사는 오대산 상원사에 주석하고 있었는데 만공 선사가 적멸보궁을 참배하고 돌아가려고 길을 나서자 한암 선사는 산문까지 전송하러 나왔다.

그때 만공 선사는 앞서 가다가 문득 돌맹이를 하나 주워 가지고 한암 스님 앞에 던지더니, 한암 스님은 그 돌을 주워서 개울에 던져 버렸다. 그러자 만공 선사가 혼잣말로 중얼거렸다. "이번 걸음에는 손해가 적지 않도다……"[45]

두 선사의 이 에피소드는 단순한 돌 장난에 지나지 않을 수도 있지만 그 자체가 선적인 법거량이었다.

이런 일화를 뿌리며 만공 선사가 오대산에 다녀왔을 때 수덕사 주지인 마벽초 스님이 만공 선사에게 물었다.

"노스님께서는 오대산 적멸보궁 앞에 있는 용의 콧구멍을 보셨습니까?"

"보았다."

"용의 콧구멍이 어디 있습니까?"

이에 만공 선사가 다만 '식!' 하고 말았다.[46]

계미년(1943) 여름에 혜암 스님과 진성 사미가 만공 선사를 모시고 간월도에서 안면도(安眠島)로 가게 되었다. 세 사람이 아주 작은 배를 타고 가면서 먼 산들이 지나쳐 가는 해안 풍경을 바라보고 있었다. 그때 만공 선사가 진성 사미에게 물었다.

"저 산이 가느냐? 이 배가 가느냐?"

진성 사미가 답했다.

"산과 배, 둘 다 가지 않습니다."

"그러면 무엇이 이렇게 가느냐?"

일제시대 조선불교 선종의 종정

그러자 진성 사미가 앞으로 나와 한참 동안 말없이 서 있었다. 그때 옆에 앉았던 혜암 스님이 일어서서 말했다.

"제가 한마디 드리겠습니다. 산이 가는 것도 아니요, 배가 가는 것도 아닙니다."

만공 선사가 되물었다.

"그러면 무엇이 가는가?"

혜암 스님이 마침 들고 있던 흰 손수건을 번쩍 들어보였다. 그러자 만공 선사가 말했다.

"자네 살림이 언제부터 그러한가?"

"제 살림은 이미 오래 전부터 그러하옵니다."

만공 선사는 말없이 고개를 끄덕였다.[47]

혜암 현문(慧庵 玄門:1885~1985)은 덕숭산 문중의 큰 맥을 잇는 문도로서 만공 선사의 선풍을 계승했다.

70대의 노선사 만공 스님은 덕숭산 동쪽 산록의 전월사에서 시자 진성과 차를 마시거나 등불로써 선문답을 나누는 등 한가로이 살았다. 스님은 1903년 서른세 살에 덕숭산에 들어온 이래 60대 초반 3년 동안 금강산 유점사 선원의 조실을 역임한 이외에는 40여 년의 생애를 덕숭산에 주로 수석하면서 한국의 전통 선을 크게 진작했다.

해방 이듬해인 1946년 10월 20일. 선사는 세연이 다했음을 느끼고 만년의 삶을 즐기던 덕숭산 전월사에서 시자 진성을 불렀다.

"내가 오늘 가야겠다. 목욕물 떠오너라." 목욕을 끝낸 노선사 만공은 옷을 갈아입고 거울 앞에서 자기를 바라보고 있었다.

"자네와 내가 이제 인연이 다해 이별하게 되었네그려."

만공 선사는 한바탕 껄껄 웃고 입적했다. 세수 75세, 법랍 62년이었다.

만공탑 제자들이 만공 스님을 추모하기 위하여 1947년에 세운 기념 조형물이다. 상부의 구형원상은 만공 스님의 법명인 월면, 세 개의 면석은 불교의 삼보, 팔각기단은 팔정도를 가리키며, 전체적인 형상은 참선하는 모습을 형상화하였다. 수덕사 발행 《근역성보관》 참조. 촬영 한승탁 ⓒ 문화문고

『해동불조원류(海東佛祖源流)』(경운 형준, 불서보급사, 1978)에 의하면 근세 한국불교의 큰 맥인 만공 선사의 법계는 다음과 같다.

태고 보우→환암 혼수→구곡 각운→벽계 정심→벽송 지엄→부용 영관→청허 휴정→편양 언기→풍담 의심→월담 설제→환성 지안→호암 체정→청봉 거안→율봉 청고→금허 법첨→용암 혜언→만화 보선→경허 성우→만공 월면.

만공 선사의 제자는 무려 49명이나 되지만, 그 가운데 요절한 보월 성인(寶月 性印)이 상족이었고 그 외 벽초 경선(碧草 鏡禪) · 혜암 현문 · 고봉 경욱 · 초부 적음(草夫 寂音)이 준족이었다.

"내가 덕숭산에 와서 40여 년간 많은 납자들이 나를 만났지만 내 얼

일제시대 조선불교 선종의 종정

굴만 보고 갔을 뿐이다. 나의 진면목을 못 보고 갔으니 곧 자기를 못 본 것이며, 헛되이 돌아다니는 정신병자들뿐이었으니 이 세상이 어두울 수밖에 없다. 나의 문인들은 내가 가르치던 도절(道節)이 갖추어진 곳을 떠나지 말라. 석가운(釋迦運) 말년에 덕숭산에서 3성(三聖) 7현(七賢)이 나고, 그 외 무수한 도인이 출현할 것이니라. 너희 모두가 육체에 의존하지 아니한 영원한 존재임을 알라.”

선사 입적 후 문도들은 덕숭산에 영골을 모아 석탑에 봉안하고 이름을 ‘만공탑(滿空塔)’ 이라 했다.

한글로 ‘만공탑’ 이라 씌어진 탑 앞에서 산 아래를 바라보면 30리 밖의 홍천읍이 가릴 것 없이 내려다보인다. 선사의 육신은 갔지만 그의 아뢰야식은 영원히 덕숭산의 선풍을 지켜볼 것이다.

만공 월면

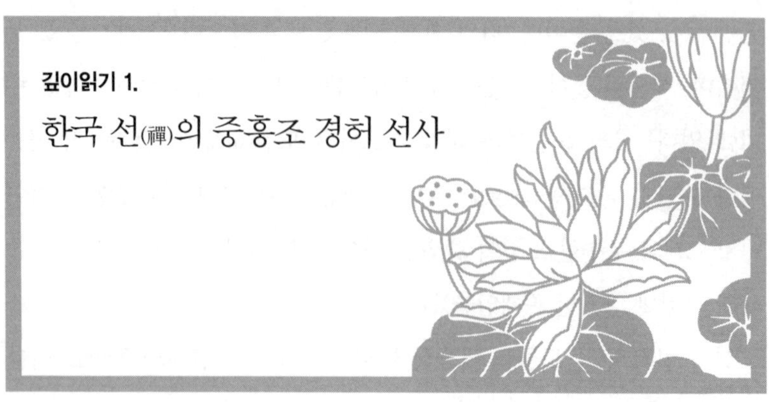

경허 성우(鏡虛 惺牛:1849~1912) 선사는 한말에 우리나라의 선맥(禪脈)이 거의 끊어진 상황에서 한국의 선(禪)을 다시 이은 위대한 선승이었다. 그리고 경허는 직계 제자 세 분(혜월 혜명 · 만공 월면 · 한암 중원)과 수월의 법제자 해담 치익(海曇 致益) 등 모두 네 분의 종정을 배출시켰다. 또 경허 이후 한국의 선은 직접적이든 간접적이든 모두 그의 선맥으로부터 나왔다고 하는 것이 불교계의 통설이다.

경허 선사의 속성은 송(宋)씨이고 이름은 동욱(東旭)이며 본관은 여산이다. 그는 전주 자동리에서 출생하였는데 부친이 일찍 돌아가시고 집안이 매우 가난하여 9세 때 경기도 청계사(淸溪寺:현재 의왕시 청계동)로 출가하였다.

그는 어린 시절 글을 배우지 못하다가 12세가 되어서야 절에 와 있던 선비로부터 천자문을 배웠는데 하나를 배우면 열을 아는 총명함이 있었

일제시대 조선불교 선종의 종정

다. 그는 14세에 계룡산 동학사로 가서 만화(萬化) 화상에게 경전을 배웠다. 경허는 일과를 정해놓고 경이나 그 풀이들[經疏]을 공부하는데 한 번 보고는 다 외웠다. 스승이 그의 재능을 시험하려고 특히 『원각경(圓覺經)』 중의 「소초(疏鈔)」를 아울러 대여섯 장, 혹은 10여 장을 일과로 주었으나 역시 한 번 읽고는 척척 외웠다. "참으로 일찍이 없던 일이야" 하며 사람들이 모두 감탄했다. 20세를 넘으면서 경허는 경학(經學)의 깊은 경지를 궁구해 유명해졌다.

그는 23세 때 여러 사람의 요망에 따라 동학사 강원(講院)에서 강사의 직책을 맡게 되었다. 훤칠한 키에 우렁찬 음성, 그리고 20대의 젊은 기백과 정열은 그 넓은 지식, 발랄한 재기와 더불어 그의 강의를 듣는 사람의 마음을 사로잡았다. 강사로서 명성을 팔방에 떨치던 그는 31세 때 여름, 은사였던 계허(桂虛) 스님을 만나러 길을 떠났다. 그 무렵 계허는 환속해 서울 근처에 살고 있었다.

그가 천안 부근의 어느 마을에 이르렀을 때 전염병의 창궐로 사람들이 죽어가는 것을 보고 죽음의 공포에 직면한다. 당시 우리나라에는 콜레라가 일본에서 부산을 거쳐 전국에 번져 수많은 사람들이 죽어나갔다. 그가 강원에서 학인들에게 여러 경전을 강의하면서 의기양양했으나, 눈앞에 닥친 죽음의 공포앞에서는 아무런 도움이 되지 않았다. 이에 깊이 느낀 바 있어 그는 발길을 돌려 동학사로 돌아왔다. 그리고 학인들을 모두 돌려보내고, 죽음의 문제를 해결하고자 선 수행에 몰두했다.

그는 졸음이 오면 '송곳으로 넓적다리를 찌르고 혹은 칼을 턱에 괴고' 치열한 좌선 수행을 결행하였다. 그러던 어느 날, 그가 정진하는 방 밖에서 어떤 사미승이 '콧구멍 뚫을 데가 없소' 라는 말을 듣고, 그는 홀

경허 선사　수덕사 근역성보관 소장

연히 깨달았다. 경허행장에는 그의 깨달음의 순간을 이렇게 묘사했다.

"대지가 그냥 내려앉으며, 만물과 나를 함께 잊고 온갖 법문(法門)의 끝없는 오묘한 이치가 당장에 얼음 녹듯 풀렸다."

오도(悟道) 후, 그는 도처에서 선풍을 떨치며, 해인사 · 범어사 · 금강산 마하연사 · 함경도 석왕사 등지에서 후학들에게 깨달음의 실참법을 지도하여 이 땅의 꺼져가는 선맥을 되살렸다.

경허 선사는 오도한 선승으로서 수많은 일화를 회자시키면서 명성을 떨치다가 59세 무렵에는 강계(江界) · 삼수(三水) 등지에서 머리를 기르고 유관(儒冠)을 쓴 채 스스로 난주(蘭州)라 이름하였다. 그는 갑산(甲山) 웅이방(熊耳坊)에서 세수 67세, 법랍59세로 입적하였다.

일제시대 조선불교 선종의 종정

경허 선사에 관한 글들

◦ 윤태오가 엮은 『경허집(鏡虛集)』
◦ 진성 원담(眞惺 圓潭)이 엮은 경허법어 『진흙소의 울음』(홍법원, 1993)
◦ 명정(明正) 역주, 『경허집』(극락선원, 1990)
◦ 김정휴, (소설 경허) 『슬플 때마다 우리 곁에 오는 초인(超人)』(불교시대사, 1992)
◦ 이흥우, (경허평전) 『경허선사』(민족사, 1996)
◦ 최인호, (경허를 주인공으로 한 소설) 『길 없는 길』(전 4권, 샘터, 2008)
◦ 정병조, 「근대 선(禪)의 중흥조 경허」(한국불교위인열전), 『보살도의 숨결』(대원정사, 1992)
◦ 최성렬, 「한국 선종의 중흥조」, 『현대고승인물평전』(상)(불교영상회보사, 1994)

마음 달이 외로이 둥글게 빛나니   心月孤圓

빛이 만상을 삼켰도다   光呑萬像

빛과 경계를 함께 잊으니   光境俱忘

다시 이것이 무엇인고   復是何物

      - 경허 선사의 임종게

일제시대 조선불교 조계종의 종정

종정을 네 차례나 역임한 최고의 선승 한암 중원

다리 아래 하늘이 있고 머리 위에 땅이 있네

脚下靑天頭上巒

본래 안팎이나 중간은 없는 것

本無內外亦中間

절름발이가 걷고 소경이 봄이여

踏者能行盲者見

북산은 말없이 남산을 대하고 있네

北山無語對南山

- 한암 중원(漢岩 重遠 : 1876~1951) 스님의 오도송.

종정을 네 차례나 역임한 최고의 선승

한암 중원

❋

1876~1951

종정을 네 차례나 역임한 최고의 선승
한암 중원

한암 선사의 회상(會上)에서 선 수행을 한 조용명(趙龍溟 : 조계종 원로, 울산 문수사 주지) 스님의 회상에 의하면 한암 선사는 밤에 잠시 조실 방에서 쉴 때를 제외하고는 언제나 큰 방에서 대중과 함께 계셨다. 새벽 3시에서 밤 9시까지 항상 허리를 꼿꼿하게 펴고 앉아 참선만 했다. 여간해

일제시대 조선불교 조계종의 종정

서 납자들이 허리를 구부리는 것을 허락하지 않았다. 고단하면 밖을 거닐 뿐 종일 눕지 못하고 발도 못 뻗고 벽에 기대지도 못했다. 따로 있을 지대방도 없었다. 그러므로 어지간한 수좌가 아니면 한암 선사의 회상에서 지내기 어렵다고 겁을 먹고 오지 않는 경우도 있었다. '군자는 꿋꿋하여 쉬지 않는다〔君子健健不息〕'는 말 그대로였다. 새벽 3시에 기상해 참선 예불 공양을 대중과 함께했고 조실방이 있어도 가지 않았다. 언제나 큰 방에 앉아 참선을 하고 있으니 대중이 꼼짝할 수가 없었다.

조실 스님으로 대중과 함께 이렇게 행한 분이 또 어디 있을까!

그래서였을까, 한암 선사는 일제시대에 세 차례, 해방후에 한 번, 도합 전후 네 차례에 걸쳐 종정으로 추대되었다.

처음은 1929년 1월 5일 조선불교 선교양종 승려대회에서 일곱 분의 교정 가운데 한 분으로 선출되었으며, 두 번째는 1935년 3월 7~8일 양일에 걸쳐 조선불교 선리참구원(선학원)에서 개최된 조선불교수좌대회에서 조선불교 선종의 세 분 종정(혜월·만공·한암) 가운데 한 분으로 추대되었다. 세 번째는 1941년 6월 조선불교 조계종이 출범하면서 한 사람뿐인 유일한 종정으로 추대되었다. 그리고 해방후 초대 교정 석전 정호 스님이 1948년 4월 8일 정읍 내장사에서 입적하자 그해 6월 30일 제2대 교정으로 추대된 것이다.

선사는 1929년 이래 일제시대 17년 동안과 해방후의 3년 등 전후 20년 동안 종정직을 역임하면서 우리나라 불교계의 최고지도자로서 한국의 전통 선을 진작하는 데 지대한 역할을 했다. 하지만 선사는 종정의 지위에 있으면서도 일절 명예에 연연하지 않았고 세간과 출세간 어디에도 관여하지 않으면서 오직 참선과 납자들의 지도에만 전념했다. 1925년 오대산에 들어간 후 거의 산문 밖을 나오지 않고 단지 선승으로 수행에만 몰두한 것이다.

1908년 이회광 스님이 원종의 종정이 된 이래, 즉 우리나라에 종정이라는 제도가 생긴 이래 네 차례에 걸쳐 20년 동안 종정직을 역임한 스님은 한암 선사가 유일했다.

1993년 열반한 성철(性徹:1912~1993) 스님이 1981년부터 세 차례에 걸쳐 12년 동안 종정직을 역임했지만 그 기간은 한암 선사에는 미치지 못한다. 수차에 걸친 종정 추대와 오랜 재임 기간은 물론 일생동안 한치의 흐트러짐도 없는 선승으로서의 수행을 보더라도 한암 선사는 1900년대 한국 최고의 선사 가운데 한 분임이 확실하다.

한암의 출가와 오도

근세 한국불교 선학사(禪學史)의 찬란한 별이었던 한암 중원(漢岩 重遠) 스님의 속성은 온양 방(方)씨이다. 한암은 호이며, 이름은 중원이다. 스님은 1876년 강원도 화천에서 태어났는데, 원래 고향은 평안남도 맹산군 애전면 풍림리였다. 스님의 조부가 과거를 보려고 화천으로 이사를 했다고 한다. 아버지는 기순(箕淳), 어머니는 선산 길씨였다.

스님의 부친은 한학자이며 천주교 신자였다. 그러나 '초시(初試)'라고 불렸다는 것을 보면 크게 출세하지는 못한 듯하다. 형제는 3형제였는데, 스님이 장남이며 막내 동생 역시 우일(愚一)이란 법명을 가진 스님이었고 바로 밑에 동생만이 세속에서 살았다고 한다.[1]

뛰어난 역사적 인물이 그러했듯이 한암 스님의 경우도 어린 시절부터 그 총명함이 남달랐다. 그는 의문이 생기면 그 해답을 구하지 않고는 배기지 못하는 성격이었다. 세인의 삶이 욕망과 야심에 의해 추구되지

일제시대 조선불교 조계종의 종정

만 구도자의 인생은 '의문의 해결'을 위한 방랑과 편력에 의해서 채워
진다. 그의 최초의 의문은 그의 일생을 통해 항시 탐구해 왔던 우주와
인간의 근원에 대한 문제였다. 그의 이러한 구도자의 삶은 아홉 살 때부
터 시작된다.

화천의 속가 시절인 9세 때, 스님은 서당에서 『사략(史略)』이라는 중
국의 역사책을 읽고 있었다. 이 책은 천자문을 떼면 공부하는 초보적인
중국 역사책이었다. 그 첫 구절은 '태고에 천황씨(天皇氏)가 있었다'로
시작된다. 그런데 이 대목을 읽던 소년 중원이 스승에게 질문을 던졌다.

"태고에 천황씨가 있다고 했는데, 그렇다면 천황씨 이전에는 누가 있
었습니까?"

당돌한 질문에 훈장은 놀랐으나 얼른 이렇게 대답했다.

"천황씨 이전에는 반고씨(盤古氏)라는 임금이 있었지."

그러나 소년 중원은 그쯤에서 만족할 수 없었다.

"그렇다면 반고씨 이전에는 누가 있었습니까?"

아홉 살 난 소년의 집요한 질문에 훈장은 그 이상의 대답을 해줄 수가
없었다.

이렇듯 그는 어릴 때부터 삼라만상의 끝없는 의문을 추구하면서 그
해답을 찾고자 노력했다. '반고씨 의문' 이후 10여 년간 유학의 경
(經)·사(史)·자(子)·집(集)을 널리 읽었으나 그의 의문에 대한 해답
은 구할 수가 없었다. 이러한 그에게 일생일대의 생애를 바꿀 한 계기가
닥쳐왔으니, 그것이 금강산 구경이었다. 그의 나이 22세 때였다. 그가
사는 화천에서 금강산은 가까운 곳이었다. 속칭 1만 2천 봉, 8만 9암자
라는 구전이 말해주듯 산기슭 처처에 배인 부처님의 모습과 수행자들의
생활에 그는 깊은 종교적 감흥에 잠겼다.

그는 화천을 출발해 창도 통구를 거쳐 단발령을 넘었을 것이다. 단발령이란 이름이 붙여진 것은 이 고갯마루에 올라 내금강의 승경을 내려다보면 누구든지 머리를 깎고 출가하고 싶은 마음이 저절로 생겨난다고 하여 그런 명칭이 붙었다고 한다. 그는 '고려국에 태어나 금강산을 보는 것이 소원〔願生高麗國 一見金剛山〕'이라는 중국인들의 찬탄을 받기에 조금도 손색이 없는 금강산의 위용을 돌아보면서 인간의 능력과 욕망의 허망함을 깊이 체득했을 것이다. 그리하여 그는 기암절벽에서 부처를 보고, 때로는 보살을 친견하는 그런 새로운 세계에 접하고 이곳에서 아홉 살 이래의 '반고씨 의문'을 풀고자 단안을 내렸다.

그는 마침내 출가하기로 결심했다. 내금강 장경봉(長經峰) 아래 고색창연한 기품의 장안사로 출가해 행름(行凜) 노사를 은사로 하여 머리를 깎았다. 이어 불교교리를 더 배우기 위해 신계사(神溪寺)로 가 보운강회(普雲講會)에 들어갔다. 신계사의 소속 사암은 8개인데, 보운강회는 보운암에 설치된 일종의 강원이었다.

스님은 여기서 보조 국사의 『수심결』을 읽다가 1차 깨달음을 얻었다. 그가 주목한 대목은 다음과 같다.

만일 마음 밖에 부처가 있고, 자성(自性) 밖에 법이 있다는 생각에 집착해 불도를 구하고자 한다면, 티끌처럼 많은 겁을 지나고 몸을 불사르고 연비(燃臂:몸을 태워 기도하는 불교 수행의 방법)하는 고행을 하고 뼈를 두드려 골수를 내고, 피를 내어 경전을 쓰며 눕지 않고 언제나 앉아서 좌선하며, 하루에 아침 한끼만 먹으며 8만대장경을 모조리 독송한다 하더라도, 이는 모래를 쪄서 밥을 지으려는 것과 같아 오히려 수고로움만 더할 뿐이다.[2]

일제시대 조선불교 조계종의 종정

이 구절에 이르러 그는 모골이 송연하도록 크게 깨달은 바 있었다. 더군다나 그 무렵 장안사 해은암(海恩庵)이 하룻밤 사이에 불에 타 잿더미가 되었다는 소식을 듣고는 더욱 무상관(無常觀)에 젖게 되었다.

스님은 마침내 24세 때인 1899년, 도반인 함해(涵海) 선사와 더불어 운수의 길에 올랐다. 그리고 행각 중에도 오직 자성 찾기에 게을리하지 않았다. 그 무렵 스님은 대기(大器)의 대선사를 만나게 되었는데 그가 바로 당대의 선지식 경허 대선사였다. 경북 상주 청암사 수도암에는 여러 스님들이 경허 문하에서 수학하고 있었는데, 1899년 가을 한암이 그곳에 들르게 된 것이다. 그는 밝은 선지로 많은 수좌들을 제접하고 있었다. 한암은 24세의 약관이긴 하나 이내 서로 상통함이 있었다.

혜능(慧能:638~713)이 그러했듯이 비록 구절은 다르지만 한암은 경허 선사로부터 『금강경』의 한 구절을 듣고 깨닫는다.

무릇 형상 있는 것이 모두 허망한 것이니, 만일 모든 형상 있는 것이 상 아님을 알면 곧 여래를 볼 것이니라.[3]

한암 스님은 이 구절을 듣자 안광이 홀연히 열리면서 한눈에 우주 전체가 환히 들여다보였으며, 듣고 보는 것이 모두 자기 자신이 아님이 없었다.[4] 실로 '반고씨 이전의 의문'이 15년 만에 경허 선사가 금강경의 유명한 4구게(四句偈)를 설하는 순간 오도의 경지에 몰입되었던 것이다. 이는 이른바 '최초일구자(最初一句子)'의 경계로, 그는 이때 개오(開悟)의 심경을 다음과 같이 한 수의 시로 읊었으니 이것이 곧 그의 오도송이다.

다리 아래 하늘이 있고 머리 위에 땅이 있네　　　　　脚下靑天頭上巒

본래 안팎이나 중간은 없는 것	本無內外亦中間
절름발이가 걷고 소경이 봄이여	踏者能行盲者見
북산은 말없이 남산을 대하고 있네	北山無語對南山

스님이 이렇게 깨달음을 얻은 것은 입산 3년째인 1899년 24세 때였다. 이러한 일이 있은 후 한암 스님이 어느 날 경허 선사와 함께 차를 마시고 있는데, 경허 선사가 문득 '어떤 것이 진실로 구하고 진실로 깨닫는 소식인가? 남산에 구름이 일어나니 북산에 비가 내린다' 라는 『선요(禪要)』의 한 대목을 인용하면서, 대중에게 "이것이 무슨 소리냐?"고 물었다. 이 질문에 한암이 "창문을 열고 앉았으니 와장(瓦墻:담장)이 앞에 있다"고 대답했다. 이에 경허 선사는 한암의 경지가 예사로운 것이 아님을 알았다. 이튿날 경허 선사는 법상에 올라 대중을 돌아보며 "한암의 공부가 개심(開心)을 초과했다"고 말했다. 경허 선사가 한암의 득법을 정식 인가해 준 것이다.

1903년, 28세의 한암은 해인사 선원에서 『경덕전등록』을 읽고 있었는데, '약산(藥山) 선사가 석두(石頭) 선사의 물음에 대답하기를 마음속에 한 가지 생각도 하는 것이 없다' 는 대목에 이르러 심로(心路)가 막혀 어둠 속의 미로를 다시금 헤매게 되었다.[5] 이때의 심정을 그는 그후 '허전한 경계' 로 전했지만 마치 통 밑이 빠져버린 것 같은 심정을 맛보았다.

이때 경허 화상이 해인사에서 한암 스님을 이별할 때 은근히 그를 함께 데려가고 싶어하며 서문 한 편과 시를 지어서 한암 스님에게 주었다.

나(경허)는 천성이 화광동진(和光東塵:부처 보살이 중생을 구제하기 위해 인간 세계에 섞여 사는 일)을 좋아하고, 꼬리를 진흙 가운데 끌고다니기를 좋아하는 사람이다. 다만 스스로 삽살개 뒷다리처럼 너절하게 44년의 세월

일제시대 조선불교 조계종의 종정

을 지냈더니 우연히 해인정사에서 한암을 만나게 되었다. 그의 성행은 순직하고 또 학문이 고명해 1년을 같이 지내는 동안에도 평생에 처음 만난 사람같이 생각되었다. 그러다가 오늘 서로 이별하는 마당을 당하게 되니 아침과 해질 무렵의 연운(煙雲)과 산해(山海)의 원근이 진실로 영송(迎送)하는 호포를 뒤흔들지 않는 것이 없다. 하물며 덧없는 인생은 늙기 쉽고 좋은 인연은 다시 만나기 어려운즉 이별의 섭섭한 마음이야 어떻다고 말할 수 있으랴.

옛 사람이 말하기를 '서로 알고 지내는 사람은 천하에 가득 차 있지만 진실로 내 마음을 알고 있는 사람은 과연 몇이나 되랴' 고 하지 않았는가. 과연 한암이 아니면 내가 누구와 더불어 지음(知音:마음이 통하는 벗)이 되랴. 그러므로 여기 시 한 수를 지어서 뒷날에 서로 잊지 말자는 부탁을 한다.

북해에 높이 뜬 붕새 같은 포부	捲將窮髮垂天翼
변변치 않은 데서 몇 해나 묻혔던가	謾向搶楡且幾時
이별은 예사라서 어려운 게 아니지만	分離尙矣非難事
부생이 흩어지면 또 볼 기회가 있으랴	所慮浮生踏後期[6]

경허 선사의 이처럼 간절한 별리의 정에 대해 한암 스님은 다음과 같은 시로 답했다.

서리 국화 설중매는 겨우 지나갔는데	霜菊雪梅纔過了
어찌하여 오랫동안 모실 수 없을까요	如何承侍不多時
만고에 변치 않고 늘 비치는 마음의 달	萬古光明心月在

쓸데없는 세상에서 뒷날을 기약해 무엇하리   更何浮世謾留期[7]

　한암 스님의 이 화답시는 경허 선사가 마지막 행각으로 북쪽을 향할 때, 지기로서의 동행을 바라는 게송에 대한 답시이다. 스님은 '만고심월(萬古心月)'을 들어 부생의 환상을 벗어나 진리에 계합하는 본지풍광(本地風光)을 제시함으로써 화답을 대신한 것이다. 그러므로 스님은 시로써 이별을 아쉬워했을 뿐 선사를 쫓아가지는 않았다.

　1905년. 스님은 세수 30세 되던 해에 통도사 내원암 선원으로부터 납자들의 조실로 초빙되었다. 그는 이 내원암에서 5년간 제방납자들을 제접하며 주석했다. 1910년 봄, 한암 스님은 납자들을 해산하고 죽장을 짚고 단신으로 만행길에 올라 집안의 고향인 평안남도 맹산군 애전면 우두암(牛頭庵)에 들어가서 홀로 보림에 힘쓰고 있었다.

　그러던 어느 날이었다. 부엌에서 불을 지피다가 홀연히 계오(契悟:보다 깊은 깨달음의 경계)하니 일찍이 상주 청암사에서 24세 때 개오한 것과 조금도 차이가 없었다. 다만 한줄기 활로가 더욱 분명해졌을 뿐이었다. 그의 세수 35세 겨울이었다. 스님은 그때의 경지를 다음과 같은 시로 읊었다.

부엌에서 불붙이다 홀연히 눈 밝으니   着火廚中眼忽明

이를 쫓아 옛 길이 인연따라 분명하네   從茲古路隨緣淸

누가 나에게 서래의를 묻는다면   若人問我西來意

바위 밑 우물소리 젖는 일 없다 하리   岩下泉鳴不濕聲

일제시대 조선불교 조계종의 종정

건봉사 대웅전   ⓒ 이계수

건봉사 조실로 초빙되어

1921년 가을 9월 상순에 강원도 고성군 거진읍 냉천리 36번지에 있는 건봉사에서는 주지 이대련(李大蓮), 감무 이금암(李錦庵), 전 주지 이운파(李雲坡) 스님과 건봉사 대중들이 한 마음으로 단결해 산내 암자인 만일암의 염불회를 폐지하고 새롭게 선회(禪會)를 마련했다. 그리고는 제방의 참선인을 초빙해 수행으로써 사람들의 복이 되는 터전을 삼았다. 이어 한암 선사를 선원의 조실로 초빙했다. 선사는 45세의 장년으로 이 초청에 법회를 주관했다.

어느 날 객승이 한암에게 물었다.

"옛 사람이 말하기를, '염불과 참선은 본래 둘이 아니다' 고 했는데, 이제 염불회를 폐지하고 선원을 마련한 것은 무엇 때문입니까?"

"그대는 단지 둘이 아니라는 말만 들었을 뿐 과연 '둘이 아니다' 라는 그 뜻이 무엇을 말하는 것인지는 모르고 있다."

"무엇을 말씀하십니까?"

"염불이란 부처를 생각하면서 청정한 법계에 태어나기를 구하는 것이다. 청정한 법계가 있기 때문에 더러운 땅이 있으며, 부처를 생각하면서 찾기 때문에 자기가 본래 범부라고 생각하게 되는 것이다. 이렇듯 범부와 부처가 이미 둘이요, 청정한 법계와 더러운 국토가 이미 둘인즉 기쁨과 싫어함, 취함과 버리는 마음이 나지 않을 수 없으며 천차만별이 항상 일용 사물상에 나타나게 된다. 그러나 참선이란 처음 마음을 낼 때 곧바로 스스로의 마음이 부처임을 세워 한 생각의 기틀을 돌리면 영겁의 무명이 얼음 녹듯 곧바로 사라질 것이다. 이와 같이 하면 범부와 성인, 청정함과 더러움, 기뻐함과 싫어함, 취하고 버리는 마음이 또한 어느 곳에 발붙일 수 있겠는가. 이로 미루어 살펴본다면, 참선과 염불은 두 가지 길로서 서로의 거리가 마치 하늘의 구름, 땅의 진흙처럼 벌어져 버릴 것이니 어떻게 하면 하나가 됨을 알 수 있을까?"

객승이 깜짝 놀라 일어나 말했다.

"스님의 말씀을 듣고 보니 '염불과 참선이 둘이 아니다' 라고 운운한 말이 부질없는 망언임을 깨닫게 되었습니다."

한암 선사가 객승에게 다시 말했다.

"이 말이 망이 아니라 그대가 실로 그 도리를 알지 못한 때문이다. 태고 화상께서 말하기를 '곧바로 자성미타(自性彌陀)를 생각하여 하루종일 사위의(四威儀:걷고 머물고 앉고 눕는 것) 내에 줄곧 마음마음이 끊임없이 이어지고, 생각생각이 혼매하지 않으며, 정밀하게 자신을 반조(返照)하여 염불하는 자가 누구인가를 생각해 오랫동안 공부를 해가면 잠깐 사이에

일제시대 조선불교 조계종의 종정

마음과 생각이 끊어지고 아미타불의 진체가 뚜렷이 앞에 나타나게 될 것이다'고 했으며, 또 나옹 조사가 여동생에게 보낸 편지에 다음과 같은 게송을 읊은 바 있다.

아미타불은 어느 곳에 계시는가?	阿彌陀佛在何方
간절히 마음에 새겨 잊지 말아라	着得心頭切莫忘
생각이 다해서 생각 없는 곳에 이르면	念到念窮無念處
육문(六門)에서 항상 붉은 금빛이 솟아나리라	六門常放柴金光

한암 선사가 말을 계속했다.

"'자신을 반조하여 염불하는 자가 누구인가를 생각한다.'는 것은 '한 생각의 기틀을 돌린다.'는 말이 아니겠는가. 그리고 '생각은 생각이 다해서 생각이 없는 곳에 이른다'는 것은 '영겁의 무명이 곧바로 얼음처럼 녹아진다'는 말이 아니겠는가. 이것이 곧 '염불과 참선이 둘이 아니다'는 뜻이다.[8]

이어 선사는 염불회를 폐지하고 선원으로 만든 이유를 설파했다. 즉 염불인은 '불상을 관(觀)하고 부처의 이름을 외쳐 대면서 오랜 세월이 흐르다보면 대부분 마귀와 도깨비에 포섭되어 미치광이처럼 정처없이 지달려 헛되이 공부하는 데 고생하므로 바른 이치를 깨닫고 응당 나아가도록 하기 위해 염불회를 폐지하고 선원으로 만든 것은 간절한 노파심 때문'이라는 것이다.

1922년 정월, 한암 선사는 만일암에 결제 중 7일 용맹정진하면서 화두를 어떻게 들어야 할 것인가에 대한 방법을 〈화두 드는 법(擧話方便)〉이란 제목의 짤막한 게송을 통해 가르침을 폈다.

다급하지도 느슨하지도 않은

그 가운데 오묘함이 있다

부지런히 하면 집착에 가깝고

망각하면 무명에 떨어진다

천 갈래, 만 갈래 의심덩이는

다만 하나의 의심으로

고양이가 쥐를 잡듯이

암탉이 알을 품듯이

배고플 때 음식을 생각하고

목마를 때 물 생각하듯이

사량과 지혜를 모두 놓아 버리어

한치의 풀포기도 돋아나지 않고

한 티끌도 두지 않고서

다만 범정을 다하고

특별히 성해도 없이

성성영령하고

면밀하고 면밀해야 한다

不急不緩 玅在其中 勤則近執着 忘則落無明 天疑萬疑 只是一疑 如猫

捕鼠 如鷄抱卵 如飢思食 如渴思飮 思量知解 一切放下 寸草不生 纖塵

不立 但盡凡情 別無聖解 惺惺靈靈 密密綿綿[9]

한암 선사의 이 소참법문(小參法門)은 평이하고 친근하면서 간곡하게
일러주고 있다. 화두에 임하는 선승들의 면목을 빈틈없이 제시해 면밀

일제시대 조선불교 조계종의 종정

하게 정진하도록 일깨워 주는 법문이다.

1922년에 한암 선사는 만일암 제일선원에서 열중(悅衆) 소임을 맡고 있던 이력(李礫) 스님의 스물한 가지 질문에 대답했다. 이력 스님의 질문에 응답한 이 문안은 그 동안 동국대학교 박물관에 소장되어 있다가 공개되었다.

「선문답 21조」라는 제목으로 『한암일발록(漢岩一鉢錄)』(한암문도회, 민족사, 1995, 37~69쪽)에 수록되어 있는데 그 내용이 많아 전문을 인용할 수는 없으므로 그 요지만 간추리면 이러하다. 「선문답 21조」는 가장 기본이 되는 선의 본질과 수행방법에 있어서 간화(看話)와 반조(返照)의 조화와 구경(究竟)의 경지 등을 명쾌하게 규명하고 있다.

그 중에서도 제10의 간화와 반조에 관한 문제는 참선에 있어서 갈등을 일으키게 하는 중대한 문제인만큼 수레의 두 바퀴처럼 상호보완의 관계임을 한암 선사는 각별한 노파심으로써 상세히 설파했으며, 제11부터 맨끝까지는 나옹 스님의 문목(門目)을 재인용한 것으로 간명직절(簡明直截)한 착어(着語)로 답했다.

이 「선문답 21조」는 한암 선사의 선사상을 가장 체계적이고 조리있게 논술한 것으로, 『한암일발록』의 백미이며 수행자들의 영원한 보감이라 할 것이다.[10]

오대산의 거인

한암 선사는 그의 세수 50세 되던 1925년에 서울 근방(지금의 강남) 봉은사 조실로 주석하고 있었다. 여기서도 한암 선사는 많은 납자들을 제접하여 참선 수행을 게을리하지 않았다.

당시 전국에서 많은 선승들이 한암 선사의 넓고 밝은 지혜를 배우기 위해 봉은사로 몰려들었다. 그러나 한암 선사는 문득 뜻한 바 있어 '차라리 천고에 자취를 감춘 학이 될지언정 삼춘(三春)에 말 잘하는 앵무새의 재주는 배우지 않겠노라'고 맹세하고 봉은사를 떠나 행각에 나섰다. 그는 개성 등지를 만행하다가 포은 정몽주(圃隱 鄭夢周:1337~1392)의 비를 찾아 선생의 절개를 추앙했다.

포은 선생 비를 찾아서 弔圃隱碑

석양에 주장자 멈추고 충신의 비를 조문하니	斜陽停杖弔忠碑
절개 높은 대장부 목숨 바칠 때였소	高節男兒死戰時
군주도 나라도 없는 우리가	無君無國如吾輩
세상에 산다는 것 슬프지 아니한가	生長人間可不悲[11]

나라를 잃은 당시의 현실을 포은 선생과 같이 절개를 지켜 살아야 하는 시점임을 암시한 이 7언 절구는 뒤에 한용운·박한영 등 뜻 있는 스님들의 사상적 지표가 되었다고 한다. 그리고 '군주도 나라도 없는 우리가 세상을 산다는 것은 슬프지 아니한가'라는 구절은 망국의 식민지에 사는 사람의 깊은 슬픔을 통절하게 토로하고 있다.

한암 선사의 행각은 광주(廣州) 봉선사를 거쳐 1926년 오대산에 이르렀다.

오대산에서 선사는 중대(中臺)에 머물며 보림하고 있었다. 그러던 어느 날, 낮 공양을 하고 있는데 백발이 성성한 노인이 푸른빛 나는 강아지를 데리고 꼴망태를 둘러 맨 채 방문을 열고는 빼꼼이 들여다보더니

일제시대 조선불교 조계종의 종정

아무런 말도 없이 문을 닫았다. 얼마 후 강아지 짖는 소리가 한참 들리더니 상원사 쪽으로 강아지 소리가 멀어지고 있었다.

선사는 시봉인 오재명 수좌와 조용명 수좌 중 재명 수좌에게 말했다.

"재명아, 눈위의 노인 발자국을 따라가 보고 오너라."

"네, 스님. 다녀오겠습니다."

발목이 빠지는 눈길을 헤치며 발자국을 따라 내려가니 갑자기 상원사 뜰에서 없어졌다. 재명이 상원사 원주 스님께 물어보니 아무도 온 사람이 없으며 강아지 소리도 못 들었다는 것이다. 이 말을 들은 한암 선사는 비로소 오대산에 머물 것을 작정하고 상원사에 걸망을 풀어놓았다.[12]

한암 선사는 오대산에 처음 왔을 때는 중대에 머물렀는데 그는 당시 소지하고 있던 단풍나무 지팡이를 뜰 앞에 꽂았다. 해 그림자를 재어보기 위함이었다. 그런데 그 지팡이 꽂힌 자리에서 잎사귀와 가지가 돋아나와서 한 그루의 훌륭한 정자나무가 되었다. 지금 오대산 중대 앞에 있는 정자나무가 바로 한암 선사의 지팡이였다고 한다. 영주 부석사에는 의상 대사가 꽂았다는 지팡이가 있고, 순천 송광사에는 보조 국사가 꽂았다는 지팡이가 지금도 그 자리에 있다.[13]

한암 선사가 오대산 상원사에 주석하자 많은 운수행객과 청풍납자들이 몰려들었다.

교정에 추대되다

1929년, 한암 선사는 신년 벽두에 신년 법어로 〈원단착어(元旦着語)〉를 발표했다.

세존께서 이르시기를, '처음 녹야원에서 설법하심으로부터 발제하에서 열반에 드실 때까지 그 사이에 한 글자도 말한 적이 없도다' 하시니, 이미 한 글자도 일찍이 말한 바가 없다면 지금 유포해 수지독송(受持讀誦)하는 경전은 어디서 온 것인가. 이미 경전이 유포되었으니, 세존의 이러한 말씀은 무슨 도리인가. 설하고도 설하지 아니함인가. 설하지 아니하고도 설함인가. 듣고도 듣지 않음인가. 듣지 않고도 들음인가. 이와 같이 논하여 나아가면, 말에 따라서 견해를 내어 고기의 눈알을 밝은 구슬로 잘못 인식함을 면할 수 없을 것이다. 또한 일러 보아라. 만약 바로 이르면 옛 석가가 먼저가 아니요, 지금 미륵이 나중이 아니거니와 만약 사무치게 결단하지 못했다면 다시 30년을 참구해야 비로소 될 것이다.[14]

한암 선사의 이 신년법어는 일생 동안 설하지 않는 설하심과 들음이 없는 들음으로 알음알이와 언어에 빠지지 않아야 함을 경책한 법문이다.

신년법어를 발표하던 1929년 1월 5일, 조선불교 선교양종 승려대회에서는 김포광·오이산·김운악·권상로·백성욱(白性郁)·이고경 등 11인의 전형위원이 교정 7인을 선출했다. 한암 선사는 당시 가장 세수가 적은 54세로 일곱 명의 교정 가운데 한 분으로 선출되었다. 무기명 투표로 선출된 전형위원 11인은 일곱 분의 교정을 전형해 승려대회에 통과시켰다. 이로써 한암 선사는 50대에 조선불교계의 최고지도자가 된 것이다.

한암 선사는 교정으로 추대된 그해(1929년)에 〈불영사수선사방함록서(佛影寺修禪寺芳啣錄序)〉를 썼다.[15]

'방함록'이란 선원에서 결제하고 안거할 때에 동참 안거자들의 명단으로서, 여기에 붙이는 서문이 〈방함록 서(序)〉이다. 한암 선사가 쓴 이

일제시대 조선불교 조계종의 종정

〈방함록 서〉에는 수선 안거 대중의 발심을 촉발하는 결택(決擇:결단하고 가려서 사유한다는 뜻. 번뇌가 없는 지혜로써 모든 의심을 끊고 사제(四諦)를 사유하는 성자의 경지를 말함)의 의지가 절절하게 표현되어 있어서 선사의 간절하신 자비심을 느낄 수 있다.

또 선사는 1930년 〈해동초조(海東初祖)에 대하여〉라는 종조론(宗祖論)을 발표했다. 이는 《불교》 제70호(1930.4)에 기고한 글로서 한국불교의 법통 연원을 밝힌 것이다.

이 글에서 선사는, '우리나라 조계종의 초조는 육조의 4세손 서당 지장(西堂 智藏) 화상에게 법인을 전수받은 신라의 도의(道義) 대사이며 그 뒤를 이어서 범일(梵日)·홍척(洪陟)·혜철(慧徹) 등을, 그 다음에 보조 국사와 16국사를, 그리고 태고·환암·구곡·벽계·벽송 이렇게 우리나라 조계종의 연원을 정해야 한다' 고 기록했다.[16]

이 글에서 한암 선사의 초점은 당시 태고 보우를 해동초조로 정하는 것을 불가하다고 했으며, 또 구곡 각운을 태고의 손제자로 정하는 것을 강력하게 비판했다. 태고를 중흥조라 함은 혹 가할지 모르나, 초조로 보는 것은 타당치 않다고 했다. 그리고 해동 조계종 제13국사 각엄(覺儼) 존자의 손제자인 구곡 각운이 다시 임제종의 후손인 석옥에게 법을 이어온 태고의 손제자가 될 필요가 어디 있느냐고 비판했다.

이 종통(宗統) 문제는 한암 선사가 〈해동초조에 대하여〉에서 그 연원을 제기한 이후 79년이 지난 지금에도 논란이 일고 있는 예민한 사안이다. 이에 대해서는 해방후의 종정인 만암(曼岩)과 성철(性徹) 스님도 이에 대해 거론한 바가 있다.

한암 스님이 교정에 추대되던 무렵 월정사는 거액의 부채를 지고 폐사의 위기에 있었다. 이 부채란 1920년 월정사 주지 홍보룡(洪莆龍)이 교화사업을 펴기 위해 무리하게 일을 벌이다가 3만여 원의 큰 빚을 진 것이다.

이 빚을 갚기 위해 사유림(寺有林)을 일인 아키다니〔秋谷〕라는 자에게 매각했는데, 그 계약이 입목(立木)을 매각한 것으로 하지 않고 우차(牛車)의 바퀴를 만들어 그 제품의 양으로 하고 제품 결과 부족할 경우 부족분을 안동시장의 수레바퀴 시가 중 최고의 값으로 배상해 준다는 조건부였다. 이 부당한 계약의 이행을 아키다니는 법정에 제소했는데, 그 결과 월정사는 패소하고 도리어 사유 농지는 물론 산림과 건물까지를 식산은행에 담보하고 11만원을 융자받아서 아키다니의 빚을 우선 갚았다. 이리하여 월정사의 부채는 30여 만 원에 이르렀고 식산은행의 빚을 갚을 길이 없게 되자 은행에서는 월정사의 전재산을 차압하고 경매하려 했다.

이에 항일 경력을 가진 이종욱 스님이 나서서 월정사 부채를 해결하는 데 적극 나섰고 일제측은 이종욱 스님을 회유하고자 강원도 지사로 하여금 이종욱의 일을 돕도록 했다. 또한 총독부 안에 월정사 사채정리위원회를 설치하고 학무 법무 산림국장 등이 위원이 되었다. 아울러 1930년 5월 '오대산 석존정골 탑묘찬양회'를 발족해 사찰 내부에서의 협력체제를 갖추었는데, 이 단체의 회원으로는 당시 조선총독 사이토 마코토와 권중현 등 유력한 일제관료와 친일인사들이 다수 포함되었다. 한암 선사는 월정사 부채문제를 정리하기 위해 조직된 이 '오대산 석존정골 탑묘찬양회'의 법주에 추대되었는데, 이는 7인의 교정 가운데 한 분이자 일세를 풍미하는 선승으로서 다분히 상징적인 조치였다.

총독부 안에 설치된 '월정사 사채정리위원회'에서 강구된 방안이란 것이 동양척식으로부터 11만원을 받아 식산은행의 빚을 갚고 대신 동

일제시대 조선불교 조계종의 종정

월정사　　　　　　　　　　　　　　　　　　　출처 =『한암일발록』

양척식에는 11만 원에 해당하는 임목을 30년 내에 벌채하도록 매각하는 것이었다. 동양척식과의 이러한 거래는 일본 국회의 승인이 필요했는데, 총독부와 삼본(三本)이란 일인의 노력으로 일본 국회의 승인을 얻고 계약이 이루어져 부채상환의 길이 트이게 됨으로써 월정사는 가까스로 폐사의 위기를 면했다(강석주·박경훈 공저, 『불교근세백년』, 중앙일보사, 1990, 177~179쪽).

이 과정에서 한암 선사는 '오대산 석존정골 탑묘찬양회'의 법주로 추대됨으로써 상징적이나마 월정사를 폐사 위기로부터 구하는 데 일조를 했다. 그러나 이러한 일련의 수순 속에서 항일투사 이종욱 스님은 친일로 전향해 총독부 출입이 빈번하고 또한 종권 문제까지 결부되어 끝내는 일제하 제1급 친일승려로 전락하고 말았다.

한암의 저술활동

한암 선사는 일찍이 경허 화상의 법을 이었는데 사형인 만공의 요청으로 1931년 3월에 〈선사 경허 화상 행장〉을 저술했다. 한암이 쓴 경허 행장은 이듬해 《불교》 제95호(1932.5)에 경허 화상 행장기라는 제목으로 번역 게재되었다. 그러나 무슨 이유에서인지 한암의 〈경허 화상 행장기〉는 1942년에 출간된 『경허집』에 수록되지 않고 경허당의 약보(略譜)로 대체되었다.[17]

한암 선사는 스승 경허 화상의 행장을 쓴 그해 10월, 선의 대중화를 위한 전문잡지인 《선원》 창간호(1931.10)에 〈일진화(一塵話)〉란 글을 기고했다. 이는 간명직절하고 평범용이하면서도 선의 진면목을 면밀하게 사부대중을 향해 설파한 법문이다.

이 법문의 요지는 대신심(大信心)을 발원해 색계(色界)의 무상함을 자각하고, 나아가 망념을 일으키지 않고서 성성돈각(惺惺頓覺)에 이르면 그것이 곧 부처의 천진면목(天眞面目)임을 드러낸 가르침이다. 이는 대승심자(大乘心者)에게 설파한 법문이므로 그 법은 설할 것도 들을 것도 없는 무언진언(無言眞言)이요, 무문진문(無聞眞聞)이다. 선사의 이 글은 앞에서 서술한 바 있는 원단착어와 같은 사상으로서 선가의 진수요 활구(活句)라고 하겠다.[18]

일진화에 이어 선사는 1932년 다시 《선원》지 제2호(1932.2)에 〈악기식(惡氣息)〉을 게재했다.

'악기식' 이란 지독하게 구린 냄새를 말하는데, 선문에 있어 가장 구린내 나는 물건은 무엇일까? 알음알이라 하는 지혜(知慧), 집착에 의한 천착(穿鑿), 실참(實參)이 없이 지식만을 자랑하는 문필 바로 그것이다.

일제시대 조선불교 조계종의 종정

이는 모두 탐심에 의한 것이니 만큼 대분발심으로 일도양단하여 당처에서 마음을 깨달은 즉 성불의 길이니, 이를 깨치면 모두가 실상법문(實相法門)이어서 사설마설(邪說魔說)이 곧 염화미소임을 설했다.[19]

일제시대에는 우리 불교계의 승려들도 일본에 많이 유학했다. 당시 우리나라에 고등교육기관이 빈약한 것도 한 원인이었고, 일본의 불교학이 많이 발전한 탓도 있었다. 이유야 어쨌든 1918년 7월, 이지광(李智光: 건봉사) · 김정해(용주사) · 이혼성(유점사) 등 세 젊은 스님이 일본 조동종 대학을 졸업하고 귀국해 각각 중앙학림 교원 · 용주사 법무 ·《조선불교총보》주필로 중용되었다. 이들 이후 조선승려들의 일본유학은 그야말로 러시를 이루었는데, 주로 이들 유학파가 참여해 만든 잡지가《금강저(金剛杵)》이다.

이《금강저》제20호에 한암 선사는 축하 게송을 보내주었다. 물론 이는 일본에 유학하던 조선승려의 요청에 의한 것이었겠지만.

금강저 표지 《금강저(金剛杵)》16호.《금강저(金剛杵)》는 1924년 5월에 창간되어 1943년 1월에 26호로 종간되었다. 1~14호까지는 등사판이고 15호 이후부터 활자판인데 현재는 15~26호까지만 전해지고 있다. ⓒ 민족사

금강저에 대하여 頌金剛杵

호법의 인연 막중함이여	護法因緣重
굳세고 날카로운 몸으로 태어났네	誕生堅利身
호령이 엄숙하니 삿됨이 스스로 굴복하고	號嚴邪自伏
설법이 직절하니 교화가 더욱 새롭네	說直化尤新
어찌 계행을 파한 이와 함께하며	肯同賓鐵破
삼승과 친함을 용납하랴	不許殺羊親
다시 여섯 가지 광명을 더하니	更加六種光
지혜스런 눈이여 곧 동진보살이어라	智眼卽童眞[20]

'금강저'란 승려들이 수법(修法)할 때에 쓰는 도구의 하나이다. 주로 쇠나 구리로 만드는데 그 양끝을 한 가지로 만든 것을 독고(獨鈷), 세 가지로 만든 것을 3고(三鈷), 다섯 가지로 만든 것을 5고저(五鈷杵)라 한다. 저(杵)는 본래 인도의 무기였다. 금강저는 보리심의 뜻이 있으므로 이를 갖지 않으면 불도 수행을 완성하기 어렵다고 한다. 한암 선사는 '금강저가 호법의 인연이 있으므로 삿됨이 스스로 굴복하고 교화가 더욱 새롭다'고 기리고 있다.

선사는 《선원》지 제3호(1932.8)에도 〈허물을 드러냄(揚於家醜)〉이라는 법문을 기고했다. 〈양어가추〉란 글의 원제는 '집안의 허물을 드러낸다'는 뜻이다. 그런데 한암 선사가 말하는 집안의 허물이란 사소한 개인적 허물이 아니라 선문적 입장에서 말하는 특수한 경우에 해당한다. 선사의 이 글은 약간 긴 글이므로 요지를 요약하면 이러하다.

선문의 광대하고도 특수한 입장에서 가추(家醜)를 살펴보면, 운문 스님은 세존의 '유아독존'의 화두에 대해서 "내가 당시에 있었더라면 몽둥이로 때려 죽여 개에게 던져 주었을 것을"이라 했고, 또 청허 스님은 세존의 출세에 대해서 평지풍파를 일으켰다고 설한 바 있다. 그렇다면 도대체 세존의 허물은 어느 곳에 있는 것일까?

이와 같이 세존의 허물을 찾아 비방을 하고 운문의 낙처를 간파하는 것이 집안의 허물을 드러내어 집안의 허물을 없애는 것이다. 얼핏 제목만을 살펴보면 불교계 내의 제도나 승려의 자질론으로 여기는 일상적인 선입견을 일깨워주는 화두법문이 곧 〈양어가추〉였다.[21]

오대산 상원사 선원

1934년, 세수 59세의 한암 선사는 〈오대산상원사선원헌답약기(五臺山上院寺禪院獻畓略記)〉를 기록했다.

'헌답약기'란 사찰에 공양답을 주거나 주선한 연유를 밝히고, 그 공덕을 찬탄해 수행납자로 하여금 발심수행케 하고자 하는 뜻을 서술한 것을 말한다. 선사는 우선 헌답약기의 앞부분에 상원사의 유래를 밝혔다.

오대산은 우리나라의 명산이다. 그 웅장하고 깊은 산줄기가 3백여 리나 쭉 뻗어 있는데 비로봉 이래 중대(中臺) 위에 부처님 정골(頂骨)을 봉안한 탑이 있고, 탑 아래 5리쯤에 상원사가 있는데 이는 신라 자장(慈藏) 법사가 세우신 사찰이다. 효소왕(孝昭王)의 태자 보천(寶川)과 효명(孝明) 두 사람이 이 사원에서 문수보살의 36종 변화를 친견하고, 상원사 앞에 진여원(眞如院)을 창건해 문수보살의 불상을 조성해 봉안했는데 진여원이 폐허가 되어 부득이 상원사에 옮겨 봉안했다.

상원사　　　　　　　　　　　　　　　　　　　　　　출처＝『한암일발록』

　1925년말 이래 한암 선사가 상원사에 주석하자 1928년 여름에 납자 5,6인이 상원사에 모여들었지만 양식을 조달키 어렵자 설운(雪耘) 노스님이 쌀 50말을 보내주어 안거를 마칠 수 있도록 마련해주었다. 그리고 1930년 겨울 다시 쌀 50말을 보내어 선량(禪糧)을 채워 주었고, 그 이듬해 여름·겨울로부터 1932년 여름까지 역시 그러했다.

　어어 설운 노스님은 논 14,945m²(4,529평), 도지 37석, 세수 27석을 거두어서 세수를 상원사에 헌납해 선승들의 뒷바라지를 했고, 10석 세수는 여래탑에 헌납해 향화가 끊이지 않도록 했다. 또 2년의 세수는 모두 상원사 여래탑에 귀속시켜 중대의 선량 공양미는 상원사로부터 일에 따라서 지출해 이곳저곳에서 서로 나누어 가지는 폐단이 없도록 했다. 이는 논을 헌납한 설운 스님의 부모와 선사 및 설운 스님의 사후에 매년 기일마다 여래탑과 문수전 나한전에 축원해 천도하도록 배려함이었다.[22]

일제시대 조선불교 조계종의 종정

이처럼 한암 선사가 상원사에 주석한 후 1928년부터 납자들에게 선수행을 할 수 있도록 뒷바라지하는 데에는 설운 스님의 양식 시주와 논과 매년 소출되는 세수의 헌납에 전적으로 의지했다.

오대산 상원사 선풍을 진작하는 데에는 오도자 한암 선사가 주석하고 있기 때문이기도 했지만, 이처럼 설운 노스님과 같이 선승들의 수행을 그 뒤에서 헌신적으로 뒷받침하는 분이 있었기에 가능한 일이기도 했다.

이에 대해 한암 선사도 설운 스님의 무주상 보시를 '거룩하고 장한 일이다. 이는 보살의 원력이시다' 라며 찬탄하고 있다. 또 선사는 상원사 선객을 위해 바친 논과 세수를 함부로 다른 절에 귀속시키거나 낭비 또는 전용하는 것을 엄중하게 금하고 있다.

일본인의 한암 선사 방문

한암 선사가 오대산 상원사에 주석하고 있으면서 선풍을 드날리자 일본인 불교학자와 총독부 고관들이 상원사의 한암 선사를 방문했다.

일제하 경성제대 교수로 있던 일본 조동종의 명승 사토가 한국 불교계를 전부 돌아본 후 마지막으로 오대산 상원사의 한암 선사에게 와서 법문답을 나눈 것이다.

"어떤 것이 불법의 대의입니까?"

사토가 먼저 질문을 던졌다. 조용히 앉아 있던 한암은 이 물음에 대해 거기 놓여 있던 안경집을 들어 보였을 뿐이다. 그러나 사토도 만만치 않은 위인이었다. 그가 다시 말했다.

"스님은 일대장경(一大藏經)과 모든 조사어록(祖師語錄)을 보아오는 동안, 어느 경전과 어느 어록에서 가장 깊은 감명을 받았습니까?”

한암은 가만히 사토의 얼굴을 쳐다보다가 대답했다.

“적멸보궁(상원사 위에 있음)에 참배나 갔다오라.”

한참 있다가 사토가 다시 물었다.

“스님께서는 젊어서부터 입산해 지금까지 수도해왔으니, 만년의 경계와 초년의 경계가 같습니까, 아니면 다릅니까?”

한암은 잘라 대답했다.

“모르겠노라.”

사토가 일어나 절을 하면서 활구법문을 보여주어서 대단히 감사하다고 인사했다. 이 인사말이 끝나기도 전에 한암은 말했다.

“‘활구’라고 말해버렸으니 벌써 ‘사구(死句)’가 되고 말았군.”

사토는 사흘 동안 유숙한 후 한암이 주석하고 있는 상원사를 떠났다. 뒷날 여러 사람이 모인 어느 강연석상에서 사토 교수는 한암을 이렇게 평한 바 있다.

“한암 스님은 일본 천지에서도 볼 수 없는 인물임은 물론이고 세계적으로도 둘도 없는 존재다.”

이 일이 있은 다음부터 조선총독부의 일인 고관들과 우리나라를 방문한 일인 저명인사들이 상원사로 한암을 찾아오는 일이 잦았다고 한다.[23]

한암의 제자 탄허 스님

한암 선사의 수제자 탄허 스님이 오대산에 입산한 날은 1934년 9월 5일이다. 젊은 날 유달리 진리에 대한 추구열이 강렬했던 탄허 스님은 유학의 진수를 터득했어도 우주의 진리에 대한 깊은 갈증을 풀 수가 없

일제시대 조선불교 조계종의 종정

ⓒ민족사

었다. 그런 그가 훌륭한 스승이 없을까 하며 고뇌에 차 있던 즈음에 오대산 상원사에 한암 선사라는 도인이 있다는 말을 들었다. 그는 일면식도 없는 한암 선사께 편지를 보내어 인생과 우주에 대한 의문점을 여쭙고 자신의 심정과 포부를 밝혔다. 이에 대해 한암 선사는 다음과 같은 답신을 보냈다.

보내온 글을 자세히 읽어보니 족히 도에 향하는 정성을 보겠노라. 장년의 호걸스런 기운이 넘쳐서 업을 지음에 좋은 일인지 나쁜 일인지도 모를 때에 능히 장부의 뜻을 세워 위없는 도를 배우고자 하니 숙세(宿世)에 심은 선근(善根)이 깊지 않으면 어찌 능히 이와 같으리오. 축하하고 축하하노라.

그러나 도가 본래 천진하면 방소(方所)가 없어서 실로 가히 배울 게 없다. 만일 도를 배운다는 생각이 있으면 문득 도를 미(迷)함이 되나니, 다만 그 사람의 한 생각 진실됨에 있을 뿐이다. 또한 누가 도를 모르리오마는, 알고도 실천을 하지 않으므로 도에서 스스로 멀어지게 되나니라.

예진에 백낙천(白樂天:772~846)이 조과 도림(鳥窠 道林:741~824) 선사에게 도를 물으니 선사가 이르기를,

"모든 악을 짓지 말고 모든 선을 받들어 행할지니라."

하니, 백낙천이 이르되,

"그런 말은 세 살 먹은 아이라도 할 수 있는 말입니다."

선사가 이르시되,

"세 살 먹은 아이라도 비록 말은 할 수 있지만, 팔십 먹은 노인이라도 실천하기는 어렵다."

하시니, 이 말은 비록 얕고 속된 것같으나, 그 가운데 깊고도 오묘한 도리가 있으니, 깊고 오묘함이 원래로 얕고 속됨을 여의지 않고 이루어지나니라. 반드시 시끄럽다고 고요한 것을 구하거나, 속됨을 버리고 참됨을 향하지 말지니라. 매양 시끄러운 데서 고요함을 구하고 속됨을 버리고 참됨을 찾아, 구하는 것이 가히 구하고 찾음 없는 데 도달하면, 시끄러움이 시끄러운 것이 아니요, 고요함이 고요한 것이 아니며, 속됨이 속된 것이 아니요, 참됨도 참된 것이 아니니라.

부르면 꺾어지고 고함지르면 끊어지느니라. 이러한 시절을 무어라고 말해야 하는가. 이것이 이른바 한 사람이 허(虛)를 전함에 만 사람이 실(實)을 전하는 도리니라. 그러니 간절히 바라노니, 잘못 알지 말지어다. 한번 웃노라.[24]

이 서신은 20대 기골 찬 청년 탄허가 불문에 귀의할 것을 결심하고 스님에게 구도의 지침을 청한 데 대한 답신이다. 이 답신을 받은 탄허는 유려한 문장과 뛰어난 필체로 다시 한암 선사에게 서신을 올렸다. 이에 한암 선사는 그의 문장과 필법을 칭찬하며 다시 답신을 보냈다.

보내온 글을 두 번 세 번 읽어보니 참으로 좋은 일단의 문장이요, 필법이라. 구학문이 파괴되는 때를 당해서 그 문장의 기권(機權)과 의미가 어찌나도 부처님 글처럼 매력이 넘치든지 먼저 보내온 글과 함께 산중의 보장(寶藏)으로 여기겠노라.

공(公)의 재주와 덕행은 비록 옛 성현이 나오더라도 반드시 찬미해 마지않

일제시대 조선불교 조계종의 종정

을 것이니, 있어도 없는 듯하고 차 있어도 비어 있는 듯이 노력하니, 어느
누가 그 고풍을 경앙하지 않겠는가.

납자가 평소에 음영(吟詠)은 하지 않지만 이미 마음달[심월(心月)]이 서로
비추었으니 묵묵히 있음은 옳지 않기에 문장을 엮어 보내니, 받아보고 한
번 웃을지로다.[25]

이 편지는 청년 탄허의 빼어난 재덕을 칭찬하면서 의기가 상통함을
인정한 답장이었다.

이후 3년 동안 탄허는 한암 선사와 간절한 서신을 주고받다가 한 번
은 친구인 권중백 · 차균빈 등과 함께 오대산으로 한암 선사를 찾아갔으
나 마침 선사가 계시지 않으므로 뵙지 못하고 그냥 돌아간 적도 있다.

그러나 진리탐구에 대한 열망을 이기지 못하고 고뇌하던 청년 탄허
는 마침내 친구들과 같이 3년 내지 10년간 진리탐구를 하기로 하고 한
암 선사 문하에 들어갔다. 당시의 청년 탄허는 근본진리에 대한 의문이
풀리면 다시 하산하기로 했지, 결코 출가하고자 한 것은 아니었다.[26] 하
지만 탄허는 1934년 9월 5일, 오대산에 입산한 것이 세속을 벗어나 영
원한 구도자가 되는 계기가 되었다.

탄허의 생애

탄허 택성(呑虛 宅成 : 1913~1983)은 1913년 음력 1월 15일 전라북도 김
제군 만경면 대동리에서 율제 김홍규(栗齋 金烘奎)와 최율녀(崔栗女)의
둘째 아들로 탄생했다. 본관은 경주이고, 속명은 김금탁(金金鐸)이며, 자
(字)는 양산(良山)이다. 소년시절 호남학파 유학자인 부친으로부터 한문

학의 기초를 배웠고, 15세 때부터는 충남 보령으로 가서 기호학파의 거유인 면암 최익현의 제자요, 토정 이지함의 후손인 이극종에게 사서삼경 등 유학과 도교의 노장사상까지 배웠다.

열일곱 살되던 1930년 이복근과 결혼했으며, 슬하에 아들 김연우와 딸 김찬우를 두게 되었다.

그는 유학과 도교 사상을 배워 상당한 경지를 이룩했으나 인생에 대한 궁극적 의문점을 해결하지 못해 한암 선사와 서신을 주고받다가 마침내 22세 때 오대산 상원사에서 한암 선사 문하로 출가한 것이다.

입산하자 즉각 탄허는 한암 선사의 가르침대로 불교 공부의 기초로 『서장』을 읽고 바른 소견을 갖고 참선을 하여 삼매에 드는 방법을 배우기 시작했다. 그는 차츰 한암 선사의 훌륭한 인품과 학덕에 매료되어 처음 생각과는 달리 속세와의 인연을 끊고 출가를 결심해 머리를 깎고 정식으로 승려가 되었다. 이때 법명이 택성이었다.

그는 정식 출가한 뒤 3년 동안 묵언 참선을 하여 선정 삼매의 힘을 얻었고, 한암 선사는 "참선에 힘이 붙었으니 이 힘을 근본으로 경전을 읽어라. 다른 강원에 가서 공부하라"고 추천했다. 그러나 택성 스님은 한암 선사 이외에 또 다른 스승이 없다고 생각해 선사의 문하에서 이력을 마치기로 결심했다. 그후 택성 스님은 18년 동안 일절 산문 밖을 나가지 않고 참선과 간경으로 일관해 화엄경의 진수를 터득하고, 불타의 근본 종지를 확연히 깨쳤다.

이에 택성 스님은 한암 선사로부터 인가를 받고 '허공을 삼킨다' 또는 '우주를 감싼다' 라는 뜻의 '탄허' 라는 법호를 받았다. 한암 선사는 제자 탄허의 고상한 인품, 단아한 행동, 천재적인 학문, 뛰어난 필법에 많은 총애를 하면서 사찰의 대소사를 탄허에게 일임하면서, "탄허는 나

일제시대 조선불교 조계종의 종정

의 아난이다"라고 말했다. 탄허는 스승의 이러한 총애에도 불구하고 점심 공양 후에는 한암 선사의 방을 청소하고 향을 사른 뒤 자기 방으로 돌아가는 등 정성껏 한암 선사를 시봉했다.

탄허 스님은 한암 선사가 열반한 1951년 이후 월정사 조실, 강원도 종무원장, 오대산 연수원장 등을 역임하면서 스님들을 지도했다. 아울러 1964년부터 1971년까지 동국대학교 대학선원 원장과 조계종 역경원 초대원장을 역임하면서 대장경의 한글화 작업에도 진력했다.

스님은 국제교류와 국제포교에도 관심을 기울여 부처님의 4대 성지를 비롯한 인도 방문과 일본 · 대만 · 태국 · 미국 등을 방문해 화엄학 · 참선 · 불교학 · 비교종교학 · 동양학 등에 관한 특별 법문을 하기도 했다.

탄허 스님의 최대불사는 『현토역해 신화엄경론』 47권의 번역 출판이다. 스님은 1960년부터 하루 14시간씩 번역에 정진해 10년 만인 1970년 봄에 6만 3천 장의 번역 원고를 탈고한 후 화엄학 연구소를 개설하고는 1974년에 『신화엄경론』을 출판했다. 이후 강원 교재인 『능엄경』, 『금강경』, 『원각경』, 『기신론』 등과 그 밖에 『주역선해』, 『노자 도덕경』, 『장자 남화경』, 『육조단경』, 『보조법어』, 『영가집』 등 30권을 번역 출판했고, 『현토역해 신화엄경론』 47권까지 합치면 무려 78권을 번역 출판했다.

탄허 스님은 1983년 6월 5일 강원도 오대산 월정사 방산굴(方山窟)에서 세수 71세, 법랍 49년으로 입적했다. 다비 후 문도들은 13개의 영롱한 사리를 수습했다. 스님 입적 후 후학 서돈각 교수, 손창대, 명호근, 전칭얼 등은 스님의 유지를 받들어 재단법인 탄허불교문화재단을 설립, 삼일선원을 개설해 선 수행을 실천하고 있다.[27]

조선불교 선종의 종정으로 추대되다

한암 선사는 선의 대중화와 저변확대에 노력하면서 조선불교 전통을 살리기에 애쓰는 선학원의 활동에도 깊은 관심을 보였다. 선사는 비록 산문 밖을 나서지는 않았으나 선학원에서 발간하는《선원》에 매호마다 기고를 했고 1934년 12월 5일, 선학원이 재단법인 조선불교 선리참구원으로 개편되자 재단의 부이사장으로 피선되기도 했다.[28]

선학원은 재정자립과 선의 대중화를 기하면서 점차 전국 선원의 중심 역할을 수행했다. 아울러 재단법인 조선불교 선리참구원으로 개편되면서 그 관련 조직도 더욱 세분하게 되었다. 즉 1935년 3월 7~8일에는 조선불교 수좌대회가 개최되었는데,[29] 당시의 기사를 보면 대략 다음과 같다.

> 조선불교 수좌대회는 7~8양일간에 긍하야 시내 안국동 40번지에 있는 조선불교 선리참구원 대법당에서 열리었는데, 의장 기석호 씨의 사회로 조선불교 선종 종무원 원규(院規)를 비롯하야 6종의 규약을 통과한 후 아래와 같이 임원 선거를 했다고 한다.
>
> **종정**:신혜월(申慧月), 송만공(宋滿空), 방한암(方漢岩)
>
> **원장**:오성월(吳惺月)
>
> **부원장**:설석우(薛石友)
>
> **이사**:김적음(金寂音), 정운택(鄭雲澤), 이올연(李兀然)
>
> **선의원(禪議員)**:기석호(奇石虎), 하용택(河龍澤), 황룡음(黃龍吟) 외 12인

여기서 특기할 만한 것은 선학원이 '조선불교선종'을 표방하면서 그

일제시대 조선불교 조계종의 종정

종무원 규약과 임원 구성을 했다는 점이다. 이는 31본사 주지들을 중심으로 일제의 어용기관으로 변질한 조선불교 선교양종 중앙교무원에 대항해 전통적인 선불교를 고창한 것이다. 이 조선불교 선종의 종정으로 추대된 혜월·만공·한암은 모두 경허 선사에게 사법(嗣法)한 당대의 대표적인 선승들이었다. 조선불교 선종의 종정으로 추대될 당시 혜월 선사는 75세, 만공 선사는 65세, 한암 선사는 60세였다. 이처럼 경허 선사의 세 제자들이 1935년 우리나라 선종의 종정으로 추대된 것을 보더라도 한국 근대의 선을 중흥한 분은 경허 화상이었음을 실감할 수 있다.

한암 선사를 비롯한 이들 세 종정은 한국불교의 전통이 선 수행에 있음을 실증적으로 표상했을 뿐 아니라, 친일승려들이 장악한 당시 불교계에 신선한 충격과 함께 조선 전래의 한국불교계에 선지가 본류임을 명확하게 드러낸 것이었다.

1936년 10월 11일, 한암 선사는 효봉(曉峰:1888~1966) 스님에게 포운(泡雲)이라는 호와 함께 게송을 내려주었다.

> 포운으로 호하여 원명 선사(효봉 스님)에게 주고, 이에 한 게송으로써 교사하노라(以泡雲號之 贈元明禪師 仍示以一偈)
>
> 망망한 큰 바다 물거품이요
> 적적한 산마루 한가로운 구름
> 이것이 우리 집의 다함없는 보배이니
> 시원스레 오늘 그대에게 주노라
> – 세존응화 2963년 병자 10월 11일 연래 석한암 서우 오대산 상원사 실중

茫茫大海水中泡 寂寂山中峰頂雲 此是吾家無盡寶 灑然今日持贈君

-世尊應化 二九六三年 丙子 十月 十一日 蓮萊 釋漢岩 書于 五臺山 上院寺室中[30]

효봉 원명 선사는 1925년, 38세에 금강산 신계사 보운암(寶雲庵)에서 석두 선사를 은사로 득도한 후 치열한 구도 행각 끝에 1930년 법기암 토굴에서 용맹정진해 깨달음을 얻었다.

강원도 3본산 승려수련소

1936년 봄, 오대산 상원사에 강원도 세 본산의 승려수련소가 설치되었다. 강원도에는 금강산의 유점사와 건봉사 그리고 오대산 월정사가 3대 본사였다. 세 본사의 승려 가운데 매년 10명씩 각 본사에서 청년 승려들을 선발해 수련했다. 하지만 다른 자료에 의하면[31] 세 본사에서 선발된 사람은 각 5명씩 전부 15명이었다고 기록하고 있다. 당시 건봉사 재적 승려로서 한암 선사가 지도하고 있던 상원사의 승려수련소에 입소해 가르침을 받은 박설산(朴雪山) 스님은 당시 상원사의 수행생활에 대해 다음과 같이 말하고 있다.

열아홉 살 되던 해 음력 사월 초순에 최상의 수행방법인 참선의 길을 닦기로 하고 오대산 상원사에 설치된 강원도 3본산 승려수련소에 입소했다.……상원사의 참방 대중은 수련생 15명을 합쳐 80명이 운집해 있는 선방이다.……3시 목탁소리가 잠을 깨우고 밤 9시 반 죽비소리가 온갖 세상사를 잠재운다. 새벽 5시가 사계절 똑같은 공양시간이다. 방선 직후 눈꼽을 손가락으로 떼어내며 조죽, 이른바 아침공양을 한다. 이때 먹는 것이 흰

일제시대 조선불교 조계종의 종정

죽에 된장국, 김치 한 조각. 처음에는 목에 걸려 잘 넘어가지 않더니 시간
이 흐르자 그것이 말 그대로 만병통치약이요 꿀맛이다.

오가피차를 마시며 약간 마음자락을 풀고 선의 본질에 관해 대화를 하다보
면 바로 금강경 강론시간이 된다. 한암 조실 스님의 지시에 따라 스물네 살
아직 상투 그림자가 꺼덕 대는 탄허 김택성 스님이 맑은 목소리로 경의 한
대목을 읽는다. 곧 이어 조실 스님이 해석하시고 구절대로 이야기를 하신
다. 그런데 당일 배운 것을 정신차리고 듣지 않고 한 눈 팔다가 외우지 못하
면 수련생들은 입승을 보시는 탄옹(炭翁) 스님한테 종아리를 맞아야 한다.
사시(오전9시~11시)가 되면 문수보살님께 드리는 기도에 조실 스님은 꼭
백팔염주를 돌리신다. 오후 참선시간 전에 금강경을 외우고 써야 한다. 밤
참선공부까지 숨 한 번 제대로 쉴 새 없는 짧은 시간이다. 선방은 소쩍새
소리와 구름 비낀 삼왕봉에 달빛이 밀려오는 바람소리뿐 누구 하나 기침소
리 한 번 내지 않는다.[32]

박설산 스님은 당시 상원사 선원에서 수행하고 있던 스님을 '조실 스
님이 가장 아끼는 탄옹 스님과 중앙불전을 졸업하고 사교입선(捨敎入禪)
한 서옹(西翁)·고암(古庵)·월하(月下)·지월(指月)·서각(西角) 스님'
등 여러 선승들이 하루 종일 말없이 정진했다고 기록하고 있다. 그는 이
어 조실 스님의 시봉인 희태(喜泰) 수좌를 따라 한암 선사의 방으로 가
서 참구한 사실을 다음과 같이 말하고 있다.

조실 방으로 들어갔다. 조실 스님께 3배를 올린 뒤 합장을 하고서 스님 앞
에 공손히 섰다.
"앉아라!"

느닷없이 들어선 나(설산 스님)에게 자리를 권하신다.

"용수좌는 무엇을 했는고?"

"네, 밥을 먹고 잠을 잤습니다."

"무엇이 밥을 먹고 잠을 잤는가?"

"알 길이 없습니다."

"무엇이 밥을 먹고 잠을 잤는가? 나가거라."

사미승인 나는 비로소 나의 목적을 알게 되었다. 한자로는 '시심마(是甚麼)'이다. '이 뭣꼬?' 경을 외우면서도 자고 먹고 움직이는데도 '이 뭣꼬?'를 되새겨 놓치지 않으려고 했으나 미꾸라지 모양으로 쏙쏙 빠져 달아나 항상 마음에 간직하기가 매우 힘겨웠다.[33]

열아홉 살의 어린 사미승인 설산 스님은 조실인 한암 선사에게 참구했으나 제대로 대답도 하지 못하고 단지 수행에 정진해야겠다는 결의만을 다지고 있었다.

당시 상원사의 제중들은 봄이면 곰취나 참나물 등의 산채와 버섯을 뜯어다 말려 1년 동안의 부식으로 사용했으며, 무와 배추도 직접 재배해 고춧가루 없이 소금만 뿌려 김장을 담그어 대중들의 반찬으로 삼았다. 상원사에 상주하는 80명의 대중은 매일 계피떡과 산채를 먹었고, 가을에는 머루 다래 돌배를 몇 소쿠리씩 주워 큰 독에 넣어두었다가 말갛게 푸른 빛을 띠고 향기가 그윽해지면 젊은 수좌들과 탄옹 스님이 과실차로 즐겨 마셨다. 그러나 조실 한암 선사는 드시지 않았다고 한다.

설산 스님의 회고에 의한 당시 상원사 선원 생활은 궁핍한 가운데도 대중들이 합심해 산채와 산과일을 수집하고 배추도 직접 재배하는 등 나름대로 안정되고 충실한 수행생활을 영위했다. 상원사에서 오랫동안

일제시대 조선불교 조계종의 종정

주석하신 한암 선사의 구체적인 모습을 전하는 자료로는 조계종 원로 승려인 조용명 스님이 쓴 〈우리 스님 한암 스님〉이 있다. 불교 월간지 《불광》에 1980년 5월호부터 11월호까지 7개월간 연재한 용명 스님의 이 글은 선승으로서의 한암의 풍모를 충실하게 전하고 있다.

용명 스님이 전하는 한암 선사의 풍모[34]

한암 선사는 항상 오뚝하게 앉아만 계셨다. 선사는 앉아서 화두 드는 것만을 오직 일로 삼았다. 조실방에도 밤에 잠시 쉴 때만 들릴 뿐 언제나 대중방에서 오뚝하게 앉아 선정에 들거나 아니면 납자들에게 조사어록에 대한 법문을 했다. 한암 선사의 하루 24시간을 용명 스님이 전하는 글에서 간추려 소개하고자 한다.

한암 선사의 회상인 상원사 선원은 오직 선만을 할 뿐 다른 것이 없는 순수한 선도량이었다.

점심 공양 후에는 꼭 차 마시는 각별한 기풍이 있었다. 차 마시는 시간은 한암 선사의 법문을 듣는 시간이었다. 대중들이 다 함께 큰 방에 둘러 앉아 텁텁한 마가목차를 마시면서 조실 한암 선사의 선문 강의를 들었다.

당시 상원사 선원의 납자들은 대부분 한문에 능하지 못해 경전이나 어록을 자유롭게 볼 수 있는 사람이 그리 많지 않았다고 한다. 한암 선사는 조사어록을 들고 나와 차 마시는 시간에 수좌들에게 법문을 들려주었다. 이에 대해 용명 스님은 '차를 마시면서 듣는 법문은 비록 깊은 뜻은 몰라도 그 법문에 담겨진 내용에 대해 무의식중에 계합하는 바가 많았다'고 술회하고 있다. 용명 스님은 차 마시면서 4집 사교를 배운 것이 훗날 강원에 가서 왕초노릇을 한 밑천이었다고 고백하고 있다. 그러면서 그는 '경은 강원에서 전문으로 배우느니보다 선방에서 참선하면서 배워야 그 참뜻에 계합(契合:부합)하기 쉽다'고 생각한다는 소신을 피력했다.

한암 선사는 차 마시는 시간에 조사어록을 강하고 법을 설했지만 참선하는 수좌들에게 경을 보라고 권하는 일은 없었다. 다만 두 가지를 허락했는데, 하나는 수좌라도 불공의식을 익혀서 마지올리고 내리는 법은 알아야 하며 또 하나는 참선은 비록 스스로 지어가는 것이지만 불조의 어록은 혼자 뜯어 볼 정도의 글힘이 있어야 한다고 말했다. 그러므로 수좌들도 놀지 말고 틈틈이 글자를 보아도 좋다는 것이다.

용명 스님이 한암 선사에게 "포교를 하려면 경을 많이 읽어야 한다고 하던데요"하고 반대의견을 말하자 한암 선사는 이렇게 말했다. "선을 해서 이치를 통하고 나면 경 보기는 어렵지 않느니라. 경을 먼저 보고 서두르지 말고 선에만 힘을 써라. 뜻을 얻으면 글은 저절로 알게 된다."

이렇듯 한암 선사는 철저히 선 우선의 입장이었다. 흔히 선가에서는 먼저 경을 보고 그 다음에 교를 버리고 선에 들어간다고 하는 사교입선론(捨敎入禪論)이 보통인데, 한암 선사는 그 반대였다. 한암 선사의 말로는 문자에 한번 젖어버리면 도는 어느덧 멀게 된다고 했고 다만 그 예외로 중국의 규봉 종밀(圭峰 宗密:780~841) 스님을 예로 들 때도 있었다.

본분 종사의 품격

용명 스님의 기록에 의하면 한암 선사는 좀체 말이 없었다고 한다.

선사는 묻지 않으면 거의 말씀을 하지 않았다. 수좌가 찾아와서 인사

일제시대 조선불교 조계종의 종정

를 드리고 "한 철 모시고 지내겠습니다"하고 말씀드리면 "그러시오" 이 한 마디뿐이었다. 으레 처음 만나는 납자라면 "어디 중이냐? 이름은 무엇이고, 은사 스님은 누구이며, 어디서 지냈느냐?"라고 묻는 것이 일반적인데, 한암 선사는 일절 그런 일이 없었다는 것이다. 또 대중과 의논해서 방부를 받겠다느니 양식이 어려우니 어떻게 하겠다느니 일절 그런 말이 없었다. 하긴 궁핍한 시대에 월정사에서 상원사의 양식만은 넉넉히 보장해주는 뒷받침이 있었기에 가능한 일이었겠지만.

참선 중에 졸면 존다고 깨우쳐주는 일도 없다. 다만 차 마실 때에 졸면 안 된다고 조용히 말씀할 뿐이었다.

"참선의 병은 혼침(惛沈:혼미하고 침울한 마음상태)과 도거(掉擧:들뜨고 혼란스러운 마음 상태)다. 혼침은 혼혼한 졸음에 빠지는 것이고 도거는 망상이다."

한암 선사는 이런 점을 경계하라고 말하면서 망념과 졸음을 쫓도록 했다. 선사는 매일 차를 마시면서 법문이 있었으므로 결제중이라도 초하루, 보름의 법문이 따로 없었다. 다만 결제와 해제 때만은 특별한 상당 법문이 있었다. 또 처음 찾아오는 신도가 있어도 그저 아무 말 없이 앉아서 몸을 반쯤 숙여서 함께 인사를 받을 뿐이었다. 담소가 일절 없었다. 세속이 어떻게 돌아가는지 일절 말이 없었다. 혹 무언가를 갖다드리면, "뭐 괜시리 이런 걸 왜 가져왔어요?" 이 한마디뿐이었다. '고맙다' 또는 '미안하다'는 따위의 말도 일절 없었다. 그러면서 이러한 한암 선사의 모습을 용명 스님은 이렇게 말했다.

정말 청산 같은 분이었다. 오로지 도만을 마음에 두었을 뿐, 딴것이 전혀 없는 본분 종사의 품격이 이런 것이 아닌가 생각이 든다.[35]

한암 선사는 상주지물(常住之物)을 대단히 아꼈다. 그것은 살림살이를 잘 살라고 하는 것이 아니고 오직 시물(施物)을 아낀다는 것이었다. 선사는 항상 '금생에 마음을 밝히지 못하면, 물방울도 또한 소화하기 어려우니라' 하는 서산 대사의 말씀을 자주 했다. 그것은 저축하기 위해서나 대중을 많이 수용하기 위한 것이 아니라 오직 보시받은 물건을 아낀다는 뜻이었다. 오직 한암 선사는 오뚝하니 앉아서 화두에만 몰두했고, 시물을 아낄 뿐 다른 생각은 없었다. 혹 누가 돈을 드리면 책갈피에나 아무데나 꽂아놓았다. 그리고 찾지도 않았다. 용명 스님은 한암 선사께서 돈을 쓰는 것을 보지 못했다고 한다. 다만 수좌들이 가면 노자를 주는데 으레 2원씩 주었다. 특별히 한암 선사를 뒷바라지하는 신도가 있는 것도 아니었고 단지 궁인(宮人)들이 기도 오면 약값이라고 얼마간 드리고 갔다. 그것을 두었다가 길을 떠나는 수좌에게 나누어 주었던 것이다.

수좌들과의 문답

용명 스님은 한암 선사가 오대산에 처음 들어올 때부터 선사를 모신 납자답게 1926년 여름, 상원사에서 있었던 단암(檀庵) 스님과 한암 선사와의 문답을 비롯해 두 가지 선화를 전하고 있다.

● 단암과의 문답 [36]

단암 스님은 용성 스님의 제자다. 선방에서 성정이 알뜰하고 덕이 후한 납자로 알려지고 존경을 받았다. 그때가 병인년 여름이었으니까 1926년이다. 상원사에서 지내는데 그해는 유난히 비가 많이 왔다. 밖에

일제시대 조선불교 조계종의 종정

비가 주룩주룩 내리는 소리를 들으면서 역시 공양 후 차를 마셨다. 그런데 단암 스님이 한암 조실 스님께 여쭈었다.

"스님, 능엄경에 '제가환자(諸可還者)는 비여(非汝)어니와(가히 보낼 수 있는 모든 것은 내가 아니거니와), 불가환자(不可還者)는 비여이수(非汝而誰)오?(가히 보내지 못할 자는 이것이 내가 아니고 무엇이오?)' 했는데 이것이 무슨 뜻입니까?"

한암 조실이 가만히 앉아 있다가 말했다.

"호손(猢猻)이 도상수(倒上樹)니라(원숭이가 거꾸로 나무에 올라가느니라)."

단암 스님은 그 말을 알아듣기에 아직 지견이 열리지 않았음인지 눈을 꿈벅꿈벅하면서 의아해 했다.

"무슨 말씀인지 얼른 이해가 안 가네요."

한암 선사가 말했다. "내일 이 시간에 다시 물어 오너라."

이 말 안에 모든 것이 들어 있었고 우리 한암 선사의 간곡한 뜻도 함께 있었다. 그렇지만 그때 대중이 얼마나 그 뜻을 알고 있었는지……대중은 다만 묵연히 차만 마시고 있었다.

● 운봉과의 문답 [37]

그즈음의 일이다. 하루는 운봉 스님이 한암 선사께 물었다. 운봉 성수(雲峰 性粹:1889~1944) 스님은 부신 향곡 혜림(香谷 蕙林:1912~1978) 선사의 법사이다. 운봉 스님은 상호가 기묘하게 생겼다. 얼굴이 새까맣고 키도 작고 머리 모양이 아주 기형이었다. 그러나 목소리가 매우 아름다워서 잘못된 생각이지만 새를 연상하게 했다. 그것도 그런 것이 머리가 앞

뒤로 솟아나오고 턱이 나온 것과 광대뼈하고 참으로 기묘해서 우리들은 뒤에서 별명을 붙이기를 '굴뚝새 조실' 또는 '굴뚝새 화상'이라고 했다. 이 운봉 스님이 한암 선사의 오도송에 대해서 질문을 했다.

"스님, 스님의 오도송 가운데 '바위 아래 울려대는 물소리는 젖지 않았더라(岩下泉鳴不濕聲)' 했는데 이 구절이 어떻게 조사의 뜻이 될 수 있습니까?"
이 게송은 한암 선사께서 우두암에서 눈이 열렸을 때 지은 것인데 이것이 조사의(祖師意)가 못된다는 것이다. 한암 선사는 가만히 들으시더니 대답했다.
"이것이 네 뜻이 아닌고로 조사의 뜻이니라(不是汝意故 是祖師意)."
운봉 스님이 그 작은 눈을 깜박깜박하고 앉아 있더니 차 한잔을 훌쩍 마시며 대꾸했다.
"스님께서 속서(俗書)에 능한 것을 익히 들었습니다."
"내가 그대를 공부인인 줄 잘못 부를 뻔했다(錯喚汝是林下客)."

한암 선사의 이 준엄한 말이 떨어지자 운봉 스님은 가만히 차를 마셨고 대중들도 묵연히 듣고만 있었다.

고풍을 존중하다

용명 스님의 글에 의하면 한암 선사는 불공의식과 시식(施食)을 친히 했다고 한다. 어산조의 범패를 하는 것은 아니지만 의식문 그대로 진행했다. 당시 선방 수좌들이 선사가 의식문을 외우는 것을 이해하지 못하

일제시대 조선불교 조계종의 종정

고 "이거 시주밥 얻어먹으려고 외우는 거 아닌가" 하자 선사가 이렇게 말했다.

"아예 그런 소리 말아라. 옛날의 스님은 지금 사람보다 낫다. 의식을 행하는 데는 덮어 놓고 하는 것이 아니라 분명한 이유가 있어."[38]

선사의 생각이 이러했기에 선방 수좌 가운데 병이 들어 죽으면 직접 정성껏 천도식을 지내주었다. 설산 스님의 회고록에 의하면 상원사 승려수련소에서 선 수행을 하던 묵언 수좌가 발병해 앓다가 숨을 거두자 직접 성의를 다해 천도재(遷度齋:죽은 이의 넋을 극락으로 보내기 위해 행하는 의식)를 지내어주었다고 기록하고 있다.[39]

선사는 고풍을 모두 존중했다. 행건 치는 것도 옛 법 그대로 따랐는데, 선사는 새벽에 일어나 행건을 치면 잘 때만 풀었다. 혹 누가 "행건을 매면 각기가 생기니 푸는 것이 좋겠다"고 하면 "이것도 선왕지법(先王之法)이다"고 하며 좀체 옛 고풍을 버리지 않았다. 그리고 예불도 조석으로 각단 예불을 했다. 수좌들은 모두 선방에서 죽비로 삼배할 뿐이었는데도 한암 선사는 꼬박꼬박 아침저녁 각단 예불을 다했던 것이다.

공양도 아침에는 죽, 낮에는 밥 두 끼만 드셨고, 음식에 대해 '차다, 덥다, 질다, 되다, 짜다, 싱겁다'는 등 도무지 말이 없었다. 선사의 생활 일체가 검박했다. 신도가 시주한 물건은 철저히 절약하는 것이 신조인 듯 행했다. 명주나 비단은 결코 몸에 안 걸쳤고 공양도 사뭇 적게 드셨다고 한다. 오후에는 변소에 갔는데 반드시 병에 든 물을 썼고 변소에 가셨다 하여 한암 선사 없이 예불을 하면 선사가 와서 다시 할 정도로 철저했다.

선사는 늘 말씀하기를 "대혜(大慧:1089~1163) 스님은 대중이 1천7백 명이었는데 조실 스님이 두 가지만은 늘 안 빠졌다"고 했다. 여기서 두

가지라 함은 '조석예불'과 '대중운력'이다. 한암 선사도 대혜 스님과 마찬가지로 예불과 운력에 꼭 참석했다. 그 당시 상원사의 운력이란, 채소 가꾸기 · 감자 심고 거두기 · 꿀밤 손질 · 채소 다듬기 등이었다. 콩나물 다듬을 때는 꼭 나와서 대가리 하나 버리지 않고 모두 가렸다. 내버리는 것은 너무하다 하리만치 질색을 했다.[40] 또 선사는 수행인으로서 자기 분수를 지키지 않는 행동을 크게 못마땅하게 여겼다. 그 예로 용명 스님은 자신의 경우를 이야기했다. 용명 스님이 선방을 나와 경을 보고 포교하다가 한번은 '서둘러 힘들여 일할 것이 아니라 신통력을 갖추어 포교하면 매우 효과적이지 않겠는가' 하고 생각하면서 선사에게 신통력을 가질 수 있는 기도를 하는 데 도와달라고 했다. 그러자 한암 선사는 단호하게 '안 된다' 고 거절했다. 이에 용명 스님이 두세 번 더 간청하자, 선사는 다음과 같이 준엄하게 꾸짖었다는 것이다.

"너는 안 된다. 미쳐서 광기가 충천했으니까 너는 나가서 광기가 다 할 때까지 뛰어야 한다. 그렇지 않으면 안 된다."

그 후에도 더 간청했으나 용명 스님은 '안 된다' 는 냉정한 말만 들었다.

일제시대에 용성 스님은 대처승의 폐해를 지적하며 이를 시정하고자 노력했으나 한암 선사는 일절 그런 것에 관심을 표하지 않았다. 한암 선사는 오직 선 수행에만 몰두 했지 다른 일에는 관심을 표하지 않았다.

한암 선사는 남의 잘잘못에 대해서도 조금도 입 밖에 내지 않았다고 한다. 다만 잘한 것만은 간혹 언급했다.

"제산(濟山) 스님이 장하다. 만공 스님이 호걸이고 법이 높은 훌륭한 스님이다. 용성 스님이 경 · 율 · 논 삼장에는 당대에 박통제일이다. 혜월 스님이 혜(慧)가 밝기는 비수 같다."

선사는 일상에 무심하고 혹 수좌들이 방정맞고 불경스런 말을 해도 거목이나 호수처럼 잠잠히 대할 뿐이었다. 용명 스님은 한암 선사에 대해 마지막으로 이렇게 기록했다.

일상이 정말 중(僧) 그대로 정결하셨다. 그 밖에 계시어선 항상 오뚝하게 앉아 계시어 일시에 생각이 끊어진 삼매로 계신 듯했다. 실지 분별심이 끊인 듯한 일들을 나(용명 스님)는 여러 번 보았다.[41]

분별심이 끊어진 구체적인 한암 선사의 모습을 서술하지 않은 것이 아쉽지만 어쨌든 한암 선사는 일상에 무심한 본분 종사의 품격을 잘 간직한 선승이었다.

60대의 한암 선사

1937년은 한암 선사에게 있어서 세수 61세로 환갑을 맞은 해였다. 이 해에 선사는 『보조법어』를 현토 간행하면서 그 서문인 「고려국보조선사어록찬집중간서(高麗國普照禪師語錄纂集重刊序)」를 찬술했고, 육조·야부·종경의 삼가에 함허설의를 붙인 『금강경오가해』를 편집해 현토 간행하면서 그 서문인 「금강경반야바라밀중간연기서」를 찬술했다. 또 일본에 유학중인 한국승려들이 발행하던 《금강저》 제22호(1937)에 〈고양이가 쥐 잡듯이(猫捕鼠)〉란 제목의 글을 발표했나.

깨달음 이후의 수행을 한암은 매우 강조했는데 선사는 경봉 스님에게 보낸 서간에서 '소치는 일'을 말하고 있다. 이 '소치는 구도자'라는 측면에서는 돈오점수설을 취하고, 속박에서 해탈을 추구한 구도자라는 점에서는 정혜쌍수의 가풍을 볼 수 있다. 그리고 『보조법어』를 간행하고 이를 교재로 납자들에게 선교겸수를 가르친 점에서 한암은 '보조 선의 근대적 계승자'[42]로 볼 수 있다.

「금강경중간연기서(金剛經重刊緣起序)」는 육조·야부·종경의 삼가와 함허의(涵虛誼)를 합본해 다시 간행하게 된 사정에 대해 논술하고 있다. 이는 오가해 가운데 규봉(圭峰)의 송(頌)을 제외했으나, 위의 4해를 숙독하면 규(圭)·부(傅)의 의의는 자연히 이해할 수 있다고 서술했다. 한암 선사는 안거 중에도 반드시 납자에게 금강경을 송독케 해 선교일치를 실현했다. 이는 교학과 실참을 동시에 수행해 행여라도 선문에 맹선(盲禪)의 폐해가 있을까 우려한 한암 선사의 간절한 노파심을 엿볼 수 있다.

일본 유학승들의 요청으로 《금강저》 제22호(1937)에 게재한 〈고양이가 쥐 잡듯이〉란 글은 회당(晦堂) 선사가 초당(草堂) 스님에게 고해 준 참선 수행법의 비유이다. 선 수행자는 고양이가 쥐를 잡듯이 다른 생각과 망상을 떨쳐버리고 단정히 앉아 묵묵히 참구하면 계합하는 바가 있다는 것이다. 이는 간화선(看話禪)의 상징적 표본이 되는 법문으로서 선가에는 널리 알려져 있는 유명한 법어이다.

1937년, 선사는 선학원에서 열린 유교법회(遺敎法會)에 초청받았으나 '동구 밖을 나가지 않겠다(不出洞口)'는 원(願)에 의해 사양하고 불참했다. 또한 같은 해 상원사에 금강계단을 설치하고 비구계와 보살계를 설하니 수계대중이 80명이었다.[43]

1939년 여름에는 중앙불교전문학교 교수인 권상로가 월정사 승려 수양강습에 강의차 오대산에 왔다. 그때 권상로가 상원사로 한암 선사를 방문했다. 이에 대해 박설산 스님의 회고와 《불교시보》의 보도에 상이

일제시대 조선불교 조계종의 종정

점이 있다. 여기서는 참고삼아 두 가지를 모두 소개하겠다. 먼저 박설산 스님의 회고록에 기록된 내용부터 접해보자.

대중이 법당에 운집 정좌하고 두 분은 어간에 정좌하셨다. 한암 스님께서 수인사를 하신다.

"삼복 더위에 매실이 익었으니 입에서 군침이 도는 구려."

"익은 매실은 천향이오, 떨어진 매실은 만향이 채 되지 못하오."

"신선골 오다가 달이 뜨면 천태산 마고할미를 만나 무슨 이야기를 했소?"

"청량산에 달이 뜨면 그림자가 없어지고, 학이 날아가면 학의 소리를 못들었다 하오."

이때 한암 스님이 백팔염주를 높이 들었다. 권상로 선생은 엉금엉금 기어 세 바퀴를 돌고 말없이 제자리에 앉았다. 입승이신 탄옹 스님이 죽비를 세 번 쳤다. 대중은 발소리를 죽이며 각자 선방으로 돌아가 선정에 들어갔다.[44]

그런데《불교시보》제51호(1939.10.1) 기사에 의하면, 한암 선사와 권상로는 그해 7월 15일 상원사에서 만나게 되었는데 이에 대해 다음과 같이 보도하고 있다.

중전 교수 권상로(權相老:1879~1965) 선생과 오대산 상원사 종주(宗主) 방한암 선사가 서로 만나게 되었는데, 그 친절한 정리(情理)와 존경하는 대접이 곁에서 보는 사람으로 하여금 몇 십 년이나 걸리었다가 서로 대하는 구우(舊友)를 만난 것과 같았다. 그래서 곁에 앉았던 납승이 두 어른에게 묻되, "두 분 스님께서는 몇 해만에 만나보시기에 이렇듯 못내 반겨하시며 즐거워하십니까?" 한즉, 두 분의 답이 일시에 나오대 "금번이 초면입니다. 전에는 한 번도 서로 상봉한 일이 없소이다. 그러나 그간에 만나보지는 못했으되 서로 누구니 하고 사모하고 존경하고 한번 만나 보았으면 하고 별러오던 바이라 이와 같이 일면여구(一面如舊)가 된 것이오." 한다.

이와 같이 두 분이 담화하고 갈린 후 다음날에 한암 선사의 상당설법이 있을 때에 두 분 사이에는 극적 광경과 같은 선적 문답이 있었으니 그 문답은 아래와 같다.

권상로 : 선사에게 물을 말씀이 있습니다. 저 월정사에서 상원사까지는 거리가 얼마나 되며 상원사에서 중대 적멸보궁까지는 거리가 얼마나 됩니까?

방한암 : 〔묵무언설(黙無言說)하고 손에 들었던 미선(尾扇 : 부채)을 번쩍 들어서 보이다.〕

권상로 : 네, 잘알았습니다. 그거는 그렇다고 하려니와 지금 수개월 간 가뭄이 계속하야 한일불우(旱日不雨)가 오랜 까닭으로 오대산 밖에 초목은 모다타서 말라죽고 있는데, 이 산내에는 이름도 알 수 없는 무명초가 무성하고 있으니 웬일입니까?

방한암 : 〔역시 말없이 묵묵히 있다가 이빨을 세 번 부딪쳤다(亦是 黙無言說하고 鼓齒三下를 하다).〕

권상로 : (미소를 띠며) 네, 잘 알았습니다. 그런데 다시 한 번 말씀을 묻겠습니다. 들은즉 선사께서는 동쪽에 있는 탑을 옮겨다가 정중(庭中)에 새워서 정중탑(庭中塔)을 만드셨다고 하시니 이 탑을 다시 옮겨서 동방에 세우시는 게 어떠시겠습니까?

방한암 : (비로소 입을 열어 답하되) 지금 한낮이 되어서 몹시 더우니 그냥 쉬고 앉으셨다가 석양이 되야 서늘하거든 내려가시지요.

이상의 3문 3답이 두 분의 문답인바 세인으로 보면 동문서답 같으나 공부가

일제시대 조선불교 조계종의 종정

있는 분이 보면 이러한 문답 사이에 선의 면목을 짐작할 수 있는 것이다.[45]

위의 기사에 의하면 한암 선사와 권상로는 이때 처음 만났으나 오랜 친구와 재회한 것 같았다고 묘사하고 있다. 더구나 선승과 불교학자의 만남을 어떤 이는 '초월지간(楚越之間)'이라 할 만큼 서로간의 간격이 있음을 말하고 있으나, 한암과 권상로는 오히려 상대를 극진히 존경하고 그 문답도 어떤 납자와의 대화보다도 더욱 선적이었다. 물론 권상로는 학승으로서 많은 경·율·논과 선서(禪書)를 독파했으므로 의리선(義理禪)의 범주를 벗어난 것은 아닐 것이다. 그리고 권상로는 중일전쟁 이후 급격하게 친일 어용승려의 길을 걸었고, 한암 선사는 비록 1941년 일제하 친일종단인 조선불교 조계종의 종정으로 추대됨에도 불구하고 오대산을 떠나지 않으면서 선승 본연의 자세를 견지했다.

그런데 권상로가 오대산의 한암 선사를 방문한 시점은 일제가 중일전쟁을 시작한 이래 중국침략전쟁 수행을 위해 광분하던 기간이었다. 때문에 일제는 일반인은 물론 조선승려들에게까지 강습회 따위를 개최해 전쟁시국에 대한 인식을 불어넣고자 애썼다. 1939년 7월 중순 상원사에서 행한 승려수양 강습회도 이러한 일제의 전쟁시국에 대처하려는 시국행사의 일환이었을 것이다.

조선불교 조계종 종정 한암 선사

일제하에서 조선불교계는 총본산 설립에 착수했다. 그리하여 총본산인 태고사(太古寺:지금의 조계사)가 준공된 것은 1938년 10월 하순이었다. 그리고 조선총독부에서 강원도 대본사 월정사 주지이자 31본사 주지대

표인 이종욱을 불러 총독부의 내인가를 통보한 것은 1940년 5월 6일이
었다.

이에 따라 '조선불교 총본사 설립위원회'가 같은 해 11월 말에 발족
되었다. 그런데 총본사 설립위원회의 인적 구성과 사무실의 위치를 보
면 이는 명백히 총독부와 친일승려들의 야합임을 실감할 수 있다.

우선 총본사 설립위원회 회장이 총독부 학무국의 일인 국장인 람바
라[鹽原時三郞]였고, 부회장은 학무국 사회교육 과장인 계광순(桂光淳)과
불교계 친일 거두인 이종욱(李鍾郁:1884~1969)이었으며, 위원들은 31본
사의 친일주지 전원이었을 뿐만 아니라, 고문도 각도 내무부장 13명이
었으며, 실무를 맡은 간사들은 사회교육과 촉탁 세 사람이었다. 그리고
사무실은 조선불교 중앙교무원이 아니라 총독부 학무국 사회교육과 안
에 두었다.[46]

이리하여 1941년 4월 23일자로 사찰령 시행규칙 일부가 개정되어 조
선불교 조계종 총본사 태고사 사법이 인가되었다. 태고사 사법은 같은
해 5월 1일부터 시행되어 6월 5일 제1회 종회를 총본사에서 개최해 제1
대 종정을 선거한 결과 한암 선사가 야마카와 주겐[山川重遠]이란 창씨
명으로 종정에 선출되었다. 한암 선사는 월정사 주지이자 조선불교 조
계종의 종무총장으로 내정된 이종욱의 간청으로 6월 12일 총본사 주지
겸 종정 취임을 승낙함에 따라 같은 달 23일에는 종정 취임 인가신청을
제출해 8월 4일 총독부의 인가가 나왔다.

한암 선사는 타의와 이종욱의 집요한 간청으로 마침내 1941년 8월 4
일 조선불교 조계종의 종정이 되었다.

이종욱과 조선총독부에서 조선불교 조계종을 만든 것은 조선의 전통
불교를 수호하려는 선학원이 1935년 조선불교 선종을 표방하는 것에

일제시대 조선불교 조계종의 종정

대해 이를 방지 또는 견제하겠다는 저의가 있었다. 또한 일제 총독부가 조계종을 인가한 것은 '중앙집권화시켜 어용화한다'는 황민화정책의 실행이었다.[47]

김호성도 한암 선사가 '종정을 지낸 배경에는 이종욱 스님의 어떤 역할이 있었을 것으로 짐작된다'[48]고 했듯이, 한암 선사가 친일 어용종단 조선불교 조계종의 종정이 된 데에는 이종욱이 결정적인 역할을 했을 것이다.

그는 불교계 최고의 친일거두로서 당시 종권을 완전히 장악해 불교계의 종무를 총괄하는 위치에 있었을 뿐만 아니라, 호불호(好不好) 또는 친일 여부를 포괄해 김호성이 지적했듯이 사(事)의 극단에 있었고 한암 선사는 이(理)의 정점에 있었다. 이처럼 가장 대조적인 두 사람이 오대산에 같이 살았다. 바로 이 점이 한암 선사가 친일 어용종단의 종정으로 선출된 악연의 씨앗이었다. 이런 나쁜 인연으로 선사는 '야마카와 주겐'이란 창씨명으로 대중 앞에 사진과 그 이름을 드러냈고 친일논설 5편도 욕된 왜식명으로 발표했다.

한암 선사가 1941년 조선불교 조계종의 종정이 된 후 창씨명 야마카와 주겐이란 이름으로 《신불교》에 발표한 친일논설 5편은 다음과 같다.[49]

① 〈선전어대조(宣傳御大詔·일왕의 대미·영선전포고문)의 환발(渙發)에 제(除)하야 종도 일반에게 고함〉―1942년 1월호, 4~5쪽.

② 〈대동아전쟁 1주년 기념을 제하야, 납월(臘月:12월) 8일 성도일에 아울러 호국영령과 제세보살(濟世菩薩)〉―1942년 12월호, 2~3쪽.

③ 〈불락험곡이천정로(不落險曲履踐正路)〉―1944년 1월호, 4~5쪽.

④ 〈오인(吾人) 수행이 전재어결심성변(專在於決心成辦)〉―1944년 1월호,

2~4쪽.

⑤ 〈유시(諭示)〉―1944년 11월호, 4쪽.

한암 선사는 오대산에 은둔한 27년 동안 두 번밖에 동구 밖을 나가지 않았고 또한 언제나 일상에 무심하고 오뚝하게 선정삼매에만 빠져 살았을 뿐 아니라 《선원》, 《금강저》, 《불교》등에 발표한 글과 비교해보아도, 조계종 종정이 되어 그의 이름으로 발표된 친일논설 5편은 결코 선사 자신이 쓴 것으로 보이지 않는다. 그의 이름으로 발표된 친일논설 전부가 당시 종정사서(비서실장)였던 허영호나 조계종 총본산 관계자가 집필한 글이었던 것으로 추정된다. 허나 사정이야 어쨌든 그러한 친일훈시가 한암 선사의 창씨명으로 발표된 것을 보아야 한다는 것은 불행한 역사를 가진 우리 민족의 비극이다.

한편 돌이켜 생각하면 이미 김호성이 말했듯이[50] 선사에게 있어서는 한암 중원도 없었는데 어찌 야마카와 주겐이 있을 수 있으랴. 아상(我相) · 인상(人相)도 없는데 무엇하러 명상(名相)을 찾으랴. 법도 버리라 했거늘 하물며 비법(非法)이랴. 이런 의미에서 필자도 한암 선사가 '애국과 매국, 반일과 친일의 피안에 존재했다' 는 김호성의 견해에 전적으로 동감한다.

상원사의 하안거 해제

박설산 스님의 회고록 『뚜껑 없는 조선 역사책』(삼장, 1994)에는 상원사 선방의 하안거 해제 행사에 대해 서술한 부분이 있다. 이 회고록에 의하면 상원사의 해제 행사는 대략 이러했다.

해제 전날 사중 대중 스님들에게 푸짐한 진수성찬의 공양이 대접된

일제시대 조선불교 조계종의 종정

다. 모두들 다물었던 입을 열고 마음을 나누며 이야기 한다. 때로는 소리를 높이 지르며 그 동안 자기 자신이 느꼈던 바를 주장하기도 한다.

점심 시간이 끝난 뒤에는 차를 마시며 한암 조실 스님이 말씀하신다. 글로써 해오(解悟)한 바를 알아보자고 하시며 운(韻)자로 ‘신 혜(鞋)’, ‘갈 거(去)’자를 한암 스님이 내놓았다. 운자를 받아든 선방 수좌들은 각기 개울가나 나무 밑 또는 바위 위로 뿔뿔이 흩어져 각자가 느낀 바를 표현하기 위해 골몰했다.

이윽고 목탁을 쳐 대중에게 모일 것을 알렸다. 그런데 하안거를 지낸 수좌들 가운데 걸망을 지고 떠나버린 납자들이 반 이상이나 되었다. 해오한 바를 남에게 알리기 싫어하는 수좌나 ‘헛고생했구나’ 하며 실망한 수좌들이 많았다고 설산 스님은 말하고 있다.

모여든 수좌들은 한암 조실 스님에게 차례로 지은 시를 드리며 선사가 무슨 말씀을 하실까 하고 기다렸다. 젊은 수좌들은 한암 선사와 한 마디라도 더 나누고 싶어 맞대좌를 하고 묻기도 하고 혼자 지껄이기도 했다. 그러나 한암 선사는 대개 한 마디로 대화를 끝냈다.

더러 납자들 중에는 손짓, 몸짓으로 느낀 바를 나타내는 경우도 있었는데 한암 선사는 묵묵히 그 모양새만 쳐다보았다. 수좌들이 지은 글을 한암 선사가 보고 입승 탄옹 스님께 넘기는 수가 있다. 한암 선사가 넘겨준 글을 본 탄옹 스님은 간혹 “그렇나, 선재야”라고 말씀했다.

설산 스님 차례가 되어 지은 시를 바쳤다.

공과 환이 본래 없음이여	空幻本無處
푸른 묏부리를 지나매 신발이 쓸모없네	靑嶂踏不蹊
삶과 죽음을 훨훨 털어버리니	超脫生死苦

한암 중원

한암 선사가 몇 번을 소리내어 읽다가 말했다.

"그래, 좋다! 용 수좌는 '통철삼제거' 했구나."

이어 시를 본 탄옹 스님도 한마디했다.

"대답은 해서 무엇하느냐? 물러가거라."

이렇게 하여 설산 스님은 상원사 선원에서의 4년간 선 수행을 끝내고 한암 선사의 문하를 떠났다. 법하를 떠날 때 선사는 설산 스님에게 "왜학(倭學)을 하지 말라"고 당부했다. 일본 제국주의의 정신을 배우지 말라는 뜻이었다. 그러나 설산 스님은 건봉사의 공비(公費) 장학생이 되어 1941년, 서울에 있는 혜화전문학교에 입학했다.

설산 스님은 한암 선사 밑에서 공부하던 시절을 회고하면서 마지막 부분에 이런 얘기를 덧붙이고 있다.

왜제(倭帝)가 대동아공영권을 구축하기 위해 마지막 발악으로 중국대륙을 침략했다. 날로 힘겨워지는 전쟁의 고통을 느낀 왜제의 천황이 조선총독부에 명령했다. "조선의 고승 방한암 스님께 어떻게 하면 전쟁에 이길 수 있나를 알아오라." 그래서 정무총감과 강원도 경찰국장 등이 상원사를 찾았다. 그 말을 들은 한암 스님께서는 간결하고도 명쾌하게 한마디했다.

"복이 있는 나라가 이긴다. 그리고 정의는 필승이라고 했으니 정의를 위해 싸우면 이긴다."

정무총감과 경찰국장이 천황한테 이 말을 정했더니 왜제의 왕은 "우리가 승리하기는 어렵겠다"고 했다는 이야기를 들었다.[51]

설산 스님의 이 기록에는 정무총감의 이름도 적혀 있지 않다. 그리고 내용상으로도 과연 일왕이 '날로 힘겨워지는 전쟁의 아픔을 느껴 조선의 고승 방한암 스님께 어떻게 하면 전쟁에 이길 수 있는지 알아오라'고 조선총독부에 명령했는가도 의문이다. 또한 이재창도 경무국장 이케다가 한암 선사를 방문해 위와 유사한 질문을 했다는 것은 시기상 성립할 수 없는 사실임을 이미 앞에서 논증했다.

그런데 이재창은 〈오대산의 맑은 연꽃〉에서 정무총감 오노가 한암 선사를 방문한 적이 있다고 서술하고 있다. 물론 내용은 미나미 총독 대신 조계종 종정으로 취임한 인사차 들렀다고 되어 있어 설산 스님의 서술과는 다르다. 만약 설산 스님의 기록이 사실이라면 한암 선사를 방문한 일본인 정무총감은 오노(재임 1936.8.5~1942.5), 다나카(재임 1942.5.29~1944.7), 엔도(재임 1944.7.24~1945.8) 가운데 한 사람일 것이다.

하지만 설산 스님이 서술한 내용이나 이재창의 '이케다 오류'가 발생한 것은 한암 선사에 대한 과잉 존경과 식민지 시대 민족적 자존을 위한 한국 민중들의 염원의 발로인 것으로 이해된다.

경성제대 사토 교수와 총독부 경무국장 이케다 및 정무총감 오노가 한암 선사를 방문함으로 말미암아 어느 때부터인가 이런 전설을 만들어 내었다고 생각된다. 아마 이는 1934년 6월 9일 이케다 경무국장이 한암 선사를 방문한 이후이자, 1941년 한암 선사가 조선불교 조계종 종정으로 추대되고 또 태평양 전쟁이 일어난 이후의 일일 것이니 구태여 시기를 추정하자면 1941년 12월 초순 이후에 이루어진 일일 듯하다.

전시체제하의 한암 선사

일제는 1931년 만주를 침략에 일제의 어용국가 만주국을 수립해 대만 조선과 함께 식민지 경영을 함으로써 많은 경제적 이득을 누릴 수 있었다. 이에 단맛을 들인 일제는 1937년 중일전쟁을 일으켜 중국대륙을 집어 삼키고자 전투를 벌였다. 그러나 광대한 중국대륙 침략은 그들이 생각한 것보다 손쉽지 않았고, 또한 미국·영국 등이 이에 반발해 갖가지 제동을 걸자 1941년 12월초 마침내 하와이 진주만을 기습공격함으로써 태평양전쟁을 도발했다.

조그마한 섬나라 일본이 미·영·중 등 세계의 열강과 전쟁을 수행하자니 군사·경제·인력 등에서 많은 애로를 겪을 수밖에 없었다. 그러자 일제는 대만 조선 만주 등지를 병참기지로 삼아 물질적 수탈과 강제적 인력동원을 감행했는데, 그 중에서도 조선이 가장 중요한 병참기지였다.

강압적인 곡식공출과 금속류 헌납, 국방비와 위문금 강제징수, 농촌 노동력 수탈과 노무공출을 위한 강제징발 등을 통해 일제는 물질적 수탈과 조선인들의 노동력을 수탈했고, 지원병 제도와 징병제 실시를 통해 마침내 조선인들은 일제의 총알받이로 동원되기에 이르렀다.

일제는 총구를 어디로 돌릴 줄 모르는 조선인들을 전쟁터에 동원하는 전단계이자 황민화정책의 마지막 단계로 조선인들의 창씨개명을 단행했다. 일제의 이러한 창씨개명은 1940년 2월 11일부터 2년 동안 실시되어 전체 조선인의 81.5퍼센트가 성과 이름을 바꾸었다.

이 창씨개명 선풍은 불교계에도 불어닥쳐 1940년 6월에는 본사 주지 13명이 창씨개명을 했고,[52] 그해 9월에는 제2차로 다시 13명의 본사 주

일제시대 조선불교 조계종의 종정

지들이 창씨개명을 했다. 당시 불교계에서는 1941년 4월23일 총독부로부터 조선불교 조계종의 설립을 공식인가받은 후 종정을 비롯한 주요 종무원 간부진이 당국의 인가를 받아 정식 취임했는데, 이에 대해 기관지《신불교》제31집(1941.12.1)에는 사진과 함께 이름과 직책이 대외적으로 공포되었다. 이 잡지 앞부분에 '조선불교 조계종 총본사 태고사' 대웅전의 사진을 제일 먼저 싣고, 그 다음 장에 제1세 주지 한암 방중원 선사의 사진을 게재했다. 선사의 진영 밑에는 '제1세 종정 야마카와 주겐 대선사' 라고 표기했다.

그러나 앞서 한암 선사가 종정으로 추대된 이듬해 5월 초순(1942.5.5), 오대산에서 조계종 교무부장 기산 스님을 비롯해 임원진의 방문을 받았을 때《신불교》편집장 장도환에게 주는 게송에서 '종무를 내가 알겠소, 세간과 출세간을 모두 모릅니다. 오직 여러 스님네들의 신촉에 수결이나 짓겠습니다' 하고 말한 것에서 알 수 있듯, 한암 선사가 직접 창씨개명을 했거나 친일 시사문을 쓴 것으로는 보이지 않는다.

따라서 선사의 창씨명과 친일 시사문은 당시 종정사서였던 허영호나 조계종 총본산 관계자들이 행한 일이었을 것이다. 이는 식민지시대 이 땅에서 살면서 겪은 시대적 질곡이 아닐 수 없다. 선사는 중일전쟁과 태평양전쟁의 와중에서도 오직 본분 종사로서의 삶에 충실했을 뿐이다.

1943년, 선사는 일본 유학중인 조신승려들이 발행하는《금강저》제26호에 권두언을 썼다. 이 글에서 선사는, 비구 본래의 지계와 번뇌 · 마군 여섯 가지 감과의 도적을 타파해 화합하고, 인천(人天)의 복전(福田)이 되며, 가히 자성을 깨달아 중생을 제도하고 국가의 복이 되라고 격려했다. 하지만 비구 본래의 길을 가지 아니하면 중생제도는 물론이거니와 필경에는 자기 하나도 구제하지 못한다면서 스스로 삼가 부지런히 닦고 수행할 것을 촉구하고 있다.

같은 해 3월, 한암 선사는 두 선사의 비명을 쓰기도 했다. 황악산(黃岳山) 직지사에서 17년 동안 크게 교화활동을 한 제산 정원(霽山 淨圓:1862~1930) 선사와, 역시 직지사에서 법화를 날리며 중창불사에 큰 공덕을 남긴 퇴운 원일(退雲 圓日:1877~1939) 선사의 비명과 서(序)가 그것이다.

제산·원일 두 선사의 비명 말미에 한암 선사는 똑같이 '청량산인한암중원근찬(淸凉山人漢岩重遠謹撰)'이라 썼다. 청량산은 오대산의 다른 이름이니 '청량산인'이란 곧 '오대산인'이라는 말이고, 법호 한암과 아명(호적명인 듯함) 중원을 나란히 쓴 것은 일제시대에는 스님들도 대개 호적명을 사용하는 것이 보편적이었기 때문일 것이다. 이를 보더라도 한암 선사는 친일성향의 기관지《신불교》에서와는 달리 결코 창씨개명한 일본식 이름을 사용하지 않았다는 점에서 '야마카와 주겐'이란 창씨명은 타의적이었다는 사실을 짐작할 수 있다.

한편 직지사에 큰 공덕을 남긴 제산·원일 두 선사의 비명을 쓴 두 달 후인 1943년 5월, 전주 청류동 관음선원에 주석하고 있던 묵담(黙潭) 스님이 한암 선사께 실참법문을 구게(句偈)로써 내려줄 것을 간청하자 한암 선사는 한산시(漢山詩) 24수를 초사(抄寫)해 직절법문(直截法門)을 삼도록 했다.

법문이란 만법이 공유공존(公有共存)하는 이치의 법문이요, 직절(直截)이란 지엽적인 사족을 붙이지 않고 번뇌망상을 바로 끊음을 말함이니, 직절법문은 바로 끊고 여래지(如來地)에 드는 법문으로서 곧 지름길을 의미한다.

한암 선사가 한산시를 들어 직절법문을 삼게 한 것은, 일찍이 한산에

일제시대 조선불교 조계종의 종정

은거하면서 산문 밖을 나오지 않은 한산의 경지가 곧 오대산에 안거하며 불출동구(不出洞口)한 자신의 뜻에 일치하고, 시에 담긴 뜻이 시공을 초월해 자신의 경지를 대변하기에 충분하다고 여겼기 때문일 것이다.[53]

1943년 10월 4일, 함경남도 함주군 동천면에 소재한 31본사의 하나인 귀주사(歸州寺)의 재적승 장상봉(張祥鳳) 스님이 상원사로 한암 선사를 방문했다.

장상봉 스님은 중앙불교전문학교 재학 시절(1937년) 재무부장을 역임했으며, 동경 유학 때는 조선불교동경학우회의 문교부 상무(《금강저》 제25호)를 역임했다.[54] 또 해방 후인 1946년 5월에는 선학원에서 혁명불교도동맹을 조직하는 데 중심인물의 하나로 참여했고, 1948년 4월 19일 김구·김규식이 평양에서 개최된 전조선 제정당 사회단체 대표자 연석회의에도 전국불교도총연맹의 장상봉 스님과 불교청년당의 김해진(金海鎭)이 참가해 북한에 영주한 바 있다.[55]

하지만 이것은 훗날의 일이고 1943년 10월 4일, 장상봉 스님은 남향(南鄕)·암촌(岩村)·인산(仁山) 등과 함께 종정 한암 선사를 예방했다. 이들은 상원사를 두루 참관하고 샘물도 마시며 점심공양을 한 후 한암 선사와 법석을 마련해 질문을 했다.

남향은 화두에 대해서 묻고, 암촌은 선을 어떻게 하느냐에 대해, 그리고 인산은 시끄러운 곳에서의 공부에 관해 여쭙는 등 갖가지 문법을 행했다. 장상봉 스님은 한암 선사와의 문법에 대해 위의 질문 세 가지만 소개하고, 한암 선사의 가르침에 관해서는 11가지나 되는 내용을 일괄해서 기행문 〈문적멸보궁〉(間寂滅寶宮:《신불교》 제55집,1943.12, 15~16쪽)에 기록하고 있다. 그 가운데 몇 가지만 살펴보면 이러하다.

① 시끄러운 가운데 득력(得力)이 신어정(信於靜)이니 사무를 보는 틈틈이 항상 적정행(寂靜行)을 닦아서 부단히 노력하라.

② 상각(常覺)이니 고로 대각(大覺)이요, 즉심시불(卽心是佛)이니 밖을 향해 따로 구하지 말라(向外別求)

③ 결정심(決定心), 용맹심으로 항상 불퇴전하라.

이에 대해 장상봉 스님은 이렇게 그 느낌을 기록했다.

책에서 말에서 익히 들은 말이지만 화상의 하시는 말에는 말씀의 의미보다도 말씀하시는 태도 속에 무한한 광명과 향기가 흐르는 듯 깊이 느꼈다.[56]

이상의 대화 내용을 검토해 보면 장상봉 스님 일행은 대개가 불교관계 단체에서 사무를 보는 스님들이었던 것으로 생각된다. 상봉 스님이 중앙불전을 거쳐 일본 동경에 유학했으므로 귀국 후에도 총본산 또는 불교단체에서 일하고 있었던 것으로 보인다.

장상봉 스님이 상원사로 한암 선사를 방문한 1943년 10월 초순 이후부터 해방 때까지 선사의 행적을 전하는 자세한 기록은 남겨져 있지 않다. 다만 조계종 기관지 《신불교》에는 한암 선사의 창씨명으로 제정 발표되는 조계종의 〈총본산 태고사 서무규정〉 등의 각종 공문에 그의 이름이 등재되고 있지만, 정작 한암 선사 자신은 서울에서 진행되는 조계종의 종무에는 아무런 관심도 보이지 않은 채 스스로 졸(拙)하다고 생각하면서 새벽부터 밤까지 항상 허리를 꼿꼿하게 펴고 앉아 참선에만 몰두하고 있었다. 상원사 큰 방에서 말없이 좌선한 채 일제의 전시체제를 보냈고 마침내 1945년 8월, 해방이 되었어도 별다른 움직임을 보이지

일제시대 조선불교 조계종의 종정

않았다.

고졸한 만년의 한암 선사

1945년 8월 15일, 마침내 일제가 패망하고 우리나라는 해방을 맞이했다. 한암 선사를 일제하 조선불교 조계종 종정으로 추대하는 데 결정적인 역할을 한 강원도 대본산 월정사 주지이자 친일종단 조계종의 종무총장인 이종욱 스님 이하 종무원 전원이 총사직을 했다.

이어 8월 20일에는 김법린(金法麟)·최범술(崔凡述)·유엽(柳葉) 등의 건국청년당원 40여 명이 종무총장 이종욱을 방문해 종단운영권을 인수하고 전국승려대회 준비위원회를 설립했다. 그해 9월 22~23일에 개최된 전국승려대회에서는 불교계의 친일거두 이종욱 스님에 대해 부일을 이유로 3년간 승권정지 처분이 내려졌다. 그리고 해방후의 첫 종정에는 박한영(석전 정호) 스님이 선출되었다.

이로써 한암 선사는 종정직에서 사임된 셈인데 지금까지 발굴된 사료로는 한암 선사가 해방 직후의 이러한 종무처리에 대해 어떤 반응을 보였는지 아무런 기록도 전해오는 것이 없다. 종정으로 추대될 때도 '세간과 출세간에 아무것도 모른다'고 한 바 있는 한암 선사의 성품으로 볼 때 선사는 해방 직후 월정사 주지 이종욱의 승권징지 처분이나, 자신이 사임되고 석전 정호 스님이 새로운 종정(교정)에 선출된 것에 대해서도 별다른 반응을 보이지 않았을 것이다. 70세에 이른 한암 선사에게 있어 친일과 부일은 물론이고, 종정이니 교정이니 하는 것도 저 먼 피안의 환(幻)에 지나지 않았을 것이다.

1945년, 대구 보관원 화산(華山) 스님이 '평생의 좌우명으로 삼을 만한 법어'를 청하자 한암 선사는 중봉(中峰:1243~1323) 선사의 다음과 같은 법어를 적어주었다. 이 법어는 한암 선사 자신의 좌우명이었을 뿐 아니라, 그 내용이 화산 스님을 비롯한 모든 불가의 후학들이 명심해야할 가르침으로 여겨지므로 번역과 함께 그 원문을 옮겨 적는다.

견성코자 한다면 도심이 견고해야 하고
화두를 의심하기는 생철을 씹은 듯해야 한다
오래 앉아 정진하되 자리에 눕지 말며
불조의 말씀에 비추어 항상 스스로 부끄러워하라
계체를 청정히 하여 신심을 더럽히지 말고
고요하게 행동하며 난폭하게 행동하지 말라
낮은 소리로 적게 말하며 큰소리로 웃지 말고
신망을 얻지는 못하더라도 비방은 받지 말아야 하리
언제나 빗자루를 들고 청소하면서
도 닦음에 게으르지 말고 음식을 배불리 먹지 말라

道心堅固　須要見性　疑着話頭　如咬生鐵　長坐蒲團　莫脇著席　看佛祖語
常自慙愧　戒體淸淨　莫　穢身心　威儀寂靜　莫慾暴亂　小語低聲　莫好戲笑
雖無人信　莫受人謗　常携茗掃　掃堂舍塵　道行　無捲　莫飽飮食[57]

　견고한 도심으로 견성을 향해 수도하되 일상생활에 있어서도 계행·신심·행동·대화·웃음·신망·음식에 대해 일일이 열거해 조심할 것을 가르치고 있다. 1945년 한암 선사의 행적은 위의 화산 스님에게 준 법어 외에는 알려진 것이 없다. 일제로부터 해방 된 2년 뒤인 1947년 정

일제시대 조선불교 조계종의 종정

월 해제 직후 상원사에 화재가 발생해 양대 법당과 동서 요사채가 전부 타버렸다. 불상과 경궤와 가마솥, 객실, 종각만 남았으며 한암 선사의 문집 『일발록』도 소실되고 말았다. 화재 후 한암 선사는 대중 스님 및 신도들과 힘을 합해 당년에 상원사를 다시 중건하고 대중이 입주해 삼동결제(三冬結制)를 하고 함께 안거했다.

1948년 음력 4월 15일, 하안거 결제일에 73세의 한암 선사는 일제시대 때부터 상원사 선방에서 수행한 손상좌(孫上佐) 희태(喜泰)에게 보경(寶鏡)이란 호와 5언 절구로 된 게송을 내려주었다.[58]

이보다 앞선 1948년 4월 8일에는 해방후 조선불교 초대교정을 지낸 석전 정호 스님이 정읍 내장사에서 입적했다. 이에 따라 그해 6월 30일에 한암 선사는 해방후 제2대 교정으로 추대되었다.

1929년 교정으로 추대된 이후 네 번째로 종정에 추대된 것이다. 종정이 된 이듬해인 1949년 7월 29일, 통도사의 경봉 스님은 곡천(谷泉)과 대야(大冶) 스님을 오대산으로 보내 한암 선사를 통도사 해동수도원(海東修道院) 종주로 정했다. 그러나 한암 선사는 경봉 스님의 간절한 청을 사양했다.

그런데 한암 선사가 해방 후 불교계의 제2대 교정으로 추대된 지 1년 3개월 만인 1949년 9월 29일 불교계에 커다란 불상사가 발생했다. 1949년 10월 15일에 발행한 《불교신보》의 보도에 의하면 그 전말은 이러하다.

1949년 9월 29일 오전 11시경에 유엽 · 한보순 · 장두환 · 서인수 · 이덕진 등 여러 사람이 완력이 센 청년학생 40여 명을 데리고 중앙총무원을 습격해 태고사(지금의 조계사) 앞 뒤 통용문에 파수를 세워 통행을 차단하고 곧 총무원 사무소에 침입했다. 이들은 직원과 손님 두 사람까지 밖으로 나가지 못하게 한 후 유엽·한보순·장도환 등은 총무원장실에 들어가서 집무중인 총무원장 박원찬 스님에게 "너는 빨갱이를 부하 간부로 추천했으니 그 책임을 지고 사직하라"면서 사표를 내라고 강요했다. 그러나 박원찬 원장은 "그 사람이 빨갱인 줄 알았다면 간부로 추천했을 리가 있을 것인가? 설사 그렇다고 하더라도 사상문제는 부자형제도 모르는 터인데, 그 사람이 설혹 빨갱이로 잡혀갔다고 하나 추천한 내가 책임까지 질 의무가 어디 있느냐? 그리고 네 말대로 책임을 지고 사직을 한다고 할지라도 나는 나를 선거해 준 중앙교무회 석상에서 사직하는 게 도리에 옳지 너희들에게 사표를 낼 하등의 의무가 없다"고 완강히 거절했다. 그러자 유엽은 "좋다. 이론은 더 말할 필요가 없다" 하고는 데리고 온 청년 중에 제일 완력이 센 자에게 시켜 박 원장의 뒷덜미를 잡아 숙직실에 감금하고 이들은 온갖 위협과 협박을 무려 4시간 동안 가해 마침내 박원장으로부터 '사직하겠다' 는 항복을 받아냈다. 그리고 곧 승려 출신의 현직 국회의원인 최범술과 허영호가 돌연히 나타나 유엽의 강요로 박원찬이 쓴 사직서를 최범술에게 전했고, 이어서 총무원 사무인계서를 쓰라고 강요했다. 박원찬은 협박에 의해 어쩔 수 없이 총무원의 회계 및 종무인계서를 넘겨주었다.

유엽·장도환·한보순 등의 일행에 의해 강압적인 분위기 속에서 총무원장직과 종무 일체를 인수하는 서류를 작성한 박원찬 스님은 일제하인 1938년 10월 14일에 31본사의 하나인 통도사 주지가 되었으며, 1941년 조선불교 조계종이 출범했을 때는 재무부장이 되어 1945년 8월 15일 해방될 때까지 근무한 주요 친일승려였다.

친일승려 박원찬은 해방 직후인 1945년 8월 17일 종무총장 이종욱과 함께 총사직을 할 때 재무부장직을 사직했다. 그러나 박원찬은 1948년

일제시대 조선불교 조계종의 종정

12월 20일 (주)통도사 영림공사를 등기하고 대표취체역에 취임했으며 같은 해 12월 26일에는 조선불교 중앙총무원장으로 발령되어 곽서순(郭西淳)을 교무부장으로 임명했다.

박원찬이 김법린에 이어 해방 후 조선불교 제2대 중앙총무원장에 취임한 것은 1949년 3월이었다. 당시 해방정국은 좌·우의 이념 대립이 극심했는데, 유엽·장도환 등과 최범술·허영호 등은 총무원의 교무부장 곽서순을 비롯해 직원 대부분이 1949년 5월 20일에 발생한 국회프락치 사건과 관련된 좌익 프락치 의혹이 있다면서 외부의 힘이 미치기 전 '자가 숙청'을 하기 위해 총무원을 기습했다고 강변했다.

이로써 보건대 당시의 격심한 이념대립은 불교계 내부에도 심대한 영향을 미친 것을 알 수 있다. 비록 유엽과 최범술 일파가 불교를 위한다는 구실을 내걸었으나 이는 해방 후 불교계 최대의 불미스러운 사건이 아닐 수 없었다. 이 불상사에 대해 감독 기관인 문교부에서는 총무원의 예금 일체를 동결함으로써 총무원의 점거를 비합법적이라 하여 승인하지 않았다.

유엽·최범술 일파의 불상사를 수습하기 위해 교단의 모든 승려들은 최고지도자인 교정 한암 선사의 태도 표명에 이목을 집중했다. 그리하여 그해 10월 10일 총무원 직원 박성도가 사건의 전말을 오대산의 한암 선사에게 보고했다. 이에 교정 한암 선사는 중앙교무회 의장에게 '중앙교무회의를 소집해 여법(如法)하게 공의(公義)하여 정법(正法)을 수지(受持)하라'는 특빙서를 내려보내고, 또한 유엽·최범술 측의 인사로 오대산에 온 황태호 등 세 사람에게도 모든 일은 교무회의에서 '서로 다투지 말고 청정자비로써 행하라'고 말하면서 혼란한 교단의 질서를 바로잡도록 했다.

이 사건은 발생한 지 한 달이 못되어 총무원장인 박원찬이 사임하고 유엽·최범술·장도환·한보순 등 6명의 주동자들이 1950년 5월 승적을 박탈당하는 징계를 받음으로써 일단락되었다.

한편 1950년 5월 30일에 실시된 제2대 국회의원 선거에서는 친일승려 출신인 이종욱 허영호 및 박성하(朴性夏)가 당선되어 국회로 진출했다. 하지만 그해 6월 25일, 비극의 민족상잔인 6·25전쟁이 시작되자 1948년 4월 김구·김규식·홍명희(洪命憙) 등과 함께 남북대표자연석회의에 참석차 평양에 갔다가 북한에 영주했던 불교청년당 출신의 승려 김해진이 인민군을 따라 남하해 서울의 중앙총무원을 점령 접수했다.

전쟁이 일어나자 오대산 내의 1백여 명 대중과 산판에 있던 1천 6백여 명의 사람들이 모두 남쪽으로 피난했다. 대중들이 피난을 떠나면서 한암 선사께 함께 가자고 권했으나 선사는 '좌당생사(坐當生死)'라고 말하면서 상원사에 홀로 남았다. 앉은 곳에서 생사를 감당하겠다는 뜻이었다.

그때 국군들은 오대산의 민가와 사찰이 적에게 이용될 우려가 있다면서 산내의 모든 주거물을 소각시키라는 명령이 떨어졌다. 병사를 이끌고 상원사에 도착한 장교는 그 뜻을 한암 선사에게 말씀드렸다. 장교의 말을 들은 한암 선사는 잠시 기다리라 이르고 나서 가사 장삼을 입고는 법당에 들어가 부처님 앞에 좌정한 후 한참 입정에 들었다가 장교에게 말했다.

"이제 불을 지르시오."

장교는 그러면 안 된다고 한동안 실랑이를 했다. 그러자 한암 선사가 젊은 장교에게 책망하듯 말했다.

"그대가 장군의 부하라면 나는 불제자, 곧 부처님의 부하요. 어찌 깨

일제시대 조선불교 조계종의 종정

닫지 못할까, 그대가 장군의 명령을 따르듯이 나는 부처님의 명령에 따라야 된다는 것을……."

결국 장교는 법당의 문짝만을 떼어내게 하여 소각하고 돌아갔다. 이래서 월정사를 비롯한 산내 암자와 모든 민가가 소각될 때에도 상원사는 타지 않고 남아 있게 되었다.

모두가 피난을 떠났건만 홀로 남아 의연하게 상원사를 전쟁의 소각 위험으로부터 구출한 지 얼마되지 않은 1951년 3월초, 한암 선사는 미질(微疾)을 보였다.

7일 동안 눕지도 마시지도 않고 앉아서 병마의 항복을 받았다. 그리고 제7일째 되던 날 아침, 죽 한 그릇과 차 한 잔을 마시고는 손가락을 꼽으며 이르기를, "신묘(辛卯), 2월 14일이로다" 하고는 사시(巳時:오전 9~11시)에 장삼을 수하고는 선상에 단정히 앉아 열반에 들었다. 이른바

부도와 비

불가에서 말하는 좌탈입망(坐脫立亡) 중 좌탈이다. 세수 76세, 법랍 54세였다.

선사의 사십구일재를 맞아 그해 음력 4월 3일, 부산 토성동 묘심사에서 '고 교정 방한암대종사 봉도법회(故敎正方漢岩大宗師 奉悼法會)'를 거행했다. 이 추모법회에 대해서는《고 교정 방한암 대종사 봉도회록》에 기록되어 있는데, 이 자료는 경봉 선사가 보관하고 있다가 시자 명정 스님에게 전해져 지금까지 보존하고 있다. 이것은 봉행한 법회의 조직·조사(弔辭) 등에서부터 부조의 내력까지를 기록한 자그마한 책이다.

그로부터 수년 후인 1959년, 수제자 탄허 스님 등 문도들이 상원사에 한암 선사의 부도와 비를 세웠다. 비명은 탄허가 지었다.

한암 선사의 법을 이은 제자로는 보문(普門)과 난암(暖庵)이 지행(志行)이 초절해 종풍을 떨쳤으나 보문은 일찍 입적했고, 다만 탄허가 스승의 유지를 받들어 '역경(譯經)의 일생'을 걸으며 많은 업적을 남겼다.

일제시대 조선불교 조계종의 종정

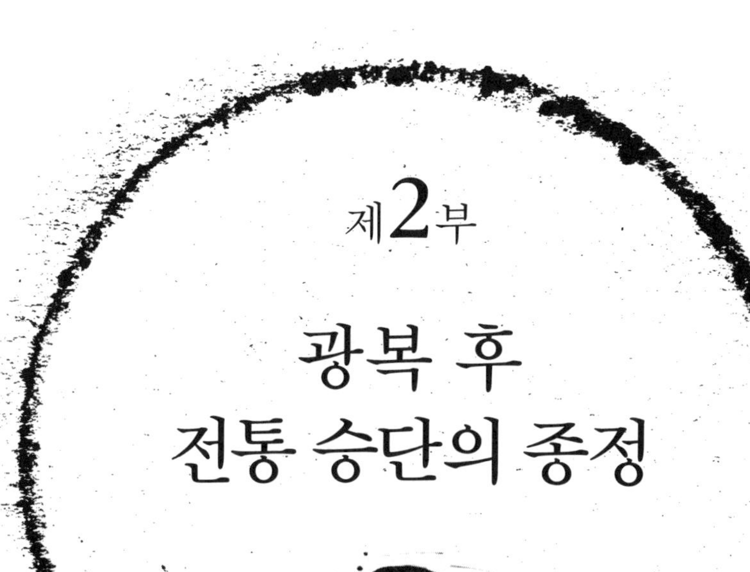

제2부

광복 후
전통 승단의 종정

조선불교의 종정

근세 3대 강백의 대종장 석전 정호
고불총림을 세운 '이뭣고' 스님 만암 종헌

수렴동 水簾洞口拈

푸른 구슬로 수렴을 짜려는 듯

                    凝翠漣瓊織水簾

튕겨져 내리는 가는 실비여!

                    浪花散落雨絲織

하늘에 구름 걷혀 숲 그림자 너울대니

                    閑雲纔捲林稍動

어여쁜 수호신이 옥섬을 떠받친듯

                    婉若洛神擎玉蟾

- 석전 정호(石顚 鼎湖 : 1870~1948) 스님 시 중에서

근세 3대 강백의 대종장
석전 정호

❀

1870~1948

근세 3대 강백의 대종장
석전 정호

일제시대 이래 일반인들에게 박한영(朴漢永) 스님으로 널리 알려진 석전 정호(石顚 鼎鎬) 스님은 1895년 26세의 젊은 나이로 순천 구암사(龜巖寺)에서 설유 처명(雪乳 處明:1858~1903)으로부터 사법(嗣法)한 후 구암사에서 개당(開堂)하니 학인이 운집해 종풍을 크게 날렸다. 30세에는 진

주 대원사(大源寺)에서 대강회를 베풀고 이어 백양사·해인사·법주사·화엄사·석왕사·범어사 등지에서 불법을 강설했다.

39세(1908년)에 불교유신의 뜻을 품고 서울에 올라와 만해 한용운(卍海 韓龍雲:1879~1944)·금파 경호(琴巴 竟胡:1868~1915) 등과 유신운동을 폈으며, 한일합방이되던 1910년 이회광 스님이 일본 조동종과 조약을 체결해 한국불교를 일본 조동종에 예속시키려 하자 만해·성월·진응 스님 등과 함께 저지 운동을 하고 임제종을 세워 한국불교의 전통을 고수하고자 노력했다.

43세(1912년)부터는 《조선불교월보》와 직접 창간한 《해동불보(海東佛報)》를 통해 불교유신을 역설하며 불교인의 자각을 촉구했다. 45세 이후에는 고등불교강숙(高等佛敎講塾)·불교중앙학림·개운사 불교전문강원에서 불교계 인재양성에 주력했고, 62세(1931년)에는 불교전문학교 교장에 취임했다. 그러던 한편 60세(1929년) 때에는 개운사 강원에 있으면서 조선불교 일곱 분의 교정 가운데 한 사람으로 추대됨으로써 마침내 불교계 최고 지도자가 되었다.

76세(1945년)에 해방을 맞은 스님은 조선불교 초대교정으로 추대되었다. 이로써 석전 정호 스님은 일제시대와 해방 직후 두 번에 걸쳐 종정을 역임했으며, 일제하 3대 강백의 한 분으로 손꼽힌다. 그의 문인 포광 김영수(包光 金映遂:1884~1967, 법명은 영수映遂)는 『석전문초(石顚文鈔)』(법보원, 1962) 말미에 쓴 「고태고선종교정영호화상행적(故太古禪宗敎正映湖和尚行績)」에서 다음과 같이 말하고 있다.

지금으로부터 약 60년 전에 우리 태고선종(太古禪宗) 내에서 종설겸통(宗說兼通)의 거물 강백 3인이 동시에 출세(出世)했으니, 선암사의 금봉 병연

(錦峰 秉演:1869~1916) 화상과 화엄사의 진응 혜찬(震應 慧燦:1873~1941) 화상과 석전 영호 스님을 합해 3대 강백이라고 세칭(世稱)했다.

연(然)이나 금봉 화상은 한시에는 조예가 깊으나 삼장(三藏)강설에는 오히려 범연한 편이요, 진응 화상은 삼장 강설에는 인도의 세친(世親)과 중국의 청량(淸凉)·규봉 종밀(圭峯 宗密:780~841)도 양보할 정도로 능통하지만 시문 등 문학에는 유의(留意)도 아니했다. 오직 한영 스님은 삼장 강설을 주로 하는 외에 경사자집(經史子集)과 노장(老莊)학설을 겸해 섭렵하지 않은 것이 없었으며 서법(書法)까지도 능통한 드물게 뛰어난 대종장이다.[1]

위당 정인보(爲堂 鄭寅普:1893~?)도 「석전상인소전(石顚上人小傳)」에서 "성교(城郊)의 서울에서 진속(塵俗)에 섞여살면서도 석장(錫杖)은 소연(蕭然)해 일찍이 누(累)되는 바가 조금도 없었다."고 스님을 칭송하고 있다. 한국 근세의 대강백으로서 일제시대와 해방공간, 두 번에 걸쳐 종정을 역임한 한영 스님 생애를 조명해보자.

출가와 구도

스님은 1870년(고종 7) 9월 14일(음력 8월 18일) 전북 완주군 초포면 조사리(현 완주군 삼례읍 하리 조사)에서 아버지 박성용(朴聖容)과 어머니 진양 강씨를 부모로 하여 태어났다.[2] 본관은 밀양이고, 자는 한영(漢永)이며, 호는 영호(映湖)·석전(石顚)이고, 법명은 정호(鼎鎬)이다.

집안은 대대로 농사를 짓던 집이었는데, 스님은 어릴 때부터 남달리 명석해 보고 들은 것을 잘 기억했으며 혼자 있기를 즐겼다고 한다.

조선불교의 종정

1886년 17세 때 어머니가 전주 위봉사에서 듣고 온 생사법문을 전해 듣고 발심해 출가할 뜻을 품었다.[3] 1888년 19세에 마침내 전주 태조암 (太祖庵)에서 금산(錦山) 화상에게 계를 받고 법명을 받았다. 태조암은 전북 완주군 소양면 대흥리 추줄산에 있는 절인데 위봉사의 부속 암자 이다. 이 암자는 1866년 남화(南華)가 중건했고, 1873년 도봉(道峰) 스 님이 중수했다.

1890년 21세의 스님은 장성 백양사 운문암의 환응 탄영 스님으로부 터 사교(四教:능엄경·기신론·금강경·반야경·원각경)를 배웠다. 그리고 1892년 23세 때에는 당대 강학의 중심지 선암사의 뛰어난 내전 강사였 던 경운 원기 스님으로부터 대교(大教:사미과·사집과·사교과·대교과)를 이 수했다.[4] 내전을 공부한 스님은 석왕사·건봉사·신계사 등지에서 참선 정진했다. 이어 1895년 26세 때 전북 순창군 복흥면 봉덕리 영귀산에 소재한 구암사의 설유 처명의 법을 받았다.[5]

구암사는 백제 무왕 25년(624)에 창건되었다고 전해지나 『동국여지 승람』에 그 기록이 없는 것으로 보아 조선중기까지는 이름난 사찰이 아 니었던 것으로 보인다. 구암사가 이름을 드러내기 시작한 것은 조선 후 기의 대강백 설파 상언(雪坡 尙彦:1707~1791) 대사와 백파 긍선(白坡 亘 璇:1767~1852) 때부터이다.

화엄에 정통해 '화엄종주'라 불렸던 설파 대사는 18세기 숭반 구암 사에서 1천 명의 대중을 모아 놓고 강의를 할 정도였으며, 설파의 대를 이은 백파 대사는 구암사를 조선후기 불교의 중심으로 자리잡게 한 중 흥조에 해당한다. 백파의 뒤를 이어 설두·설유·석전 등 조선불교의 뛰어난 강백들을 배출하면서 구암사는 명실상부한 교학의 중심지가 되 었다.

석전 정호

백파율사비　고창 선운사에 있는 백파율사비. 앞면
에 있는 〈백파율사대기대용지비〉라는 글씨는 추사
김정희의 글씨이다.　　　　촬영 김종만 ⓒ 문화문고

백파의 뒤를 이어 정관(正觀:?~1893), 설두(雪竇:1824~1889), 석전 정
호(石顚 鼎鎬)로, 그리고 선문염송(禪門拈頌)과 유식(唯識)에 능통했던 운
기(雲起:1898~1982) 스님으로 이어지는 강맥이 바로 구암사 강맥이다.[6]

　　스님은 스승인 설유 처명 스님으로부터 추사 김정희(秋史 金正
喜:1786~1856)가 백파 스님께 지어 보내준 ‘석전(石顚)·만암(曼庵)·다
륜(茶輪)’ 이라는 세 가지 호 중에서 ‘석전’ 이란 호를 물려받았다. 만암
은 백양사의 송종헌(宋宗憲:1876~1957)에게, 다륜은 다륜 익진 스님께 주
어졌다. 추사는 이 세 가지 호를 지어 친히 써서 백파 선사에게 주면서,
후대에 스님의 후예 중에 식도리자(識道理者:불법의 진리를 깨친 사람)가 나
오면 이 호를 하나씩 나누어 주라고 했는데 바로 석전 스님이 그 중 하

조선불교의 종정

나를 물려받은 것이다.

스님은 법을 받은 이듬해(1896년) 구암사에서 개당하니 사방에서 학인들이 몰려들었다. 그리고 30세 때인 1899년 진주 대원사에서 대법회를 연 것을 비롯해 화엄사·해인사·법주사 등지에서 불법을 강의했다. 특히 대원사에서 강의할 때는 '팔역(八域)에서 내집(來集)한 학인들이 수백 명에 달하므로 옛날 김제 금산사(金山寺), 환성 지안(喚惺 志安:1664~1729), 화상의 천명대회 이후로 처음보는 성회(盛會)'라고 칭송이 대단했다.[7]

불교유신운동의 선봉

1908년 석전 스님은 불교유신과 침체한 조선불교를 개혁하는 데 투신하고자 상경해서 만해 한용운·퇴경 권상로 등과 함께 교계를 개혁하고자 노력했다. 한일합방이 되던 1910년에는 이회광이 연합동맹 7조약을 체결해 한국불교를 일본불교 조동종에 예속시키려 하자, 만해·성월(惺月)·진응(震應)·종래(鍾來) 등과 함께 조선불교의 전통은 임제종임을 밝히고 이를 저지했다. 이어 임제종을 세워 독자성을 견지하려고 심혈을 기울였다.[8]

한편 스님은 〈불교강사와 정문금침(頂門金針)〉을 당시 교계의 기관지인 《조선불교월보》 제9호(1912.10.25, 1~6쪽)에 게재하는 것을 시작으로 많은 글을 이 잡지에 발표했는네, 잎시의 글에서는 당시 불교계 강사들이 공고(貢高)·나산(懶散)·위아(爲我)·간린(慳吝)·장졸(藏拙)의 다섯 가지 병폐에 젖어있다고 지적했다. 여기서 '공고'란 혼자만 고고한 체하는 것이고, '나산'이란 약간의 경전을 본 외에는 별로 아는 것도 없이

산만한 것을 말하며, '위아'는 독선에 빠져 겸허함이 없는 것이고, '간
린'이란 글자 그대로 인색함에 빠진 것을 말하는 것이며, '장졸'이란 자
기의 단점을 감추기에 급급하는 것을 이른다. 스님은 이런 불교계 강사
에게는 정문금침(頂門金針), 즉 '이마에 금침을 놓아' 그 병폐를 고치면
그 효능이 널리 이익을 미칠 것이라 했다.

스님은 〈불교강사와 정문금침〉 외에도 많은 글을 《조선불교월보》에
발표했다(1912.2.25~1913~8.25, 편집인 겸 발행인 권상로).

스님은 《조선불교월보》에 많은 글을 기고하는 한편, 1913년 4월에
는 열반재와 환등설행(幻燈說行) 행사가 경성 북부 전동(磚洞) 조선불교
중앙 포교당에서 있었는데 이 행사에 스님이 설교를 하기도 했다. 당
시 환등기로 여래팔상(如來八相)을 보여준 것은 매우 이례적이고 현대
적인 것이었으므로 사람들이 인산인해를 이룰 정도로 많이 모여들었
다고 한다.[9]

이해 6월 9일에는 양주 봉선사 주지 홍월초 화상이 사법(寺法) 강연을
하기 위해 소속 말사의 주지들과 더불어 강사로 석전·보륜(寶輪) 스님
등을 초청하고 있으며,[10] 10월에는 석전 스님이 《조선불교월보》를 인수
해 《해동불보》로 제호를 바꾸어 11월 20일자로 창간호를 발행했다. 이
때 스님은 그 발간 취지를 이렇게 밝혔다.

《해동불보》를 왜 발행하는가. 우리나라 불교가 날로 쇠퇴함을 염려해 세계
를 그 빛을 떨치고자 함이라……[11]

이 《해동불보》는 1913년 11월부터 이듬해 6월까지 통권 8호를 발행
했다. 편집인 겸 발행인은 박한영이었고, 편집은 최예운(崔貌雲)이 맡았

조선불교의 종정

으며, 서기 겸 회계는 김인해(金仁海)가 담당했다. 그런데 이 잡지는 비록 해동불보사가 발행소로 되어있지만 실질적으로는 30본산 주지회의소가 발행 주체였고, 이곳의 강사이자 해동불보사 사장 직무를 맡은 한영 스님은 겸해 《해동불보》의 윤필자년급(潤筆貲年給)으로 36원을 지급받고 있다. 말하자면 《해동불보》는 《조선불교월보》를 제호만 바꾼 조선불계(30본산 주지회의소) 기관지였으므로 제호 변경과 더불어 그 발행인이 권상로에서 한영 스님으로 바뀐 것이다.

일제초 문학 또는 일반 잡지가 그러했듯이 《해동불보》는 한영 스님과 최예운 두 사람의 2인 잡지라 해도 과언이 아닐 정도로 지면 대부분이 두 사람의 글로 채워졌다. 이 잡지에 스님은 '영호생(映湖生)·박한영(朴漢永)·구산사문(龜山沙門)·석전사문(石顚沙門)·석전 박한영·영호자(映湖子)·석전산인' 등 여러 가지 이름으로 글을 게재하였다.

뚜렷한 주체의식

석전 스님이 《조선불교월보》와 《해동불보》를 통해 설파한 것은 주로 조선불교의 주체의식에 관한 것이었는데, 대강을 살펴보면 이렇다.

스님은 조선불교와 조선 역사의 주체의식 부족의 근원을 중국에 대한 지나친 사대주의에 기인한다고 보았다. 즉 조선인은 모든 지식의 원천을 중국의 것에서 찾고 모범으로 삼았으며, 하물며 성(城)·읍(邑)·산(山)·천(川)·초(草)·수(樹)의 넁칭까지도 중국의 것을 모방하므로 중국은 조선을 일컬어 소중화라 했다. 이런 연유로 조선 민족 전체가 자기 문헌은 무시하고 중국문헌만을 숭배하였으며, 이와 같은 태도는 불교계에서도 전염되어 중국의 선증(禪證)과 법계(法系)만이 있으며 조선의 선(禪)과 교(敎)는 한 일파로 간주되므로 이로써 선맥을 보고자 하면 『지나별록(支那別錄)』과 『본방정사(本邦正史)』를 번역해 보아야만 약간 알 수 있다고 했다.[12] 스님은 이러한 상황에서 조선불교를 유신하려면 불교 전적(典籍) 간행과 불교 사적에 대한 연구가 진행되어야 한다고 강력하게 주장하고 있다.[13]

한편 서울 동대문밖 30본산 주지회의소에서는 불교 고등과를 가르칠 강숙(講塾)을 설치하고 석전 스님을 초빙해 1912년 11월 중순부터 학인들에게 강의를 시작했다. 자료에 의하면 1914년 1월 1일 30본산 주지회의소에서는 제3회 총회를 개최해 고등불교강숙의 강사이자 해동불보사의 사장인 석전 스님에게 연급(年級)으로 36원을 지급하고 있다. 그리고 이 해에는 화장사(華藏寺) 주지 이지영(李智永) 스님이 강숙의 서적 및 연료비로 120원을 기부하고, 용주사 주지 강대련(姜大蓮) 스님이 연료비 60원을 부담했으며, 마곡사 강사 김보륜 스님이 등유비 20원을 기부함으로써 비로소 강숙이 제자리를 잡아 안정되어갔다고 한다.[14]

이 강숙에서는 1914년 4월 1일 처음으로 사교과와 대교과 학인을 모집해 일반 보통학교 학제와 마찬가지로 개학식을 거행했으며, 1915년 10월에는 30본산 연합회에서 경성부 숭일동 1번지에 있던 옛 북관왕묘(北關王廟)를 정부로부터 임차해 중앙학림(中央學林)을 설립했다. 학장은 강대련, 학감은 김보륜, 요감(療監)은 김능성(金能惺), 장재(掌財:재무)는 김침월(金沈月) 스님이었으며, 산술은 이명칠(李命七), 불교학은 석전 스님이 강의를 담당했다.

이렇듯《해동불보》발행에서 손을 뗀 석전 스님은 고등불교강숙과 중앙학림에서 내전을 가르치는 데 몰두해서 불교 잡지에는 거의 글을 쓰지 않다가, 1918년 한용운이 《유심(唯心)》을 간행하자 그 제2호

조선불교의 종정

(1918.10.20, 28~33쪽)에 〈유심(唯心)은 즉 금강심이 아닌가〉와 제3호 (1918.12.1, 22~30쪽)에 〈타고올(打古兀)의 시관(詩觀)〉이란 제목의 글을 발표했다.

《조선불교월보》·《해동불보》·《유심》 등에 쓴 석전 스님의 글은 한문에 한글 토를 단 문장이어서 한문 실력을 갖추지 않은 사람은 그 뜻을 이해하기가 쉽지 않다. 이는 전적으로 한문 세대였던 당대의 전반적인 어문 경향이었다. 이를 일러 '국한문혼용'이라 하나, 이는 거의 대부분이 한문이고 접속사나 토씨 또는 문자의 어미에만 한글을 덧붙이는 정도여서 오늘날 보면 심히 난해하다.

불교 잡지가 본격적인 한글 문장을 사용한 것은 1924년 7월 15일 《불교》지가 창간된 이후부터다. 물론 이때도 한자를 많이 사용하긴 했으나 기본적으로 그 문장은 한글 문장이었으므로 그 이전의 《해동불보》 시절과는 판이하게 차이가 난다. 그렇다고 해서 석전 스님이 《조선불교월보》·《해동불보》·《유심》 등에 발표한 그 수많은 글들의 뜻이 훼손되는 것은 아니다.

1918년 11월 5일은 중앙학림이 창립된 지 제3년차가 되는 기념일이었다. 석전 스님은 이 기념식에서 경과보고를 했다.[15] 그리고 3·1운동이 일어난 직후인 1919년 3월 7일 본산 연합사무소 상치원 회의에서 중앙학림의 전임학장으로 석전 스님을 선정하고 학림에 관한 일체의 사무를 전임 담당케 했다.[16]

3·1운동 직후인 이 무렵에는 각지에서 망명성부가 구성되었는데, 인천 만국공원에서 국민대회의 이름으로 조직 선포된 한성정부(漢城政府)라는 것이 있었다. 1919년 4월 23일, 24인의 국민대회 13도 대표자들이 취지서를 발표하고, 임시정부 선포문을 세계적 통신기관인 연합

석전 정호

통신을 통해 국내외에 알렸다. 이 한성임시정부에 석전 스님은 월정사 승려 이종욱(李鍾旭)과 함께 불교계 대표로 참여했으며, 그 후 한성 임시정부는 임시정부 단일화 협상으로 상해임시정부로 통합된 사실이 있다.

1919년 5월, 스님은 설유 처명 대사 행장을 〈영귀산설유당처명대사행략(靈龜山雪乳堂處明大師行略)〉이라는 제목으로 《조선불교총보》(1919.5.20, 79~81쪽)에 발표했다. 또한 그는 같은 잡지에 〈백암산도암당대선사행략(白巖山道巖堂大禪師行略)〉도 게재했다. 이어 1920년 2월 17일에는 이능화(李能和) · 김정해(金晶海) · 김홍조(金弘祚) 등이 발기한 조선불교회 29명의 발기인 가운데 한 사람으로 참여하고 있다.[17]

이 무렵 석전 스님이 학장으로 재직하던 중앙학림은 그 전해 발생한 3 · 1운동의 영향으로 허다한 곤란과 파란이 쌓였으나 겨우 사태를 수습해, 1920년 2월 16일에는 교직원 전원을 봉춘관(奉春館)에 초빙해 만찬 연회를 베풀고 학림의 장래대책을 의논했다. 그리하여 1920년 4월 학기부터는 본과를 쇄신하는 것은 물론 본과에 진학할 예비과를 증설할 수 있었다.[18]

중앙학림 휴교

1920년 6월 20일에는 불교 중앙학림 학생이 중심이 되어 각황사에서 조선불교청년회가 창립되었다. 불교 청년 257명이 참가했는데, 이들은 사찰령 철폐운동과 불교혁신운동을 전개했다. 불교청년회에서는 이러한 운동을 펼치기 위해 1920년 12월 16일 36명의 간부 및 회원들이 모여 유신협의회를 개최해 1921년 1월에 개최될 30본산 연합사무소 주지

조선불교의 종정

총회에 불교유신을 위한 8개항의 의안을 건의할 것을 결정했다.[19]

그 8개 의안은 ① 조선불교는 만사를 공의(公議)에 부칠 것 ② 30본산 연합제규를 수정할 것 ③ 재정통일 ④ 조선불교 교육의 주의와 제도를 혁신할 것 ⑤ 포교방법 개신 ⑥ 의식(儀式) 개신 ⑦ 서울에 홍교원(弘敎院)을 건설할 것 ⑧ 인쇄소 설치 등이었다.

이 의안은 일제의 사찰정책을 극복함과 동시에 불교유신과 완전한 중앙기관을 확립하기 위한 것이었다. 그리고 ④ 항은 중앙학림을 전문학교로 승격해주기를 바라면서 설정한 항목이었다. 왜냐하면 이 무렵 기독교에서 경영하는 연희(延禧)·이화(梨花)가 각각 전문학교로 승격하고 있던 때이므로 중앙학림의 학생들도 이에 자극받아 학림의 승격을 간절히 요구한 것이다.

한편 불교청년회에서는 불교유신운동을 효과적으로 추진하기 위해 1921년 12월 21일 불교유신회를 창립했다. 그런데 이 불교유신회가 창립되기 전인 1921년 3월, 30본산 주지임시총회가 열려 중앙학림의 경영문제를 토의했으나 아무런 성과 없이 산회했다. 김법린(金法麟)·김대용(金大鎔)·신상완(申尙玩) 등 학생대표들은 학교당국과 30본산 주지들에게 중앙학림의 전문학교 승격을 수차 건의했으나 30본산 종무원장 홍포룡(洪浦龍)·서무부장 강대련 스님 등은 재정 부족을 이유로 이를 허락하지 않았다. 이에 중앙학림 학생들은 1921년 10월 1일을 기해 전문학교 승격을 주장하면서 동맹휴학을 단행했다.

중앙학림의 동맹휴학은 불교계에 충격을 주어 1922년 1월 7일, 조선불교도 총회를 개최해 몇몇 주지들의 전제(專制)라고 30본산 연합제 폐지를 결의했다. 이 결의에 찬동하는 통도사·범어사·해인사·석왕사·백양사·위봉사·송광사·기림사·건봉사 등 10개 본산 주지들은

30본산 연합회에서 탈퇴해 각황사에 조선불교 선교양종 중앙총무원을 설치했다. 그리고 같은 해 3월 일에는 이른바 '강대련 명고축출사건' 이 발생했다. 불교유신회원을 중심으로 한 청년승려 1백여 명이 각황사에서 주지성토 강연회를 개최한 후 친일승 강대련을 등에 북을 지워 종로로 행진한 사건이다.

한편 중앙총무원에 반대하는 친일 본사주지들은 1922년 5월 29일 각황사에서 중앙교무원을 설치했다. 그리고 이들은 불교청년운동의 주축을 이루는 중앙학림을 향후 3년간 휴교하기로 결정했다. 이로써 중앙학림의 학장이었던 석전 스님은 3년 3개월 만에 전임학장직에서 물러나게 되었다.

1925년 3월에는 육당(六堂) 최남선이 세수 56세의 석전 스님을 모시고 호남지방을 여행했다. 두 사람은 기차로 전주에 도착해 미륵산·건지산 등지를 거쳐 동학의 전쟁터와 임실·노령을 경유해 백양산 백양사·운문암·구암사·내장산·변산·조계산 송광사·선암사·지리산 등 호남의 명찰고찰을 두루 유람했다. 이때 스님은 금산사(金山寺)·천왕봉(天王峰)·송광사·홍류동·선암사의 경운 스님 등을 소재로 무려 17편의 기행시를 읊었다. 특히 운문암 선암사는 스님이 다년간 머물면서 사교와 대교를 공부하던 곳이어서 그 감회가 남달랐다. 최남선은 여행의 기록을 이듬해인 1926년에 『심춘순례(尋春巡禮)』라는 제목의 책으로 펴냈는데, 그 서두에 '이 작은 글은 영호당(映湖堂) 석전께 드리나이다' 라고 헌사를 덧붙이고 있다.

이 1925년에는 청담(靑潭) 스님의 연보에 의하면 '청담 순호가 고성 옥천사에서 박영호(한영) 스님께 삭발 득도했다'[20]는 기록도 눈에 띈다.

1926년 6월 6일에는 일본유학 후 일제시대 최초로 스리랑카 고륜모

조선불교의 종정

(古倫母:콜롬보)에서 팔리어와 범어 불경을 연구하고 있던 이영재(李英宰:
천은사 재적승, 법명은 종원宗圓)가 석전 스님께 '영호 선생님 예하(猊下)'라는
제목의 서신을 보냈는데, 이 서신은 당시의 교계 기관지《불교》제27호
(1926.9.15,36~41쪽)에 게재되었다.

당대 석학의 태두

석전 스님은 승려로서 경 · 율 · 논 삼장(三藏)은 물론 시문에도 뛰어
났고, 유교의 경사자집(經史子集)과 도교의 노장이며, 서법에도 달인의
경지를 보임으로써 당대 석학들의 존경을 받았다. 따라서 불교계의 학
인 석덕들은 물론이고 세간의 많은 문인 학자들도 석전 스님을 깊이 존
경하고 따랐다. 예컨대 위당 정인보는 일찍이 스님을 가리켜 "시문에는
깊은 사상이 깃들어 있고, 참선하실 땐 바로 부처님 모습이었다. 또한
한번 섭렵하신 바는 하나도 열거치 못하시는 바가 없다고 술회한 바가
있다. 그리고 최남선 역시 "스님의 해박하심은 내외전(內外典)을 꿰뚫어
내가 감히 미칠 바가 못 된다"고 스님을 흠모했다.

스님과 시문을 나누거나 여행 등을 하며 가깝게 지낸 당대의 석학 중
에는 오세창 · 김돈희(金敦熙) · 이도영(李道榮) · 고희동(高羲東) · 안재홍
(安在鴻) · 위당 · 육당 등이 있다. 아울러 가르침을 받은 인물도 승가에
는 청담 · 운허 · 청우 · 운기 · 경보 등 부지기수이고, 세속인으로도 서
정주 · 이광수 · 조지훈 등 역시 많은 인물이 있다.[21]

대원암의 물외도인

앞서 말한 바와 같이 석전 스님은 1922년, 학장으로 재직하고 있던 중앙학림이 휴교하자 육당과 호남지방을 여행하는 등 비교적 한가하게 지냈다. 그러던 중 1926년 10월, 경기도 고양군 숭인면 소재 개운사(지금의 서울시 성북구 안암동 5가 157번지) 주지 김동봉(金東峰) 스님이 불교전문강원을 개설하고 석전 스님을 강사로 초빙했다. 이 강원 개설에는 여러 스님의 협조가 있었는데, 개운사의 안월송(安月松) 스님이 강원도 고성군 소재 25석(1석=백미 125두) 수확을 받는 토지를 영원히 개운사 강원에 기부했고, 경성부 숭인동 소재 청룡사 주지 홍상근(洪祥根) 스님도 강원의 경비가 얼마가 되든지 그 반을 부담하기로 했으며, 개운사의 대중 60여 명도 3백여 원을 모금해 강원의 비용에 보탰다.[22]

석전 스님은 이 개운사 대원암 불교전문강원의 강사 초청에 기꺼이 응해서 1926년 10월 3일의 개원식에 참석했다. 개원식의 사회는 박윤진(흥국사 재적승)이 보았고, 박범화(朴梵華) · 이회명(李晦明) · 권상로 · 전해송(全海松) 등이 내빈 축사를 했다.[23]

스님은 강원에서 학인을 지도하는 여가에 《불교》에 글을 발표하기도 했는데, 이를테면 1927년 1월 〈성령(性靈)과 과학변(科學辯)〉(제31호, 20~30쪽)이 그런 것이다.

1927년 10월 15일, 개운사 불교전문강원에서는 개강 제1주년 기념법회를 개최했는데, 석전 스님은 이 기념식에서 경과를 보고했다. 이 때 강원에서 공부하던 학인들은 초등과에 김인호(20세, 개운사) 등 4명이었고, 사집과(四集科)에 김성인(36세) 등 3명이었으며, 사교과(四教科)에 이순호(李淳浩:당시 26세, 청담 스님) 등 14명이고, 대교과(大教科)에 김병하(21

세) 등 3명으로 전체 학인의 수는 24명이었다.[24]

1928년 1월 11일부터 17일까지 7일간 스님은 전북 전주군 소재 구암사 포교당에서 개최한 법화경 대강연회에 강사로 초빙되어 『법화경』을 강의했다. 매일 청강대중이 7, 80여 명에 달했고, 마치는 날에는 전주음악회 일동이 연주하는 묘음(妙音)으로써 영산법회에 음악공양을 했다고 한다.[25]

한편 조선불교 중앙교무원에서는 1927년 불교전수학교 건축을 완료하고 1928년 3월 30일자로 당국의 허가를 얻어 4월 30일 성대한 개학식을 거행하고 5월 1일부터 수업을 시작했다. 학생 정원은 50명이었으며, 교장은 송종헌(宋宗憲:백양사 주지)이 피선되었고, 과목은 불교 외에 문학·철학·법제·경제가 있었다. 석전 스님은 개운사 대원암 강원에서 학인들을 가르치면서 또한 불교전수학교에 출강해 선문염송(禪門拈頌)을 강의했다.[26]

1928년 5월 28일에는 불교전수학교에서 불교교우회를 창립했는데 회장으로 교장인 송종헌 스님이 선출되었고 석전 스님은 종교부장에 선정되었다.[27] 또 같은 해 7월, 스님은 '석전사문(石顚沙門)'이라는 이름으로 〈어떤 것이 대승불교일까〉라는 제목의 글을 《불교》 제49호(1938.7.1, 24~26쪽)에 발표하기도 했다.

이해 11월 1일에는 개운사 불교강원에서 첫 수료식이 있었다. 화엄삼현부(華嚴三賢部)에 조종현(趙宗泫) 등 6명, 화엄현담부(華嚴玄談部)에 이순호(청담 스님) 등 11명, 사집과 졸업에 김성인 등 4명, 염송(拈頌) 수료에 김낙환(金樂煥) 1명, 사집수료에 김득성(金得成) 등 3명이었다.

한편 1928년 개운사에서는 불교강원을 경내 대원암에 신축해 이전하려 했다. 그러나 이전 유지할 경비가 없어서 곤란을 겪고 있던 차에, 이

석전 정호

를 들은 봉선사 전 주지 홍월초 화상이 현금 6백 원을 희사함으로써 원만히 이전 개강케 되어 개운사 대중은 물론 강원 학인들이 월초 화상의 미거(美擧)에 칭송이 자자했다.[28]

석전 스님은 조선불교승려대회(1928년 11월 28일)의 발기인이 되길 승낙했으나, 막상 발기인 회의에는 참석치 않았다.[29] 그런가 하면 불교전수학교 교우회에서 발행하는 교지 일광(一光)에 '대교사(大敎師) 박한영'이라는 이름으로 〈고목춘(古木春)〉이란 제목의 글(산문)을 제1호(1929.10~11쪽)와 제2호(1929.9.9, 37~38쪽)에 게재하기도 했다.

이 무렵 석전 스님은 개운사 대원암의 강원과 불교전수학교에서 불교내전을 강의했는데, '천진도인(天眞道人)' 또는 '물외도인(物外道人)'이라고 불렀다. 스님은 평소 곶감을 좋아해 변소에 앉아 일을 보면서도 곶감을 즐겨먹어 변소엔 이따금씩 그 씨앗이 수북이 쌓이곤 했다고 한다. 또한 평소 신도들과의 대면은 즐기지 않아서 신도들이 스님을 뵈러 왔다고 하면, 옷을 벗어제치고 어서 보고 가라고 재촉해 여신도들이 혼비백산한 일화도 있었다고 한다.

교정으로 추대되다

1929년 1월 3일에서 5일까지 각황사에서는 전국승려대회가 개최되어 종헌(宗憲) · 종회법 · 승니법(僧尼法) 등을 제정함과 아울러 일곱 분의 고승을 교정으로 추대했다. 이때 석전 스님은 김환응(金幻應) · 서해담(西海曇) · 이용허(李龍虛) · 김동선(金東宣) · 김경운(金擎雲) · 방한암(方漢岩) 스님 등 6명의 고승과 함께 교정에 추대되어 교단 전체를 지도하는 영도자가 되었으며, 그해 1월 22일 개운사에서 스님의 교정취임식이

조선불교의 종정

있었다.[30]

하지만 스님은 교정에 추대되어도 강원과 불교전수학교 강의에 충실했는데, 1929년 10월 22일 개운사 강원에서는 개강기념식 겸 제2회 졸업식과 수료식을 거행했다. 또 석전 스님이 선문염송을 강의하는 불교전수학교는 1930년 4월 7일 중앙불교전문학교(이하 중앙불전)로 승격 인가되어 4월 25일 제1회 시업식을 거행했다.

이 중앙불전은 1931년 4월 23일 교장 송종헌이 사임하고 같은 해 5월 6일 김영수가 교장으로 임명되었다. 그러나 김영수는 1932년 봄 교장직을 사임해, 1932년 5월 12일 만해 한용운이 신임 교장으로 채용신청서를 제출했으나 당국의 거부로 무산되고 말았다. 만해가 3·1운동의 민족대표였고 항일의식이 강한 승려였으므로 총독부에서 거부했던 것이다. 이에 교무원에서는 1932년 8월 14일 교학부원 정봉윤(鄭鳳允)을 내장사에 출장 보내 석전 스님으로 하여금 중앙불전의 교장취임을 승낙하도록 졸랐다.

스님의 승낙을 받은 교무원에서는 당국에 신청서를 제출해 1932년 11월 1일, 석전 스님은 중앙불전의 교장으로 인가되어 그해 11월 14일 취임식을 거행했다. 그리고 이어 11월 19일, 오후 5시부터 명월관 지점에서 중앙불전의 설립자인 교무원 주최로 신임 박한영 교장의 초대회 및 직원 일동 위로 만찬회를 열었다.[31]

그런데 이 중앙불전 교장 취임에 앞서 석전 스님은 선학원에서 발행한 《선원(禪苑)》 창간호(1931.10.6, 4~5쪽)에 〈불시선(不是禪)〉을 발표했고, 제2호(1932.2.1, 8~10쪽)에는 〈서진선(西震禪) 동별(同別)〉을 게재했다. 한편 만해 한용운이 발행인으로 있는 《불교》 제91호(1932.1.1)가 송종헌을 비롯한 11명의 당대 불교계 중요 인사들에게 '사법(寺法) 개정에 관한 의견'을 묻자, 한영 스님은 이렇게 답하고 있다.

　1. 총본산을 경성 내에 설치하야 총본산 대표 1인만 조선총독부에 인허를 받을 것.

　1. 총본산제가 빠르다면 현 각 본사주지 후보에 대하야 사좌상속(師佐相續)과 법류(法類) 상속 등을 폐지하고 보통 공선법(公選法)으로 하되 종회에 부쳐 고시위원을 정하야 주지후보자의 이력 및 자격을 엄중 조사하야 권점위(圈點位)에 입(入)한 후에 이 권점위로써 종회원이 중선거(重選擧)하고 선거총대가 당국에 수속을 제기 승인케 할 것.[32]

　1929년의 전국승려대회 이후 조선불교계에서는 전국 사찰을 통괄하는 총본산을 건설하자는 의견이 대두했으므로 석전 스님은 이에 대해 그 견해를 밝힌 것이다. 이어 1932년 3월에는 역시 《불교》 제93호가 행한 '불교행정에 대한 불만과 희망'이라는 질문에 대해 〈종시(宗是)의 논(論)〉이라는 글로 원론적인 대답을 하고 있다.[33] 그런데 《불교》 제93호 말미에는 아주 재미있는 기사와 사진이 실려 있다. 사진은 투표하는 광경이고, 기사의 제목은 '조선불교 대표인물 투표 당선 발표'인데, 그 내용에는 '한용운 422표, 방한암 18표, 박한영 13표, 김태흡(金泰洽:대은 스님) 8표, 송종헌 3표, 백성욱(白性郁) 3표(3표 이하 생략)'라고 게재되어 있다. 이로 볼 때 1932년 당시 한용운 스님이 압도적인 표수로 조선불교계 대표적인 인물로 선정되었음을 알 수 있고, 그 뒤를 방한암 선사와 석전 스님이 잇고 있음을 알 수 있다.

　한편 조선불교 중앙교무원에서는 교학부장 대신 포교사 김태흡(대은) 스님으로 하여금 1932년 음력 3월 15일(양력 4월 20일) 교정 일곱 분 중

한 분인 석전 스님을 모시고 태고 보우 선사의 제향을 모시러 태고사(삼각산 태고사)로 가라고 했다. 이에 대은 스님이 석전 스님을 찾아가자 스님은 또 한 사람 찾아올 사람이 있다면서 잠시 기다려 육당 최남선이 오자 학인 세 사람 등 일행은 개운사 대원암을 나서서 삼각산 태고사를 향해 출발했다.

이들은 대원암 뒷산으로 올라가 동소문 건천사장(乾川沙場) 청암사(靑岩寺) 동구 청암사 송정(松亭) 대동문(大東門) 동장대(東將臺)를 거쳐 태고사의 뒷봉을 타고 내려가 마침내 태고사에 도착했다. 일행은 태고사에서 하룻밤 자고 다음 날(4월 21일) 태고 선사 부도(浮屠) 앞에 향·초와 다과 및 백미진수를 차려놓고 제향을 드렸다. 이때의 일은 대은 스님이 《불교》 제96호(1932.6.3, 52~56쪽)에 발표한 기행문 〈태고사행(太古寺行)〉 속에 잘 묘사하고 있는데, 석전 스님은 매년 조선승려를 대표해 태고 선사의 제향에 반드시 참석했다고 서술하고 있다.

태고 보우 선사는 한국불교의 중흥조(重興祖)로 일컬어지고 조선승려는 모두 태고의 후예라고 말하기도 한다. 그러므로 태고 선사에 대한 존숭의 염은 조선승려들에게 지극한 바 있었는데, 일제시대에도 매년 태고 선사의 부도 앞에서 제향을 올리며 추모행사를 계속했음을 알 수 있고 이 제향에는 석전 스님이 해마다 꼭 참석했음을 확인할 수 있다.

1932년 9월 11일 교무원에서 열린 제4회 종회에서 석전 스님은 상원제도개선 심의위원(6명)의 한 사람으로 선출되었다.[34] 그리고 이해 가을 석전 스님은 일본 동경에 유학하던 조선승려들이 발행하는 《금강저(金剛杵)》라는 제호의 잡지 제20호(1932.12.8)에 〈연담(蓮潭)과 인악(仁岳)〉과의 관계라는 7언율시를 게재했다.

석전 스님은 또한 불교전문학교 교장으로서 교지 《일광》 제4호

석전 정호

(1933.12.14, 2~4쪽)에 〈근본교육과 명예사업〉이란 글을 싣기도 했으며, 이어 제5호(1935.1.20, 2~3쪽)에는 〈조선불교의 정신문제〉, 제6호(1935.1.10, 2~6쪽)에는 〈조선불교의 정신문제〉, 제6호(1936.1.10, 2~6쪽)에는 〈불교와 문학〉을, 제7호(1936.10, 2~6쪽)에는 〈불교문학으로 청년제군〉 등의 글을 게재했다.

1934년 12월에는 학명 계종(鶴鳴 啓宗:1867~1929) 선사의 제자 고벽(古碧)과 매곡(梅谷) 스님이 스승 학명 선사의 석종(石鐘:부도浮屠)을 다듬어 놓고서 스승의 행장을 가지고 서울 개운사 대원암에 있는 석전 스님을 찾아와 스승의 사리탑 비명을 지어주기를 청했다. 이때 지은 〈내장산학명선사사리탑명병서(內藏山鶴鳴禪師舍利塔銘竝序)〉는 1935년 3월 15일 내장사에 제자들이 그 비석을 세웠고, 또한 석전 스님의 『석전문초(石顚文鈔)』(법보원, 1962)의 「석림초(石林草)」에 그 비명 내용이 수록되어 있다.

1935년 8월 31일, 경성부 수송동 각황사 내에서 금강산불교회 발기인 및 창립총회에서 석전 스님은 16명의 고문 중 한 분으로 추대되었다.[35]

석전 스님이 강주(講主)로 있는 개운사 대원암 강원은 1926년 개원 이래 수백 명의 학인을 양성했다. 강원의 유지비는 봉은사에서 1백 원, 개운사에서 백미 100두, 안월송 스님의 고성조(高城租) 20석답(石畓), 봉선사 홍월초 화상의 현금 8백원과 경성조(京城租) 5석답, 홍상근 비구니의 현금 8백 원과 경성조 8석답, 고 김경응(金鏡應) 화상의 제위(祭位)인 경성조 5석답, 봉선사 주지 박범화(朴梵華) 화상의 5백원, 중앙교무원에서 2년간은 9백 원씩, 그 다음 2년간은 6백 원씩을 충당했으며, 또 3년간은 석전 스님의 불전 교장 연수당금 960원으로 충용해 근근이 유지해 왔다.

조선불교의 종정

이에 1934년 가을, 뜻 있는 분들이 발기해 안월송 화상이 고성조 50석답을 더 헌납하고, 박범화 화상이 고성조 50석답을 제공해 1935년 가을에 이전등기를 마쳤다. 또 안월송 화상이 고성답조 70석과 박범화 화상이 고성답조 50석을 추수해 대원강원에서 받게 되었으므로 종래에는 유지에 곤란하던 대원강원의 유지가 공고하게 되었다.[36] 이는 안월송·박범화·홍월초·홍상근 스님 등이 현금과 전답을 헌납하는 헌신적인 노력과 함께 석전 스님은 불전 교장의 수당까지 내놓고 학인들을 열심히 가르치는 희생적인 노력에 의해 대원암 강원은 불교전문교육기관으로 그 입지가 확립되었던 것이다.

석전 스님은 자신이 불교 교장으로 받는 수당이나 월급을 강원 운영비로 내놓은 것은 물론이고, 형편이 어려운 학인(이재복 등) 스님을 최남선이 경영하던 출판사 일남각에 보내 책을 베끼는 부업을 알선해줌으로써 학자금을 벌어 공부하도록 주선해주기도 했다. 뿐만 아니라 학인 중에 아픈 사람을 병원에 데려가고 치료비로 아끼던 전적(典籍)을 최남선에게 팔아 충당한 일도 있다. 그리고 최남선은 며칠 후, 이 귀중한 책을 읽어본 것만도 다행이라며 책을 석전 스님께 다시 돌려주었던 것이다.

석전 스님의 일화

석전 스님이 불전 교장과 대원강원의 강주로 재직하고 있을 때 위당 정인보는 스님을 모시고 금강산으로 여행을 간 일이 있다. 두 사람이 금강산 장안사에 이르러 절에 묵으려고 하자 지객(知客) 스님이 다른데 가서 알아보라며 냉대를 하자 석전 스님은 노숙이라도 해야겠다고 위당에게 말했다. 이에 위당이 장안사 스님께 찾아가 방금 온 노스님이 교정이자 중앙불전 교장이신 석전 큰스님이라고 말하자 장안사의 스님은 당황해 백배 사죄를 드리고 정중하게 모시는 일화를 낳기도 했다. 석전 스님은 금강산 유람을 할 때도 새벽이면 홀로 일찍 일어나 선 수행을 했다.

앞의 일화에서도 보듯이 석전 스님은 단순 소박한 성품이어서 교정이나 불전 교장으로서의 권위를 내세우지 않았다.

석전 스님 밑에서 불교공부를 했고 전문학교까지 다닌 미당 서정주는 1936년 1월 《동아일보》 신춘문예에 시가 당선되었다. 서정주는 대원암의 석전 스님 문하에서 공부할 때 숨어서 담배를 피우다가 들켜 "너는 사바의 애착을 끊지 못하니 중되기는 글렀다."면서 불교전문학교에서 공부를 계속해 훌륭한 시인이 되라고 질책 겸 격려를 받기도 했다.

스님은 비록 학인들에게는 학비와 질병까지도 돌보는 인자함을 보여주었으나 스스로는 평생 동안 지계엄정으로 일관해 당대 불교의 병폐를 고치고 후학양성에 헌신적으로 노력했다. 미당이 쓴 내가 만난 사람들을 보면 그는 석전 스님에 대해 이렇게 서술하고 있다.

"아하하하 하하하하 하하하하……그(석전 스님)는 내 대답의 어디가 그리도 우스웠던지, 꼭 인제 금시 이빨을 새로 갈기 시작한 나이 또래의 아이가 무엇에 많이 우스워 터뜨리는 것과 조금도 다를 것이 없는 너털웃음을 터뜨리며 좋아라 했다. 이런 웃음엔 아무리 찡찡보라도 덩달아 같이 웃지 않고 있을 수가 없는 것이다."

스님은 해우소(解憂所:변소)에 갈 때도 휴지를 잊고 가기가 일쑤여서 '엉덩이를 까 내놓은 채 엉금엉금 앉은걸음으로 뒷간 옆 개울물에 가서

조선불교의 종정

거길 씻고 있다가' 문하의 학인들에게 들키기도 했다. 더군다나 그는 비 오는 날에도 우장을 제대로 갖추지 않을 때가 많았던 모양이다. 그래서 비가 추적추적 내리는 날이면 길가 남의 집 추녀 밑에서 비가 그치기를 기다리기가 일쑤였다고 한다. 더러는 비 그치기를 기다리는 중에 중년 아주머니가 번철에 부친 빈대떡을 파는 것을 맛있게 사먹기도 했다. 빈대떡을 먹다가 서정주를 만나면 "아나 아나 증주(정주)"하면서 서정주를 불러 세워 자시던 떡을 먹기를 권하기도 했다고 미당은 훗날 추억 속의 빛바랜 흑백사진같이 회상하기도 했다.

이런 일화도 있다. 서정주가 석전 스님 문하에서 『능엄경』을 배우기 시작한 지 오래지 않은 어느 겨울날 아침이었다. 스님은 문하생들과 함께 아침공양을 드시고 있던 참이었다.

"인호야."

스님이 문득 동석에서 밥을 먹고 있던 젊은 한 학인 스님을 불렀다.

"너, 거 오늘 아침은 두부국을 맛있게 끓였구나."

그때 함께 공양중이던 대중들 가운데 몇 사람이 소리를 나직이 짓누르며 킥킥거렸다. 스님의 음식 칭찬은 웃을 까닭이 없는 말씀이었는데, 동석중인 학인들은 웃고 있었던 것이다.

서정주는 공양 후에 인호 스님에게 그 까닭을 물었다. 인호 스님은,

"오늘 아침 두부국이 왜 맛있었는지도 모르는 걸 보니 당신도 쏙 우리 조실 스님 같소."

하고서는 그 두부국은 어란(魚卵) 삶아낸 물에다 끓인 것이었다고 설명했다.

지계(持戒)에 철저하신 석전 스님이 이 사실을 알았다면 웃으시기보다는 호령을 내렸을 것이다. 정인보의 기록에 의하면 스님의 성격이 다

정다감한 것만은 아니어서 학인들이 계율을 어기면 불호령을 내렸다고 한다.

스님은 평소 남들의 마음을 거슬리는 일은 되도록 피했다. 그러나 때로는 불쑥 화를 내기도 하고 사소한 일로 따르던 후학들이나 문인들과 실랑이를 벌이기도 했다고 한다. 하지만 대체로 스님은 실랑이를 벌인 일은 그 때뿐이고, 돌아서면 '허공에 구름과 연기가 사라지듯' 흔적이 없었다. 또한 스님은 어느 누구보다도 박람강기하여 육당·위당·춘원 등이 잘 따랐다. 스님은 이들과 지리산·금강산·백두산 등지를 등반하며 순유했고 심지어는 노래와 소설에 이르기까지 두루 그 지역에 관한 일들을 줄줄이 꿰어서 얘기해줌으로써 동반한 다른 사람들이 말문을 열 수가 없었다고 한다.[37]

1936년 9월 16일, 석전 스님은 중앙불전 교장으로서 불전 도서관건축기성회 제1회 총회에 참석해 일곱 명의 위원 가운데 한 분으로 선출되었다. 또 1937년 1월 1일에는 《불교시보》에 〈또 신년의 감(感)〉이란 신년사를 발표했다.

중일전쟁과 교장직 사퇴

1931년 일제는 만주사변을 일으켜 만주를 삼키고 괴뢰정권 만주국을 세웠다. 그리하여 실질적으로 일본군이 만주를 통치하면서 또 하나의 식민지를 획득해 경제적 지리적 이권을 독차지했다. 이에 단맛을 들인 일제는 1937년 7월 7일, 중일전쟁을 일으켜 중국대륙 전부를 삼킬 요량으로 침략전쟁을 도발했다. 이 중일전쟁이 발발한 무렵 조선불교계에서는 총본산 태고사를 건설하는 불사를 진행하고 있었다.

조선불교의 종정

중앙불전 교장 석전 스님은 중일전쟁이 일어난 다음달(8월) 23일에 전등사 주지 김정섭(金正燮), 범어사 법무 이영우(李英雨), 조선총독부 촉탁 홍석모(洪錫模), 중전 학감 김경주(金敬注) 등과 함께 총본산 태고사 공사현장을 방문해 기념사진을 촬영했다.[38]

중앙교무원측에서는 1937년 11월 2일, 중앙불전 강당에서 31본산 주지회의를 개최해 중국 화북지역에 출정해 있던 일본군을 위로하기 위해 '황군(皇軍:일본군) 위문사 파견건'을 논의했다. 회의 후 31본산 친일주지들은 남산의 조선신궁(우리나라에 있던 최고의 일본신사)을 참배하고 경성호텔에서 31본산 주지간담회를 열었다. 이 간담회에는 총독부 학무국 사회교육과장 김대우(金大羽)가 참석해 조선불교계에서 적극적으로 일제의 침략전쟁에 협조하도록 유도했다.

이 무렵 강원도의 대본사 월정사 주지이자 31본산 주지대표인 열성적인 친일승려 이종욱은 조선불교계가 능동적인 친일종단으로 기능하는데 앞장서고 있었다. 이들 본사 주지급 친일승려들은 일본군의 승리를 기원하는 국위선양황군무운장구기원제와 시국강연회를 개최하고, 중국 침략에 광분하는 일본군을 위해 국방헌금 위문대 등을 모아 일본군부에 헌납하기도 했다.

이 때문에 31부말사에서는 일본군을 위해 국방헌금을 경쟁적으로 모금해 헌납했는데, 마침내 그러한 시국경향은 중앙불전에까지 파급되어 1937년 9월 중에는 중앙불전의 직원 일동도 16원의 국방헌금을 모아 헌납하기에 이르렀다.[39] 아울러 경성부 명륜정(明倫町)에 소재한 중앙불전에서는 1937년 9월 6일, 일제가 정한 애국일 오전 9시 30분에 교직원 및 학생 일동이 집합해 일본 국기를 게양하고, 일본의 조서(詔書)를 봉독하고, 일본왕이 있는 곳을 향해 황거요배(皇居遙拜)를 하고, 시국강연

석전 정호

을 하는 등 일제가 강요한 황민화(皇民化:일본화) 행사를 치르고, 오후 2시에는 교직원 및 학생 일동이 조선신궁을 참배했다.[40]

　　중앙불전 교장으로서 비록 일제의 강압에 의한 것이긴 하나 황민화 시책과 중국 침략전쟁에 협조하지 않을 수 없게 되자 1919년 3 · 1운동 직후 한성임시정부에 불교계 대표로 참여한 적이 있은 석전 스님으로서는 번민에 빠지지 않을 수 없었다. 그리하여 마침내 1938년 6월 9일, 스님은 설립 운영자인 중앙교무원측에 가서 교장직을 사임하겠다고 구두로 언명했다.[41]

　　스님은 1938년 11월 24일, 공식적으로 중앙불전 교장직을 사임하고 같은 날 학감이던 김경주가 교장 사무취급자로 인가받았다.[42] 대신 중앙불전에서는 교장직을 사임한 석전 스님을 명예교수로 위촉했다.[43] 이 중앙불전은 1940년 7월 1일, 혜화전문학교(惠化專門學校)로 교명을 바꾸고 일본인 어용불교학자 다카하시〔高橋亨〕가 교장으로 취임했다.

　　일제는 1938년부터 국민정신총동원조선연맹을 조직해 장기전으로 치닫고 있던 중국 침략전쟁에 조선인을 동원하기 위해 혈안이 되었다. 아울러 지원병 제도를 실시해 조선인 청년들을 일본군에 지원하도록 강요했고, 이에 이광수 등의 친일인사들은 지원병 권유를 위해 동분서주하는 한편 갈수록 전쟁에 동원할 인력이 부족하자 일제는 창씨개명을 실시해 그 준비 작업을 서둘렀다.

　　이런 시국 상황 속에서 석전 스님이 중앙불전 교장직을 사임한 때는 세수 69세에 이르는 노년이었다. 석전 스님은 대원암에서 학인들에게 내전을 가르치며 《일광》과 《불교》지에 간간이 짤막한 글과 시를 기고[44]할 뿐 일절 대외활동을 하지 않았다.

조선불교의 종정

사문의 세계

석전 스님은 중국과 우리나라의 한시에 달통해 많은 작품을 남기고 있다. 육당 최남선은 1939년 석전 스님의 고희를 맞이해 스님이 쓴 한시들을 모아 『석전시초(石顚詩鈔)』를 엮었다.

사실 일제시대 한국인의 평균 수명은 40세도 채 되지 않았으므로 석전 스님이 세수 70세를 맞이했다는 것은 그것만으로도 경하스러운 일이었다. 일찍이 당나라 두보는 〈곡강시(曲江詩)〉에서 '인생칠십고래희(人生七十古來稀)'라고 읊었다. 이에 유래해 사람들은 70세가 되면 '고희(古稀)'라 하여 잔치를 벌여 축하했다. 이 『석전시초』는 최남선이 발행자로 있는 동명사(東明社)에서 이듬해(1940년) 출간되었는데, 총 410편의 한시들이 수록되어있다. 최남선은 이 책에 다음과 같은 애정어린 서문을 썼다.

내가 석전 영호당 스님을 모시고 지내기 30여 년, 백두산 · 금강산 · 묘향산 · 지리산 · 한라산 안 간 곳이 없었으니 내 글이나 학문에 스님의 은혜가 스미지 아니한 곳이 없다.

아! 스님은 계향(戒香)이 엄정하신 고승이시니, 속인이 즐거움으로 삼는 일이란 스님은 모두 부족하다 하시고 오직 담박한 생활과 무덤덤한 즐거움으로 오늘까지 지내오셨다. 스님께서 "이젠 늙었어" 한마디 하심에 문득 스님의 춘추가 고희라는 것을 깨달았으니, 내 스님께 바친 것은 없으나 미음만은 그냥 있을 수 없어 스님께서 강의의 여가로 기쁨에 넘쳐 음미하신 시를 살펴보니 착상이 풍부하고 조예 또한 매우 깊다. 이 시는 스님의 참모습을 그대로 나타낸 것이므로 이 시고(詩稿)들을 정리해 책을 펴내고자 함이니 그저 스님께서 이 시집을 펴보시고 지나오신 발자취를 상기하시어 빙 그레 웃으시며 버리지나 않으신다면 만족할뿐이다. 스님께서 오래도록 늙지마시고, 내 역시 나약한 몸이나마 오래 보존한다면 스님을 받드는 길이 훗날도 있을 것이니 이 느낌은 스님만 아시리라.

–기묘년(1939년) 겨울, 동주(東州) 최남선[45]

『석전시초』는 최남선의 서문에 이어 정인보의 「석전상인소전」이 실려 있고, 석전 스님이 쓴 한시들은 『석전시초』 상권에 241편, 하편에 130편 등 도합 410편이 수록되어 있으며, 말미에는 석전 스님이 직접 쓴 「석전시초후자서」가 붙어있다.

스님의 시론은 '상승의 경지에 이르면 시와 선이 하나이다' 라는 '시선일규(詩禪一揆)' 라는 말에 압축되어 있다. 이 말은 일찍이 당의 엄우(嚴羽)가 〈창랑시화(滄浪詩話)〉에서 지적한 것이나, 석전 스님은 이 말을 더욱 적극적인 논리로 밀고 나갔다. 특히 삼당(三唐)만을 기준으로 엄우의 단견을 비판하면서, 왕유(王維)·맹호연(孟浩然)·위응물(韋應物)·유종원(柳宗元) 등의 시 또한 시선일규의 경지에 들었음을 갈파했다. 왕유 맹호연 등의 시는 '자연의 가락에 맞는' 천뢰(天籟)의 시들이어서 비록 이 시인들이 의식하지 않았어도 저절로 선에 부합하는 시라는 것이다.

석전 스님의 이 같은 시론은 '천뢰시론(天籟詩論)' 이라고 해야 마땅할 것이다. 그럼 천뢰시론이란 어떤 것인가. 석전 스님은 천뢰를 이렇게 설명한다.

"천뢰란 그 신비스러운 운율이 순전히 천연적으로 흘러넘치어 마치 천상의 묘화(妙花)처럼 잡을 수 없어 물속에 잠긴 달과 거울에 비치는

조선불교의 종정

형상과 같은 것이며, 인뢰란 그 정밀함과 공교함을 사람의 힘으로 다하여 마치 높은 산에 오르는 것처럼 한 걸음 한 걸음 정상에 오르다 보면 수많은 작은 산들이 한눈에 훤히 비치는 것과 같은 것이다."

또한 스님은 '시란 우주간의 청숙(淸淑)한 하나의 기운이 흘러넘쳐서 되는 것'이라고 설명한다. 석전 스님은 시에서 이 같은 천뢰〔本然〕만을 중시할 때 그 말폐(末弊)로서 오는 공소(空疎)함을 또한 경계해 '기리(肌理)'를 강조하기도 했다. 기리는 시에서 사실을 들어 증험하는 것을 말한다.

물론 시가 사실만을 증험할 때(또는 사실적인 흐름으로 치우칠 때), 그에서 비롯되는 폐단도 적지 않을 것이다. 그래서 스님은 이 기리 또한 시인의 정법일 수 없다고 했다. 스님의 시 한 편을 예로 들어 스님의 시론을 적용해보자.

수렴동 水簾洞口拈

푸른 구슬로 수렴을 짜려는 듯	凝翠漣瓊織水簾
튕겨져 내리는 가는 실비여!	浪花散落雨絲織
하늘에 구름 걷혀 숲 그림자 너울대니	閑雲縴捲林稍動
어여쁜 수호신이 옥섬을 떠받친듯	婉若洛神擎玉蟾

이 시는 석전 스님이 1924년 9월 초순 최남선과 함께 금강산을 여행할 때 쓴 기행시이다. 이 작품은 금강산 수렴동의 지배적인 인상을 허실로 잘 짝하여 그려내고 있다. 특히 구슬·실비·숲·옥섬 등 이 시의 중심적 심상들은 수렴동의 풍경을 간결한 가운데에서 회화적으로 구축해

내고 있다.

앞에서 설명한 스님의 시관에 따라 이 작품을 이해하자면, 바로 이 감각적 차별상은 시인의 마음 또는 내면의 거울에 비춰진 형상에 지나지 않는다. 시를 읽는 이는 이 같은 형상을 통해서 천뢰에 접근할 수 있어야 한다.

그럼 이 작품에서 천뢰란 무엇인가? 작품의 화자에 따르면 수렴동의 폭포는 푸른 구슬의 수렴이며 튕겨내리는 가는 실비이다. 한편 청명한 하늘 아래 폭포의 웅덩이에 잠긴 숲은 낙신(洛神:물의 신)이 받든 옥두꺼비이다. 이 두가닥의 마음의 움직임(인식 혹은 상상)에 의하면, 수렴동은 단순한 폭포가 아니라 낙신과 같은 비형상의 존재가 빚어낸 구슬발이며 옥두꺼비이다. 그러나 이 구슬발과 옥두꺼비도 우리 인간의 감각이 홀린 허화(虛華)가 아니겠는 가. 곧 이들은 찰나의 형상에 불과한 것이다. 아마도 수렴동의 이 차별적 형상계는 천뢰를 그 나름대로 우리 눈에 어리게 하고 귀로 듣게 하는 무엇일 뿐이다.[46]

기행시와 여행지

석전 스님의 『석전시초』를 자세히 살펴보면 스님의 여행시기와 장소를 어지간히 짐작할 수 있다. 『석전시초』에는 많은 기행시가 연대별로 수록되어 있어 여행시기와 거쳐간 여행지를 알기 쉽다. 스님의 한시 중 많은 부분을 차지하고 있는 기행시에 의하면 스님의 기행영역은 매우 넓고 다양했다.

스님은 특히 중앙학림 교장직을 사임한 1922년 이후부터 개운사 불교전문강원을 개원하는 1926년 10월 이전의 기간에 많은 곳을 여행했고

조선불교의 종정

그 이후에도 틈틈이 여러 곳을 여행했다. 『석전시초』에 의하면 스님은 1924년 7월 제주도를 여행했는데 이때 쓴 기행시편들이 17편에 달한다.

출발지인 목포항을 읊은 〈목항(木港)〉(7언절구)을 비롯해 〈다도해〉, 〈소안도(小安島)〉 등의 해상 풍경을 읊은 시도 있고, 〈방삼성사(訪三姓祠)〉, 〈신숙관음사(信宿觀音寺)〉 등 방문한 곳을 읊은 시도 있으며, 백록담 · 서귀포 · 천지연 등 제주도의 풍광을 읊은 시도 있다.

1924년 9월 5일, 석전 스님은 최남선과 금강산을 다시 기행하면서 장안사 · 영원암 · 마하연 · 비로봉 · 학소대 · 송림사 · 발연 · 신계사 · 만물초 · 해금강 · 삼일포 등에 관한 기행시들을 여러 편 남겼다. 그리고 1925년 3월 5일부터는 역시 최남선과 함께 호남지방을 여행하면서 17편이나 기행시를 지었다. 그리고 또한 같은 해 9월 14일부터는 경주지역을 여행했다. 이때도 안압지 · 불국사 · 포석정 등에 관해 7언율시 등의 기행시를 읊었다. 1926년 6월 17일부터는 최남선과 교육자 50여 명과 함께 백두산 여행을 나섰다. 이때도 혜산진 · 삼지연 · 백두산 정상 등에 관한 14편의 시를 남겼다.

석전 스님은 1926년 10월 개운사 강원 개원 이후에도 계룡산(1928년 9월 9일), 관북 필보산(1930년 윤 6월 9일) 등지를 여행했다.

특히 1930년 9월 4일부터는 부산을 출발해 '평안환(平安丸)'이라는 배를 타고 오송(吳淞) 등지를 경유해 중국대륙을 여행했다. 시편에 나타난 여행지를 보면 스님은 항주 · 서호 · 영은사 · 고려사 · 소주 호구사 · 한산사 · 금릉 계명사 · 상해 · 황포 · 청도 등지를 제복으로 하는 기행시를 남기고 있어 스님이 여행한 곳을 쉽게 알 수 있다.

1932년 6월에는 두 번째로 제주도를 여행했고, 1933년에는 위당 정인보 등과도 금강산을 여행했다. 『석전시초』에는 1907년에 쓴 시 한 편과 1914년에 쓴 시 5편을 비롯해 시집을 엮기 직전인 1939년 7월 14일까지 연대별 작시별로 4백여 편이 정연하게 수록돼 있어 스님의 행적을 더듬어 볼 수 있는 중요한 실증적 자료이기도 하다.

석전 스님의 수많은 기행시는 그의 시관에 충실하면서 약간의 변주만 이루어져 있고, 기행시의 일반적인 구조인 서사(敍事)와 논정(論情)이 근간을 이루며 여기에 선리(禪理)라는 한 틀이 더 갖추어져 있다. 그리고 스님의 한시 기행시편들은 5언·7언 절구, 율시·고시(古詩)·배율(排律) 등 다양한 형식을 취하고 있다.

결론적으로 말해 석전 스님의 많은 한시들은 중국과 조선의 한시들을 두루 섭렵한 가운데서 이루어진 것이고, 나아가 시선일규로 문학성을 창출해 한국의 근대 시문학사에 크게 기여했다. 하지만 스님의 이러한 문학적 업적이 한국시사에 바른 위상을 점하도록 더욱 많은 연구가 진행되어야 할 것이다.

만년과 입적

석전 스님이 교장직을 사임한 중앙불전은 1940년 7월 1일 혜화전문학교로 교명을 바꾸고 일본인 어용학자 다카하시를 교장으로 임명했다가 1944년 9월 30일 강제로 폐교했다.

스님은 중앙불전 교장직을 사임한 후 개운사 대원암 강원의 강의에 충실하며 덤덤하게 살다가 해방되던 해에 강원의 학인들을 제각각 갈 곳으로 보내고 76세의 노구를 이끌고 전북 정읍의 내장사로 향했다.

스님은 내장산의 골 깊고 물 맑은 고찰 내장사에서 한유하게 만년을 보냈다. 현 위치의 내장사는 1938년 매곡(梅谷) 스님이 중수했다. 석전

조선불교의 종정

스님은 매곡 스님께 "나 여기서 세상 뜨려고 왔네"라고 말하고는 마음 편히 지냈다.

석전 스님은 비록 출가사문이었지만 어머님에 대한 효성이 남달랐다고 한다. 스님의 말년(末年)의 시자였던 다천(多泉) 스님에 의하면 "노스님은 자당에 대한 효도가 지극했다."고 한다. 임종 직전까지 꼬박 기제를 모셨고, 입적에 임하여 제자(운기강백)에게 "네가 죽기전까지만 내 어머님 기일에 물 떠 놓는 것을 잊지 말아라"고 유언을 남기셨다고 한다. 석전 스님의 이러한 효심은 말년에 지은 아래의 시에 잘 나타난다.

완산 봉서사를 가는 길에 저 멀리 저녁노을 서린 옛 고향을 바라보며

버들가지 우거진 연기 낀 언덕
여울물 흐르는 내 고향 마을.
쓸쓸한 승복으로 언덕에 서노라니
옛사람 금의환향 아득한 일이로고.

남녘 시낸 맨발로, 위엔 다리로
오가는 사람물결 조수와 같네.
창파에 낚시 던진 반늙은이
수구에 서성이며 거닐고 있네.
교룡 서린 전답위엔 언제나 풍년들고
비단 널린 물가는 금천을 압도하네.

죽지 가를 부르며 오갔던 꽃길은

어린 예날 추억서린 나의 옛 애기.

송아지 우는 언덕 비비 정에서,

호수를 바라보며 술잔을 주고받네.

적막한 정자 먼발치에

회오리 나풀나풀 오가는구먼.

시내 위 역마을 버들가지 너울너울

무성했던 지난여름 꾀꼬리가 울어댔지.

버들 눈 트지 않고 앵도 마냥 푸르니,

동풍에 머리들어 옛 고향 바라보네.

깊은 뫼는 아득하고 나무 숲 띄엄띄엄,

얇은 구름 오락가락 전서(篆書)를 휘날리네.[47]

아래의 시는 고희를 맞은 석전스님께서 최남선에게 들려준 법문이다.

늙음을 허무한다는 것은

늙음을 허무한다는 것은

죽음도 삶도 깊이 모르는 입에서 나오는 법

한지에 먹물이 번지듯이

햇살이 창에 스며들듯이

조선불교의 종정

죽음은 삶에 스며드는 것

밝게 스며드는 죽음을 알게 되면

늙은 것도 더 이상 두려운게 아니네.

죽음을 알고 나며 지혜롭게 사는 일만

오롯이 남아서 오히려 조용하고,

태평스러운 시간을 보낼 수 있나니.[48]

　1945년 8월 15일, 마침내 일제가 무조건 항복을 하자 8월 17일 조선 불교 조계종의 친일 간부승려들이 총사직을 했다. 그리하여 그해 9월 22일~23일 전국승려대회를 개최해 사찰령을 비롯한 일제의 불교관계 악법을 철폐하고 교헌을 새로 정했으며, 중앙총무원의 집행부 간부를 새로 선출함과 아울러 해방 후 첫 교정으로 석전 스님을 추대했다. 하지만 교정추대 후에도 석전 스님은 서울 나들이를 거의 하지 않고 내장사에서만 주석했다.

　석전 스님은 한말의 어지러운 풍운의 시기인 1870년에 태어나 불행한 민족의 암흑기에 불교계의 3대 강백 중 한 분으로 후학양성과 불교 유신운동에 크게 기여했다. 3·1운동 때는 한성임시정부에 참여했고 중앙학림의 학장과 개운사 불교전문학교의 강주(講主)로서, 그리고 중앙불전 교장으로서 불교계 인재양성에 일제하 고승석덕 중 가상 크게 공헌을 했다. 아울러 스님은 1929년과 해방 후 첫 교정 등 두 번에 걸쳐 불교계 최고지도자로 한국불교계의 우뚝한 영도사였다.

　석전 스님은 1948년 4월 8일(음력 2월 29일) 세수 79세, 법랍 61세로 내장사 일실에서 마침내 그 육신을 벗었다. 스님이 입적하자 당시 총무원장 김법린은 《불교》 1948년 4월호에 〈교정(敎正), 석전노사비보(石顚

老師悲報)를 접하고서〉라는 기고문을 통해 석전 스님을 '인도의 간디, 영국의 셰익스피어, 독일의 칸트에 비견할 수 있는 조선불교계의 거성(巨星)'이라고 극찬하면서 스님의 업적을 추모했다. 또 중앙교무회의 의장인 곽기종 스님도 교정 석전 노사의 영전에 추도사를 올렸다.[49]

스님은 《조선불교월보》를 비롯한 불교 잡지에 수많은 논설과 시문을 집필 게재했다. 저서로는 『정선치문집설(精選緇門集說)』(1914), 『정선염송 및 설화(精選拈頌及說話)』(1932), 4백여 편의 한시를 엮은 『석전시초』(1940), 21편을 모은 『석전수필(石顚隨筆)』과 비명·상량문·중건기·진

석전 정호 스님 비   촬영 김종만 ⓒ 문화문고

석전 정호 스님 사리탑   촬영 김종만 ⓒ 문화문고

조선불교의 종정

찬(眞贊) 등을 엮은 「석림초」가 수록된 『석전문초(石顚文鈔)』(법보
원,1962), 『계학약전(戒學略傳)』, 『염송신편(拈頌新編)』(전5권, 프린트본) 등이
있다.

스님의 제자 성낙훈이 지은 〈영호당 대종사 부도비〉는 지금 고창 선
운사에 세워져 있다.

석 전 정 호

보배칼을 마음대로 쓰고

　　　　　　　寶刀飜遊刀

밝은 거울은 앞과 뒤가 없도다

　　　　　　　明鏡無前後

두 가지 몰아 한 바람

　　　　　　　兩般一樣風

뿌리 없는 나무에 불어 닿는다.

　　　　　　　吹到無根樹

- 만암 종헌(曼庵 宗憲 : 1876~1957) 스님의 오도송

고불총림을 세운 '이 뭣고' 스님
만암 종헌

✽

1876~1957

고불총림을 세운 '이 뭣고' 스님
만암 종헌

일제하 호남불교의 거목이자 조선불교계의 뛰어난 지도자의 한 분이었던 만암 종헌(曼庵 宗憲) 스님. 그는 조선불교의 억불숭유 정책과 1백여 년 전의 화재로 피폐해진 백양사(白羊寺)를 중창해 훗날 고불총림(古佛叢林)을 세우는 데 결정적인 원동력이 되었다.

스님은 교학에도 뛰어났지만 선(禪)을 쌍전했고 선농일치(禪農一致)를 실천해 사찰의 자급자족을 구현했다. 또한 스님은 일찍부터 도제양성을 위한 교육사업에 전력해 백양사 청류암에 광성의숙(廣成義塾)을 설립했고, 불교전수학교(佛敎專修學校)의 초대교장에 취임했으며, 해방 후에는 광주에 정광고등학교를 세워 사회교육에도 크게 일조했다. 그리고 우리가 주목할 점은 일제시대에 중앙교무원의 간부와 각 본말사의 유능한 엘

만암대종사고불총림도량 촬영 한승탁 ⓒ 문화문고

리트 스님들이 대개 취처(娶妻)를 하는 풍토 속에서 끝까지 청정비구로 일관했다는 점을 높이 평가할 필요가 있다. 이 점은 흔히 간과하기 쉬우니 대처승이 주류를 이루고 있던 일제하의 조선불교에서 일생동안 청정비구로 살면서 수행태도를 견지하는 불법호지(佛法護持)에 진력한 스님의 생애는 위법망구(爲法忘軀)의 모범을 보인 일이 아닐 수 없다.

해방 후 제3대 종정

6·25 전쟁이 한창이던 1951년 3월, 해방 후 제2대 교정인 한암 방

만암 종헌

백양사 전경   촬영 한승탁 백양사 성보박물관 소장

중원 선사가 오대산 상원사에서 입적했다. 그해 6월 20일, 조선불교중앙총무원에서는 교무회를 개최해 제3대 교정에 만암 종헌 스님을 추대했다.[1]

1954년 5월 21일 이승만 대통령은 '대처승은 사찰에서 물러나라'는 제1차 불교정화유시를 발표했다. 이 대통령의 정화유시가 나오기 전에도 비구승들의 수면 속의 정화 움직임이 있었다. 그러던 차에 대통령의 정화유시를 계기로 비구승들은 크게 고무되어 불교정화운동을 발기했다. 이 와중에서 그해 6월 2일 제13회 조선불교정기중앙종무회를 개최해 조선불교 교헌을 개정했다. 총무부장 장용서(張龍瑞) 스님의 초안을 바탕으로 하여 조선불교 교헌을 불교조계종 교헌으로, 조선불교 교정을 대한불교조계종 종정으로, 조선불교 중앙총무원을 대한불교조계종 총무원으로 개칭했다. 이로써 만암 스님은 대한불교조계종의 종정이란 명

조선불교의 종정

칭으로서는 처음으로 호칭되었다.

1954년 5월 이래 한국불교계에 휘몰아친 정화운동 와중에서 만암 스님은 자신은 비구이면서도 승가를 교화승(대처승)과 수행승(비구승)으로 나누어 점진적인 개혁을 하자고 주장했다. 이는 급격한 변혁으로 인한 후유증을 최소화하자는 온건론이었다. 만암 스님의 이 주장은 그러나 과격한 강경론자들에 의해 채택되지 않았고 결국은 극심한 후유증을 동반한 정화운동으로 귀결되었다. 만암의 중도적이며 점진적인 정화사상은 그의 철저한 수행정신과 승가의 화합을 기치로 한 것이었지만, 당시 종권과 사찰쟁탈에 급급한 비구 대처승 양측의 호응을 받지 못해 끝내 채택되지 못했던 것이다.

만암 스님은 수행 이력도 뛰어나고 불제자로서의 소명의식도 투철해 일제하 우리나라 불교계에 크나큰 공헌을 했다. 이처럼 계(戒) · 정(定) · 혜(慧) 삼학(三學)에 밝은 청정한 수행승이자 해방 후 제3대 교정으로서 처음으로 대한불교조계종 종정이란 명칭으로 불렸던 만암 스님의 생애를 살펴보자.

출가와 수행 이력

스님은 개국의 계기가 되는 병자수호조약을 체결하던 1876년(고종 13년) 음력 1월 17일, 전북 고창군 고창면 중거리에서 여산 송씨 의환(義換)과 어머니 김해 김씨 사이의 4남[2]으로 출생했다.

스님의 법명은 종헌(宗憲)이고 호는 만암(曼庵)이며 백양산에 오래 주석한 고로 목양산인(牧羊山人)이라 했으며, 만년에는 일휴노납(一休老衲)이라 칭하기도 했다.

만암 종헌

백양사 대웅전　　　　　　　　　　　　　　　촬영　한승탁 ⓒ 문화문고

스님이 출생한 다음 달(1876년 2월)에 일본의 침략이 시작되는 병자수호조약이 체결되었고, 그해 11월에는 경복궁에 화재가 발생해 830여 칸이 불타버렸다. 세도정치가 횡행하면서 백성은 도탄에 빠지고 국정은 어지러운데 스님은 네 살 때 부친을 잃는 개인적인 불행을 겪었다. 스님은 아버지를 여의게 된 것을 '궁천지한(窮天之恨)'이라 표현했다.

스님은 이 '하늘이 막힌 한(窮天之恨)'을 품은 채 자애스런 어머니 밑에서 생장했다. 그는 8세에 사숙(私塾)에 들어가 한학을 공부했다. 그렇게 초보적인 문자를 익히다가 10세 때 어머니의 허락을 얻어 백양산에 입산했다.

입산한 이듬해에 어머니 김씨가 돌아가셨다. 그는 훗날 〈자서약력(自敍略歷)〉이란 글에서 어머니를 잃은 것은 '세연이 기박해 망극한 아픔을 겪었다'[3]고 술회했다. 이러한 그의 〈자서약력〉을 보면 '11세에 어머니

조선불교의 종정

를 잃고 세상천지가 허무하게 보여 출가했다'는 선원빈의 기록은 사실과 다름을 알 수 있다.[4]

스님은 10세에 백양산에 입산했고, 어머니가 돌아가신 후인 11세 때에 백양사 취운 도진(翠雲 道珍) 스님을 은사로 머리를 깎았다. 그는 3년 동안 행자생활을 한 후 13세 때인 1888년에 사미계를 받았다. 계를 받은 후 백양사 산내 암자인 운문암에 주석하고 있던 환응 탄영 스님에게 사미과와 사집과를 이수했다. 이때의 일화로 다음과 같은 얘기가 전해오고 있다.

동진 출가한 만암 스님은 경을 배웠는데 3년이 되었지만 『초발심자경문』 한 권을 떼지 못했다고 한다. 같이 공부한 스님들은 졸업을 해 떠나가는데 그의 공부는 진척이 되지 않았다. 그래서 그는 관음기도를 시작했다. 그런 어느 날 밤 꿈에 도랑을 거닐고 있는데 땅자루에서 한 자루의 칼을 발견했다. 그는 그 칼을 주워 가슴에 품었다. 그런 다음 날, 경을 읽으려니 미처 다 읽지 않아도 그 내용이 환히 드러났다. 경안(經眼)이 열린 것이다. 꿈에 본 그 칼은 활인검(活人劍:수행자를 꼼짝달싹 못하게 하거나 생기 넘치게 하는 선승禪僧의 예리한 역량을 칼에 비유한 말. 살인도활인검殺人刀活人劍)인 셈이다. 그것은 생사를 자유자재하는 지혜였던 것이다.[5]

스님에게 사미과와 사집과 과정을 지도한 환응 스님은 당대의 유명한 강사이자 계행을 철저히 지킨 율사이기도 했다.

환응 스님은 1847년 지금의 전라북도 고창에서 태어났다. 14세에 선운사(禪雲寺)에서 성시(性諡) 장로를 은사로 하여 출가했으며, 19세에는 경담 서관(鏡潭 瑞寬:1824~1904) 율사로부터 구족계를 받았다. 8년 동안 각지를 유력하면서 선과 교를 탐구, 서관의 법을 이었다. 그 뒤 백암산 운문암에서 강단을 열어 후학을 양성했다. 그는 10여 년 동안 강의를 마친 후에는 운문암 옆에 우은난야(愚隱蘭若)라는 별당을 짓고 참선 수행에 몰두했다. 스님은 시문을 짓는 일조차 수행에 방해가 된다는 생각을 할 정도로 율행에 철저했다. 그는 1912년 5월, 30본산이 된 백양사의 초대주지로 취임해 승풍과 기강을 바로잡았다. 1929년 1월 5일 조선불교 선교양종 승려대회에서 7명의 교정 가운데 한 분으로 추대되었으며, 그 전인 1921년에 선운사 동운암(東雲庵)으로 옮겨 주석하다가 교정으로 추대된 1929년 4월 7일 세수 83세, 법랍 69년으로 입적했다. 다비 후 14과의 사리가 나왔다.

만암 스님은 16세 때인 백양사에서 가까운 구암사 전문강원에 들어가 당대의 대강백 석전 정호(石顚 鼎鎬:1870~1948) 스님으로부터 사교과를 수료했다. 그리고 20세가 된 1895년에는 해인사에 들어가 3년 만에 대교과를 이수했으며, 1898년부터 선암사 강원에서 3년 동안 수의과를 공부했다. 선암사에서는 경운 원기 스님이 강의하고 있었다. 스님은 이와 같이 당대의 대강백인 환응 탄영(幻應 坦泳:1847~1929)·석전 정호·경운 원기(擎雲 元奇:1852~1936) 스님으로부터 배운 후 25세 때인 1900년 운문암에서 환응 강백으로부터 전강을 받아 강의를 했다.[6]

만암 스님은 운문암에서 청류암(靑流庵)으로 옮겨 강의를 계속했으나 당시의 시국은 몹시 어수선했다. 1904년에 러일전쟁이 시작되었고, 또한 일제가 한일의정서 조인을 빌미로 일본군이 우리나라의 주요 전략 요충지를 수용함으로써 전국 각지에서 의병이 궐기했다.

이러한 시국의 영향으로 만암 스님은 학인을 이끌고 백련암(白蓮庵)·천진암(天眞庵) 등지로 전전하며 강의를 계속했다.

조선불교의 종정

만암 스님이 전강을 받은 후 학인들을 거느리고 전전한 백양사의 산내 암자에 대해 간략하게 살펴 볼 필요가 있다. 스승 환응 스님으로부터 전강을 받은 운문암은 산내 암자 중 대표적인 암자이다. 일제 강점기초인 1912년에 백양사 본말사법을 제정할 당시에는 백양사에 모두 10개의 부속 암자가 있었다. 이 가운데 백련암·서양암(西陽庵) 등의 세 암자는 현존하지 않는다.

운문암은 백양사 오른쪽 계곡을 끼고 3.5킬로미터 올라간 곳에 있다. 고려 때 각진 복구(覺眞 復丘:1270~1355) 국사가 지었다고 하며, 임진왜란 직전인 선조 시대 때 진묵 일옥(眞墨 一玉:1562~1633) 화상이 차 끓이는 소임을 맡으며 이 암자에 머물고 있었다고 한다. 그러던 어느 날, 백양사 대중에게 운문암에서 차를 끓이는 스님을 조사로 모시라는 현몽이 있었다. 진묵 화상은 얼마 동안 조실에 있다가 "내가 올 때까지 불상에 도금을 하지 말라"는 말을 남기고 자취를 감추었다. 그래서 지금까지도 옛 운문암 불상은 거뭇한 모습 그대로 진묵 화상이 나타나기를 기다리고 있다고 한다.

이런 전설을 간직한 운문암에서 만암 스님은 환응 스님으로부터 전강을 받았고, 운문암은 6·25전쟁 때 전소되었다가 1980년부터 복원을 시작해 현재는 안거 때마다 선승 4,50여 명씩 운집해 전 종정 서옹 조실 스님의 지도하에 정진하고 있다.

만암 스님이 학인들에게 강의를 한 청류암은 절 입구 매표소에서 마을로 가는 왼쪽 길을 따라 가다가 산의 정상 가까운 곳에 사리하고 있다. 1890년(고종 27)에 작성된 관음전중건기가 현존하고 있어 역사가 오래임을 짐작케 하는데, 현존 당우로는 관음전과 요사가 있다. 관음전은 앞면 7칸, 옆면 3칸의 팔작지붕 형태이며 내부에는 작은 관음보살상과

만암 종헌

함께 아미타불상이 봉안되어 있다. 그리고 1895년 증언(證彦) 스님 등이 그린 후불탱화도 봉안되어 있다. 한편 관음전 처마에는 1925년 만암 스님이 조성한 반자(飯子)가 걸려 있으며, 반자 밑에는 조그만 종이 하나 있다. 현재 청류암에는 율원이 설치되어 있다.

일제초까지 있었던 백류암은 현존하지 않으며 천진암은 쌍계루와 부도군 사이의 길을 따라 약 5백미터 정도 올라간 곳에 자리하고 있다. 천진암의 역사도 꽤 오래된 듯하나 자세한 내용을 알 수 없으며, 6·25전쟁 때 소실됨으로써 이곳에서 수행하던 비구스님 90여 명이 모두 흩어지고 말았다. 전쟁 이후 전소된 암자터에 천막을 치고 수도하며 오늘날의 모습으로 가꾸어 놓은 스님이 정공 스님이다. 정공 스님은 지난 1971년 이곳에서 입적할 때까지 인법당과 삼성각을 건립하는 등 천진암의 중창에 힘썼다. 천진암에는 현재 'ㄴ'자 모양을 한 요사 2동과 법당 삼성각 등의 당우가 있다.

만암 스님은 운문암·청류암·백련암·천진암 등지를 전전하며 학인들에게 강의를 하는 한편 1902년부터 백양사 선원에서 다섯 번의 여름 동안 선 수행을 하기도 했다.

스님은 32세 때인 1907년 해인사 강사로 초빙되었다. 스님이 해인사에서 강의를 시작하자 그 명성이 널리 알려져 많은 학인들이 몰려들었다.

1910년 조선왕조가 일제에 의해 멸망하자 만암 스님은 백양사로 돌아와 청류암에 머물며 광성의숙을 설립했다. 그 무렵 외국 선교사가 들어와 1886년 이화학당(梨花學堂)을 설립하고 신식교육을 실시하자 이를 눈여겨보고 있던 만암 스님이 광성의숙을 세워 시대조류에 맞는 현대식 교육을 시도한 것이다. 기독교계의 교육선교에 대응하는 조치인 셈이었다. 이때 1백여 명의 학인들이 모여 선(禪)·교(敎)·율(律)을 겸수했고, 국어·국사·수리학 등의 현대 학문도 배웠다. 이때 교과서로 출판된 역사 지리 관계 서적이 민족정신을 고취한다고 하여 일제 관헌의 감시를 받기도 했다. 또한 스님은 쌍계루 옆에 일반인을 위한 보통교육기관을 세워 '심상학교'라 했는데, 인근 부락은 물론 멀리 정주·순창에서까지 찾아온 학동들이 한글·국사·수리·농학 등을 여기서 배웠다. 오늘날의 약수초등학교가 바로 이 학교이다.[7]

김위석(金渭錫)은 『한국민족문화대백과사전』 만암 스님 항목에서 광성의숙을 설립한 다음해인 1911년 만암 스님이 백양사에서 대오견성을 했다고 서술했고, 『고불총림 백양사』(백양사, 1996)에는 다음과 같은 만암 스님의 오도송이 게재되어 있다.

보배칼을 마음대로 쓰고	寶刀飜遊刀
밝은 거울은 앞과 뒤가 없도다	明鏡無前後
두 가지 몰아 한 바람	兩般一樣風
뿌리 없는 나무에 불어 닿는다.	吹到無根樹[8]

만암 스님의 견성을 기뻐한 것은 은사 취운 도진 스님이었다. 이 오도 후 스님은 비로소 만암(曼庵)이라는 법호를 받게되는데, 그에 관해서는 다음과 같은 깊은 사연이 있다.

백파 긍선(白坡 亘璇:1767~1852)은 초의 의순(草衣 意恂:1786~1866)과의 선 논쟁으로 유명한 조선후기의 뛰어난 선사였다. 백파는 26세 때 백양사 운문암에서 1백여 대중에게 선강(禪講)을 했고, 30세 때에는 구암사에서 설봉(雪峰)의 법을 이었다. 45세부터는 문자를 중심으로 강의해온

것을 참회하고 평북 초산(楚山)의 용문암(龍門庵)에서 5년간 수선(修禪)
정진했다. 백파는 이때 심지본연(心地本然)의 소식을 깨달았으며, 다시
백양사 운문암을 거쳐 64세 때 구암사에서 선강 법회를 열었다. 이 무
렵 백파 선사는 조선조 최고의 명필로 일컬어지는 추사 김정희와 교유
했다. 백파 선사를 존경하고 있던 추사는 호 세 가지를 지어 자신이 친
필로 써서 백파에게 내놓았다. 그것은 석전(石顚) · 만암(曼庵) · 다륜(茶
輪)이었다. 추사는 이 호를 유명한 명필로 친히 써주며 후대에 백파의
후손 중에 식도리자(識道理者:불법의 진리를 깨친 사람)가 나오면 이 호를 하
나씩 나누어주라고 했다. 후에 석전은 석전 정호 스님에게, 다륜은 다륜
익진 스님께 주고, 만암이란 호만 남겨져 있다가 종헌 스님께 전해졌
다.(윤청광이 쓴 만암 스님의 전기소설『마지막 입은 옷에는 주머니가 없네』가운데 2백
년을 기다려온 법호, 만암을 보면 그 연대가 매우 과장되었음을 알 수 있다. 생몰연대를
보더라도 만암 스님(1876~1956)과 추사(1786~1856)는 1백 년의 차이밖에 나지 않으
므로 2백 년을 기다렸다는 것은 절대로 성립되지 않는다. 그리고 백파와 추사가 교유한
것이 백파가 64세 때이므로 만암 스님이 오도한 1911년에 법호를 받은 것으로 계산하면
80년의 시차밖에 나지 않는다.) 추사 글씨의 '만암(曼庵)' 묵적은 지금도 백양
사에 잘 보관되어 있다.

　일제의 사찰령(1911년) 반포 후 백양사의 첫 주지는 환응 스님이었다.
환응 스님은 1912년 12월 19일 30본산의 하나인 백양사 주지로 인가받
았다. 그러나 환응 스님은 고령이었으므로 오래지 않아 주지직을 사양했
다. 그리하여 만암 스님이 1914년부터 주지 대리로 소임을 보다가 1916
년에 정식으로 백양사 주지로 취임해 1927년까지 13년간 봉직했다. 그
리고 1937년부터 해방될 때까지 역시 백양사 주지 소임을 맡았다.

조선불교의 종정

중창불사와 선농일치 사상

만암 스님은 광성의숙을 설립하는 등 일찍부터 교육사업에도 남다른 열의를 보였지만 가람 수호에 대한 원력도 대단했다. 백양사가 오늘날과 같은 면모를 갖게된 것은 만암 스님의 중창불사에 힘입은 바 크다.

당시 국내의 다른 거찰들은 대개가 몇 백 혹은 몇 천 석의 소작료 수입이 있었으나 백양사는 본사와 산내 암자를 모두 합해도 평년 40석에 불과했다.

1910년대의 백양사는 오래 전의 화재로 황폐해져 단지 와가(瓦家) 1동과 초옥(草屋) 1동만이 있었다. 그리하여 1914년 고불선원(古佛禪院)과 향적전을 건립했으나 본사로서의 면모가 빈약했다. 만암은 주지대리로 본사인 백양사 주지직을 수행하면서 사찰 중건의 뜻을 세웠고, 1916년 정식 주지가 되자 수십 차례의 산중회의를 거듭해 1917년 마침내 백양사 중건에 착수했다. 그리하여 이 해부터 대웅전과 사천왕문 건립을 시작으로 10개년 대중창 불사 계획을 수립하고 대대적인 불사를 시작했다.

모든 사찰이 그러하지만 대웅전은 백양사의 중심 건물로서 앞면 5칸, 옆면 3칸의 팔작지붕 형식이며, 현재 전라남도 유형문화재 제43호로 지정되어 있다.

빼이난 전경의 백학봉을 배경으로 하여 자리한 백양사 대웅전은 만암 스님의 대중창 불사의 첫 번째 결실이었다. 건물 내부는 우물전징 형식이며, 석가 문수 보현의 삼존상이 봉안되어 있다. 아울러 아난상·가섭상 사자상 2위, 나한상 23위, 독성상·인왕상 2위, 또 다른 석가불상 등이 봉안되어 있다. 이들 불상의 뒤편에는 1922년에 봉영(琫瑩) 스님이

만암 종헌

그린 영산회상도와 제석청룡탱화 및 1926년에 제작된 독성탱화와 1988
년에 그린 8폭의 팔상탱화 등의 불화가 걸려 있다.[9]

1918년에는 이만총(李萬聰)이 나반존자(那畔尊者)의 소상을 조성하고,
박석초(朴石蕉)·김관하(金觀河)는 신중탱화를 조성했다. 그리고 우화루
(雨花樓)와 청운당(淸雲堂)을 건립했다. 1922년 양회암(梁繪庵)이 석조석
가불입상을 조성해 대웅전에 봉안했고, 대웅전 후불탱화와 신중탱화를
조성해 모셨으며, 중국 상해에서 대장경 413책을 구입했다.

만암 스님은 1924년 부처님 진신사리 2과를 대웅전 뒤에 8층 석탑을
조성해 봉안했고 아울러 탑비도 세웠다. 이 석가사리탑은 불교 수행 실
천의 가르침인 팔정도를 상징했다. 즉 탑 주위를 두르는 8개의 돌기둥
을 세우고 거기에 하나하나 팔정도를 세움으로써 이 탑을 달리 '팔정도
탑'이라 부르기도 한다. 스님은 불사리탑을 세우면서 1924년 사월초파
일, 부처님 오신 날에 손수 붓을 들어 〈백암산 백양사불사리탑비명병서
(白巖山白羊寺佛舍利塔碑銘并序)〉를 써서 탑비를 세웠다.

1925년에는 대종(大鐘)과 금고(金鼓)를 새로 조성하고, 공시찬(孔施贊)
에게 의뢰해 석가삼존불 및 16나한상과 양대 금강역사상을 조성했으며
이때 일광정과 중화당도 건립했다.[10] 같은 해 7월, 스님은 1917년에 건
립한 사천왕문에 흙으로 조성한 사천왕상에 관한 조성 기록인 〈신소사
천왕상실기(新塑四天王像實記)〉를 썼다.

1927년, 마침내 10년에 걸친 1차 중창불사를 회향하고 이를 기념하
기 위해 백양사사적비를 건립했다. 그런데 이 중창불사에 따른 일화도
적지 않다.

만암 스님은 공사비를 조달해야 함으로 고심하고 있는데 유금해(柳錦
海) 스님에게 저축금이 있다는 얘기를 듣고 다담을 준비해 가서 즐겁게

조선불교의 종정

나누어 먹으며 담소한 후 모연문을 내놓았다. 이에 금해 스님이 꼼짝없이 시주금을 내놓았음은 물론이다.

이 해 만암 스님이 백양사 주지직을 사임한 후 주지직은 유금해→전경충→김만응→만암으로 이어졌다.

만암 스님이 백양사 주지를 사임한 1927년 후에도 백양사의 중창불사는 계속되었다. 1928년에는 쌍봉사에서 석조나한좌상 241위, 목조나한좌상 200위, 소조나한좌상 32위, 석조사자상 3위, 목조수문장상 2위 등 총 478위를 이안했다. 그리고 1929년에는 일본에서 대정신수대장경 220책을 구입했고, 1937년에는 범종각을 설립했다.

만암 스님은 중창불사를 하면서 스님들 자신의 힘으로 해야 된다고 주장했다. 그래서 대중으로 하여금 사찰 주변 공터에 대나무밭을 일구어 죽세공품을 만들어 시장에 팔았다. 양봉도 하여 사찰 주변의 밭을 학인들에게 9.9m²(3평)씩 나누어 주어 경작케 했고, 학인들이 가사(袈裟)를 지을 줄 알도록 했다. 만암 스님의 이러한 사찰 자급화와 불사의 동참의식을 문도들은 '반선반농(半禪半農)' 사상이라 불렀다. 스님의 이와 같은 선농일치 사상은 '일일부작(一日不作) 일일불식(一日不食)'의 백장청규(百丈淸規)와 맥을 같이하는 것으로 후학들의 훌륭한 귀감이 되었다.

스님은 또 시물(施物)에 엄격해 승려의 사유재산을 일절 허용하지 않고, 원융산림을 통해 승가의 사찰재정을 원활히 했다. 이런 목표를 달성하기 위해 대중은 매일 일정 시간 운력을 해야 했고 거기서 나온 수입은 '선불장(選佛場)' 이란 공동기금에 충당하며 나머지는 각자의 용돈으로 쓸 수 있게 나누어 주었다. 일반적으로 신도들의 시주금이나 재식(齋式)에 의존하던 사찰 재정을 스님들이 자급자족하도록 한 것이다. 사찰림

만암 종헌

에 감나무나 비자나무 등 유실수를 심고 사찰주변 공터에도 모란과 작약 등 약초를 심었다. 1천 250정보의 사찰림을 매년 10정보씩 간벌해 숯을 구워 그것으로 전답을 사들이기도 했다. 만암 스님의 이러한 선농일치사상은 백양사를 중창하고 사찰 경제를 지탱하는 밑바탕이 되었다. 스님은 수동적이고 소비 위주의 승가생활을 적극적이고 생산적인 불교로 전환시켰다.

구암사 진영 일화

조선조의 고승 연담(蓮潭:1720~1799)과 백파(白坡:1767~1852)는 법형제(法兄弟)로서 이 두 분으로 인해 차츰 '연담 문인' 이니 '백파 문인' 이니 하는 파벌이 형성되었다.

구암사 학인 시절에 만암 스님은 스승 환응 스님의 직계 조상인 연담 스님의 진영이 백파 계통인 구암사 영각에 봉안되어 있음을 늘 섭섭하게 생각했는데 꼭 그것을 찾아 백양사에 모시고자 했다. 그러던 중 구암사 사교과를 수료하던 해인 20세의 추운 겨울 어느 날, 만암 스님은 구암사에 가서 연담의 진영을 갖고 나왔다. 그러나 이를 알게 된 구암사의 건장한 스님이 추적해 결국 맞부딪치게 되었다. 결국 진영을 사이에 두고 실랑이가 벌어지자 만암 스님이 담판을 제의했다. 눈 속에 옷을 벗은 채 끈기를 겨뤘다. 몇 시간이 흐른 후 구암사 스님이 결국 항복했는데, 뒷날 문도들은 이를 평하여 '왕고집' 이라 불렀다. 이는 스님의 성격에 관한 어떤 일면을 알려주는 일화지만, 이 얘기에는 고조(古祖)에 대한 스님의 지극한 경앙(敬仰)의 의미가 담겨있다.

한편 만암 스님은 백양사 주지가 된 이래 사찰중창에 힘쓰면서 1918

년 1월에 30본산 연합사무소의 상치원(상임이사)이 된 것[11]을 비롯해 1920년,[12] 1926년[13] 등 여러 차례에 걸쳐 중앙교무원의 이사로 선출 되는 등 중요 임원으로 활동했다.

당시 재단법인 조선불교중앙교무원의 이사는 모두 7명이었는데, 만암 스님은 그 가운데 1명의 이사로 선출되었던 것이다. 1925년 7월 전대미문의 대홍수로 경부선 철도가 잠기는 한강 대홍수 때 봉은사 주지 나청호 스님이 많은 인명을 구출했다. 이 나청호 스님의 공덕을 찬양한 '불괴비(不壞碑)'를 세우는 데 만암 스님은 31본산 주지의 한 사람으로 이에 동참해 그 이름을 등재했다.[14]

불교전수학교 교장

일제 총독부에서는 3·1독립운동의 중요한 진원지의 하나였던 중앙학림을 폐교할 기미를 보였다. 이에 30본산 주지총회에서는 강제폐교의 기미를 감안해 전문학교로의 승격을 전제로 5개년 기한부로 1922년 5월 29일 중앙학림 휴교를 결의했다. 그러나 중앙학림 휴교 이후 교계에서는 불교종단의 전문교육기관을 다시 설치하라는 여론이 들끓었다. 《불교》 제7호(1923년)에 실린 조선불교의 현안을 해결하라는 오봉산인(五峰山人)의 글에 의하면 '전문교육기관이 없는 것은 일반 승속이 유감으로 생각하는 바이며 조선불교의 쇠퇴를 노골적으로 표시하는 동시에 우리 조선승려의 일대 수치'라고 말했나. 그리고 어러 가지 불교 현안이 있지만 우선해야 하는 것이 불교전문학교를 설립해야 하고 사법(寺法)개정 같은 문제에 비하면 도리어 지엽적인 문제라고 논했다.

이 같은 여론이 아니더라도 1922년 5월의 중앙학림 휴교에 대한 아쉬움과 전문학교로의 승격에 대한 갈망은 당시 불교인들의 골수에 사무쳤다. 그리하여 1925년 중앙교무원 평의위원회에서 불교전문학교 설립 원칙을 의결해 옛 북관묘지(北關廟地)이자 중앙학림 터인 명륜동 1번지에 불교전문학교 교사가 완공된 것이 1927년 10월 27일이었다. 2층 벽돌 251평의 교사가 완공되고 다음해 3월 31일 조선총독부로부터 학교 설립 인가가 나왔다. 그런데 교명이 불교전문학교가 아니고 불교전수학교로 인가되어 불교전문학교의 출현을 애타게 기다리던 사람들을 놀라게 했다. 이는 조선총독부에서 과거 중앙학림이 3·1운동을 전후해서 항일투사 양성소나 다름없다며 인가를 주저한데다 재단이 빈약하다는 이유로 불교전수학교로 인가했다.

이런 연유로 아쉬움 속에 인가를 얻은 지 1개월 뒤인 1928년 4월 30일에 불교전수학교가 개교했고 그 교장으로 만암 스님이 선출되었다. 만암 스님의 교장인가는 1928년 5월 5일자로 총독부에서 이루어졌다. 교장 취임 전인 같은 해 3월 만암 스님과 송광사 감무 임석진 스님 등 22명의 불교계 스님들이 총독부 후원으로 일본시찰 길에 올랐다. 이 사찰단의 일본여행 목적은 임석진 스님의 표현으로는 "세계적 대표가 되는 일본불교의 성황을 시찰함으로써 조선불교를 개조하고 건설하며, 조선승려의 지위 향상과 소개 또는 세계적 활동을 도모" 하는 데 있었다.[15]

이 시찰단에 참여한 사람은 백양사 전 주지 송종헌(만암 스님), 해인사 주지 백경하(白景霞), 건봉사 주지 이대련(李大蓮), 석왕사 주지 장하응(張河應), 통도사 감사 황경운(黃耕雲) 스님 등 31본산 주지 및 주요 3직의 소임을 가진 조선승려 20명과 총독부 종교과 직원 2명 등 모두 22명이었다.

만암 스님과 임석진 스님 등 사찰단 일행은 일본에 건너가 당시 그곳

조선불교의 종정

에 유학중이던 재일본조선불교청년회에서 주최하는 환영회의 영접을 받았다. 유학생들로서는 사찰단 일행이 대개 스승격의 스님들이자 본사와 교무원의 주요 소임자였으므로 각별히 정성을 쏟았다.

시찰단 일행은 1928년 3월 23일 경성을 출발해 부산에서 배로 현해탄을 건너 시모노세키〔下關〕·오사카〔大阪〕의 시중 사찰, 요시노 산〔吉野山〕, 다카노산〔高野山〕, 단바〔丹波〕 시의 천리교(天理教) 본부교회 및 나라(奈良)의 각지 사원, 그밖에도 일본 각지와 사찰을 시찰하고 22일만에 경성으로 돌아왔다.

그런데 이와 같은 조선승려들의 일본시찰은 이때만이 아니고 여러 번 실시되었다. 즉 1909년에는 홍월초·김동선 스님 등 60여 명이, 1917년에는 통도사 주지 김구하·권상로 외 7명의 본산 주지들이, 1925년에는 인원 미상이, 1935년 10월에는 경북 5본산(동화사· 은해사· 고운사·김용사·기림사)의 본말사 승려 11명이, 1938년에는 역시 강원도 3본산(건봉사· 유점사· 월정사) 승려 7명이, 1939년에는 역시 강원도 승려 10명이 1인당 170원씩의 여비를 도청에서 보조받아 일본시찰을 했다.

이처럼 총독부나 도청의 후원으로 일본을 여행한 시찰단은 귀국 후 '보고연설회'를 열 의무가 있었다. 당시 어용잡지 《조선》에는 이 보고회 기사가 자주 실렸는데 불교계도 예외가 아니었다. 친일승려 대은 김태흡이 발행한 《불교시보》에 게재된 기사에 의하면, 일본 시찰단의 강연 내용은 일본불교의 우수성을 홍보하거나 총독부에서 추진하는 심전개발(心田開發) 등의 일제측 정책선전 또는 중일전쟁에 관한 시국인식의 주입 따위가 주류를 이루었다.[16] 직설적으로 말하면 친일행위가 대부분이었던 것이다. 만암 스님이 일본 시찰을 했던 시기는 중일전쟁 훨씬 이전이므로 노골적인 친일행위가 행해진 것은 아니었지만 총독부의 후원으로 일본을 시찰했다는 것 자체가 부일적인 요소가 다분했음도 숨길 수 없는 사실이다.

만암 스님은 일본 시찰 후 불교전수학교 교장의 소임을 보면서 1928년 7월 12일부터 15일까지 닷새 동안 진행된 각황사의 개금불사에 상순(尙順) 최취허(崔就墟) 및 대은 김태흡 스님과 함께 증명 법사로 동참했다.[17]

그해(1928년) 9월 18일, 각황사에서는 이차돈(異次頓) 성사(聖師)의 기념법요식을 거행했다. 이 행사는 '박염촉제식법요(朴厭觸祭式法要)'라고 불렀는데, 다름 아닌 이차돈의 본명이 박염촉이었다. 의식에 참여한 조선불교계의 주요 스님들은 연중행사로 기념제식(記念祭式)을 거행하는 것이 좋겠다고 의논·결의했다. 즉 이들은 조선불교성찬회를 조직해 이차돈만이 아니라 아도·원효·자장·의상·대각·나옹·보조·태고·청허(서산)·송운(사명당) 대사 등 모두 11명의 고승들을 기념하는 제식도 행하고 기념강연도 실시해 고승석덕들의 성덕을 찬양하는 동시에 널리 사회에 알리기로 했다. 발기인으로는 권상로·김포광·김법룡·김태흡·김법린·백성욱 스님 등 모두 19명이 참여했는데, 만암 스님도 역시 발기인으로 동참했다.[18]

조선불교 승려대회

일제하 한국불교계는 일제의 사찰령으로 대변되는 가혹한 식민통치 하에서 불교 발전 및 민족운동에 나서기에는 지난한 상황에 처해 있었다. 더욱이 불교계는 일본불교의 침투에 직면함과 동시에 단일적인 통일기관이 부재해 그 어려움을 극복하는 것은 난제가 아닐 수 없었다. 그

조선불교의 종정

리하여 당시 불교계의 주요 대표가 망라되어 참여한 가운데 개최된 1929년의 조선불교선교양종승려대회는 불교계 통일운동에 기념비적인 성과를 이룩했다. 즉 불교계의 헌법인 종헌(宗憲)을 제정하고, 불교계의 만기(萬機)를 공결(公決)하는 종회와 집행기관의 성격을 띤 중앙교무원 등을 성립시켰다. 따라서 승려대회는 한국근대불교운동 선상에서 큰 의의를 가지고 있다.

만암 스님은 이 승려대회에 발기인의 한 사람으로 동참했는데, 1928년 11월 30일에 개최된 발기회에는 사정상 출석할 수 없었으므로 오이산 스님께 일체 권리를 위임했다.[19] 그리하여 1929년 1월 3일 승려대회에 만암 스님이 사회로 선출되었으나 병고로 회의를 진행할 수 없으므로 부사회 이혼성 스님이 대신 사회를 보았다.[20]

한편 만암 스님은 불교전수학교 불전교우회에서 펴낸 교지《일광》창간호(1928.12.28)에 〈시불전학생(示佛專學生)〉이라는 제목의 글을 게재했다. 이 글은 모두 110자로 된 전문 한문으로 이루어진 것인데, 내용은 불교전수학교 학생들은 '불교계의 동량지재이므로 열심히 갈고 닦아야 한다'는 취지였다.

불전교우회는 오늘날의 학생회와 달리 교수 및 강사, 그리고 학생 전원이 회원인 조직체였다. 그래서 회장도 교장인 만암 스님이 선출되었고, 만암 스님은 교지《일광》의 권두에 매호마다 전문 한문으로 된 쌀막한 글을 게재했다. 이《일광》은 1928년 말에 창간호를 발행한 이래 1940년까지 통권 10호를 발행했다. 그리고 스님은《일광》제2호(1929.9.9)에도 전문 한문으로 된 〈일광지화족(一光之畫足)〉이란 글을 역시 권두에 수록했다.

1930년 만암 스님은 중앙교무원 이사로 선출된 데 이어 교무원 교학부장으로 선출되었으나, 1931년 3월 중앙불전 교장으로서 부장을 겸임할 수 없다는 이유로 사임했다.

한편 불교전수학교는 1930년에 중앙불교전문학교로 승격되었다. 그러나 중앙불전은 재정난이 극심해 전임 교장을 둘 형편이 못 되었다. 이런 계제에 1932년 3월 만암 스님이 중앙불전 교장직을 사임하자 일각에서는 비판의 소리가 터져나왔다. 그러한 사정은 당시 불교 기관지 《불교》 제95호(1932.5.1)의 '삼릉경(三菱鏡)'란에 〈중앙불전의 교장 사임〉이란 제목으로 실린 다음과 같은 글에서 확인할 수 있다.

재정난의 절정에 선 중앙불전은 이유 모를 교장 사임으로 가일층 곤궁의 신미(辛味:쓴 맛, 고초)를 겪지나 아니하랴는가?

우리의 눈으로서는 금번 교장 사임은 너무나 무성의한 점이 없지 아니하다. 너무나 이기적에서 나온 것이 아닌가 생각된다. 중앙불전의 재정이 전임 교장을 둘 수 없는 것은 누구보다도 중전 교장이 잘 알 것 아닌가? 그럼에도 기어이 사임한다는 것은 학자로서, 승려로서 번루(煩累)한 교무가 싫은 것은 사실이나 학교 자체의 장래를 생각하면 최대한도의 희생을 즐겨야 할 것이 아닌가? 이기를 버리고 공을 위한 희생적 정신이 좀 있어지기를 바란다.

처음에 표면으로 중전의 예산을 표방해서 그 사임의 제출의 이유로 하기에 애교의 웅심(雄心) 자못 발발함을 앙모했더니 나중에 듣고 보니 이 무슨 졸렬한 표방이며 무성의한 태도이냐? 설사 그 본심에서 나온 이유 표방이 아니더래도 그 표방한 목적이 달성되었으면 면목상으로도 새로운 이유가 생길 때까지는 곤란의 전면에 설 인간적 의무가 있지 않을까? 알지 못해라. 이 제3자의 곡해이며 오해이냐? 우리에게는 너무나 책임을 밝히지 않고 거

조선불교의 종정

취를 밝히지 않는 결점이 있는 것을 늘 반성할 것이다. 이 점에 대해서 느껴지는 바 자못 많으나 한숨에 부치고 새로 될 교장은 더 책임감이 있고 더 인내력이 있고 굳은 절조가 있는 인물이 선출되기를 바라마지 않는다.[21]

이 글에 의하면 당시 중앙불전은 심한 재정난에 몰리고 있었는데 만암 스님이 전임 교장을 둘 형편이 못 된다는 이유에서 사임한 것은 '이기적이고 무책임하다'고 강력하게 비판하고 있다. 당시로부터 77년이 경과한 현재로서 성급한 판단을 내리기는 어렵다. 그러나 불교계 기관지였던 불교에 이와 같은 강경한 어조의 비판 기사가 실린 것을 볼 때 만암 스님의 중앙불전 교장 사임은 당시 불교계 인사들로부터 곱지 않은 시선을 받았던 것도 사실인 것으로 생각된다.

중앙불전 교장 사임 전인 1932년 1월에 만암 스님은 당시 불교계 현안으로 대두한 사법(寺法) 개정에 대해 불교 특집기사 가운데 11명으로부터 의견을 청취하는 난에서 그 첫 번째로 발언을 했다.

당시 사법 개정의 주요 쟁점은 불교계 통일기관 설립과 명실상부한 종회 설치 및 본사주지의 선출 자격문제 등이었다. 사법 개정 특집란에서 만해 한용운 스님은 연합사무소 · 총무원 · 교무원 · 종회 등의 기존 조직체가 통일기관 내지 종회로서 충실한 역할을 수행하지 못했다고 비판했다. 그리고 본사주지를 해당 본말사나 어떤 승려의 문도여야 하고 또한 연령을 40세 이상으로 제한한 것을 개혁해야 한다고 역설했다.[22]

이러한 쟁점사항을 염두에 두고 만암 스님의 사법 개정에 대한 의견을 살펴보자. 만암 스님은 '운용하는 방법이 가급적 동일해야 효력을 얻을 것'이란 요지의 전문(前文) 다음에 자신의 견해를 다음 세 가지로 요약해 제시했다.

만암 종헌

1. 각본산은 태고 종조하에 파조(派祖)를 별립(別立)치 말고 인법융통(人法融通)의 지(旨)를 달(達)하야 종조 법손된 이는 하사(何寺)를 물론하고 주지(住持)됨을 득(得)할사.

1. 각 본말의 종무를 해(該:그) 본말에만 한하야 토의하는 것이 너무 협착한 감이 불무(不無) 할뿐더러 비난과 배척에 이를 유(由)하야 분기(紛起)함으로 아모쪼록 원만한 방법을 실현케 할 사.

1. 현재 중앙평의원으로 단 중앙재단이나 이에 관한 사업에만 토의하난 것이 동 기관이 신성치 못함으로 각 본말사에 실행하난 공동사업까지 토의함이 가함.[23]

일제 전쟁기의 만암 스님 행적

중앙불전 교장직을 사임한 이후 만암 스님은 백암산으로 돌아가 조용하게 지냈다. 즉 교장직을 사임한 1932년 봄부터 1937년초까지 5년간 만암의 대외적 활동은 조선불교계에 전혀 나타나 있지 않다. 그가 다시 불교계 중앙무대에 등장한 것은 재단법인 중앙교무원의 평의원 자격이었다. 당시 평의원은 모두 54명으로 대체로 본사별로 2명 또는 1명이었는데 《불교시보》(1937.1.1)의 보도에 의하면 백양사의 평의원은 만암과 김봉수(金鳳秀) 스님이었다.

한편 1930년대 초반에 시작된 불교계의 통일기관 건설은 일제의 심전개발운동과 밀접한 관련하에 1935년부터 재추진되었다. 심전개발운동은 조선총독부 제6대 총독인 우가키 가즈시게〔宇垣一成, 총독 재임 1931.6~1936.8〕가 한국인의 '황국신민화'를 위해 추진한 시책이었다.

이처럼 일제식민통치의 근간으로 운용되었던 심전개발운동의 영향

조선불교의 종정

아래 한국불교계의 총본산 건설운동이 진행되었다는 것은 그 활동의 단초부터 일제식민통치의 영향을 배제하기 어려운 상황이었음을 말해주고 있다.

총독부 당국자의 긍정적 내락 속에 1937년 2월 28일 31본산 주지회의를 정식으로 개최해 총본산건설위원회를 구성했다. 이 회의에서 선정된 고문은 만암 스님과 강대련·김구하(전 통도사 주지)·김경산(전 범어사 주지) 스님이었고, 건설위원 중 상임위원은 임석진(송광사 주지)·차상명(범어사 주지) 스님이었고, 비상임 위원은 김법룡(묘향산 보현사 주지)·유보암(귀주사 주지)·박도수(은해사 주지) 스님이었으며, 김상호(범어사 종회원)·황금봉(건봉사 감사) 스님은 교무원 이사로 비상임위원에 포함되었다. 31본산 주지대표로는 이종욱 스님이 선정되어 총본산 건설위원은 12인으로 구성되었다.[24]

이 31본산 주지회의에서 7대 총독 미나미 지로(南次郎, 총독 재임 1936.8~1942.5)가 훈시를 하고, 총독부의 학무국장과 김대우 사회교육과장이 연설했으며, 이어 각 본사주지들의 발언이 있었는데 강대련·송만공(마곡사 주지)·박영희(대흥사 주지) 스님에 이어 만암 스님이 '선교기관(禪敎機關)'을 통하야 유기적으로 할 것과 각 지방 갱생부락에 매월 정일(定日)에 법화(法話)를 듣고 설교를 듣도록 하는 지령(指令)이 필요하다'고 주장한다.[25] 또 이 회의에서는 총본산 건설비로 60만 원의 예산이 책정되어 각 본사별로 납부액이 할당되었는데 백양사는 2천 288원 42전이 배당되었다.

총본산 건설이 구체화되기 전인 1937년 1월 25일, 전남의 5본사인 송광사·화엄사·대흥사·백양사·선암사의 주지 및 직원 22인이 순천 선암사에서 회동해 전남 5본산연합회를 창립했다. 이들은 전남 5본말사의 종무 통일과 원활을 기하고 제반사업의 향상 발전을 기하려는 목적으로 전남 5본산연합회를 조직하고 포교·교육·사회 사업에 대한 중요 결의를 했다. 특히 주목을 끄는 것은 연중행사로 심전개발을 위한 도시순회 포교를 할 것과 31본산을 통제할 만한 총본산을 창설할 것과 이 목적 달성을 위해 당시 중앙교무원에 30만 원을 증자하기로 한 것이다. 전남 5본산연합회의 이사장은 송광사 주지 임석진 스님이었고, 만암 스님은 4명의 이사 가운데 한 사람으로 선출되었다.[26]

만암 스님은 1937년 6월 25일 상경해 중앙교무원에 가서 총본산 건설비 중 백양사에서 출자해야 할 금액의 납부방법을 상의하고 다음날 백양사로 내려갔다. 스님은 1937년 7월 하순에도 경성에 올라왔다.《불교시보》(1937.8.1)의 '인사소식' 란에 상경 기사만 실려있으므로 어떤 활동을 했는지는 구체적으로 알 수 없으나 아마 총본산 건설과 백양사 분담금에 관한 일을 협의하러 서울에 올라왔을 것이다.

《불교》 신8집(1937.11.1) '교계소식' 란에 실린 기사에 의하면 백양사에 할당된 총본산 건설비 납부를 둘러싸고 교무원과 백양사 간에 복잡한 문제가 있었던 것으로 보인다. 기사가 소략해 자세한 것은 알 수 없으나 내용을 종합하건대, 백양사에서는 총본산 건설비를 납부하기 위해 토지를 저당해 자금을 융자받아 냈는데 그 상환이 여의치 않았던 것으로 이해된다. 그래서 저당한 백양사 소유 토지가 경매에 부쳐지게 되었다. 1937년 9월 9일부터 10월 14일까지의 '교무원 소식' 란에는 관련된 기사가 무려 7건이나 수록되어 있다.[27]

그리하여 만암 스님은 그해 9월 15일 상경해 교무원에서 타협한 결과 1939년 3월 이내에 백양사 살림을 벌채해 1,2종 분담금 1만 4천여 원을 납부하기로 했다. 총독부 직원 홍석모 입회하에 타결된 이 방안에 따라

조선불교의 종정

1937년 10월 14일 각서 조인을 하여 경매 수속을 중지해 마침내 문제가 타결되었다.

백양사와 교무원측의 이 타협안에 따라 백양사에서는 총본산 건설비로 그해 11월 2일에 850원, 12월 3일 4백 원, 12월 15일에 284원 44전을 납부했다.[28]

조선불교계의 총본산 건설사업이 활발히 진행되는 가운데 1937년 7월 7일 일제의 중국대륙 침략 야욕에서 빚어진 중일전쟁이 발발했다. 전쟁이 시작되자 31본산 주지대표인 이종욱 스님은 전쟁 발발 8일만인 그해 7월 15일 총본산 건설위원인 임석진·황금봉 스님을 대동하고 남산의 조선신궁으로 달려가 국위선양무운장구기원제에 참석했다. 그리고 31본산 주지대표로 중앙교무원을 주도하고 있던 친일승려 이종욱과 상임이사인 김법룡·황금봉·김상호 등은 일제의 침략전쟁을 위해 본산 31개 사찰은 7월 25일과 8월1일 2회, 전조선 말사와 포교소는 8월 1일 오전 5시에 일제히 국위선양무운장구기원을 봉행하기로 결정하고 7월 19일 이에 관한 공문을 전국 사찰에 발송했다.[29]

이 결정에 따라 백양사에서도 7월 25일과 8월 1일 국위선양무운장구기원제를 봉행했고, 같은 해 11월 18일에는 황군(일본군) 위문금 1백원을 교무원에 송부했다.[30]

만암 스님은 1937년부터 다시 31본산의 하나인 백양사 주지직 소임을 맡고 있었는데, 중일전쟁이 일어난 그해 연말 중앙교무원에서 북중국에 출전한 일본군을 위문하기 위해 '지나(중국)출정장병위문사' 피견 경비 6천 원 가운데 백양사 분담금을 납부했다.[31] 만암은《불교》신21집 (1940.2.1, 58쪽)에 의하면 1940년 2월 현재 배병수 스님과 함께 중앙교무원 백양사 소속 평의원이었다.

만암 종헌

창씨개명

일제는 1939년 11월 20일 제령 제19호로 조선민사령을 개정해 1940년 2월 11일부터 8월 11일까지 6개월 동안 한국인들의 창씨개명을 단행했다.(후일 기한이 연장되어 2년동안 실시함.)

조선불교계에서도 일제의 창씨개명 시책에 적극 호응해 기관지《불교》신21집(1940.2)에 씨(氏) 제도 창설의 문답을 게재하고 경성 시내 5곳에 창씨 무료상담소를 개설했다. 이종욱을 비롯한 당시 불교계 종권을 장악하고 있던 친일승려들은 기한 내에 승려는 물론 신도까지 전원 창씨개명을 시키겠다는 결의를 하고 일제의 창씨개명 정책에 적극 협조했다.

그 일환으로 본사주지들의 창씨개명을 유도해 1940년 6월에는《불교》신24집(1940.6.1, 26쪽)에는 2차로 각 본사주지 13명의 창씨개명을 등재했는데 이에 따르면 백양사 주지 송종헌은 '쓰루이오리 슈겐〔蔓庵宗憲〕'으로 창씨개명을 한 것으로 기록되어있다.

만암 스님은 호와 법명을 합쳐 창씨개명을 한 경우인데, '멀 만(曼)'자에 '풀 초(艸)' 변을 덧붙여 일제와 교무원측의 강압적인 창씨개명을 은근히 야유하고 있다. 왜냐하면 스님의 법호 첫 글자인 만(曼)자에는 훈이 꽤 많은데, '길이 멀다', '끝이 없다' 등의 뜻도 있지만 '이끈다, 윤택하다, 아름답다' 등의 뜻도 들어 있다. 그런데 풀 초 변을 덧붙이면 '덩쿨·넌출·무' 등의 훈으로 변해 '만암(蔓庵)'으로 표기하면 '덩굴 속 암자'라는 말로 바뀌어 창씨개명으로 인해 '황폐해진 암자'라는 의미를 갖게 됨으로 이는 비유적인 비판이 된다. 하지만 창씨개명의 의미가 어떠하든 만암 스님이 본사 백양사 주지로서 두 번째 선두주자로 창씨개명을 한 것은 사실이다.

중일전쟁 와중에 시작된 총본산인 태고사의 건축은 계속 진행되어 1938년 10월 10일 건물이 준공되고, 1941년에는 총독부의 승인을 얻어 조선불교 조계종이 출범했는데 만암 스님은 김경산·김구하·강대련·송만공·장석상 스님과 함께 종무고문으로 추대되었다.

일제는 중국과 장기전을 치르면서 1941년 12월 8일, 미국 하와이의 진주만을 공격함으로써 태평양전쟁(대동아전쟁)을 도발했다. 조선불교계는 일제의 전쟁 병참기지로서 갖가지 수탈에 시달리고 있었다. 이 와중에도 백양사의 말사인 목포 죽교동에 있는 금강암이 사찰을 중수하고 그 중수기를 만암 스님에게 의뢰했다. 이에 만암은 1943년 3월, 〈금강암중수기〉를 써주었다.[32]

만암 스님은 1930년대 중반 당시 통도사 주지였던 경봉 스님과 중앙교무원에서 31본산 주지회의 때 종종 만났을 것이다. 경봉은 만암보다 16세 연하였으나 두 스님은 각기 본사주지급이었으므로 그 교유 역시 남달랐을 것이다.

1944년 가을 무렵, 경봉 스님이 만암 스님께 서신을 올리자 만암은 이에 다음과 같은 답장을 보냈다.

호남과 영남간의 서신이 늘어진지도 몇 겹을 격한 것 같던 차에 한 폭의 맑은 편지가 책상 위에 놓여 있기에 황망히 열어보니 이것은 화상의 정중한 법화라 무릎을 꿇고 읽고 나서 생각하니 완연히 높은 품위를 느꼈습니다. 현묘한 법음을 들으니 이와 같은 경사스러움이 또 있겠습니까. 감사합니다. 말씀하신 승가리 가사는 겨우 한 벌 구해 보내오니 받아주면 감사하겠습니다. 힘을 입어서 또한 양계(兩界:선禪과 교教)를 얻어 적정을 깨고 해탈

하니 우리 부처님 법의 인연으로 가는 곳마다 불사를 지으니 더욱 감사합
니다. 남은 인사말은 늘 하는 격식인고로 불비례상(不備禮上).

—갑신(1944년) 지월(至月 : 동짓달) 27일 송종헌 배복(拜復)[33]

그런데 만암이 경봉에게 이 서신을 보낸 다음해에 우리나라는 일제
로부터 해방이 되었다.

광복과 6·25전쟁

해방 이틀 후인 1945년 8월 17일, 조선불교 조계종의 종무총장 이
종욱 이하 간부들이 총사직을 하고 8월 20일에는 김법린·최범술·유
엽 스님 등 건국청년당원 40여 명이 총본산 태고사를 방문해 이종욱
스님으로부터 종단 운영권을 인수하는 한편 전국승려대회를 준비했
다. 9월 22일~23일 전국승려대회가 개최되어 사찰령 태고사법 31본
말사법의 폐지를 결의하고 조선불교 교헌을 제정했으며 각도에 교무
원을 설치했다.

만암 스님은 이 결정에 따라 전남 교무원 원장에 취임했다. 일제시대
에는 많은 승려들이 취처를 했는데 백양사 소속 스님들도 상당수가 결
혼해 가정을 꾸렸다. 해방이 되자 일부 비구승들은 취처·육식·음주하
는 대처승들을 절에서 내보내야 한다고 주장했다. 그러나 만암 스님은
"저들이 이 지경이 된 것이 어찌 저들만의 허물이라 할 수 있겠느냐. 그
리고 하루아침에 쫓아낸다는 것은 온당한 일이 아니다"라고 했다.

이런 논란이 오고간 끝에 만암 스님은 가정을 이룬 승려를 호법중, 청
정계율을 지킨 승려는 정법중이라 분류하고는 정법중은 수행에 전념하

도록 하고, 호법중은 가람수호와 정법중 외호에 임해 각기 이판과 사판의 본분을 다하도록 했다. 아울러 호법중들에게는 백양사에서 운영하던 강원과 학교의 운영 및 포교와 사무 등을 맡도록 하는 소임을 내렸다.

만암 스님은 해방 직후 불교계의 중등교육기관 운영에도 선구적 역할을 했다. 1946년, 만암은 백양사 · 송광사 · 선암사 · 대흥사 · 화엄사 등 전라남도 5개 본사의 힘을 모아 중등학교를 세우고자 노력했다. 많은 난관 끝에 1947년 전남 광산군 송정읍에 정광고등학교를 세워 만암 스님이 교장으로 취임했다. 스님은 세수 72세의 노구를 이끌고 교장에 취임해 8년 동안 교장 소임을 수행했다.

스님은 정광고등학교 교장에 취임하던 그해 1월《불교》(1947.1.1, 발행인 장도환)에 삼보는 곧 화합의 뜻이라는 글을 발표했다. 이 글에서 스님은 '산인(山人)이 무슨 해방이니 독립이니 하는 환희를 알바이리요만 귀먹고 노쇠한 빈도(貧道)가 자분(自分)도 묵수(墨守)하지 못하면서 여타의 외사(外事)나 범정(凡情)은 물론 국사(國事)나 정사(政事)에 대한 것은 더욱 돈불식(頓不識)입니다' 하고는 '대비원력(大悲願力)'과 '화합원융(和合圓融)'에 대해 이야기했다. 이 글로 보건대 만암 스님은 해방정국의 어수선한 분위기 속에서 산승의 본분을 지키며 세사에 휩쓸리지 않았던 것이다.

만암은 어지러운 해방공간에서 수행자 본연의 길을 충실히 걷고자 전남 도내의 여러 사찰과 포교당을 규합해 '호남고불총림'을 결성했다. 그 성명을 발표한 것이 1947년 12월 8일이었는데, 동참 사찰은 백양사를 비롯해 영광의 불갑사 · 연흥사 · 은선암 · 금정암, 담양의 용흥사, 함평의 용천사, 고창의 문수사 · 상원사 · 소요사, 순창의 구암사, 통조사 등의 12개 사찰과 장성 포교당 고창 포교당 오교 포교당 함평 포교당

만암 종헌

죽교 포교당 죽동 정혜원 등 10개 포교당이 참여했다.

만암 스님은 〈호남고불총림결성성명〉에서 해방 후에도 불교계가 혼란에 빠져 있으므로 공적·사적으로 충고를 했으나 소위 현 교단은 하등의 반성을 부득(不得)한즉 이에 그치지 않고 조선불교가 가위 전종전파(轉宗轉派)에 환전역조(換轉易祖)의 경우에 달(達)함으로 부득이 현종단과 절연을 성명하고 오직 불타의 대덕위의 광명과 반도의 모든 고사석덕(高師碩德)의 여광(餘光)을 이어 한 등이 백천 등을 연(燃)함을 만심홍서(滿心弘誓)하는 정신하에 우선 좌기(左記)의 약간 동지를 구해 구납월 8일 불타성도일을 기해 고불총림 결성식을 거행하고 동명제하(同名題下)에 신발족을 경영하는 바로다'하고 말했다. 이때 결성한 호남고불총림은 오늘날과 같은 의미에서의 강원·선원·율원을 갖춘 총림이 아니라, 비틀거리는 중앙교단과의 절연을 선언하고 전남지역의 22개 사찰이 독립을 표방한 것이다. 이는 만암 스님을 비롯한 전남지역의 주요 사찰이 김법린·최범술 등의 영남계 스님들이 해방 후 불교종단을 전횡하는 것에 대한 반발이었다. 하지만 이런 일도 1950년 6·25전쟁이 발발하면서 흐지부지되긴 했으나, 이로써 보더라도 후일 정화운동을 둘러싼 만암의 태도와 노선의 방향을 엿보게 하는 단초의 일단을 드러내고 있다.

만암 스님은 중앙교단과의 불편한 관계 속에서도 1948년 9월 광산군 송정읍의 〈금선교당창립기(金仙敎堂創立記)〉를 쓰고, 그 이듬해에는 〈자서약력(自序略歷)〉을 기록했다.[34]

1950년 6월 25일, 드디어 전쟁이 터졌다. 동족상잔의 비극적인 이 땅의 남북전쟁이 시작된 것이다. 이 처참한 전쟁의 와중에 해방 후 제2대 교정이었던 한암 선사가 오대산 상원사에서 1951년 3월 22일 입적했다. 전쟁으로 부산 대각사(大覺寺)로 피란을 간 조선불교 중앙교무원에

조선불교의 종정

서는 교정 자리를 오래 비워둘 수 없다고 하여 한암의 후임으로 만암 스님을 추대하자는 얘기가 떠돌았다.

해방 후 제3대 교정

한암 선사가 입적한 지 3개월이 지난 1951년 6월 20일, 조선불교중앙교무원에서는 제3대 교정으로 만암 스님을 추대했다.

만암 스님은 광복이 되자 전남 교무원장이 되었고 해방 2년째인 1947년 말에는 중앙교단의 전횡에 반대해 '호남고불총림'을 결성했다. 하지만 6·25전쟁이 일어나고 교단 역시 전쟁통에 부산으로 피란을 가고 산중 사찰들은 격전으로 많은 피해가 일어났다. 이 어려운 상황 속에서 만암 스님은 불교계 최고직위인 교정이 된 것이다.

전쟁이 일어나자 만암 스님도 백양사를 떠나 다른 사찰에서 참선 수행을 하다가 1950년 9월 28일, 국군이 서울을 수복하자 다시 백양사로 돌아왔다. 그런데 그해 겨울 군인들이 몰려와 백양사를 불태우려고 하자 만암 스님이 "법당과 함께 나를 태우라"고 하는 살신 순교정신으로 저지했다. 이렇게 하여 백양사의 법당과 전각들은 6·25전쟁 속에서도 온전하게 보진되었다. 하지만 이 전쟁으로 백양사 앞 쌍계루가 불탔고, 청류암·천진암·운문암·약사암·청량원·모련암 등 많은 산내 암자들이 전소되었다.

전쟁의 소용돌이 속에서 조선불교 교정인 만암 스님은 1951년 제야에 〈신묘제야음(辛卯除夜吟)〉이라는 5언절구를 읊었다.

내가 날 없는 칼을 잡아   吾將無刀劍

노지의 흰소를 잡아서　　　　　　　　　　割來露地牛

도소주와 함께 공양을 올리니　　　　　　　屠蘇兼供盡

어느 곳에 은혜와 원수가 있을고　　　　　　何處有恩讐 [35]

이 시는 선시로서 선적인 의미를 내포하고 있겠지만, 당시 남북한의 사람들이 이념이 다르다는 이유만으로 죽이고 죽는 불행한 사태가 벌어지는 것을 지켜보면서 만암 스님은 이 땅의 '어느 곳에 은혜와 원수가 있을고' 하면서 우리 민족의 불행을 우려하는 마음도 절실했을 것이다.

이 시가 쓰여진 시점인 1951년말은 남북의 군대가 치열한 접전을 벌이고 있는 때인 만큼 이 시의 마지막 구절은 단순히 선적인 뜻으로만 해석하는 것은 치우친 생각일 수 있다. 원래 시는 다중적인 의미를 내포하는 경우가 많고, 읽는 자나 지어진 시점 등을 고려하면 그 해석이 다양한 것은 보편적인 일이다.

1953년 7월 27일, 마침내 3년 동안 진행된 6·25전쟁이 판문점에서 조인된 휴전협정으로 끝났다. 전쟁이 끝나자 만암 스님도 평화가 온 것을 기뻐하며 〈축동란평화(祝動亂平和)〉라는 제목의 7언율시를 읊었다. [36] 그리고 이해 가을, 세수 78세의 노구로 스님은 6·25전쟁을 치른 교단에 교정으로서 〈새로운 면목〉[37]이라는 제목으로 심기일전해 교단을 혁신할 것을 촉구했다. 이어 같은 해 11월 28일에 열린 제12회 정기 중앙 교무회에 교정으로 〈유시(諭示)〉[38]를 발표했다. 그는 이 유시에서 ① 주지와 포교사의 재교육 ② 계명(戒命)의 존속 ③ 전쟁으로 인한 사찰복구 등 세 가지를 중점적으로 거론했다.

정화운동과 만암

일반적으로 불교정화가 시작된 것은 이승만 대통령이 1954년 5월 21일 제1차 불교정화유시를 발표한 것으로부터 비롯된다고 말하고 있다. 실제 불교정화를 거론하지 않을 수 없었던 것은 일제시대에 조선총독부가 우리 불교계 승려들의 취처를 허용하면서 그 근본원인이 태동하기 시작했다. 그러나 이것은 근본적인 원인이고, 해방 후 직접적인 불교정화운동이 일어난 것은 1952년 봄 이대의 스님이 교정 만암 스님에게 명산대찰 몇 곳을 독신승려 수도 도량으로 지정해 줄 것을 건의하면서부터 촉발되었다. 또한 이 해에 토지개혁에 의한 전국사찰의 막대한 지가증권(地價證權)이 몇 사람의 사판승(事判僧:대처승)에 의해 탕진되었다. 또 조선불교 중앙총무원 최범술 명의로 임차한 일제시대 일본 사찰 및 개인 명의로 불하한 적산사찰 대부분을 매각 처분했다. 이와 같은 대처승들의 횡포로 전국의 강원과 선원 대부분이 폐쇄되기에 이르렀다. 이렇게 되자 독신승들이 수행할 도량이 없다면서 사판승들을 성토하기 시작했다.

1952년 11월, 경주 불국사에서 승려대회를 개최해 독신승려들에게 수도 도량 48개 사를 징했는데, 그 속에는 31본산을 전부 제외했다. 이에 독신승려들이 분개해 교단의 쇄신을 결의했다.

교정 만암 스님은 독신승들의 이러한 움직임을 간과할 수 없어 1953년 4월, 통도사에서 전국승려대표자대회 및 고승회의를 개최해 불교중흥과 비구승들에게 수행도량으로 넘겨줄 사찰에 대해 논의했다. 만암 스님은 이 회의에서 적어도 3대 사찰(해인사·통도사·송광사)만이라도 넘겨주자고 했는데 비구측은 환영했고 대처측은 반대해 결렬되고 말았다.

다음해인 1954년 4월에도 불국사에서 또 회의를 가졌으나 역시 좋은 결과를 얻지 못했다. 이에 비구승들의 비판과 격렬한 항의가 뒤따랐으나 현실적으로는 대처승들이 종권과 불교계 실권을 장악하고 비구승들은 열세여서 어떻게 할 방도가 없었다.

이러던 차에 1954년 5월 21일 이승만 대통령이 제1차 불교정화유시 '대처승은 사찰에서 물러나라' 는 담화를 발표했다. 그런데 이승만 대통령이 정화유시를 발표한 것에 대해서는 여러 가지 설이 있다.

이승만 대통령이 남한산성 장경사(長慶寺)에 들렀을 때 아기 기저귀를 보게 된 것이 정화유시의 원인이라는 설도 있고, 당시 이선근 문교부 장관 또는 모 대학 교수의 개입설도 있고, 1953년 1월 이승만 대통령이 범어사에 갔을 때 하동산 스님이 정화를 건의했다는 등의 설이 있다.

어쨌든 이승만 대통령의 유시는 비구승들에게 큰 낭보였고 대처승들에게는 치명적인 폭탄과 다를 바 없었다. 정화유시가 발표되자 이대의 · 이종익 · 이재열 · 문정영 · 강석주 스님 등이 불교정화운동을 발기했다. 이에 같은 해 6월 20일 중앙총무원에서 교헌을 개정해 대한불교조계종 종헌으로, 교정을 종정으로, 조선불교 중앙총무원을 대한불교조계종 총무원으로 바꾸었다. 그리고 승단을 수도승단(비구승)과 교화승단(대처승)으로 1954년 6월 20일에 구분했다.

만암 스님은 해방 후 제3대 조선불교 교정으로 추대되어 재임하다가 1954년 6월 20일 새 종헌이 제정되면서 처음으로 대한불교조계종 종정이란 명칭으로 불리게 되었다.

한편 비구들은 6월 24일 선학원에서 불교정화운동발기인대회를 개최해 위원장에 정금오(鄭金烏), 부위원장에 김적음(金寂音) 스님이 선정되었다. 이들은 다음날에는 재경 비구승들을 소집해 교단정화운동추진

조선불교의 종정

위원회를 구성했는데 위원장은 정금오 스님이었다.

8월 24~25일 선학원에서는 전국비구승대표자대회를 개최했는데 여기에는 64명의 비구들이 참석했다. 대처승들도 임시총회를 개최해 이해 9월 30일 종권과 사찰을 비구측에 인도하기로 결의했다.

그러나 비구승과 대처승 간의 사찰쟁탈전이 시작되었고, 만암 스님은 비구측이 종조를 태고가 아닌 보조로 하자는 데 크게 반발해 '환부역조'라면서 비판했으며, 종정 자신은 비록

만암 스님 호곡 후 촬영 종조문제로 일부에서 종정과 상의 없이 한국불교 종조가 태고 보우 국사인데 보조 국사를 종조로 바꾸었기에 환부역조(換父易祖)를 주장하는 자와는 일을 같이 할 수 없다하시며 종정직을 사임하고 태고 선사 부도 앞에서 호곡(號哭)하신 후 촬영한 것임(앞 줄 우측이 만암 대종사)『만암문집』13쪽에서 인용.

비구승이었으나 일제시대 때 오랫동안 대처승들과 함께 종단 일을 보면서 교분이 깊어 심정적으로는 대처승 계열에 속했다. 그래서 종정 만암 스님은 승단을 수도승과 교화승으로 나누어 점진적인 정화를 주장했다. 그러나 비구측은 급격한 정화를 추진했고 종정의 태도에 불만을 품고 만암 스님을 종정직에서 해임하고 새 종정으로 하동산, 부종정에 정금오, 도총섭에 이청담 스님을 선출했다.

종정 만암 스님은 1955년 1월, 비구승측이 환부역조(보조종조론)한다고 비판하면서 종정직을 사퇴하고 대처승 측에 가담했다. 만암 스님은 정화에 대해 양측의 타협에 의해 점진적으로 추진되어야 할 것이라 주

만암 스님비　　　　촬영 한승탁 ⓒ 문화문고

장했다. 타협의 쟁점은 사찰의 배분과 수행승과 교화승의 분리에 있었다. 사찰의 적정한 배부도 해결하기 힘든 난제였지만 교화승의 인정 문제도 타결하기 어려웠다. 만암 스님은 힘겹게 노력했으나 결국 그의 의견은 양측 모두로부터 받아들여지지 않았다. 거기에다가 종조 문제가 불거져 나와 비구측이 이불화·이종익의 이론을 앞세워 보조국사를 종조로 내세우자 만암 스님은 환부역조라면서 비구측과 결별하고 정화운동에서 손을 떼겠다고 선언하고 백양사로 내려갔던 것이다.

스님은 백양사에 주석하며 후학 제접을 하다가 입적하기 7일 전에 기미를 알고 문인들을 불러 교단과 후사에 대한 일을 당부한 후, 1957년 1월 10일(음력 12월 15일) 세수 82세, 법랍 72세로 입적했다. 입적하던 날 스님은 작설차를 마시고 손발을 씻은 후 옷을 갈아입고 서향안좌(西向安坐)해 "올해는 눈이 많이 내려 풍년이 들 거야"하며 좌탈입망했다.

종단장(宗團葬)으로 다비식을 봉행한바 사리 8과가 출현해 원근의 스님과 불자들이 환희하고 찬탄했다. 스님의 사리는 백양사와 제주도에 봉안했다.

조선불교의 종정

광복이 되었지만 한국불교계에는 일제시대의 폐단이 시정되지 않았다. 즉 일본불교의 영향으로 대거 생성된 대처승들이 전국의 대부분 사찰을 장악한 채 독신 비구승들을 박대하거나 선(禪)수행을 하는 선원(禪院)을 폐쇄하였다.

그리고 법당 안팎에 친일불교의 행적도 그대로 남아있는 경우도 있었다. 즉 법당 본존불 앞에 일본왕 명치(明治)의 신위(神位)나 일본군의 무운장구(武運長久)를 기원하는 푯말이 남아있는 사례도 있었다. 이에 비구승들은 서울 안국동 선학원을 중심으로 1954년 봄 '불교정화운동'을 시작하였다. 비구승과 대처승들이 첨예하게 대립하면서 정화운동이 진행되는 과정에서 그해(1954년) 10월 15일 종정 만암(曼庵) 스님이 '정화원칙은 찬동하나 방법론은 반대한다' 는 성명서를 발표했다. 같은 해 11월이 되면서 양측의 사찰 쟁탈전이 시작되었고, 만암 종정은 비구측이 종조(宗祖)를 태고 보우(太古 普愚) 국사가 아닌 보조 지눌(普照 知訥)로 하자는 주장에 크게 반발하였다. 그리고 만암 스님이 대처승 편을 들자 정화운동 추진자들은 만암 스님을 종정직에서 해임하고 새 종정으로 동산 혜일(東山 慧日) 스님을 선출하였다. 이에 만암 종정은 1955년 1월, 종조를 태고에서 보우로 바꾸는 것은 '환부역조'(換父易祖:아버지와 할아버지를 바꾸는 것, 즉 조상을 바꾸는 것을 뜻함)라고 비판하면서 공식적으로 종정직을 사퇴하고, 본격적으로 대처승측에 가담했다.

태고보우진영 촬영 한승탁 봉암사 조사전 소장

이로써 종조문제는 승단의 첨예한 문제로 대두하여 정화운동 기간 내내 논쟁이 끊이지 않았다. 그럼 불교계의 종조논쟁이란 무엇인지 그 내용을 살펴보자.

원래 우리나라 불교계에서는 승려들 대부분이 태고 보우의 법계(法系)라는 것이 정설이었다. 즉 임제종(臨濟宗)을 개산한 임제 의현(臨濟 義玄)의 법맥을 이은 석옥 청공(石屋 淸珙)의 법을 고려 말에 태고 보우가 전해 받은 것을 정통으로 보아, 한국의 승려들은 '임제태고종통'이라는 것이 통설이었다. 그 법맥은 다음과 같다.

임제 ⋯ 석옥 – 태고 – 환암 – 구곡 – 벽계 – 벽송 – 부용 ┬ 서산 ┬ 편양
                                                       │   └ 사명
                                                        └ 부휴

조선불교의 종정

보조지눌진영　촬영 한승탁 봉암사 조사전 소장

　　그런데 정화운동을 하는 비구측에서 이불화(李佛化)와 이종익(李鍾益)의 이론을 바탕으로 태고 대신 보조를 종조로 내세웠다.

　　비구측의 주요 불교학자인 이불화는 〈굴산보조종통(崛山普照宗統)〉 또는 〈임제보조종통(臨濟普照宗統)〉설을 주장하였고, 역시 비구측의 불교학자인 이종익도 태고국사가 아니라 보조국사가 대한불교조계종의 종조라는 이론을 펼쳤다.

　　이불화의 〈굴산보조법계〉는 보조국사가 창설한 조계산 수선사(修禪社)가 배출한 국사들의 법계가 태고를 거치지 않고 구곡으로 이어졌다고 주장한 것이다. 그런데 구곡의 법을 전해 준 스승이 환암(幻菴)이므로 〈굴산보조법계〉가 성립되지 않자 이불화는 이를 없애고 다시 〈임제보조종통〉의 요지는 선(禪)의 정맥인 임제 의현(臨濟 義玄:?~867)의 법맥이 원오 극근(圓悟 克勤:1063~1125)-대혜 종고(大慧 宗杲:1089~1163)-보조 지눌…졸암 연온(拙菴 衍昷)-구곡…서산과 부휴로 이어졌다고 한다.

　　이종익은 중관 해안(中觀 海眼)·편양 언기(鞭羊 彦機) 등이 임제태고 법통(臨濟太古法統)을 조작하였다면서 법신종승설(法身宗承說)을 바탕으로 보조가 조계종의 법통이라고 주장하였다.

　　이불화와 이종익의 '보조종통' 설에 대하여 조계종 종정을 역임한 성철(性徹) 스님은 '보조는 법을 전해준 스승이 없는 산성류(散聖類)에 속한다'면서 두 사람의 주장을 반박하였다.

법신종승설에서 법신은 일체에 변만(遍滿)하여 개개가 평등구족(平等具足)하므로 어느 특정 법신을 사승(師承)한다는 것은 불법상(佛法上) 절대로 용인될 수 없으므로 이 설을 바탕으로 보조를 종통으로 삼는 것은 있을 수 없다고 하였다. 즉 어느 특정 법신을 사승(師承)한다는 것은 불법상으로 절대로 용인될 수 없는 것이며 이와 같은 망론(妄論)은 외도의 견해라며 성철 스님은 보조종통설을 전적으로 반대하였다.

현재 불교계의 대세는 한국불교가 태고법계(太古法系)임은 분명하나, 사상적으로는 보조의 영향이 크다는 것이 대체적인 경향이다.

그리하여 〈대한불교 조계종 종헌〉 제1조에서는 다음과 같이 그 종맥을 규정하고 있다.

"본종은 신라 도의(道義) 국사가 창수(創樹)한 가지산문(迦智山門)에서 기원하여 고려 보조(普照) 국사의 중천(重闡:크게 발전시킴)을 거쳐 태고 보우(太古 普愚) 국사의 제종포섭(諸宗包攝)으로서 조계종이라 공칭하여 이후 그 종맥(宗脈)이 면면부절(綿綿不絶:끊어지지 않고 계속해 이어짐)한 것이다."

조계종의 기원으로 삼는 도의는 신라 스님으로 784년 당에 들어가 서당 지장(西堂 智藏)의 법을 이어받고 도의라는 호를 받았다. 또 백장 회해(百丈 懷海)에게서 법요를 받았다. 도의가 법을 받은 서당과 백장은 중국 선불교의 황금시대를 연 마조 도일(馬祖 道一)의 3대 제자(서당·백장·남전)에 속하는 뛰어난 선승이었다. 당 중기 이후 오늘에 이르는 한·중·일 동아시아 삼국의 선맥(禪脈)은 '마조선'이라 해도 지나친 말이 아니다.

한국 선종의 경우 신라 말 고려 초에 개산한 구산선문(九山禪門:9개의

조선불교의 종정

선종 사찰) 중 7개 산문이 마조의 법제자들인 서당 · 남전 · 염관 · 마곡 · 장경 선사로부터 법맥을 이어왔다(도표 참조).

구산선문 법맥도

초조달마 – 2조 혜가 – 3조 승찬 – 4조 도신 ─┬─ 법랑 – 신행 – 준범 – 혜은 – 도헌

└─ 5조 홍인 – 6조 혜능 ─┬─ 남악

├─ 마조

└─ 청원

홍척	– 수철	··········	전북 실상산 실상사
도의	– 염거 – 체징 – 형미 – 진공	··········	전남 가지산 보림사
혜철	– 여, 윤다, 도선, 경보	··········	전남 동리산 태안사
범일	– 행적	··········	강원 사굴산 굴산사
무염	– 심광 – 현휘	··········	충남 성주산 성주사
도윤	– 절중	··········	강원 사자산 흥녕사
현욱	– 심희 – 찬유	··········	경남 봉림산 봉림사
도헌	– 양부 – 긍양	··········	경북 희양산 봉암사
이엄		··········	황해 수미산 광조사

□는 한국선종 법맥 전수 선사

　　도의는 신라 헌덕왕 13년(821) 귀국하여 설법했으나, 당시 사람들이 경전에 의한 불교만을 숭상하고 선(禪)을 믿지않아 아직 시기가 오지 않았음을 알고 설악산 진전사(陳田寺)에서 40여 년 수도하며 염거(廉居)에

게 법을 전하고 입적하였다. 그 뒤 염거의 제자 보조 체징(普照 體澄)이 가지산(迦智山) 보림사(寶林寺)를 짓고 종품을 떨치니, 도의 선사는 가지산문(迦智山門)의 1세 조사로 일컬어지고, 현재 조계종에서는 도의 선사를 기원으로 삼고 있다. 그리고 고려 보조 지눌은 조계종을 크게 발전시킨 인물이라 하였으며 오늘날까지 이어지고 있다는 것이 조계종 종헌 제1조의 내용이다.

이는 정화운동시 대두된 종조논쟁에 의해 선종인 조계종의 기원을 도의에 두되 사상적으로 보조 지눌이 크게 영향을 미친 것을 감안하여 '고려 보조의 중천(重闡)을 거쳐서'라는 구절을 삽입하였다. 하지만 조계종의 종맥은 태고 보우로부터 계속 이어지고 있음을 명기하였다.

이로써 '종조논쟁'은 일단락된 셈이다.

조선불교의 종정

정화운동시기 비구승단의 종정

비구승단의 상징적인 고승 석우 보화
댓잎 소리에 깨달은 설법 제일 동산 혜일

건곤을 모아 주머니에 담아 밖에 던져 버리고

囊括乾坤方外擲

해와 달을 지팡이에 끼어 소매주머니에 감추고

杖桃日月袖中藏

한 종소리가 나니 구름이 흩어지네

一聲鍾落浮雲散

만타 청산이 석양 같구나

萬朶靑山正夕陽

- 석우 보화(石友 普化 : 1875~1958) 스님의 임종게

비구승단의 상징적인 고승
석우 보화

❀

1875~1958

비구승단의 상징적인 고승
석우 보화

불교계의 정화운동 와중에서 대한불교조계종 종정으로 추대된 석우 보화(石友 普化) 선사의 속성은 설씨이고 본관은 순창이다. 스님의 본적은 김해이나, 1875년 5월 11일 경남 의령에서 탄생했다. 부친 설상필(薛庠必)과 모친 정경씨(鄭景氏) 여사의 장남으로 출생했다. 속명은 태영(泰

榮)이고, 법명이 보화(普化)이며, 석우(石友)는 법호이다.[1] 스님은 신라의 큰 선비였던 설총의 45세손이니 원효대사의 46세손이 되는 셈이다.

『해동불조원류』(경운 형준, 불서보급사, 1978)에 게재된 '석우대종사비(石友大宗師碑)에 의하면, 어려서부터 지혜가 출중해 신동이란 소리를 들었다고 기록하고 있다. 또한 그는 마음으로 자방(子房)과 공명(孔明)의 학을 기렸고, 시서(詩書) 및 노장(老莊)과 제자백가·지리(地理)는 물론 의학에까지 능통해 많은 사람들이 그 혜택을 받았다고 한다.

그는 출가 전 세속에서 한의사를 하면서 숱한 사람들의 병마를 물리치는 데 크게 공헌했다. 1905년 부모의 간청으로 정보애(鄭甫愛) 여사와 혼례를 올렸다. 딸 갑순(甲順)을 두었다.

구도적 삶

그는 서른 살 때 가사를 버려두고 표연히 운유하길 7,8년이나 했다. 시와 문장에 밝은 그는 을사조약(1905년)으로 나라가 기울어 가자 인생을 회의하면서 산천을 떠돌았던 것이다. 그는 비승비속(非僧非俗)의 모습으로 산하를 유랑하다가 서른여덟 살의 나이에 발길이 범어사에 닿았다. 그곳에서 불교 내전을 읽으며 소일하던 그는, 어느 날 『보조어록(普照語錄)』 중 「수심결(修心訣)」을 읽다가 다음과 같은 구절을 발견했다.

삼계의 고뇌가 마치 불난 집과 같다. 어찌 거기 오래 머물러 이 고통을 달게 받겠는가. 윤회를 면하고자 하면 붓다가 되라. 깨달음은 곧 이 마음이니라(三界熱惱 猶如火宅 豈忍淹留 甘受長苦 欲色輪廻 莫若求佛 佛卽是心).

이 대목에 이르러 홀연히 깨달은 바 있어 그는 눈물을 흘리며 '대도 (大道)는 실로 이 문중에 있구나' 하면서 시조 한 수를 읊었다.

> 심전(心田)에 티끌 개고 성천(性天)에 구름 열리니
> 청산에 화소조가(花笑鳥歌)하고 추야(秋夜)에 월백풍청(月白風淸)이로다
> 아마도 무위진락(無爲眞樂)은 이 밖에 다시 없어라

그는 이 시조를 읊은 후 감연히 출가의 뜻을 굳히고 금강산으로 들어가 장안사의 연담 응신(蓮潭 凝信) 선사를 은사로 삭발을 했다. 이때가 38세였으니 그는 효봉 선사와 비슷하게 늦깎이로 출가한 셈이었다.

불연(佛緣)을 맺어준 은사 연담 스님에 대한 효심이 극진했다고 한다. 장안사를 출발해 영원암, 표훈사, 정양사, 만폭동 등 금강산을 구경시켜 드렸다. 금강산은 혼자 걷기에도 불편할만큼 산세가 험준하다. 이에 감동을 받은 만공(滿空), 만해(卍海) 스님은 "금강산 양반 스님"이라고 칭송했다.[2]

스님은 불법을 배우고 정진에 몰두했으며, 후에 유점사의 동선 정의 (東宣 淨義) 율사에게 구족계를 받았다. 그는 사방으로 선지식을 널리 참방(參訪)하며 10여 년을 닦은 후, 내금강 명경대 지역에 있는 영원암(靈源庵)에 20여 년간 머물면서 사제인 상월 봉환(霜月 奉煥)·석하 지명(石下 芝明) 스님과 함께 공부했는데 깊은 경지에 계합(契合:부합)함이 많았다고 한다.

영원암에 주석하면서 시작(詩作)도 많이 했는데, 다음의 시도 그때의 것으로 당시 그의 심경의 일단을 짐작할 수 있다.

정화운동시기 비구승단의 종정

산을 울타리 삼고 물을 사립문으로 쓰나니	山攝爲籬水用扉
행인이 이곳에 와도 세정은 희소하고	行人到此世情稀
외로운 암자의 반갑잖은 나그네 돌아가기 바쁘네	孤庵懶客還多事
한가로운 구름이 누추한 옷을 덮어주네	淨掃閒雲補弊衣

석우 스님은 이 영원암에서 20년 동안 일의일발(一衣一鉢)로 수행에만 여념이 없었다. 영원암은 내금강 지장봉 밑 언덕에 자리잡았는데, 신라 때 영원 조사가 창건해 도를 닦던 곳이었다.

영원암 서쪽에는 하얀 죽순이 돋아난 듯 여러 봉우리들이 솟아 있고 기묘한 돌기둥들은 들쭉날쭉 서 있었다. 암자의 오른쪽으로 몇 개의 돌기둥을 돌아 한참 올라가면 영원골 일대가 환희 보이는 옥초대가 있다. 옛날 달밤이면 영원 조사가 여기에 올라 옥적(젓대)을 불곤했다는데, 아마 석우 선사도 그곳에서 달빛 아래 선정삼매에 잠기곤했을 것이다. 옥초대 앞에는 책상처럼 생긴 책상바위와 영월대라는 또 하나의 전망대가 있고, 영원암 왼편 아래에는 10여 명이 앉을 만한 널찍한 바위가 있는데 '배석'이라 불렀으며, 그곳에는 또한 쌀이 흘러나왔다는 전설이 깃든 미출암(米出庵)도 있었다. 석우 선사는 이 영원암에서 강산이 두 번 변하도록 정진에 몰두했다.[3]

금강산을 순례하던 석우 스님은 우연한 기회에 용공사(龍貢寺)에 머무는 모친 경담(鏡潭) 스님과 상봉했다.

"어무이."

"뭐라? 어무이라니?"

"어무이"

"이게 누고? 맞다 니가 태영이가 아니가"

꿈에도 그리던 어머니와 아들이 스님이 되어 만난 것이다. 기묘한 인연이다. 그러나 또다시 찾아온 아들에게 경담 스님은 "기왕 출가했으니 조상과 가족을 버린 죄, 그리고 세속 인연에 얽매여 성불하지 못하는 죄를 짓지 말라"며 수행정진을 당부했다. 출가자는 세속의 인연을 끊어야 하지만, 어찌 천륜(天倫)을 외면할 수 있겠는가.[4]

중일전쟁 후 남행

한국의 전통 선을 활성화시키기 위해 조직된 선학원은 1935년경 재단법인 조선불교선리참구원으로 개편되었다. 개편 후 선학원에서 1935년 3월 7~8일에 조선불교수좌대회를 개최했는데 석우 선사는 조선불교 선종 종무원의 부원장으로 선출되었다.[5]

석주(昔珠) 스님은 29세 때인 1937년 여름, 금강산 마하연선원(摩訶衍禪院)에서 석우 선사를 모시고 여름 한철 용맹정진했다. 그후 선학원에서도 석우 선사를 모시기도 했다.[6] 마하연선원에서의 하안거 후 중일전쟁으로 시국이 시끄러워지자 석우 선사는 사제 상월 스님에게 금강산은 이제 인연이 다했으니 남행을 하자면서 영원암을 떠났다.

삼남지방을 떠돌던 석우와 상월 스님의 발길이 머문 곳은 지리산 칠불암이었다. 칠불암은 경남 하동군 범왕리 지리산 기슭에 있는 절로써 쌍계사의 부속암자였다. 이 암자는 유명한 아자방(亞字房)이 있는 이름 있는 선원이었다. 암자에는 김수로왕의 제4왕자로부터 제10왕자까지 7명의 왕자가 성불했다는 전설이 깃들어 있기도 하다.[7] 칠불암의 아자방은 1948년 소실되었으니 석우 선사가 머물던 1930년대 후반에서 1940년대 전반기에는 그 아자방이 건재했을 것이다.

정화운동시기 비구승단의 종정

칠불암의 명물로 아자방을 꼽는데, 선방의 방바닥 구조가 아자(亞字) 모양으로 되어 좌선을 하기에 아주 편리하게 되어 있다. 통상 둥그렇게 앉거나 일렬횡대로 앉는 것보다 아자로 앉는 형태가 선(禪)을 하는 사람의 심리적 부담을 훨씬 덜어줄 수 있는 절묘한 공간배치라고 하지 않을 수 없다. 그 이유는 여러 사람이 한 방에 같이 있으면서도 각기 독립적인 분위기를 느낄 수 있도록 해주기 때문이다.

아자방의 또 다른 장점은 한번 군불을 때면 49일 동안 일정한 온도로 따뜻함을 계속 유지했다고 한다. 동안거 중의 좌선이란 장시간 방바닥에 앉아 있어야만 하기 때문에 방바닥이 너무 뜨거워도 안 되고 너무 차도 안 된다. 또한 좌선하는 사람이 불을 때려 자주 아궁이에 들락거려도 분위기가 산만해지고 시간을 빼앗기게 된다. 그러므로 좋은 방법은 한번에 몽땅 불을 때놓고 오랫동안 온기를 유지할 수 있는 온돌방이 필요할 수밖에 없다. 이런 맥락에서 볼 때 아자방은 한국 최고의, 아니 세계 최고의 선방이자 온돌방이었던 것이다. 노스님들의 이야기를 들어보면 옛날 아자방에 한번 불을 지필 때는 사람이 선 채로 지게에다 장작을 메고 그대로 아궁이에 들락거릴 정도로 아궁이가 컸다고 한다.[8] 그런데 애석하게도 이 아자방은 1948년에 불타버렸다. 근래에 복원한 아자방은 옛날의 그것에 영 못 미친다고 한다. 하긴 오늘날에 와서는 선방에도 석유 보일러를 설치해 옛날 장작 온돌방 때의 번거로운 군불 때는 일이 없어졌으니 대개의 선원이 아자방이 된 시대라고 할 수 있다. 어쨌든 석우 선사는 이 훌륭한 아자방에서 선 수행을 하면서 7년 동안 수석했다.

선사는 1945년 봄에 사천 다솔사(多率寺)로 이거해 머물던 중 조국의 광복을 맞이했다. 우리 민족이 일제의 사슬에서 풀려나 해방이 되자 석우 선사는 다시 석장을 옮겨 더욱 남쪽으로 내려갔다. 그는 남해 섬에 이

석우 보화

르러 그곳에서 해관암(海關庵)을 창건했다. 선사는 그 해관암에서 민족 최대의 비극인 6·25를 치렀다. 혜안이 있었던 것일까? 일찍이 금강산에서 인연이 다되었음을 상월 스님에게 말하고 남쪽으로 내려가자고 했을 때부터 아마도 스님에게는 세상을 멀리 내다보는 안목이 있었던 것이다. 아무튼 그곳에서 몇 년을 머물며 수행하고 있을 때 해인사 대중들이 해인사에 와서 주석해 주기를 청했다. 석우 선사는 해인사로 옮겨 선 수행자를 지도하는 데 정성을 쏟았다. 1954년 가을 해인사 조실로 추대되었다. 이듬해(1955년) 1월 고성 옥천사 백련암으로 자리를 옮겼다.

조계종 종정으로 추대

1955년 8월 12일, 석우 선사는 비구측 전국승려대회에서 종정으로 추대되었다. 석우 선사가 세수 81세의 고령으로 대한불교조계종 종정으로 추대된 것을 살펴보려면 당시의 복잡했던 불교계 상황을 알아보지 않을 수 없다.

1954년 5월 21일, 이승만 대통령의 '대처승은 사찰에서 물러나라' 는 담화문 발표로 야기된 불교계 파동은 비구와 대처승간의 걷잡을 수 없는 대결 국면으로 몰아갔다. 흔히 '불교정화운동' 으로 불리는 이 사태는 무려 20년 이상 우리나라 불교계를 끊임없는 분쟁상태로 몰아넣어 온갖 혼란과 후유증을 낳았다. 그 원인은 일제가 우리나라를 식민통치하면서 조선불교의 전통을 허물고 일본식 대처승 제도를 이 땅에 고착시킨 것에서 근본원인을 찾을 수 있다. 이승만 대통령의 불교정화유시는 승단정화를 모색하고 있던 비구승들에게 기회와 힘을 제공해준 것이자 왜색 및 친일불교의 잔재를 청산하는 한 계기가 되었다. 대통령이 정

정화운동시기 비구승단의 종정

화유시를 발표한 동기에 대해서는 지금껏 이견이 분분하다.

당시 문교부 장관이었던 이선근은 '이 대통령이 남한산성의 한 사찰에 들렀다가 그 절의 주지가 처자를 거느리고 있는 것'에 기인한다고 말했으며, 일설에는 모 대학교수, 또는 이승만 대통령이 범어사에 들렀을 때 하동산 스님이 직언했다는 이야기가 있다.[9] 또 어떤 이는 정치적 관심을 불교계로 돌려 집권기반을 튼튼히 하려는 저의로 그러했다고도 하며, 혹은 기독교인인 이승만이 불교를 쇠퇴시키고자 불교정화를 추진했다는 설도 있다.

어쨌든 이승만은 첫 번째 유시에 이어 같은 해 11월 6일(2차), 11월 18일(3차), 12월 18일(4차), 1955년 6월 15일(5차), 8월 5일(7차) 등 무려 일곱 차례에 걸쳐 정화유시를 발표함으로써 불교계는 걷잡을 수 없는 분쟁에 휩싸였다.

제7차 정화유시 직후인 1955년 8월 12일, 비구측은 전국승려대회를 개최해 종조(宗祖) 문제로 대처승측에 동조하는 송만암 종정과 그 산하 기관의 간부들을 모조리 해임하고, 새로이 중앙종회를 구성하고 종헌도 다시 제정한 후 새 종정으로 석우 선사를 추대했다. 이어 각 도별 연석회의를 열어 각 사찰주지를 선출해 석우 종정 명의의 주지 임명장이 발부되었다. 그러나 대처승측(종정 국성우鞠聲祐)의 '결의무효' 소송으로 그 후 불교계에는 끊임없는 재판이 연속되었다.

이처럼 분규의 북새통 속에서 석우 스님은 자의적이라기보다 오히려 비구측의 상징적 인물로 조계종 종정에 추대되었다. 스님은 '정화'에 남다른 견해와 신념도 없지 않았으나, 종정에 추대된 3년 동안 단 두 번 서울 나들이를 했을 뿐 줄곧 동화사에 주석하고 있었던 것으로 보아 적극적으로 앞장을 서지는 않았을 것이다. 하긴 세수 여든 살이 넘은 고령이었으므로 외출도 여의치 않았을 것이다. 석우 선사는 종정에 추대된 후 고성 옥천사 백련암에서 겨울을 보내고 대구 보현사에 들렀다.

보현사에서 그는 생의 허무를 실감케 하는 사건을 만났다. 1956년 4월, 보현사에서 보문(普門) 스님의 입적을 목격한 것이다. 보문 스님은 한암 스님의 제자로 당시 제방에 널리 알려진 선승이었다. 보문 스님은 대구 보현사를 지역 포교당으로 뿌리내리는 데 크게 기여한 청정비구였다. 보문 스님은 석우 선사를 존경했고, 석우 선사도 보문 스님을 매우 아꼈다. 보문 수좌의 입적은 석우 선사를 대구에 머물게 하는 계기가 되었다. 선사는 동화사에 들어가 주석했다.

석우 선사는 팔공산 동화사에 2년간 있으면서 종정으로서 종단에 크게 관심을 기울였다. 종정은 비록 상징적이나 최고의 승직이었으므로 가까운 문도들에게 '정화'의 방법을 친히 집행부가 이를 실행토록 했다. 그리고 1956년 11월, 네팔 카트만두에서 열린 제4차 세계불교도대회에 종정으로서 그 대회에 참석할 수 있었으나, 고령으로 이를 사양했다.

청산이 석양같은 입적

1958년 2월 초순, 석우 선사는 가까운 문도들을 불러놓고 자신의 세연이 다했음을 말했다. 시자가 "특별히 전할 것이 없습니까?" 하고 물었다. 선사는 큰 소리로 "망상을 말라"고 했다. 하지만 시자가 다시 재촉하자 "그럼 나를 편안히 앉혀라"고 말했다. 시자가 일으켜 앉히자 지필묵을 가져오게 해서 다음과 같은 임종게를 썼다.

건곤을 모아 주머니에 담아 밖에 던져 버리고　　　　囊括乾坤方外擲

정화운동시기 비구승단의 종정

해와 달을 지팡이에 끼어 소매주머니에 감추고　　　　杖桃日月袖中藏

한 종소리가 나니 구름이 흩어지네　　　　一聲鍾落浮雲散

만타 청산이 석양 같구나　　　　萬朶靑山正夕陽

　선사는 임종게를 쓴 후 그해 2월 27일에 입적했다. 세수는 84세이고 법랍은 45세였다. 열반 소식이 전해지자 청담 스님을 비롯해 평소 석우 선사를 경모하던 수백의 납자와 수천의 신도가 운집해 영결식을 거행했다.

　영결식은 동화사에서 치렀다. 이날 식에는 총무원장 효봉 스님, 종회 의장 청담 스님, 감찰원장 서운 스님, 문교부장관 최재유 등 교내외 인사들이 조사를 했고 수많은 신도들이 추모의 인파를 이루었다.

　후일(1969년 9월 23일) 문도들은 동화사에 부도와 비를 세웠다. 비문은 선사의 제자 혜종(慧宗) 스님이 짓고, 글씨는 오제봉(吳濟峰)이 썼다. 상좌로는 청만 우봉(靑晩 愚鳳), 의운 총각(義雲 總角), 한운 가희(漢雲 可喜), 보공(普空), 혜원(慧源), 혜종(慧宗), 성우(性又) 등 17명이 있고, 그외 문도들이 1백여 명이 넘으며 선사 입적 후에 선사를 흠모해 위패 상좌된 분도 있다. 얼마 전에 동화사 주지를 역임한 무공(無空) 스님 같은 분이 그러한 예에 속한다. 선사의 상좌와 문도들은 매년 선사의 제삿날에 대구 수성구 파동 용흥사(龍興寺)에서 제를 지내고 동화사의 부도를 참배하고 있다.

　그런데 종정을 역임한 석우 선사에 대한 예우가 현재 정연하지 못한 편이다. 선사가 종정에 추대된 것은 정화 와중인 1955년 8월 12일, 이른바 비구측 전국승려대회에서 구성한 '중앙종회 1회'였다. 이 종회는 20여 회나 개최되었다.

석 우 보 화

석우 스님 부도입구 촬영 한승탁 ⓒ 문화문고   석우 스님 비   촬영 한승탁 ⓒ 문화문고

현재의 조계종은 당시의 집행부와 종회를 계산하고 있지 않다. 조계종에서는 1962년 4월 11일, 비구승과 대처승 간의 통합종단이 출발하면서 추대한 효봉 스님을 초대종정으로 호칭하고 있다. 이는 석림동문회에서 편찬한 『한국불교현대사』(시공사, 1997, 80쪽)에서도 마찬가지로 1962년의 통합종단 이후의 종정과 총무원장만을 기록하고 있다. 이는 결과적으로 일제시대는 별개로 치더라도 해방 이후 1945년의 박한영, 1948년의 방한암, 1951년의 송종헌, 1954년의 하동산, 1955년의 설석우 스님 등 5명에 이르는 해방 후의 종정을 모두 부정하는 것과 마찬가지이다.

석우 문도들은 석우 선사를 공식적인 '대한불교조계종 초대종정'으로 예우해 주길 바라고 있다. 이에 대해 필자의 견해는 이러하다.

정화운동시기 비구승단의 종정

만약 현재의 조계종이 이 종단명으로 종정과 총무원장을 여법하게 예우하려면 1941년의 조선불교 조계종 종정이었던 한암스님부터 예우하는 것이 마땅하다고 본다. 물론 일제하 1941년에 만들어진 조선불교 조계종은 일제의 조선총독부에 강요된 친일행위를 한 것도 사실이므로 이에 대해 종단 차원에서 나라와 민족 앞에 참회를 행하고 종정과 총무원장은 이때부터 예우하든지, 아니면 최소한 해방 후 첫 종정인 박한영스님부터 한국불교계 종정으로서 예우해야 할 것이다. 이러한 '종정의 대수와 예우' 문제는 조계종 교육원 불학연구소에서 공청회 또는 세미나를 통해 이에 관해 진지한 논의가 있어야 될 것으로 사료된다.

석우 보화

원래 일찍이 바꾼 적이 없거니

        元來未曾轉

어찌 두 번째의 몸이겠는가

        豈有第二身

백년 3만 6천 날

        三萬六千朝

매일 반복하는 것 다만 이 놈뿐일세

        反覆只這漢

- 동산 혜일(東山 慧日 : 1890~1965) 스님의 임종게

댓잎 소리에 깨달은 설법 제일
동산 혜일

❋

1890~1965

댓잎 소리에 깨달은 설법 제일
동산 혜일

동산 혜일(東山 慧日) 스님은 1954년부터 시작된 불교정화운동 와중
에서 전후 세 번이나 종정으로 추대되었다. 첫 번째는 1954년 11월 3일
비구측 제2회 중앙종회에서 종정에 추대되었다. 당시 본래의 종정은 만
암 스님이었다. 그러나 만암 스님이 그해 10월 15일 '정화원칙은 찬동

정화운동시기 비구승단의 종정

하나 방법론은 반대한다' 는 내용의 성명서를 발표했다. 만암 스님은 그 자신은 청정비구였으나 일제시대 백양사 주지를 역임하면서 오랜 기간 친일 대처승들과 함께 중앙 종무를 비롯해 많은 불교계 일들을 더불어 했다. 그러한 인연의 집적으로 만암 스님은 성명서에서 밝혔듯이 원론적인 입장에서 정화를 찬성했으나 급진적인 정화를 원하지 않았고, 어떤 면에서는 일제강점기에 함께 일한 대처승들과 심정적으로는 더 가까운 편이었다. 그리고 여기에다 이종익·이불화의 이론을 바탕으로 한 '보조종조론(普照宗祖論)'을 비구측이 수용함으로써 이른바 '아버지를 바꾸고 뿌리를 거슬린다' 는 '환부역조(換父逆祖)' 문제까지 겹쳤다. 이런 제반 사정으로 종정 만암 스님이 비구측의 정화운동에 강한 제동을 걸고 나오자 이들은 아예 비구측의 종정으로 동산 스님을 추대 선출하기에 이르렀다.

동산 스님은 정화 2년째인 1955년 8월 3일 전국승려대회에서 다시 종정으로 추대되었다.[1] 스님은 승려대회 기간인 8월 4일부터 3일간 『육조단경』을 설했다. 이때의 승려대회는 종로경찰서측이 비구측 대표 청담 스님에게 대회소집의 중지를 요청하고 문교부가 비구승과 대처승 간의 정화대책위원회를 개최하는 등 안팎으로 매우 어려운 문제가 소용돌이쳤다. 이런 가운데 1955년 8월 12일 열린 전국승려대회에서는 종정 만암 스님을 수반으로 하는 총무원 및 산하기관 일체 인사를 해임하고 중앙종회를 새로 구성했으며 종헌을 제정하면서 새 종정으로 설석우 스님을 추대했다.

동산 스님은 두 번째 종정에 추대되어서는 9일만 재직한 셈이나 이때부터 비구측의 본격적인 사찰 인수가 시작되었는데, 스님은 그해 9월초 범어사를 대처승들로부터 인수해 정화 후 첫 범어사 주지가 되었다.

큰 스님께서 만년에 주석하셨던 범어사의 전경　　　　　　　　출처 =『동산대종사문집』

　　스님이 세 번째 조계종 종정으로 추대된 것은 1958년 8월 13일이다. 같은 해 4월 효봉 스님이 종정에 추대된 지 4개월 만이었다. 이때 종정으로 추대된 동산 스님은 1962년 4월 1일, 통합 종단이 출범할 때까지 종정직을 수행했다. 정화 초기의 1,2차 종정 때는 9개월 9일, 제3차 종정시 3년 7개월 18일 등 전후 세 차례에 걸쳐 도합 4년 4개월 27일간 동산 스님은 종정직에 계셨다. 사실 처음의 두 번에 걸친 종정직은 연속적이었으므로 1회로 간주해도 별 무리가 없을 것이다.

　　흔히 불교정화운동의 세 거두로 동산·효봉·청담 스님 세 분을 꼽는 것이 통설이다. 실제 정화운동이 시작되는 데에도 동산 스님은 결정적인 역할을 했다.

　　동산 스님은 1953년 1월 10일 이승만 대통령이 주한 미8군 사령관 제

정화운동시기 비구승단의 종정

임스 벤플리트 장군을 대동하고 두 번째로 범어사에 왔을 때 독신 비구승들이 수행할 수 있게 삼보사찰만이라도 할애해 달라고 청했다. 이리하여 승려 출신 문교부장관 김법린을 보내 이 문제를 상의했다. 그런데 이를 안 총무원측과 경남 종무원측의 대처 사판승들이 들고 일어나서 범어사 금어선원(金魚禪院)을 폐쇄하고 조실인 동산 스님을 쫓아내려고 갖은 박해와 횡포를 부렸다. 이에 선원측의 수좌들은 조실 스님을 옹호하는 한편, 1953년 5월에는 제방 선원에 격문을 보내어 대처승들의 횡포에 공동으로 대처할 것을 호소하니 결제철임에도 불구하고 금어선원은 수좌들로 만원을 이루었다. 당시 격문의 내용은 대략 다음과 같다.

나라가 해방이 된 지 여러 해가 지났다. 그러나 우리 불교는 아직도 왜색 사판승들의 질곡에서 벗어나지 못하고 있다. 전국의 비구승들은 더욱더 단합하고 분발해 1천6백 년간 지켜온 우리 불교의 청정계맥을 바로 세우고 흐트러진 승풍을 바로잡아야 한다.[2]

그러나 동산 스님은 이 격문사건으로 인해 그 뒤 범어사에서 추방당해 경북 영천 은해사에서 지낼 수밖에 없었다. 그때 문교부장관이던 김법린과 전진한이 급히 내려와서 범어사 대처승들을 설득해 동산 스님은 3개월 만에 다시 범어사로 돌아오게 되었다.

동산 스님이 겪은 이러한 상황은 여기저기서 끊임없이 일어났고 비구승들과 대처승들 간의 충돌은 갈수록 심해졌다. 그리고 이러한 대립 상황은 마침내 사회문제로 등장하기에 이르렀고, 정부에서는 대통령의 불교정화 제1차 유시가 내려졌다. 이에 힘을 얻은 비구승들은 교단정화운동추진준비위원회를 구성해 본격적인 정화운동이 시작되었다.

감인대(堪忍待) 견디고 참고 기다
려라 동산 혜일 스님께서 평소에
좌우명처럼 생각하시고 자주 쓰셨
던 휘호. 출처=『동산대종사문집』

그리하여 동산·효봉·적음 스님의 이름으로 전국비구승대표자대회를 개최했다 (1954년 8월24일~25일). 정화과정에서 비구측 내부에서 강온양파로 나뉘어 논란을 벌이다가 강경론으로 입장이 정리되자 동산 스님은 과감하게 앞장서서 정화운동을 이끌어나갔다.

정화과정에서 대처승들이 태고사에 입주한 비구승들의 방에 과도하게 군불을 지펴 견딜 수 없을 정도로 방바닥을 뜨겁게 만들었다. 그러나 동산·청담 스님 등은 송판을 깔고 견디면서도 기도로 그 힘든 고통을 감내했다. 뿐만 아니라 태고사에서 단식투쟁을 하는 비구승들에게 대처승들이 밤중에 난입해 폭력을 휘두르는 등 갖가지 곤욕을 당했다. 이런 온갖 난관에도 불구하고 동산 스님은 '견디고, 참고, 기다리자'는 뜻의 '감(堪)·인(忍)·대(待)'란 정신으로 비구승들을 격려하면서 정화불사를 이끌어나가 마침내 이를 성공적으로 끝마치게 했다.

이미 이 책의 머리말에서 언급한 바 있지만 이처럼 정화운동의 시작과 그 과정에서 대단히 큰 기여를 한 동산 스님을 조계종 종정으로 예우하지 않는 현재의 종단 풍토는 마땅히 재고되어야 한다.

그런데 누구로부터 비롯되었는지는 모르지만 현대 한국불교계의 큰 스님께 찬탄의 뜻이 담긴 별명이 붙여진 적이 있다. 즉 '정진 제일의 효

정화운동시기 비구승단의 종정

봉 스님, 인욕 제일의 청담 스님, 설법제일의 동산 스님'이라는 별칭이 그것이다. 물론 이는 석존의 제자 중에 가장 수승한 특징이 있는 열 분의 제자를 열거할 때 쓰는 말인데, 설법제일로는 부루나존자를 지칭했다. 말하자면 동산 혜일 선사를 법문을 잘하는 한국의 부루나존자로 비유해 존칭한 것이다.

중국 호북성 기주 황매현 동북 30리에 빙무산(憑茂山)이 있는데, 현 경계의 동쪽에 위치하고 있으므로 흔히 동산(東山)이라 불렀다. 선종의 3조(祖) 도신(道信)과 5조 홍인(弘忍)이 이 산에 머물면서 학인을 지도하고 선풍을 드날려 선종 교단 독특의 의례와 규칙을 수립했으므로, 그 선법을 동산법문(東山法門)이라 했다.

혜일 선사의 법호 '동산(東山)'이 중국 선종의 동산법문과 직접적인 연계는 없지만, 설법 제일의 동산 선사가 중국 선종의 4,5조의 선풍을 상징하는 '동산법문'과 그 명칭이 동일한 것은 결코 작은 인연이 아닐 것이다. 우리나라의 전통적인 선지(禪旨)를 계승 선양하고 세 번이나 종정을 역임하면서 불교정화운동에 크나큰 공헌을 한 동산 혜일 선사의 생애를 살펴보자.

수학시절

스님은 조선왕조 말엽인 서기 1890년(고종 27) 2월 25일 충북 단양군 단양읍 상방리 191번지에서 태어났다.[3] 부친은 하성창(河性昌)이요, 모친은 정경운(鄭敬雲)이다. 선사의 아명은 봉규(鳳奎)이고, 호적명은 하동규(河東奎)이다. 또 출가 후 법명은 혜일(慧日)이고 동산(東山)은 법호이다.

스님은 7살(1896년)에 단양읍의 향숙(鄕塾)에 들어가 한학을 배우기 시작했는데, 타고난 성품이 총명해 선생님과 동리 어른들의 칭송을 받았다. 그는 매일 그날 배운 것을 즉시 돌아서서 배송(背誦)함으로 사람들이 신동이라고 칭찬했다. 한학공부를 시작한 지 7년 만에 사서삼경을 비롯한 여러 사서(史書)들을 모두 이수했다.

1904년 3월 향리 익명보통학교에 입학해 신학문을 수업했다. 당시에는 신학문을 배우려면 상투를 잘라야 했고 충청도 양반사회에서 이를 감행하기란 쉽지 않았는데, 스님은 부모를 설득해 겨우 허락을 받았다고 한다. 이 익명학교에서 배운 선생님 가운데는 일제초 한글학자인 주시경이 있었는데, 스님이 신문학과 신사조를 받아들이는 데 많은 영향을 주었다. 익명학교를 졸업하고 서울의 중동학교에 진학하는 데 주시경의 권유가 크게 작용했다고 하니, 사춘기의 스님에게 미친 영향이 적지 않았음을 알 수 있다.

1910년 3월(21세) 중동학교를 졸업하고 곧 조선총독부에서 설립할 경성의학전문학교 예과에 진학했다. 이 학교는 서양의학을 가르치는 조선 최초의 교육기관이었는데, 1912년 3월 23세 때 이 의학전문학교 예과를 수료했다. 재학중 흥사단에서 운영하는 국어연구회에 참여하기도 했다. 일제하에서 우리 국어를 연구하는 것은 곧 민족운동을 하는 것이었다. 스님은 서울에서 중동학교와 의전을 다닐 때 주로 위창 오세창의 집에 기숙했다. 위창은 스님의 고숙(姑叔:고모부)이었다.

실제로 상투를 자르고 익명학교를 비롯해 중동학교 의전 등에서 신학문을 공부할 수 있었던 것도 당대의 선각자의 한 사람이자 집안으로는 고모부인 오세창의 권유와 주선이 크게 주효한 것이었다. 알려져 있듯이 오세창은 1919년 3·1독립운동 때 민족대표 33인 중 한 분이었으

정화운동시기 비구승단의 종정

며, 한일합방 이후 천도교에 투신해 손병희와 함께 기미독립선언에 참
가했다. 위창은 전서(篆書)와 예서(隸書)에 뛰어났으며, 역대 서화가의
묵적을 모아 1928년『근역서화징(槿域書畫徵)』을 간행했고, 해방 후에는
민의원 의원, 한국민주당 당수를 역임했으며, 1962년 건국공로훈장 복
장(複章)이 추서되었다.

동산 스님은 의전에 재학중 33인의 한 사람으로 독립운동에 참여한
불교계 대표 백용성(白龍城) 스님을 위창의 심부름으로 만나게 되어, 불
교의 가르침에 접하게 되었다. 이렇게 용성 스님과 상면하게 된 동산은
어느 날, 봉익동 대각사에서 용선 선사의 다음과 같은 법문을 듣고 깊이
느낀 바가 있었다.

"대중이여, 밥 먹고 옷 입고 활동하는 주인공을 아십니까? 이 주인공을 알
면 곧 각자(覺者)이니, 깨달은 이는 생사에 걸림이 없을 것입니다. 과연 우
리의 주인공은 어느 곳에 있어 안심입명(安心立命)하는 것입니까?"

동산은 이 법문을 듣는 순간 마음속에서 끝없는 환희심이 우러났으
며, 출가해 인생의 의문을 해결하고자 하는 생각이 간절했다. 이후 그는
자주 용성 스님을 찾아뵙고 불교에 관해 공부했으며, 마침내 의전 예과
를 수료함과 동시에 출가했다.

동산 혜일

출가와 수행

스님은 경성의전 예과를 수료하던 1912년 10월 용성 스님의 말씀에 따라 부산 금정산 범어사로 출가했다. 인간 육신의 병을 치유하고자 의학도의 길을 걷던 망국의 청년은 인생의 근본문제를 해결함으로써 세상의 모든 문제를 해결하고자 마음을 먹었던 것이다. 그는 이듬해(1913년) 3월 15일 범어사 금강계단에서 성월 일전(惺月 一全) 스님을 전계 대화상으로, 송월 임수(松月 臨水) 스님을 갈마아사리로, 도봉 본연(道峰 本然) 스님을 교수아사리로 하여 수계하니 법명은 혜일(慧日)이고, 동산(東山)은 법호이다.

스님은 출가해 수계하기까지 성월 스님의 보살핌을 받았다. 성월 스님은 당시 범어사의 주지였고 용성 선사의 막역한 도반이었으므로 스님을 친상좌처럼 아끼고 가르침을 베풀었다.

스님은 불법과 숙연이 있었던지 출가하던 그해 4월 15일부터 범어사 강원에서 『능엄경』을 공부했다. 한편 은사인 용성 스님은 그 무렵 장성 백양사 운문선원의 조실로 주석하고 있었다. 그는 은사의 가르침을 친히 받고자 하는 마음에서 운문선원으로 가서 동안거 결제일인 그해(1913년) 10월 보름부터 용성 스님께 『전등록』, 『선문염송』, 『범망경』, 『사분율(四分律)』을 수학했다. 동산은 일찍이 한학을 이수하고 현대학문을 섭렵했기에 짧은 시간에 많은 경전을 공부할 수 있었던 것이다.

출가한 지 3년째 되던 25세(1914년) 때는 당대의 선지식이었던 한암 선사를 찾아갔다. 한암 스님은 평북 맹산군 애전면 우두암(牛頭庵)에서 안거중이었다. 그는 한암 선사로부터 다시 『능엄경』과 『기신론(起信論)』·『금강경』·『원각경』 등의 사교과 과정을 2년에 걸쳐 모두 공부했

정화운동시기 비구승단의 종정

다. 스님은 이때 특히 원각경을 잘 배워서 감명이 깊었으며 깨달은 바가
많았다고 훗날 얘기했다.[4]

스님은 한암 선사로부터 사교와 선에 대해 많은 것을 배운 뒤 1916년
(27세) 출가 본사인 범어사로 돌아왔다. 마침 그때 범어사에는 영명(永
明) 대강백이 있어서 동산 스님은 대교과인 『화엄경』을 수학했다. 그는
대교과를 2년간 철저히 공부해 이듬해인 정사년(1917년)에 수료했다.

대교과를 수료함으로 경학 공부를 마친 스님은 범어사 선원에 올라
가서 선정(禪定)을 닦는 일에 매진했다. 그는 은사 용성 선사로부터 선
정을 익히는 일이 불교수행에서 무엇보다 중요함을 배웠다. 그래서 경
전을 공부하는 한편 꾸준히 병행해오던 참선 공부를 이때부터는 전심전
력으로 몰두했다.

1919년 3·1운동이 일어나 은사 용성 선사가 민족대표로 옥고를 치
르게 되자, 즉각 스승의 옥바라지를 위해 경성으로 올라갔다. 당시 만해
의 옥바라지는 춘성(春城:1891~1977) 스님이 맡았는데, 훗날인 1954년
겨울에 옥바라지 시절의 동산 스님에 관해 다음과 같이 술회했다.

"기미년 독립운동 때 나는 우리 스님(만해) 옥바라지를 했고 동산은 용성
스님을 시봉했는데, 한 달에 한 번 면회 갈 적에 서대문 형무소로 함께 간
적이 많았지. 면회를 마치고는 둘이서 두봉산 망월사(望月寺)에 올라 근 방
에 나란히 앉아 정진을 했는데, 밤이 깊어서도 동산은 통 눕지를 않더란 말
이야. 그래서 내가 '건강을 생각해서 쉬어가면서 정진하소' 했더니, '우리
스님께서는 감옥에서 갖은 고생을 다하시는데 내 어찌 산사에서 편히 지내
며 잠이나 자겠소' 하더구만. 아무튼 젊어서는 정진에 있어 따라갈 스님이
없었지."

동산은 용성 선사가 3년 동안 옥고를 치를 동안 계속 옥바라지를 했고, 은사가 석방되자 여러 선원으로 다니면서 오로지 선 수행에 몰두했다.

스승의 옥바라지를 끝낸 스님은 1921년 4월 15일 오대산 상원사에서 여름 결제에 들어갔다. 전국의 수많은 사람들이 온갖 희생을 치렀건만 조국의 독립은 성취되지 않고 스승마저 3년간이나 옥고를 치렀으니 그 뒷바라지를 하면서 스님은 얼마나 이 민족과 인생문제로 인해 많은 분심(憤心)을 느끼지 않을 수 없었다. 이에 스님은 선 수행에 분발해 하안거 동안 줄곧 장좌불와(長坐不臥)와 용맹정진으로 일관했다. 상원사에서 하안거 해제를 한 후 10월 보름에는 금강산 마하연사에서 결제를 하고 동안거를 했다.

다음 해(1922년, 33세) 봄, 마하연에서의 동안거를 마친 스님은 속리산 복천암(福泉庵)으로 옮겨 하안거를 했다. 가을에는 경북 봉화군 춘양면에 소재한 태백산 각화사(覺華寺)에서 동안거를 했다. 1923년 봄, 스님은 태백산에서 하산해 출가 본사인 범어사로 와서 3월 불사를 참관하고 그해 4월 보름에는 함양 백운암에서 결제에 들어갔다.

이와 같이 여러 선원에서 한 철씩 정진하던 스님은 1924년 4월 15일부터는 김천 직지사에서 3년 결사(結社)를 시작했다. 황악산 직지사에서의 결사는 다음해에도, 또 다음해에도 이어졌다. 결사란 불도수행의 큰 목적과 효과를 위해 여러 사람이 단체를 결성해 일정한 기간과 지역을 정해 행하는 수행이다. 여기에는 수행하는 데 장애를 없애기 위해 특별히 의식주와 시간을 제한하게 된다. 원래는 일정한 장소에 거처하는 것 외에 음식을 간직해 두지 않는 것과 옷을 벗지 않는 것도 포함되어 있다. 스님은 이러한 전통적인 결사법에 의해 정해진 여건 속에서 힘써 정진했으며 이때 크게 득력(得力)했다고 한다.[5]

정화운동시기 비구승단의 종정

오도와 보림(保任)[6]

1927년 정월 보름, 드디어 직지사에서 3년 결사를 마치고 4월에 범어사 금어선원에서 하안거에 들어갔다. 스님은 선원 동쪽에 있는 대나무 숲을 평소에도 유난히 좋아해 방선(放禪) 시간이면 자주 그곳을 거닐었다. 그해(1927년) 7월 5일, 그 날도 동산 스님은 방선 시간에 대나무 숲을 거닐다가 바람에 부딪는 댓잎 소리를 들었다. 늘 듣는 소리건만 그 날의 그 댓잎 소리는 유난히 달랐다. 실은 소리가 다른 게 아니라 다르게 들렸던 것이다. 스님은 그 순간 활연히 마음이 열렸다. 가슴속의 어둠은 씻은 듯이 없어지고 수천 근의 무게로 짓누르던 의심의 무게는 순식간에 사라지고 만것이다. 스님은 그 순간을 "서래밀지(西來密旨)가 안전(眼前)에 명명(明明)했다"라고 했다. 다음의 글은 그때의 소식을 표현한 내용이다.

그리고 그린 것이 몇 해던가	畫來畫去幾多年
붓 끝이 닿는 곳에 살아 있는 고양이로다	筆頭落處活猫兒
하루 종일 창 앞에서 늘어지게 잠을 자고	盡日窓前滿面睡
밤이 되면 예전처럼 늙은 쥐를 잡는다	夜來依舊捉老鼠

동산 스님은 의학도의 꿈을 버리고 진리의 궁극을 찾아 헤맨지 15년 만에 마침내 깨달음을 성취했다. 그것도 출가 본사인 범어사 선원에서 이룩한 일이었으니 스님의 감회는 남달랐을 것이다.

오도의 인연이 있는 범어사 대나무 숲을 스님은 특별히 아끼고 돌보았다. 이런 오도의 인연으로 스님은 스스로 '순창(筍窓)'이란 별호를 지

동산 혜일

어서 사용했다. 현재 그곳에는 동산 스님의 회상인 양 동산 선사의 사리
탑과 비석이 묵묵히 지키고 서 있다.

세수 38세(1927년)에 깨달음을 이룩한 동산 스님은 이를 드러내지 아
니하고 보림을 위한 정진의 고삐를 늦추지 아니하고 2년간 보림을 계속
했다. 그리고 40세(1929년) 되던 해 동안거에 스님은 처음으로 범어선원
의 조실이 되어 참선납자들을 제접했다.

1930년 3월 15일 범어사 금강계단에서 처음 보살계를 설했다. 이때
는 용성 스님으로부터 계맥을 전해 받지 못했으므로 교수화상으로 계를
설했던 것으로 보인다. 이 해의 범어사 하안거에도 역시 스님은 조실로
납자들을 지도했다고 방함록(芳啣錄)은 전한다.

1931년 3월 14일 선학원에서 선풍진작과 선승들의 결속을 위해 개최
한 조선불교 선종 제1회 수좌대회에 참석해 기념사진까지 촬영했다.[7]

원효대사 옥인 발견

동산 스님은 1932년 세수 43세 때 범어사 원효암에 주석하고 있었다.
그 무렵 옛 집터에 땅을 파는 일이 있었는데, 2장(丈) 깊이쯤에서 옥인
(玉印) 하나를 발견했다. 본래는 철함(鐵含)에 담겨 있었으나, 철함은 모
두 허물어지고 옥인은 상하지 않고 그대로 있었다. 그 옥인에는 이렇게
새겨져 있었다.

큰 가르침의 그물을 펼쳐서 인간과 천상의 고기를 건진다.

(張大教網漉人天之魚)[8]

정화운동시기 비구승단의 종정

　동산 스님은 원효 대사가 사용하던 옥인임을 확신하고 이를 용성 스님과 위창 오세창에게 그 감정을 의뢰했다. 용성 스님과 위창도 역시 동산 스님의 의견에 수긍했다.

　화엄사찰인 범어사와 원효 대사가 주석했던 원효암, 해동 화엄종의 초조(初祖)였던 원효대사, 그리고 화엄경의 명구인 '장대교망(張大教網)' 등이 모두 일치하는 것이었다. 특히 '장대교망'이라는 글귀는 원효대사가 즐겨 읽었던 진본(晉本) 60권 『화엄경』, 제58권 「입법계품(入法界品)」에 있는 구절이다.

　뒷날 용성 스님이 동산 스님에게 계맥과 정법안장(正法眼藏)을 전수하면서 이 옥인을 신표(信標)로 삼아 함께 부여한다고 전계증에 명기했다. 이 옥인을 동산 스님께서는 평소 매우 좋아해 귀중하게 간직했고 지금도 범어사에서는 사보(寺寶)로 잘 보관하고 있다.

　스님은 2년여 원효암에 주석하는 동안 단식을 하면서 범어사를 오르내린 때도 있었다. 스님은 이때 보조국사의 〈간화결의론(看話決疑論)〉을 암송했다. 당시 함께 살았던 어느 스님의 말에 의하면 동산 스님은 〈간화결의론〉과 〈원돈성불론〉을 처음 입수하고는 애지중지하면서 다른 사람들에게는 잘 보여주지도 않았으며, 그 무렵 법문을 할 때면 으레 간화결의론의 내용을 설했다고 한다.

　46세 때인 1935년 여름, 스님은 효봉·청담 스님과 같이 실악산 봉정암에서 하안거를 보내고는 다시 범어사로 내려와서 조실로 납자들을 지도했다. 이 해에 스님은 용성 선사의 법을 이었다.

　용성 선사는 태고 보우 이래 그 법을 이은 제10대 환성 지안(喚醒 志安:1664~1729) 선사로부터 멀리 법을 이었다〔遠嗣喚醒〕. 그리고 동산 선사가 원사환성한 용성 선사의 법을 잇자 용성은 다음과 같은 전법게를 내렸다.

부처와 조사도 원래 알지 못하여	佛祖元不會
가설하여 마음 전함이라 했도다	假說爲傳心
운문의 호떡은 둥글고	雲門胡餠圓
진주의 무는 길구나	鎭州蘿蔔長

　스님은 1936년 하안거를 태백산 정암사에서 효봉·혜암(慧菴) 스님과 함께 지내면서 사찰 경내로 흐르는 계곡물을 잘 정리해 그 해의 대홍수(병자년 대홍수)를 무사히 넘겼다는 일화를 남겼다.

　병함록에 의하면 정암사에서 하안거를 보낸 동산 스님은 해인사로 내려와 조실로 머물렀다. 스님은 1936년부터 1940년까지 4년간 해인사 조실로 주석했던 것이다.

　1936년 11월 18일은 동산 스님에게 있어서는 참으로 뜻 깊은 날이었다. 용성 스님으로부터 한국의 계맥을 전수받았던 것이다. 용성 스님이 동산 스님에게 내려준 그 전계증에는 다음과 같이 기록되어 있었다.

　내가 지금 전하는 계맥은 조선 지리산 칠불선원(七佛禪院) 대은(大隱) 화상께서 『범망경』에 의거해 모든 부처님에게 서원해 받은 청정한 계로서, 7일 동안 기도하니 한 줄기의 상서로운 빛이 대은 화상의 정수리에 내리었다. 그로 인해 친히 부처님의 계를 받은 뒤 금담(錦潭) 율사에게 전하고, 이어 초의(草依)·범해(梵海)·선곡(禪谷) 율사에게 전했다. 이렇게 전해 나의 대에 이르렀으니 이 해동 초조(원효)께서 전한 바, 큰 가르침의 그물을 펼쳐서 인천의 고기를 건진다(張大教網 人天之魚) '고 새긴 보인(寶印)을 가져

정화운동시기 비구승단의 종정

계맥과 정법안장을 바로 전하는 신표를 삼아 은근히 동산 혜일에게 부여하
노니, 그대가 스스로 잘 보호하고 지녀서 단절됨이 없게 할 것이며, 여래의
정법과 더불어 세상에 머물러서 다함이 없게 하라.

－세존응화 2963년(1936) 병자 11월 18일

용성 진종 위증(爲證)

동산 혜일 수지(受持)

동산 스님은 지리산 칠불의 서상(瑞相) 계맥과 함께 중국 법원사(法源
寺) 계법까지 모두 전수받았다. 중국 법원사 계명은 영명(永明) 스님에
게 전해받았다. 영명 스님은 1943년 계법을 동산 스님에게 전수해주었
다. 스님은 1936년 선리참구원(선학원)에서 개최한 수좌대회의 준비위
원 선종평의원에 피선되었으며 불교와 선 수행자의 모습을 알리는 데
노력했다.

한편 1937년 해인사에서 하안거 해제 법문을 하면서 동산 스님은 다
음과 같은 게송을 읊었다.

가야산 위에 달이 마악 솟고	伽倻山上月初生
홍류동 아래 물은 만리를 뻗었네	紅流洞下水萬里

스님은 성품이 인자해 새로운 대중이 오면 기쁘게 반기고, 혹 떠나는
사람이 있으면 매양 섭섭해하면서 만류했다. 그래서 살다가 떠날 때는
인사를 드리기가 민망할 정도였다. 그리고 상주하는 대중들의 수도 어
느 절보다 많았다. 또 대중들을 위한 스님의 법문은 당대에 제일이라고
칭송이 자자했으며, 음성은 흔히 옥쟁반에 구슬이 굴러가는 소리와 같

443

동 산 혜 일

다고들 했다.

법문은 「신심명」과 영가 스님의 「증도가」를 가장 많이 설했다. 「달마어록」과 「몽산법어」도 자주 말씀했고, 화두는 '만법귀일(萬法歸一) 일귀하처(一歸何處)'를 잘 권했다. 전하는 기록에 의하면 세모와 정월 초하루에는 반드시 조사어록을 제창해 해이해지기 쉬운 납자들의 공부를 지도하기에 애를 썼다.

1940년 2월 24일 은사인 용성 스님이 세수 77세, 법랍 61년으로 입적했다. 의학공부를 하던 스님은 용성 스님에 의해 진리의 눈을 뜨고 불가에 입문했다. 은사에게 사교과를 배웠고 활연대오의 기쁨을 함께 하며 법을 전해 받았고 칠불계맥을 전수받기도 했다.

은사가 독립운동으로 옥고를 치를 때는 옥바라지를 했는데 스승이 입적함으로써 동산 스님은 이제 용성문도의 수장(首長)으로서 명실공히 승단의 어른으로 살아야 하는 임무를 책임지게 되었다.

선학원에서는 1941년 2월 26일부터 10일간 유교법회(遺教法會)를 개최했다. 이 법회는 일제의 불교정책과 일본불교의 침투로 인해 한국불교의 청정 승풍(僧風)의 전통이 희미해지는 것을 방지해 전통불맥을 구현해 보자는 목적으로 개최된 법회였다.

이 법회에서 동산 스님을 비롯해 만공(滿空) · 채서응(蔡瑞應) · 김상월(金霜月) 등의 선사들이 조계종지(曹溪宗旨)에 대한 설법을 했다. 특히 동산 선사와 석전(石顚) 스님은 『범망경』을 설법했다.

동산 선사는 53세 때인 1942년 일본불교를 시찰했다. 스님은 일본불교의 이모저모를 살펴보고 일본 선승들과 법거량도 나누어 보았다. 스님은 조선불교는 도저히 일본불교와 하나가 될 수 없으며, 되어서도 안된다는 사실을 뼈저리게 느끼고 돌아왔다.[9]

정화운동시기 비구승단의 종정

스님은 1930년 41세 때 처음 범어사 계단(戒壇)에 참여했고, 1936년
에는 용성 선사의 칠불계맥을 전수받았으며, 1941년에는 중국 법원사
의 계법까지 전수받았으므로, 1943년부터는 범어사 금강계단의 단주(壇
主)가 되어 전계화상으로 계를 전수하기 시작했다.

여기서 범어사 금강계단의 계맥에 있어 그 연원의 하나인 중국 법원
사의 계맥에 대해 살펴보자.

서기 1892년(고종 29)에 만하 승림(萬下 勝林) 스님이 중국 법원사에 가
서 계단에 참례하고 창도(昌濤) 율사에게 의지해 대소승계(大小乘戒)를
받고 본국으로 돌아온 후 계단을 창설해 계법을 전수했다. 만하 승림 율
사는 1897년 범어사 성월 일전 율사와 통도사 해담 치익 율사에게 대소
승계법을 전수했다.

이때부터 범어사에서는 자체적으로 금강계단을 설치해 대소승계법
을 전수할 수 있게 되었다. 이후 성월 율사는 일봉 경념(一鳳 敬念) 율사
에게 전하고, 일봉은 운봉 성수(雲峰 性粹) 율사에게 전하고, 운봉은 영
명(永明) 율사에게 전하고, 영명은 다시 동산 스님에게 전하고, 동산 스
님은 다시 전전상전(展轉相傳)하여 오늘에 이른 것이 범어사 금강계단의
계맥이다.[10]

이와 같이 범어사의 계단으로는 1904년 제1회를 중국의 계법을 이은
성월 스님이 시작하고, 1943년 35회에 와서 중국의 계법과 칠불계맥을
함께 이은 동산 스님이 전계화상으로서 계단을 주관해 1965년 57회까
지 23회나 계속했다. 수계식은 보살계뿐만 아니라 사미·사미니계와
비구·비구니계까지 모두 설하는 것이 통례였다. 따라서 1943년 이래
스님이 입적하신 1965년까지 동산 스님께 계를 받은 승속 간의 사람들
은 수를 헤아릴 수 없이 많았다. 이런 연유로 동산 스님이 근현대 한국

불교계의 수계법회에 기여한 공적은 실로 지대하다고 말하지 않을 수
없다.

스님은 1943년 3월 15일에는 범어사에서, 그리고 가을에는 해인사에
가서 대소승계를 전수했다.[11]

평등자비의 무차회상

해방이 되고 정부가 수립되었으나 일제시대 왜색불교의 상징인 대처
승들이 여전히 교권과 유수한 대부분 사찰의 실세를 이루고 있었다. 따
라서 불교계는 정통성을 회복하지 못한 것은 물론이고 순수한 독신 수
행승들은 머물 도량이 없어 그 불만이 갈수록 점점 높아져 가고 있었다.

이런 상황 속에 민족의 비극인 6·25전쟁이 일어났다. 그러자 전국
각지에서 수행승들이 부산지방으로 몰려들어 범어사 금어선원에도 결
제·해제할 것 없이 초만원을 이루었다. 전쟁이 한창 진행중인 1952년
하안거 때에는 금어선원에 백여 명의 선승들이 운집해 선원에서는 식량
이 모자라 동래군청에서 배급받아온 국수와 수수죽으로 겨우겨우 끼니
를 때우며 정진했다. 조실인 동산 선사는 원주(院主) 스님에게 20명을
한정해 방부를 받겠노라고 분명히 약속을 했다. 당시 종무소를 관장하
고 있던 대처승측이 사중전답(寺中田畓)에서 나오는 식량으로 20명분을
선원에 대어주고 있었던 것이다. 그런데 조실 동산 선사는 번번이 이 약
속을 지키지 않았다.

절집 속담에 '오는 자 막지 않고 가는 자 붙들지 않는다' 는 유명한 말
이 있듯이, 동산 선사는 평등자비한 무차회상(無遮會上:승속僧俗을 가리지
않고 누구나 참여하여 공양하고 베풀고, 설법을 듣고서로 질문하여 배우는 모임 무차회無

정화운동시기 비구승단의 종정

遮會, 무차대회無遮大會)을 평소의 신조로 삼고 있었으므로 한 철을 나겠다고 찾아오는 선승들을 무조건 다 받아들였다. 이렇게 되니 살림을 사는 원주 스님은 불평을 하지 않을 수 없었다. 식량을 구하기가 어려운 시절이었으니 원주 스님의 불평 역시 이해할 수 없는 일은 아니었다.

원주 스님이 투덜거릴 때마다 동산 선사는 이렇게 타일렀다. "천불생무록지인(天不生無祿之人)이요, 지부장무명지초(地不長無名之草)라 하지 않았던가? 하늘은 녹(祿) 없는 사람을 태어나게 하지 않았고, 땅은 이름 없는 풀은 기르지 않는다는 말씀이야. 다 제가 먹을 복은 저 스스로 짊어지고 다니는 법이니 염려랑 말지 그래." 선사의 이 말씀에는 원주 스님도 입을 다물었다.[12]

불교에서 말하는 무차회상이란 가리거나 막지 않는 승가의 모임이란 뜻을 가지고 있다. 6·25전쟁중 동산 선사가 주석하고 있던 금어선원이 바로 평등자비한 무차회상이었다. 이러한 분위기는 전쟁기간 내내 이어졌다. 그리고 조선왕조 마지막 임금인 순종의 왕비 윤 대비가 6·25 전쟁으로 부산 구포에 피란 와 은거하면서 수시로 동산 스님을 친견해 법문을 듣고 많은 위로를 받았다.

이승만 대통령과의 인연

6·25전쟁 때 정부는 피란지 부산에 임시정부를 정하고 있었다. 1952년 하안거에 들어간 직후인 6월 6일 현충일에 정부에서는 육·해·공 3군 및 유엔군, 경찰 등 전몰군경 합동위령제를 범어사에서 갖기로 했다. 당시 범어사에는 금어선원과 서지전(西持殿)을 제외한 원응료(圓應寮)·안심료(安心寮)·보제루(普濟樓)·해행당(解行堂) 등 전가람

의 전각에 전몰장병 수만 명의 유골이 안치되어 있었기 때문이다. 선사는 조석예불을 마치면 보제루에 나아가 전몰장병을 위해 단 하루도 거르지 않고 염불을 해주고 있었다.

그런데 6월 6일 10시까지 도착해 위령제를 지내겠다던 이승만 대통령이 제때에 오지 않자 법주인 동산 스님은 기다리다가 조실방으로 들어가 버렸다. 11시가 넘어서야 대통령 일행이 도착했다. 유엔군 장성을 대동하고 뒤늦게 도착한 이승만 대통령은 대웅전에서 단상의 삼존불을 손가락으로 가리키며 석가모니불에 대해 열심히 설명하고 있었다.

바로 이때 대통령 일행이 도착했다는 기별을 받고 동산 선사가 염화실에서 나와 바삐 대웅전으로 향했다. 그때 이 대통령이 손가락으로 부처님을 가리키며 유엔군 사령관과 외국사절들에게 대웅전 부처님을 설명하는 것을 보고는 동산 스님이 평소의 성격대로 호통을 쳤다.

"일국의 대통령이라는 분이 부처님께 손가락질을 한단 말이오?"

경인생(庚寅生) 호랑이띠인 동산 선사는 음성도 우렁차고 두 눈도 큰 편이어서 불호령을 할 때는 사천왕의 모습보다도 무서웠다고 한다.

이 대통령은 별안간에 당한 일이라 깜짝 놀라며 중절모를 벗고 합장해 부처님께 예를 표했다. 이어 동산 스님과 이 대통령은 서로 인사를 나눈 뒤 이 대통령이 사과를 했다.

"저 외국분들께 부처님을 소개하느라 깜박 결례를 했습니다."

대통령의 정중한 사과를 받은 동산 선사도 만족해 했다. 이어 위령제의 법주(法主)가 되어 전몰장병을 위한 위령의식을 장엄하게 치렀다.

이 일을 계기로 동산 스님의 위엄과 덕화가 대통령을 감화시켰고, 뒷날 승려 출신의 내무부장관 백성욱(白性郁:1897~1981) 박사를 내려보내서 정치를 도와달라는 부탁을 하게 된다. 백성욱은 동산 스님보다 일곱

정화운동시기 비구승단의 종정

살 나이가 적었으나 일제시대부터 잘 아는 사이였다.

"백 박사 들어보소. 나는 평생 절에서만 살아서 세속을 잘 모르지 않소? 더욱이 정치라는 것에는 전혀 문외한인데 날더러 총리 일을 하란 말이오? 나는 산에서 나라를 위해 기도나 드리며 수도하도록 해주시오."[13]

이렇게 완강히 사절했고, 이와 관련된 일화들이 몇 가지 세간에 유포되기도 했다.

동산 스님과 불교정화운동

1954년부터 시작된 불교정화운동과 동산 선사는 깊은 관련이 있다. 일설에 의하면 이 대통령이 불교정화에 관한 유시를 내린 것은 동산 선사가 건의했기 때문이란 얘기가 있다.

즉 1953년 1월 10일 정부가 부산에 있을 때 이 대통령은 벤프리드 장군 내외를 대동하고 두 번째로 범어사를 참배했다. 정부는 이해 8월 15일 이미 서울로 환도한 뒤였다.

대통령과 동산 선사는 이때 30분간 두 사람만 요담을 나누었는데, 이 자리에서 동산 선사가 대통령께 독신 수도승의 안거사찰을 할애해 줄 것을 부탁했다고 한다.

이 요담에서 이 대통령은 "내가 나라를 위해 나와 주십사 할 적에는 완강히 사절하더니 오늘은 스님께서 이 사람한테 부탁이시오?" 그러자 동산 스님은 "수도승들이 수행에 전념하는 것도 나라를 위하는 길입니다"하고 대답했다.[14]

동산 선사의 전기를 쓴 전 범어사 강주 송백운 스님은 이렇게 불교정화운동은 동산 선사가 대통령께 건의한 결과 정화유시가 발표되기에 이르렀다고 서술하고 있다.

사실 1952년 봄, 이대의를 비롯한 여러 독신승려들이 종정 만암 스님께 명산대찰 몇 곳을 독신승려들의 수행도량으로 지정해줄 것을 건의했다. 그리하여 그해 11월, 경주 불국사에서 승려대회를 개최해 독신승려들의 수행도량 문제를 논의했다. 하지만 당시 모든 사찰을 점거하고 있던 대처승들은 궁벽하고 초라한 사찰 48개 사만 지정하고 일제시대부터 크고 주요한 31본산에 해당하는 쓸 만한 사찰은 전부 제외했다. 이에 독신승려들은 분개해 더욱 교단쇄신의 결의를 불태웠다.

1953년 4월에는 통도사에서 전국승려대표자대회와 고승회의를 개최해 불교중흥에 관한 논의를 했다. 그러나 왜색사판승(대처승)들의 행패가 날로 심해짐을 보고 동산 스님은 앞에서 언급했듯이 격문을 전국 선원에 보내 납자들의 궐기를 촉구했다. 그러나 이 일로 오히려 동산 스님이 대처승들(총무원과 경남종무원·범어사)에서 쫓겨나 은해사에 가서 지내다가 김법린 등의 중재로 3개월 만에 범어사로 돌아오는 수난을 당하기도 했다.

스님은 이해(1953년) 2월에 경남 거창 포교당에서 보살계산림을 개최해 전계사로 설계했고, 9월에는 영도(影島)의 법화사에서 화엄경산림 법회를 열어 화엄사상을 널리 폈으며, 동래 법륜사에서도 수차에 걸쳐 화엄경을 설해 대성황을 이루었다.

한편 여러 사찰에서 비구승과 대처승들 간에 분쟁이 끊임없이 이어지더니 마침내 사회문제로 대두했고, 정부에서는 비구승들의 주장이 정당함을 이해하고 1954년 5월 21일 '대처승은 사찰에서 물러나라'는 이승만 대통령의 제1차 불교정화유시가 발표되었다. 그러나 대처승들은

정화운동시기 비구승단의 종정

전국 대부분 사찰에 대한 기득권을 포기하지 않아 불교계는 걷잡을 수 없는 소용돌이 속으로 휘말려들었다.

6월 24일에는 선학원에서 원로 비구스님들이 회동해 불교정화운동 발기인대회를 개최하고 교단정화운동 추진위원회를 결성했다. 7월 2일에는 동산 스님과 효봉·적음 스님의 이름으로 전국비구승대표자대회를 개최할 것을 공문으로 발송했다. 그리하여 8월 24~25일 선학원에서 64명이 참석해 제1차 전국비구승대표대회를 열고 불교정화방침을 결정하기에 이르렀다.

1954년 10월 9일에는 동산 선사를 비롯한 3백여 명의 비구승들이 태고사에서 '일본적 승려정신의 일소'를 부르짖으며 단식투쟁에 돌입했다.

11월 3일, 비구측은 제2차 중앙종회를 개최해 종단 임원진을 구성했다. 종정에 동산 스님, 종무원 도총섭에 청담 스님을 선출했다. 이로써 동산 스님은 대처승단을 정화하는 데 주도적인 역할을 하면서 매진하게 되었고, 이후 두 번이나 더 종정에 추대되었다. 비구측은 11월 10일 태고사를 강제 점거하고 '조계사'란 현판을 내걸었다. 이어 종정 하동산, 부종정 정금오, 도총섭 이청담 스님 명의로 성명서를 발표해 비구승과 대처승 간의 분쟁이 더욱 격화되었다. 이에 대처승측에서는 같은 해 11월 17일 조계사에 난입해 경찰이 출동하고 비구승 6명이 부상을 입었다.

말하자면 비구승과 대처승 간의 분쟁이 격화되는 와중에서 동산 신사는 비구측의 종정으로 옹립된 셈이었는데, 당시 원래 종정은 만암 스님이었다. 만암 스님은 1955년 1월 종조(宗祖) 문제로 종정을 사퇴하고 대처승측에 가담했다.

비구승과 대처승 간의 대립과 갈등이 팽팽하게 전개되는 가운데 전국비구승대회는 2,3,4차로 이어졌고, 대통령의 정화유시도 이듬해(1955

동 산 혜 일

년) 8월 5일까지 무려 7차례나 발표되었다. 이와 같이 복잡하고 우여곡절이 중첩한 가운데 동산 스님은 비구측 종정으로서 '견디고〔堪〕, 참으며〔忍〕, 기다린다〔待〕'는 정신으로 그 숱한 어려움을 이겨 나갔다. 또 동산 스님은 '서리 내린 소나무와 같은 맑은 지조와 물에 비친 달빛 같은 텅 빈 마음(霜松潔操 水月虛襟)'이라는 뜻의 친필 휘호를 써서 후학들을 격려했다. 이 글귀는 동산 스님의 인품을 잘 나타낸 글로써 정화를 성공적으로 이끄는 데 훌륭한 이정표 역할을 했다.

동산 스님을 위시한 비구승 측의 수차에 걸친 승려대회와 끈질긴 노력으로 1955년 8월초 1천여 명의 비구승들이 대거 참석한 가운데 전국 비구승대회가 열렸다. 이 대회에서 동산 스님은 8월 3일 다시 종정으로 추대되었다.

1955년 8월 4일자《경향신문》기사에 의하면 〈총무원 간부해임 전국 승려대회서 결의〉라는 제하에 당시 상황을 다음과 같이 보도하고 있다.

> 시내 조계사에서 개최중인 비구승단측 전국승려대회 제2일째인 3일에는 경찰당국의 이렇다 할 간섭을 받음이 없이 오전 10시 반부터 전국대표 963명의 비구승니가 참석한 가운데 개최되었다. 이날 동 대회에서는 대처승이 구성한 과거의 종정 및 일체의 총무원 간부해임과 조직을 해체할 것을 결의하고 신간부를 임명하는 데 합의를 보고 종헌선포 종회의원 명단발표 등으로 동 대회는 오전중에 끝마치었다. 이날 발표된 신간부는 다음과 같다.
> 종정 하동산, 총무원장 청담, 총무부장 고경석, 교무부장 김상호, 재무부장 박기종, 감찰부장 정금오, 감찰부원장 김서운.[15]

동산 스님은 이때 두 번째 종정에 추대되었다. 8월 4일, 스님은 대화

정화운동시기 비구승단의 종정

를 끝내고 『육조단경』을 설했는데 3일간 계속했다. 8월 11일~12일 체신청 3층에서 문교부 중재로 제5차 사찰정화대책위원회를 개최해 1955년 7월 15일 비구측 전국승려대회에서 결의한 사항을 정부에서 인정하게 되었다. 그리하여 8월 12일 종단임원을 선출하는 비구측 전국승려대회에 문교부장관이 축사를 함으로써 불교정화가 본 궤도에 오르게 되었다. 이렇게 정화운동이 비구측의 승리로 귀결되면서 기왕의 대처승단측 종정인 송만암 스님을 수반으로 하는 총무원 및 산하 각 기관의 모든 인물을 해임하고 비구 측을 중심으로 한 새 중앙종회를 구성해 종헌을 제정하고 새 종정으로 설석우, 총무원장으로 청담 스님, 조계사 주지로 이대의 스님 등을 선출했다. 이에 8월 3일 비구측 두 번째 종정으로 추대되었던 동산 스님은 종정직을 사임하고 다시 범어사로 돌아와 9월초 금어선원의 조실로서 범어사를 대처승들로부터 인수해 정화불사 후 첫 범어사 주지직을 겸임했다.

따라서 엄밀하게 말하면 동산 스님은 해방 후 비구승단 최초의 종정이자 정화불사의 첫 종정이었고, 다른 한편으로 보자면 만암 종정과는 병립한 종정이기도 했다. 즉 1954년 11월 3일의 종정 추대와 1955년 8월 3일의 종정 추대는 비구 측의 정화운동을 추진하기 위한 비상대책의 일환이었다고 볼 수도 있다. 이런 노력 끝에 정화운동이 8월 12일에 이르러 정부(문교부)의 인정을 받아 새 종정으로 설석우 스님을 선출하게 되자 동산 스님은 기꺼이 종정직을 사임하고 금정산으로 돌아가 범어사 정화에 착수해 별 무리없이 9월 1일 대처승으로부터 범어사를 인수해 주지직을 맡기에 이른 것이다.

동산 스님은 정화 초기만이 아니라 1958년 8월 13일 다시 세 번째로 종정에 추대되어 1962년 4월 통합종단이 출범할 때까지 3년 7개월 동안 종정직을 수행했다. 그런데 정화 초기와 중기 등에 걸쳐 무려 세 번이나 종정에 추대된 동산 스님을 현재의 대한불교조계종이 공식적으로 종정으로 예우하지 않는 것은 비구승단으로서 정화불사의 역사적 정통성을 인정하지 않는 것과 다를 바가 없다. 따라서 동산 스님과 설석우 스님을 통합종단 출범 이전이라 하여 종정으로 정연하게 예우하지 않는 것은 필히 재고되어야 마땅할 것으로 사료된다.

길은 밖으로도

동산 스님은 한국불교 대표로 1956년 2월 15일[16]부터 일주일 동안 네팔국의 수도 카트만두에서 열린 제4차 세계불교도대회에 효봉 · 청담 스님과 함께 참석했다. 이는 해방 후 한국불교가 세계불교와 가진 공식적인 접촉이며, 한국불교의 정화불사를 세계에 인식시키고 여러나라 불자들과 유대를 강화해 비구승단의 기반을 확립하는 데 크게 기여한 것에서 그 의의를 찾을 수 있다. 세계불교도대회에 참가한 후 동산 스님이 직접 적은 수기에 의하면 그 일정은 이러하다.[17]

극심한 달러 부족과 6 · 25전쟁의 후유증으로 외국여행이 극히 어려웠던 당시 실정으로 동산 스님 일행은 1955년 2월 12일 외무부를 방문한 후 오후 3시 여의도 비행장에서 출발해 6시에 일본 도쿄 하네다〔羽田〕 공항에 도착했다.

14일 8시 일본을 출발해 홍콩 · 방콕을 경유해 오후 6시 인도의 캘커타에 도착했다. 일행은 캘커타 시내 스펜서스 호텔에 하루 묵고 다음날 아침 6시에 호텔을 나와 7시 비행기로 네팔을 향해 떠났다. 이들은 인도 동부의 파트나 비행장에 잠시 기착했다가 오후 1시 네팔 비행장에

정화운동시기 비구승단의 종정

도착했는데 대회는 이미 12시 정각에 개최했다고 했다.

스님 일행은 곧 회의에 참석해 4시까지 축하식을 마치고, 네팔 국왕이 베푼 왕궁만찬회에 참석한 뒤 아난타주티 사(寺)에 가서 다른 비구 스님들과 동숙하고 다음날 아침 6시에 일어나 아침공양을 들었다.

대회는 8시부터 왕궁별장에서 속개되므로 동산 스님 일행은 참예해 메시지를 낭독했다. 오후의 분과위원회에 한국은 교육 및 인도우의분과위원회에 참석해 한국불교의 신라·고려·조선 시대의 불교사 및 일제강점기의 대처승 발호 등을 설명하고 해방 후의 불교정화운동으로 올바른 비구승단을 다시 수립했음을 피력했다.

16일에도 대회가 국왕별장에서 속개되어 각국 대표단이 활동상황을 보고했으며, 오후에는 카트만두 시회(市會) 주최의 환영회가 있었고, 저녁 7시에는 정부청사에서 네팔 수상이 주최하는 만찬회가 있었다.

17일, 동산 스님을 비롯한 한국불교계 대표는 세계평화유지를 위해 원자무기의 제조 및 사용금지안을 제출하고 또 영국과 프랑스가 이집트를 침범한 예를 들어 강대국의 약소국에 대한 부당한 침략과 간섭을 배제하자는 안을 제안했다. 이 두 가지 제안은 본 대회에서 정식으로 채택되어 유엔에 이 사실을 통고토록 했다.

18~19일에는 네팔의 탑묘(塔廟)와 박물관, 도서관 등을 둘러보았다. 20일에는 네팔의 왕후가 대회에 참석한 각국 대표에게 황금관음상 1좌석을 기증하고 폐회했다. 대회를 마친 동산 스님 일행은 다음 날(21일)부터 부처님 탄생지인 룸비니 동산, 가비라 성지 등을 둘러보고, 인도에서는 부처님이 설법하신 영취산 왕사성 죽림정사 불타가야 대탑 보리수등을 두루 참관하고 그해 3월 15일 귀국했다.

동산 스님이 네팔에서 돌아온 후에도 신문지상에서는 몰지각한 몇몇

승려와 신도들의 망동이 그치지 않자 정화불사에 남다른 마음을 기울이고 있던 동산 스님은 전국신도회 최고위원인 현오(玄悟)·이무애(李無碍)·김한천(金漢千)·진무착행(陳無着行) 등 다섯 사람에게 진실한 신심으로 일치단결해 교단 일에 매진할 것을 당부하는 글을 발표했다. 그 글의 제목은 〈불타의 정의를 실행하라〉였다.[18]

강진 백련사

백련사(白蓮寺)는 전남 강진군 도암면 만덕리 11번지 월출산 남쪽에 자리한 절이다. 동산 스님은 이 백련사를 좋아해 여러 번 들러서 며칠씩 머물다 범어사로 돌아오곤 했다.

만덕산(萬德山) 백련사는 1211년(희종 7)에 원묘(圓妙) 국사(國師) 요세(了世:1163~1245)에 의해 중창되면서 사세가 크게 확장되었다.

요세 스님은 이 절에서 백련결사(白蓮結社)를 개창해 제1세가 되었고 이어 천인(天因:1205~1248)·원환(圓睆:?~?)·천책(天頙:?~?) 등이 법맥을 이어 법화사상과 정토신앙이 융성했다. 요세는 백련사에 보현도량을 결성하고 전통적인 법화삼매와 참회를 닦았다. 요세에 의해 개창된 백련결사운동의 구체적 내용은 천태지관·법화삼매참·정토왕생의 세 가지로 요약할 수 있는데, 국왕 이하 지방관 서민에 이르기까지 헤아릴 수 없이 많은 사람이 결사운동에 참여했다.

해방 후 불교계 정화운동 주창자의 한 사람이었던 동산 스님은 그 옛날 고려 때 요세 스님이 이끌었던 백련결사를 떠올리며 종종 만덕산 백련사에 들러 야인속객(野人俗客)만 들끓는 만경루(萬景樓)의 세태를 안타까워했다. 본래 만경루에 올라 보는 강진만의 풍광은 참으로 빼어난 절

정화운동시기 비구승단의 종정

동산 혜일 스님께서 평소에 좋아서 자주 찾으시던 만덕산 백련사의 전경.　출처=『동산대종사문집』

경이다. 멀리 강진만 건너에는 고려청자의 생산지였던 강진 사당리가 있고, 절 주변의 동백숲은 봄이면 붉은 동백꽃을 피워 그곳을 찾는 시인 묵객들이 그 승경을 읊은 시가 전해져 오고 있다. 조선전기의 문인 성임(成任:1421~1484)과 임억령(林億齡:1496~1568)이 백련사의 동백꽃을 읊은 시가 있다.

　동산 스님의 많지 않은 일기초(日記抄) 가운데는 1956년 5월 9일 백련사 만경루에 속인들이 가무음주를 하는 모습을 보고 한탄하는 글귀가 있고, 그 다음날(1956년 5월 10일)의 일기에는 만경루에서 읊은 다음과 같은 한시 한 편이 기록되어 있다.

구름이 걷히고 비 개니 산이 드러나고자 하고	雲山雨收山欲露
태양이 바다를 비추어 만상이 나타나네	日照海心萬像現
산은 적적하고 두견새 우는데	山寂寂杜鵑啼鳴
떠들어대는 묵객들 누각에 올라오네	騷人墨客登樓來
홀연히 들려오는 노란 꾀꼬리 가지 위에 지저귀니	忽聞黃鸝枝上囀
만경루 앞에 더욱 경치를 더해주네	萬景樓前添景觀[19]

동산 스님은 봄에 이어 그해 가을(10월 22일~11월 18일)에도 강진 백련사에 들러 한 달 가량 머물렀다.

1956년 10월 22일 오후 동산 스님은 다시 만경루에 오르니 그 감개가 무량했다. 그런데 당시 백련사에는 주지 이하 스님은 한 분도 없고, 속인 남녀 네 명만 있었다. 그러니 방금 백련사에 도착한 동산 스님 일행이 백련사의 주인이 된 셈이었다. 이에 동산 스님은 "참으로 승려가 드문 지방이라 아니할 수 없다"면서 한탄했다. 스님은 도착 다음날(1956년 10월23일) 역시 만경루에 오른 감회를 이렇게 피력했다.

1956년 10월 23일 수, 청(晴) 갑술(甲戌)
금일이 음력 7월 1일이로구나. 만경루상에서 앞바다를 보니 만경창파의 만경(萬頃)을 누가 있어 알아내리오. 참으로 환희한 마음 승(勝)키 난(難)하도다. 세사의 분분(紛紛)한 마음 절로 쉬어지고 도심(道心) 부지중(不知中) 있게 된다.[20]

이무렵 동산 스님은 쌀을 사다 불공을 올리고 일행의 식량으로 보충했으며 문종이와 불전등촉(초 · 향 등)을 사러 강진읍에 다녀오기도 했다.

정화운동시기 비구승단의 종정

그리고 담양 보광사로부터 젊은 선승이 와서 방부(榜付)를 드리므로 흔연히 받아들였다(1956년 11월 18일 일기). 하지만 동산 스님은 백련사에 한 달 이상 머물지는 못했다. 왜냐하면 범어사에서 덕명(德明)·심인(心印) 수좌와 보살 두 사람이 범어사 동안거결제를 봐달라고 천리길을 멀다 않고 찾아왔기 때문이었다.

다음해(1957년) 3월 25일 동산 스님은 목포의 정혜선원에서 보살계를 설했다. 그리고 목포에 간 길에 호남쪽의 여러 사찰을 둘러보고 강진 백련사로 가서 여러 날 머물렀다. 이미 썼듯이 백련사는 산이 수려하고 절 앞의 강진만의 바닷물이 마치 호수와 같았다.

스님은 백련사의 승경에 찬탄을 금치 못해 "이런 아름다운 도량에서 열반을 맞이하고 싶구나"하고 말씀하시기도 했다. 이때 이후에도 동산 스님은 백련사를 좋아해 여러 번 들러서 며칠씩 머물다가 돌아오곤 했다.

세 번째 종정 추대

1958년 8월 10일, 대한불교조계종 제13회 중앙종회가 개최되고, 8월 13일 동산 스님은 세납 68세에 세 번째로 정화종단의 종정에 추대되었다.[21]

이에 앞서 같은 해 4월 열린 제12회 중앙종회에서 효봉 스님이 종정으로 추대되었다. 그런데 4개월 만에 동산 스님이 다시 추대된 것이다. 동산 스님은 1954년 8월 이래 수차에 걸친 전국비구승려대회를 치르면서 정화운동의 최선봉에서 비구승단을 이끌어왔다. 그리하여 1954년 11월 3일 제2차 불교정화 중앙종회 임시회에서 동산 스님은 종정으로 선출되어 다음해(1955년) 8월초까지 종정 직무를 수행했다. 그리고 종정

직에서 3년간이나 물러나 있다가 또다시 종단의 부름으로 종정에 추대
되자 동산 스님은 〈위급존망지추(危急存亡之秋)〉[22]라는 제목의 글을 발표
해 사부대중은 불교종단을 확립해 불일재휘(佛日再輝)하도록 촉구했다.

동산 스님은 종정직을 수행하면서 그 해(1958년) 10월 6일 조계사 금강
계단에서 서울의 많은 사부대중들에게 보살대계와 구족계를 전수했다.
당시 수계행사는 큰 성황을 이루어 많은 스님들이 보살계에 관심을 갖게
되어 그 후 지방의 여러 사찰에서도 보살계를 설하는 일이 성행했다.[23]

그해 11월 24일, 태국 방콕에서 개최된 제5회 세계불교도대회에 동
산 스님은 청담 스님, 서경보(徐京保) 스님, 박길진(朴吉眞:원광대 총장), 손
규상(孫珪祥) 등과 함께 참석했다.[24] 동산 스님은 이 대회에 다녀온 후 방
콕에서 목격한 국제불교운동 및 태국불교현상에 비추어 한국불교의 진
로에 대한 소감을 〈고유문(告諭文)〉이라는 제목으로 발표했다.[25] 이 글에
는 국제적 안목으로 볼 때 한국불교 교단 재건과 민족통일, 그리고 세계
평화까지도 소아(小我)를 버리고 대아(大我)의 삶을 사는 데 있다는 동산
스님의 진정이 잘 나타나 있다.

동산 스님은 범어사에 주석하면서 종정과 범어사 조실 소임을 겸무
했다. 1959년 3월 19일에는 통도사의 말사인 양산 내원사 법당 낙성식
에 참석해 설법을 했는데 그때의 법문 한 구절이 『동산대종사문집』에
다음과 같이 짤막하게 기록되었다.

그 도리는 깊고 깊으며 세밀하고 세밀하되 조금도 옹색함이 없다.

(深深密密無壅塞)[26]

내원사 법당 낙성식에 참석할 무렵 세계불교도우회 싱가폴 지역 분

정화운동시기 비구승단의 종정

회에서 스님에게 서신이 오자 스님은 그에 대한 답장을 보냈다. 이 서간 문의 날짜는 1959년 3월 22일로 되어 있고 말미에는 '대한불교조계종 종정 석동산(釋東山)'이라고 쓰고 있다.[27]

같은 해 5월 13일에는 태국 승정(僧正)의 서신에 회답하는 서간문을 보냈다. 그런데 이 편지에는 '한국불교 종정 하동산'이라 기명했다.[28]

해방 후 불교계에서는 각 도에 종무원을 두고 도(道) 종무원에서 그 도의 사찰들을 관장하는 것이 전국사찰 관리체제였다. 이러한 관리체제 는 여러 지방의 산중 사암을 관리하는 데 애로가 많아 1959년 9월 12일 대한불교조계종 종정 하동산 스님의 명의로 종령 제3호 각도 수사(首寺) 및 사찰 관할에 관한 건을 공포해 각 도 종무원을 폐지하고 전국을 24 수사(首寺) 제도로 전환했다.[29] 이 제도는 그대로 계승되어 1962년 4월 11일 교구본사제[30]로 정착되어 지금까지 실시되고 있다.

1960년 세수 71세를 맞이한 동산 스님은 새해 벽두(1960년 1월 1일)에 종단의 기관지인《대한불교》라는 제호의 불교신문을 창간했다.《대한불 교》는 1980년 11월 제호를《불교신문》으로 바꾸어 지금까지 간행되고 있다. 같은 해 4월 24일에는 서울 조계사에서 동산 스님을 전계화상으 로 하는 보살계 수계식이 있었다. 수계식에는 많은 사부대중들이 동참 해 큰 성황을 이루었다.

이 해에는 4·19의거가 일어나 많은 학생들이 다치거나 죽었고 불교 정화운동에 힘을 실어 주었던 이승만 대통령이 하야하고 하와이로 망명 했다. 그리고 4·19를 계기로 대처승측 80여 명이 4월 27일 조계사 탈 취를 기도하면서 불교 분쟁이 재연되어 교계 안팎이 소란스러웠다. 대 처승들은 쌍계사(4월 28일), 밀양 표충사(4월 28일~29일), 부산 대각사(4월 30일), 공주 갑사(5월 4일), 보은 법주사(5월 6일) 등을 점거 혹은 탈취를 기도해 비구승단에서는 조계사 정화기념관에서 긴급 대책회의를 열어 종단정화재확립 방안을 토의했다.

동산 스님은 종정으로서 비상대책위원회의 정신적 지주 역할을 했다. 스님은 종정으로 재임하는 한편 범어사의 조실이었으므로 자주 범어사에 내려갔으며, 강진 백련사에도 며칠씩 다녀오기도 했다. 스님은 종단정화에 진력하고 있는 후학들을 위해 이 해에 나라와 불교에 대한 소망이 담겨 있는 다음과 같은 휘호를 써서 자주 나누어 주었다.

상서로운 풀은 좋은 운수를 만들고   瑞草生嘉運

숲 속의 꽃은 이른 봄을 가져온다   林花結早春[31]

스님이 세수 72세가 되던 1961년 나라는 시끄럽고 이어 5월에는 5·16군사 쿠데타가 일어났다. 5·16 엿새 후인 1961년 5월 22일 운허 스님에 의해 우리나라 최초의 『불교사전』이 간행되자 동산 스님은 그 책에 '천고방양(千古榜樣:천고의 모범적인 방)[32]이라고 휘호했다. 동산 스님 휘호에 담긴 의미대로 운허 스님의 『불교사전』은 초판이 간행된 지 40년이 된 지금도 많은 사람들이 불교의 나침반인 양 애용하고 있다. 스님은 이 해의 하안거는 강진 백련사에서 보냈다.

1962년에 접어들면서 1월 12일, 국가재건최고회의 의장 박정희는 비구승과 대처승 간의 불교분쟁이 계속된다면 단연코 묵과하지 않겠다고 강한 어조로 언명했다. 이에 따라 1월 20일 문교부장관의 종용으로 통일종단설립을 위한 불교재건위원회가 구성되었다. 이날 비구측에서는 종정 동산과 당시 대처승측 종정 국묵담 스님이 대표로 불교재건위원회 구성 선서문에 서명 날인했다. 이어 우여곡절 끝에 비구승과 대처승측이 8년 만에 회동해 불교재건비상종회가 개최되고(1962년 2월 12일), 4월 1일에는 비구승과 대처승의 통합종단이 성립되었다. 통합종단이 구성되자 동산 스님은 종정 소임을 사임하고 범어사로 내려가 사우(寺宇)를 일신하고 납자들의 교육에 전념했다. 이로써 동산 스님은 3년 7개월에 걸친 세 번째 종정 소임을 마치고 범어사 조실로서 사찰발전과 후학양성에 주력했다.

스님은 1963년에 접어들면서 세수 74세의 노령에도 불구하고 범어사 수계법회와 마산 포교당의 보살계법회를 주관했고, 또 불국사에서 태국의 승정 스님과 총무원장 스님을 맞이해 그들에게 한국의 선지(禪旨)를 선양하기도 했다.

동산 스님은 태국 승정 스님께 다보탑 앞의 돌사자를 가리키며 말했다.

"저 돌사자를 보십니까?"

"예, 봅니다."

동국대학교 이기영(李箕永) 교수의 통역으로 이 질문을 들은 태국의 승정 스님이 고개를 끄덕이며 "예, 봅니다."하고 말했다. 다시 동산 스님이 물었다.

"저 돌사자의 울음소리(獅子吼)를 듣습니까?"

이 물음에는 태국 승정 스님이 묵묵부답이었다. 그러자 동산 스님이 정중히 일렀다.

"귀국과 귀국불교의 무궁한 발전을 위해 저 사자 울음소리를 선사해 드립니다."

태국 승정 스님 일행은 무궁화호 기차를 타고 서울로 돌아가는 길에 이기영 교수에게 이렇게 말했다.

동산 혜일

이번에 우리는 대승불교의 선지를 체험하기 위해 일본을 거쳐 한국에 왔습니다. 일본의 선승을 많이 만나봤지만 대승선에 접할만한 기회가 없었습니다. 모두들 그저 그렇더군요. 한국에 와서도 실은 허탕을 치고 빈손으로 돌아가나 보다 하고 적이 실망을 했었는데 불국사에서 동산 스님을 만나 뵙고 비로소 대승선의 진면목에 접했고 크게 감명을 받았습니다. 사자 울음소리(獅子吼)의 말씀은 우리 소승불교에서는 감히 흉내도 못 낼 뿐더러 찾아볼 수도 없는 상승법문이십니다. 동산 스님의 말씀이야말로 대승선의 참면목이자 우리 불교의 핵심입니다. 다행히 훌륭한 스님을 뵙게 되어 이번 여행이 허행이 아닌 의의 있는 구법(求法) 여행이 되어서 감개무량합니다.[33]

태국불교의 최고위직에 있던 승정 스님의 말씀에서 동산 스님의 법력을 가늠할 수 있을 것이다.

동산 스님은 이 해에도 강진 백련사에 가서 잠깐 주석하다가 돌아왔다. 동산 스님은 이 해에 출가 반 백 년을 생각했던지 문득 다음과 같은 게송을 읊었다.

오십 년 동안 고양이의 모양을 그렸더니	五十年來畫猫樣
금일에야 분명 살아있는 고양이로다	今日分明活猫兒
아름다운 풀 언덕에 머물지 않고	芳草岸頭留不住
밤이 되면 여전히 늙은 쥐를 잡는다	夜來依舊捉老鼠[34]

동산 스님은 세수 75세가 되던 1964년 4월 22일 범어사의 보제루(普濟樓)를 중수해 낙성식을 하고 이어서 일주문과 천왕문을 중수하고 경내의 참배로(參拜路)를 정비하는 등 사찰 발전에 진력했다. 동산 스님이

정화운동시기 비구승단의 종정

쓰신 〈천왕문 4차 중수기〉[35]에 의하면 범어사 천왕문은 1964년 6월에 공사를 시작해 그해 8월에 준공했다. 말미의 '시주지동산혜일근지(時住持東山慧日謹識)'라는 기록을 보건대 당시 동산 스님은 범어사 주지 소임을 맡고 있었던 것으로 보인다. 같은 해 5월 22일에는 서울 안양암에서 보살계를 전수했다. 6월 14일에는 속리산 법주사에 건립된 미륵불입상 중수불사 점안식에 증사로 참석해 설법했다. 동산 스님은 속리산에 가신 김에 중사자암에서 3일, 복천암에서 하루 머물며 속리산 곳곳을 돌아보며 범어사로 돌아왔다. 7월 2일에는 수원 포교당에서 전관응 스님과 함께 보살계 수계법회를 가졌다.

8월 29일에는 부산항 출입선박의 안전항해를 기원해 대선조선공사(영도) 안에 건립된 십일면관음보살상 점안식에 증사로 참석해 설법했다.

동산 스님은 범어사에 주석하면서 안거중에는 『선문촬요(禪門撮要)』로서 대중의 심안을 열어 주는 데 주력했고, 역사적 고승들 가운데는 불일(佛日) 보조(普照) 선사와 경허(鏡虛) 선사를 좋아했다. 동산 스님은 염화실(拈花室) 머리맡에 다음과 같은 글귀를 걸어 놓고 신조와 지침으로 삼았다.

서리를 인 소나무의 깨끗한 지조와 물 속 달의 텅 빈 마음이여

(霜松潔操 水月虛襟)

가을에 서리가 하얗게 내린 소나무의 깨끗한 모습과 같은 고결함과, 물에 비친 달처럼 만물은 실체 없는 공(空)이라는 이 글귀처럼, 어디에도 걸림 없고 집착됨이 없는 생활이 출가사문의 삶이라 할 수 있을 것이다.

동산 선사는 후학들의 지도에도 매우 정성을 쏟았다. 선사는 말했다.

동산 혜일

"공부하는 데 있어서는 진실로 용심(用心)을 잘해야 한다. '꿈도 없고 생각
도 없을 바로 그때 내 주인공이 어디에 있어 안심입명하는가? 이렇게만 지
어 나간다면 단번에 여래의 땅에 들어가 백 척의 장대 끝에서 한 걸음 나아
가 몸을 날려 한바탕 던질 수 있을 것이다."[36]

선사는 법(法)에 있어서는 이렇듯 추상같았으며 대중을 부모와 같은
심정으로 아꼈다. 선사는 대소 사암에서 법문을 청하면 언제나 흔연히
응했는데 화엄산림(華嚴山林) · 법화산림(法華山林)도 여러 차례 가졌고,
특히 보살계법회는 전국 각지에서 백여 차례나 열었다.

근세 고승 중에서 동산 선사만큼 법문을 잘하신 스님도 없다고 많은
사람들은 말하고 있다. 왁자지껄하던 대중도 그의 법문이 시작되면 물
끼없은 듯 조용했다고 회고한다. 그래서 자연히 설법 청이 많이 들어왔
고, 조그만 암자거나 큰 사찰이거나 하나도 그 청을 물리친 일이 없었
다. 신도들도 그를 많이 따랐지만 정계나 재계의 고관들도 스님을 흠모
해 자주 찾았고, 어려운 일이 있으면 흉금을 터놓고 의견을 나눴다고 한
다. 그러나 동산 스님은 이들 고관들에게도 시비를 분명히 제시해 바른
길을 가도록 늘 당부했다고 한다.

법거량과 법어

어느 해 동산 스님이 만공 · 효봉 선사와 함께 자리를 같이 한 적이 있
다. 동산 스님이 만공 선사에게 물었다.
"천하에 살인하기를 좋아하는 자가 있는데 그게 누굽니까?"
"오늘 여기에서 보았노라."

정화운동시기 비구승단의 종정

다음에는 효봉 스님이 만공 선사에게 물었다.

"스님의 머리를 취하고 싶은데 허락하시겠습니까?"

만공 스님이 목을 길게 빼어 내밀었다. 이번에는 만공 스님이 말했다.

"제석천왕이 풀 한 줄기를 땅에 꽂고 부처님께 여쭙기를 '범찰(梵刹)을 지어 바쳤습니다' 하니 세존께서 웃으셨다는데, 그 뜻이 무엇이겠는가?"

동산 스님이 대답했다.

"스님은 참으로 절 짓기를 좋아하십니다."

그랬더니 만공 스님이 한바탕 웃어버렸다.

어느 해에 시자가 동산 선사에게 물었다.

"영명 연수(永明 延壽) 선사는 만일 심장과 간을 도려내어도 목석과 같이 아무렇지도 않은 사람은 고기를 먹어도 괜찮다고 말씀하셨는데, 정말 그래도 되는 겁니까."

"그러니 먹지 말라는 거야."

"그리고 술을 먹되, 오줌 똥을 먹는 것과 같은 사람은 술을 먹어도 괜찮다고 하는데?"

"그러니 마시지 말라는 거지."

"미인을 보고도 시체나 다름없이 보는 사람은 음행을 해도 괜찮다고 하셨는데?"

"그러니 음행을 하지 말라는 것이지."

"이해가 안 갑니다. 걸림이 없는 사람은 어떤 일에도 구애됨이 없다는 뜻인 것 같은데요."

"딱도 하구나! 걸림이 없는 경지에 이르면 술·고기·여자를 취하지 않는 법이지. 그러니 걸림이 없는 경지에 이르지 못한 범부가 이를 취하지 말아야 하는 것은 당연한 일이 아닌가. 이를 명심해야 되느니라."[37]

동산 선사는 특히 설법에 능한 분으로 알려져 있는데, 상당법어 한 가지를 소개하면 다음과 같다.

(주장자를 세 번 내리친 후 말하기를)

도화(桃花)는 편편심원(片片深源)이요 두봉(杜峯)은 청취색전신(靑翠色轉新)이로다〔도화는 조각조각이 깊은 근원에서 나오고 봉우리는 푸르고 푸르러서 색이 더욱더 새롭도다.〕

빈호소옥비타사(頻呼小玉非他事) 지요단랑인득성(只要壇郎認得聲)〔양귀비가 당명황 唐明皇의 눈을 피해가면서 안록산과 사귀는데, 양귀비는 자주 시녀 소옥을 불렀다. 소옥을 부르는 것은 다름이 아니라 다만 안록산에게 자기 목소리를 알아듣도록 하려는 것이었다.〕

이 법문은 부처님과 똑같다. 이는 제불(諸佛)의 골수(骨髓)니, 이 뜻을 알려면 천칠백 공안(公案)을 한 꿰미에 꿰는 것이다. 이는 우스운 말 같지만 이 공안을 철저히 참구해야 한다.

양인심사(兩人心事)는 양인지(兩人知)로다(두 사람의 마음 일은 오직 두 사람만 알도다.)

이것이 불법의 적적(的的)한 대의(大意)이다. 이것이 어째서 적적대의(的的大意)인고?[38]

정화운동시기 비구승단의 종정

만년의 생활과 입적

동산 스님은 세 번째 종정 소임을 사임하고 다시 범어사로 돌아왔을 때는 세수 73세의 노구였다. 이렇듯 연만하심에도 불구하고 동산 선사는 '하루 일하지 않으면 하루 먹지 않는다(一日不作 一日不食)'는 선사의 청규를 몸소 실천했다. 아침공양은 늘 흰죽이었는데 공양을 마치면 곧 빗자루를 들고 도량을 청소했다.

선사는 선원의 좌선시간에는 대중과 함께 정진했고, 점심공양 후에는 서예를 했다. 오후 방선을 마치면 「증도가(證道歌)」·「신심명(信心銘)」·「십이시송(十二時頌)」을 외웠다. 선사는 30년을 하루같이 이 글을 외웠다. 제자들에게도 이들 게송만은 꼭 외우도록 일렀다. 스님의 취침 시간은 늘 일정했다. 밤 9시에 잠자리에 들면 새벽 2시에 꼭 일어났다. 세수하고 법의를 입고는 원불(願佛) 앞에서 꼭 진언(眞言)을 외웠다. 그것이 의아해 묻는 제자들에게 "비록 참선을 하더라도 진언을 외우면 이사면(理事面)에 서 있어 성취가 그만큼 빠르다"고 했다. 이러한 그의 대중생활은 많은 제자들이 그를 따르게 되는 이유가 되었다. 스님 자신이 무차회상을 주장해 선사 밑에서 공부하려는 스님과 재가신도들도 아무 조건 없이 받아들였고, 6·25전쟁 때에도 금어선원이 넘치도록 납자(선승)들을 받아들이기도 했던 것이다. 이러한 그의 폭넓은 도량은 또한 교(敎)나 선(禪) 한쪽에만 치우치지 않게 했다. 그는 진언도 차별없이 수용했듯이 선과 교도 구분치 않았다. 그가 고봉(高峯) 강백을 초청해 강원을 개설한 것이 이러한 그의 안목을 증명해주고 있다.

세수 76세의 동산 스님은 1965년 3월 15일 최후의 수계법회가 된 범어사 금강계단 제65회 보살계법회를 주관하며 3일간 계속 설법했다. 회

동산 혜일

향일 즈음해 계단을 당시 교수화상이었던 석암(昔庵) 스님에게 전수하면서 "이 자리는 다시는 오르지 못하리라"하고 선언하듯 말했다.

입적 3일 전인 3월 20일에는 부산 온천장에 있는 금정사의 방생법회를 주재하고 설법을 했다.

1965년 음력 3월 23일, 동산 스님은 그 날도 평일과 다름없이 대중들과 새벽예불을 드리고, 금어선원에서 정진했으며 도량 청소에도 빠지지 않았다.

동산 혜일 스님비(범어사)　　촬영 한승탁 ⓒ 문화문고

스님은 점심공양 후 약간 피로한 기색을 보이더니 제자들 몇 명을 불러 놓고 종단의 앞날을 염려하면서 "방일하지 말고 부디 정진에 힘쓰도록 하라"고 이르고는 다음과 같은 임종게를 남겼다.

원래 일찍이 바꾼 적이 없거니	元來未曾轉
어찌 두 번째의 몸이겠는가	豈有第二身
백년 3만 6천 날	三萬六千朝
매일 반복하는 것 다만 이 놈뿐일세	反覆只這漢[39]

정화운동시기 비구승단의 종정

동산 혜일 스님 부도탑   출처=『동산대종사문집』

　　오후 6시 무렵 스님은 제자들이 지켜보는 가운데 조용히 영원한 적정 삼매에 드시니, 세수 73세요, 법랍 53년이었다. 스님의 입적 소식이 알려지자 범어사에는 조객으로 인산인해를 이루었다. 양력 4월 30일 종단장으로 치른 동산 대종사의 영결식에서 어렵고 힘든 정화불사를 함께했던 청담 스님은 다음과 같은 조사를 읊었다.

아이고! 아이고! 아이고!

큰 법당이 무너졌구나. 어두운 밤에 횃불이 꺼졌구나

어린아이들민 님거두시고 우리 어머니는 돌아가셨구나

동산(東山)이 물 위에 떠다니니 일월(日月)이 무광하도다

억! 봄바람이 무르익어 꽃이 피고 새가 운다

다비를 하자 광채 나는 사리 3과가 출현해 훗날 부도에 안치했다. 동산 스님의 부도는 보제루와 종루 오른편 1백여 평의 대나무로 둘러싸인 안온한 곳에 위치하고 있다. 스님의 부도는 전통적 고려 양식을 본떠 조성한 팔각원당형 석조부도이다.

스님의 문하에는 130여 명의 상좌 제자가 있고, 스님의 사리탑비는 1935년 동산 스님께 수계 득도한 제자인 성철(性徹) 스님이 그 비문을 기록했다.

정화운동시기 비구승단의 종정

일제시대 불교계의 거목 백용성 스님

한국 근세불교사, 특히 일제시대 우리 불교계의 거목으로 용성 진종 (龍城 震鍾:1864~1940) 스님이 있다. 일반인들에게 '백용성' 스님으로 널리 알려져 있는 스님은 급격한 변혁기였던 한말의 개화기와 일제강점기에 뛰어난 선승이자 계율에 철저한 율사였고, 3 · 1독립운동 때는 민족 대표 33인 중의 한 분이었으며, 도심 포교의 길을 개척한 포교사였을 뿐 아니라, 또 많은 경전을 한글로 번역한 역경가이기도 했다. 이렇듯 다양한 활동을 펼친 용성 스님의 문하에서 다섯 분의 종정 스님이 배출되었다.

즉 직계 제자였던 동산 혜일(東山 慧日:1890~1965)과 고암 상언(古庵 祥彦:1912~1993) 그리고, 동산 문하의 퇴옹 성철(退翁 性徹:1912~1993), 혜암 성관(慧菴 性觀:1920~2001) 또 성철 스님의 제자 도림 법전(道林 法傳:1925~) 현 종정 등 모두 다섯 분의 스님이 종정이 되었다.

용성 대사 탑과 비   해인사에 세워진 용성대사의 탑과 비   촬영 한승탁 ⓒ 문화문고

　문하에 5명의 종정을 배출한 용성 스님은 전북 남원에서 출생하였다. 속성이 백(白)씨이고 속명은 상규(相奎)였다. 8세때부터 서당에서 한학을 공부하였는데 남달리 총명하고 시문에도 능해 아홉 살 때 합죽선을 만지다가 "합죽선 큰 부채를 한번 흔드니, 동정호 맑은 바람이 여기까지 불어온다〔大撓合竹扇 借來洞庭風〕"고 읊었다.

　16세 때 해인사의 화월(華月) 스님을 은사로 출가하였고, 21세에 통도사 금강계단에서 선곡(禪谷) 율사로부터 비구계와 보살계를 받았다. 선곡 율사는 근대 율종의 중흥조인 대은(大隱) 율사의 계맥을 이었으므로 용성 스님은 한국의 율맥을 이은 율사이기도 하다.

　용성 스님은 간경과 선 수행에 몰두하여 송광사 삼일암에서 하안거 중 『전등록』을 읽다가 크게 깨닫고 멀리 환성 지안(喚惺 志安)의 법을 이

정화운동시기 비구승단의 종정

었다.

이후 국내의 명산대찰을 편력하고, 1907년에는 중국을 순력하여 1911년 서울로 돌아왔다. 귀국 직후 용성 스님은 명동성당의 위용과 천주교 신도들이 일요예배에 많이 몰려드는 것을 보고 도심포교에 뛰어들어 1912년 서울 봉익동에 대각사를 창건하였다. 스님은 3·1독립운동 참여로 1년 6개월 간 복역하면서 성경이 한글로 번역되어 일반인들도 쉽게 읽히는 것을 보고 불교경전의 역경에 힘쓸 것을 다짐하였다.

용성 스님은 출옥 후 삼장역회라는 역경단체를 조직하여 『화엄경』·『원각경』 등 무려 30여 경을 한글로 번역하였다. 또 불교합창반을 조직해 직접 오르간을 치며 자작한 〈권세가〉 등 찬불가를 보급했고, 한 달에 한 번씩 방생을 실시해 불교계 방생법회의 효시가 되었다. 그는 선농병행(禪農竝行)을 주장하여 1922년 만주 길림성 용정현에 70정보의 땅에 대각교당을 설립하여 직접 농사를 지었고, 1927년에는 함양 백운산에 화과원(華果院)을 세워 역시 선 수행과 농사를 병행하였다.

하동 칠불사에서 〈참선만일결사회〉를 발족하여 도봉산 망월사, 천성산 내원사 등지에서 많은 납자들을 교화했다.

용성 스님은 1924년 4월, 경전을 읽다가 어금니에서 팥알만한 사리가 출현하였는데 그의 생시 사리에서는 세 번이나 방광을 하는 이적이 나타나기도 하였다.

용성 스님은 1940년 2월 24일 세수 77세, 법랍 61년으로 입적하였다. 스님의 사리탑은 해인사 용탑선원 옆에 세웠다.

제자로는 동산·고암·자운(慈雲)·동헌(東軒)·고봉(高峰) 등이 있다.

1962년 건국공로훈장 대통령장(5등급 중 2등급)이 추서되었다. 저술로는 『귀원정종(歸源正宗)』, 『각해일륜(覺海一輪)』, 『수심론(修心論)』, 『청공

일제시대 불교계의 거목 백용성 스님

원일(晴珙圓日)』, 『어록』 등 21권이 있고, 『수능엄경 선학연의(鮮漢演義)』, 『선한문신역 대장경』, 『각정심관음정토총21경』 등 번역 경전 및 논서가 22권, 「만일참선결사회 창립기」, 「범계(犯戒) 생활에 대한 건백서」 등 발표 논문이 9편에 달한다. 1992년 『용성선사전집』 전18권이 간행되었다.

정화운동시기 비구승단의 종정

● 원종의 종정 회광사선

1 범해 편, 김윤세 역, 『동사열전』, 광제원, 1991, 563~554쪽.

2 임혜봉, 『친일불교론』(하권), 민족사, 1993, 459쪽.

3 김영태, 『한국불교사개설』, 경서원, 1988, 245쪽.

4 임혜봉, 『친일불교론』(하권), 민족사, 1993, 459~460쪽.

5 한석희, 『일본의 조선지배와 종교정책』, 미래사, 1988, 62~64쪽.

6 위의 책, 64~65쪽.

7 김영태, 위의 책, 247쪽.

8 범해 편, 위의 책, 553~554쪽.

9 《조선불교월보》, 제1호, 1912.2.25, 72~73쪽.

10 위의 잡지, 72쪽.

11 위의 잡지, 제3호, 1912.4.25, 64쪽.

12 위의 잡지, 제5호, 1912.6.25, 68쪽.

13 위의 잡지, 69쪽.

14 위의 잡지, 제6호, 1912.7.25, 57~72쪽.

15 위의 잡지, 52쪽.

16 위의 잡지, 78쪽.

17 주16 과 같음.

18 위의 잡지, 제7호, 1912.8.25, 65쪽.

19 위의 잡지, 제8호, 1912.9.25, 65쪽.

20 위의 잡지, 제1호, 1912.2.25, 72쪽.

21 위의 잡지, 제9호, 1912.10.25, 70쪽.

22 위의 잡지, 69쪽.

23 위의 잡지, 제18호, 1913.7.25, 578쪽.

24 주23 과 같음.

25 《불교진흥회월보》제1호, 1915.3.15, 48쪽.

26 위의 잡지, 47쪽.

27 《조선불교계》제1호, 1916.4.5, 97~99쪽.

28 위의 잡지, 제2호, 1916.4.5, 97~99쪽.

29 《조선불교총보》제7호, 1917.11.25, 18~57쪽.

30 《불교》제37호, 1927.7.1.

31 임혜봉, 『친일불교론』(하권), 민족사, 1993, 466~470쪽.

32 《조선불교총보》제14호, 1919.2.20, 256쪽.

33 《불교》제14호, 1925.8.1, 40쪽.

34 임혜봉, 『친일불교론』(하권), 민족사, 1993, 470~472쪽.

35 이정, 『한국인물사전』, 불교시대사, 1993, 124쪽.

● 임제종의 종정 경운 원기

1 범해 편, 『동사열전』, 광제원, 1991, 514쪽.

2 김영태, 『한국불교사개설』, 경서원, 1988, 247쪽.

3 《불교》제56호, 1929.2.1, 129~130쪽.

4 일우 화상, 〈통도사 백련사 금자법화경사경연기〉, 《조선불교총보》제3호,
   1917.4.30, 134~135쪽.

5 남도불교문화연구소 편, 『선암사』, 승주군, 1992, 50쪽.

6 박한영, 「조계산경운당대사비음기」, 『석전문초』, 법보원, 1962, 28쪽.

7 범해 편, 위의 책, 514~515쪽.

8 박한영, 「조계산경운당대사비음기」, 『석전문초』, 법보원, 1962, 28쪽.

9 일우 화상, 〈통도사 백련사 금자법화경사경연기〉, 《조선불교총보》제3호,
   1917.4.30, 134~135쪽.

10 일우 화상, 〈통도사 백련사 금자법화경사경연기〉, 《조선불교총보》제3호,
    1917.4.30, 134~135쪽.

11 범해 편, 『동사열전』, 광제원, 1991, 514~516쪽.

12 범해 편, 『동사열전』, 광제원, 1991, 516쪽.

13 박한영, 「조계산경운당대사비음기」, 『선암사』, 승주군, 1992, 326쪽.

14 『선암사』, 승주군, 1992, 50쪽.

15 《조선불교월보》 제14호, 1913.3.25, 274쪽.

16 위의 잡지, 제17호, 1913.6.25, 504쪽.

17 《불교진흥회월보》 제2호, 1915.4.15, 181쪽.

18 위의 잡지, 제7호, 1915.9.15, 601쪽.

19 『선암사』, 승주군, 1992, 49쪽.

20 《불교진흥회월보》 제8호, 1915.10.15, 701쪽.

21 위의 잡지, 제9호, 1915.12.15, 787쪽.

22 위의 잡지, 제9호, 1915.12.15, 771쪽.

23 『선암사』, 승주군, 1992, 50쪽.

24 위의 책, 326쪽.

25 《조선불교총보》 제4호, 1917.5.30, 237쪽.

26 위의 잡지, 237쪽.

27 위의 잡지, 제8호, 1918.3.20, 506쪽.

28 위의 잡지, 제21호, 1920.5.20, 64쪽.

29 위의 잡지, 제17호, 1919.9.20, 504쪽.

30 위의 잡지, 제18호, 1919.11.20, 581~584쪽.

31 위의 잡지, 제18호, 581쪽.

32 위의 잡지, 제18호, 581쪽.

33 《불교》 제46 · 47 합본호, 1928.5.1, 98쪽.

34 위의 잡지, 제56호, 1929.2.1, 129~130쪽.

35 청류 남명, 『조선종교사』, 1911, 128~129쪽.

36 《조선불교》 제98호, 소화9년(1934) 3월호, 9~14쪽.

37 『선암사』, 승주군, 1992, 326쪽.

●입적후 이적을 보인 대선백 환응 탄영

1 백양사(기자) 〈고 교정 환응대선사의 백일을 임하야〉, 《불교》 제64호, 1929.10.1, 28~32쪽.

2 박한영 「도솔산 환응당 대사 사리탑명병서」, 『석전문초』, 법보원, 1962, 19~21쪽.

3 〈고 환응 노화상 사리의 건 보고〉,《불교》제64호, 1929.10.1 30~32쪽.

4 범해 편, 김윤세 역,『동사열전』, 광제원, 1991, 451~453쪽.

5 위의 책, 449~451쪽.

6 위의 책, 447~449쪽.

7 이정,『한국불교인명사전』, 불교시대사, 1993, 357쪽.

8 박한영, 위의 책, 19~21쪽.

9 《조선불교월보》제2호~12호

10 박한영,『석전문초』, 법보원, 1962, 19~20쪽.

11 〈고 환응 노화상 사리의 건 보고〉,《불교》제64호, 1929.10.1 30~32쪽.

12 《불교》제56호, 1929.2.1, 129~130쪽.

13 위의 잡지, 제64호, 1929.10.1, 32쪽.

14 위의 잡지, 제64호, 1929.10.1, 32쪽.

15 위의 잡지, 제64호, 1929.10.1, 32쪽.

16 위의 잡지, 제67호, 1930.1.1, 73쪽.

17 박한영,『석전문초』, 법보원, 1962, 19~20쪽.

●사문의 종장 동선 정의

1 『동선노사유고』, 금강산 유점사, 1943, 48~51쪽.

2 이정, 위의 책, 133~134쪽.

3 이능화,『조선불교통사』,『조선불교약사』.

4 『동선노사유고』, 금강산 유점사, 1943, 21~23쪽.

5 일우 중광,「동선노사행장」『동선노사유고』, 금강산 유점사, 1943, 48~51쪽.

6 『동선노사유고』, 18~19쪽.

7 사찰문화연구원,『북한사찰연구』, 한국불교종단협의회, 1993, 95~96쪽.

8 위의 책, 100~101쪽.

9 위의 책, 101쪽.

10 『동선노사유고』, 금강산 유점사, 1943, 23~24쪽.

11 위의 책, 37쪽.

12 위의 책, 24~25쪽.

13 위의 책, 31~32쪽.

14 위의 책, 49쪽

15 카네다(兼田茂雄) 저, 정일순 역,『중국불교사』, 경서원, 1985, 79~81쪽.

16 『동선노사유고』, 20~21쪽.

17 사찰문화연구원,『북한사찰연구』, 한국불교종단협의회, 1993, 56쪽.

18 사찰문화연구원,『북한사찰연구』, 한국불교종단협의회, 1993, 101쪽.

19 소백 두타, 〈홍월초 행장〉,《불교》제24호.

20 사찰문화연구원,『북한사찰연구』, 한국불교종단협의회, 1993, 101쪽.

21 『동선노사유고』, 금강산 유점사, 1943, 46~48쪽.

22 위의 책, 35~36쪽.

23 위의 책, 36~37쪽.

24 위의 책, 49쪽.

25 위의 책, 35쪽.

26 주24와 같음.

27 《조선불교계》, 1916.4.5, 89쪽.

28 『달마가 서쪽에서 온 까닭은?』, 홍법원, 1992, 421쪽.

29 임혜봉,『친일불교론』(하권), 민족사, 1993, 523~544쪽.

30 주24와 같음.

31 위의 책, 32~33쪽.

32 최기정, 〈금강산 유점사의 경원 설립을 듣고〉,《불교》제43호, 1928.1.1, 37~42쪽.

33 《불교》제34호, 1927.4.1, 85쪽.

34 『동선노사유고』, 금강산 유점사, 1943, 25~26쪽.

35 《불교》제56호, 1929.2.1, 129~130쪽.

36 『동선노사유고』, 금강산 유점사, 1943, 44~45쪽.

37 《불교》제61호, 1929.7.1, 58~59쪽.

38 위의 잡지, 제63호, 1929.9.1, 77쪽.

39 『동선노사유고』, 금강산 유점사, 1943, 50쪽.

40 위의 책, 50~51쪽.

41 주39와 같음.

● 일제시대 대표적인 고승 해담 치익

1 이하 해담 스님의 전기는 문제(門弟) 자성 환(資性 煥)이 1933년에 쓴 「해담당치
  익행록」(『증곡집』, 부산 수정동 대원사 발행, 1934) 49~51쪽에 의거한다.
2 경운 형준 편저, 『해동불조원류』, 불서보급사, 1978, 465쪽.
3 김현준, 경봉 대선사 일대기 『바보가 되거라』, 효림, 1993, 49쪽.
4 이능화, 『조선불교통사』(하권), 278쪽.
5 『증곡집』, 대원사, 1934, 51쪽.
6 《불교》 제78호, 1930.12.1, 45쪽.
7 김현준, 『경봉 대선사 일대기 바보가 되거라』, 효림, 1993, 52~53쪽.
8 위의 책, 51쪽.

● 삼학을 구비한 당대의 석덕 용허 장호

1 광명산인 대세, 〈고 교정 이용허 예하의 방광〉, 《불교》 제88호, 1931.10.1, 24쪽.
2 『기내사원지』, 경기도, 1988, 647~656쪽.
3 박삼천, 〈부사의, 괴이한 서 생원〉, 《불교》 제33호, 1927.3.1, 42~44쪽.
4 광명산인 대세, 위의 잡지, 24~25쪽.
5 위의 잡지, 25쪽.
6 주5과 같음.

● 무주상 보시의 자비도인 혜월 혜명

1 종범, 〈조선시대불교법난사〉, 《승가》 제12호, 중앙승가대학, 1995, 108~109쪽.
2 임혜봉, 『친일불교론』, 민족사, 1993, 72~76쪽.
3 김광식, 「일제하 선학원의 운영과 성격」, 『한국독립운동사연구』 제8집, 독립기념
  관, 1994, 299~301쪽.
4 임혜봉, 〈남녘 하늘의 하현달 혜월 선사〉, 《불일회보》 제184호, 1996.4.1, 10~11쪽.
5 심재열, 「천지불 무심도인 혜월 선사」, 『현대고승인물평전』(상권), 불교영상회보
  사, 1994, 10~11쪽.

6　한정섭,『고봉 경욱 대선사 법어, 겁외가』, 고봉경욱대선사문도회, 1992, 74쪽.

7　석명정 역주,『경허집』, 통도사 극락선원, 64~65쪽.

8　서경보,『선맥』, 아카데미, 1978, 189쪽.

9　한정섭,『고봉 경욱 대선사 법어, 겁외가』, 고봉경욱대선사문도회, 88~89쪽.

10　심재열, 위의 책, 39~40쪽.

11　선학원(http://www.seonhakwon.or.kr 수행의 향기 10)

12　경운형준『해동불조원류』, 불서보급사, 1978.

13　『진제선사법어집 돌사람 크게 웃네』, 1993, 407~408쪽.

●한국 선맥의 주역 덕숭산 문중의 만공 월면

1　선원빈,「덕숭산 문중」,『큰스님』, 법보출판사, 1992, 285~291쪽.

2　임혜봉,〈근대 한국 선의 거성 만공 월면〉,《불일회보》제189호, 1996.9.1.

3　진성 원담,『만공법어』, 덕숭총림수덕사, 1986, 298~304쪽.

4　위의 책, 301~302쪽.

5　위의 책, 302~303쪽.

6　한정섭,『고봉 경욱 대선사 법어, 겁외가』, 고봉경욱대선사문도회, 1992, 74쪽.

7　경허 성우 저, 진성 원담 역,『경허선사 법어집 진흙소의 울음』, 홍법원, 1993,
　 45~46쪽.

8　위의 책, 54쪽.

9　위의 책, 55쪽.

10　위의 책, 59쪽.

11　위의 책, 62~64쪽.

12　위의 책, 59~60쪽.

13　진성 원담,『만공법어』, 덕숭총림수덕사, 1986, 304~305쪽.

14　위의 책, 308쪽.

15　위의 책, 162쪽

16　석명정 역주,『경허집』, 통도사 극락선원, 4~5쪽.

17　김광식, 위의 책, 292쪽.

18　위의 책, 296쪽.

19　위의 책, 301쪽.

20 〈선원소식〉,《불교시보》54호, 1940.1.1.

21 진성 원담, 『만공법어』, 덕숭총림수덕사, 1986, 129쪽.

22 위의 책, 201~202쪽.

23 위의 책, 202쪽.

24 사찰문화연구원 편저, 『북한사찰연구』, 한국불교종단협의회, 1993, 102쪽.

25 진성 원담, 『만공법어』, 덕숭총림수덕사, 1986, 177쪽.

26 위의 책, 152~153쪽.

27 위의 책, 153쪽.

28 위의 책, 179~180쪽.

29 위의 책, 28~29쪽.

30 위의 책, 181쪽.

31 위의 책, 155~156쪽.

32 위의 책, 315~316쪽.

33 위의 책, 90~91쪽.

34 위의 책, 143~144쪽.

35 선원빈, 「덕숭산 문중」, 『큰스님』, 법보출판사, 1992, 306쪽.

36 위의 책, 317~322쪽.

37 진성 원담, 『만공법어』, 덕숭총림수덕사, 1986, 98~99쪽.

38 위의 책, 193쪽.

39 위의 책, 169~170쪽.

40 위의 책, 318~323쪽.

41 위의 책, 166~167쪽.

42 위의 책, 167쪽.

43 위의 책, 325쪽.

44 위의 책, 172쪽.

45 위의 책, 101쪽.

46 위의 책, 118쪽.

47 위의 책, 157~159쪽.

●종정을 네 차례나 역임한 최고의 선승 한암 중원

1 김호성, 「영원한 구도자 한암 스님」, 『현대인물고승평전』(하권), 불교영상회보사, 1994, 39쪽.

2 『보조전서』, 보조사상연구원, 1989, 31쪽.

3 『금강경』, 여리실견분, 제5.

4 탄허, 「현대불교의 거인-방한암」, 『한국의 인간상』 제3권, 신구문화사, 1965, 335쪽.

5 선원빈, 「오대산에 선풍을 드날리다, 한암」, 『큰스님』, 법보출판사, 1992, 55쪽.

6 석명정 역주, 『경허집』, 통도사 극락선원, 1990, 66~68쪽.

7 한암문도회 편, 『한암일발록』, 민족사, 1995, 170~171쪽.

8 한암, 「금강산 건봉사 만일암 신설 선회 후 선중방함록 서」, 『한암일발록』, 민족사, 1995, 324~330쪽.

9 위의 책, 70~71쪽.

10 위의 책, 37쪽.

11 한암문도회편, 『한암일발록』, 민족사, 1995, 197~198쪽.

12 박설산, 『뚜껑 없는 조선 역사책』, 삼장, 1994, 167쪽.

13 탄허, 「현대불교의 거인」, 『한암일발록』, 민족사, 1995, 453쪽.

14 한암문도회편, 『한암일발록』, 민족사, 1995, 72~73쪽.

15 위의 책, 331~333쪽.

16 위의 책, 74~89쪽.

17 김지견, 「사자상승과 만목청산」, 『한암일발록』, 민족사, 1995, 471쪽.

18 위의 책, 90쪽.

19 위의 책, 98쪽.

20 위의 책, 183~184쪽.

21 위의 책, 121쪽.

22 위의 책, 352~354쪽.

23 탄허, 「현대불교의 거인-방한암」, 위의 책; 석명정 역주, 『한암집』, 통도사 극락선원, 1990, 251~253쪽.

24 『한암일발록』, 민족사, 1995, 207~208쪽.

25 위의 책, 210쪽.

26 고준환, 「불교중흥의 꽃을 피운 탄허 스님」, 『현대고승인물평전』(하권), 불교영상회보사, 1994, 226쪽.

27 위의 책, 224~234쪽;이정, 『한국불교인명사전』, 불교시대사, 1993, 319쪽.

28 김광식, 「일제하 선학원의 운영과 성격」, 『한국독립운동사연구』 제8집, 독립기념
    관 한국독립운동연구소, 1994, 299쪽.

29 《동아일보》, 1935.3.13.

30 석명정 역주, 『한암집』, 226~227쪽.

31 박설산, 『뚜껑 없는 조선 역사책』, 삼장, 1994, 165쪽.

32 위의 책, 165~166쪽.

33 위의 책, 168쪽.

34 조용명, 〈우리 스님 한암 스님〉,《불광》, 1980년 5월호~1980년 11월호.

35 위의 잡지 제68호, 1980.6, 59쪽.

36 《불광》 제68호, 1980.6, 59쪽.

37 주56과 같음.

38 위의 잡지, 제67호, 1980.5, 42쪽.

39 박설산, 『뚜껑 없는 조선 역사책』, 삼장, 1994, 186쪽.

40 《불광》 제67호, 42~43쪽.

41 위의 잡지, 제71호, 1980.9, 69쪽.

42 김호성, 『방한암 선사』, 민족사, 1995, 30쪽.

43 「방한암대종사연보」, 『한암일발록』, 민족사, 1995, 487~491쪽.

44 박설산, 『뚜껑 없는 조선 역사책』, 삼장, 1994, 187쪽.

45 《불교시보》 제51호, 1939.10.1, 4쪽.

46 《신불교》 제29집, 1941.1·2·3월 합본호, 78쪽; 임혜봉, 『친일불교론』(상권), 민
    족사, 1993, 297쪽과 310쪽에서 재인용.

47 임혜봉, 『친일불교론』(상권), 민족사, 1993, 484~485쪽.

48 김호성, 『방한암 선사』, 민족사, 1995, 52쪽.

49 임혜봉, 『친일불교론』(상권), 민족사, 1993, 565쪽.

50 김호성, 『방한암 선사』, 민족사, 57쪽.

51 박설산, 『뚜껑 없는 조선 역사책』, 삼장, 1994, 195~196쪽.

52 《신불교》 제24집, 1940.6.1, 26쪽.

53 한암문도회편, 『한암일발록』, 민족사, 1995, 367쪽.

54 김광식, 『한국근대불교사연구』, 민족사, 1995, 502쪽.

55 이철교, 「한국불교사연표」, 『한국불교총람』, 대한불교진흥회, 1993, 1358~1360쪽.

56 장상봉, 〈문적멸보궁〉,《신불교》 제55집, 1943.12, 16쪽.

57 김호성, 『방한암 선사』, 민족사, 1995, 43~45쪽.

58 한암문도회편, 『한암집』, 통도사 극락선원, 1990, 230~231쪽.

● 근세 3대 강백의 대종장 석전 정호

1 김영수, 「고태고선종교정영호화상행적」, 『석전문초』, 법보원, 1962.

2 주1과 같음.

3 목정배, 〈석전 스님의 생애와 사상〉, 《불광》, 1980, 67~71쪽.

4 이정, 『한국불교인명사전』, 불교시대사, 1993.

5 주1과 같음.

6 불학연구소 편, 『강원총람』, 대한불교조계종교육원, 1997, 535~536쪽.

7 주1과 같음.

8 주4와 같음.

9 《조선불교월보》 제15호, 1913.4.25, 64쪽.

10 위의 잡지, 제17호, 1913.6.25, 74쪽.

11 "海東佛報는 何爲而發也오. 憂其海東佛敎之雾替不振ㅎ야 思欲發揮於盡世界而
發也니라"
《해동불보》 제1호, 1913.11.20, 2~3쪽.

12 박한영, 〈조선불교의 사적심구〉, 《해동불보》 제18호, 1914.6, 2쪽.

13 박한영, 〈불교유신과 전적간행〉, 《조선불교월보》 제17호, 1913.6, 20쪽.

14 《해동불보》 제4호, 1914.2.20, 105쪽.

15 위의 잡지, 제13호, 1919.3.20, 66~67쪽.

16 위의 잡지, 제15호, 1919.5.20, 96쪽.

17 위의 잡지, 제21호, 1920.4.20, 12쪽.

18 위의 잡지, 제20호, 1920.3.20, 61쪽.

19 『한국불교근세백년사』(제3권), 「각종단체편년」; 『불청운동』 제9호 제10호(합본
호), 3쪽.

20 『달마가 서쪽에서 온 까닭은?』, 홍법원, 1992, 435쪽.

21 이영일, 「한국불교교육의 거인, 영호 스님」, 『현대고승인물평전』(하권), 불교영상
회보사, 1994, 148쪽.

22 《불교》 제28호, 1926.10.1, 39쪽.

23 위의 잡지, 제29호, 1926.11.1,46쪽.

24 위의 잡지, 제41호, 1927.11.1,53쪽.

25 위의 잡지, 제45호, 1928.3.1,43쪽.

26 위의 잡지, 제48호, 1928.6.1,93쪽.

27 위의 잡지, 제49호, 1928.7.1,93쪽.

28 위의 잡지, 제54호, 1928.12.1,104쪽.

29 주28과 같음.

30 위의 잡지, 제57호, 1929.3.1,109쪽.

31 《일광》, 제4호, 1933.12.14, 71쪽.

32 《불교》, 제91호, 1932.1.1, 17쪽.

33 위의 잡지, 제29호, 1932.3.1,13~15쪽.

34 위의 잡지, 제101호 · 제102호(합본호), 1932.12.1,72쪽.

35 《불교시보》, 1935.10.15.

36 위의 신문, 1935.12.1.

37 홍신선, 〈박한영의 일화〉,《법보신문》, 1989.1.10.

38 《불교》, 신 제8집, 1937.11.1,52쪽.

39 《불교시보》, 1937.10.1.

40 《불교시보》, 1937.10.1.

41 《불교》, 신 제19집, 1939.1.1, 26쪽.

42 《일광》 제9호, 1939.3.16, 44쪽.

43 《불교》, 신 제21집, 1940.2.1, 58쪽.

44 이 무렵 한영 스님은《일광》 제10호(1940, 8쪽)에 〈불전전도에 취하야〉와《불교》
    신 제44집(1943.1.1)에 7언절구 〈영춘송〉외 2편의 한시를 발표했다.

45 최남선, 「서」, 『석전시초』, 동명사, 1940.

46 홍신선 〈박한영의 시문의 세계〉,《법보신문》, 1988.12.

47 『석전 정호스님의 행장과 자료집』, 대한불교 조계종 제24교구 본사 선운사, 2009,
    24~25쪽.

48 『석전 정호스님의 행장과 자료집』, 대한불교 조계종 제24교구 본사 선운사, 2009,
    282~283쪽.

49 곽기종, 〈고교정석전노사추도비〉,《불광》, 1948.8, 37쪽.

● 고불총림을 세운 '이 뭣고' 스님 만암 종헌

1 만암 스님의 교정 추대에 대해 공종원은 「반농반선 주창한 대종사, 만암 스님」(『현대 고승인물평전』(하권), 불교영상회보, 1994, 28쪽)에서 '1950년 스님을 제2대 교정에 추대했다' 고 한 것이나 이 글을 전재한 「만암 대종사」(『고불총림 백양사』, 백양사, 1996, 36쪽)의 교정 추대 일수와 대수는 오류이다. 또 선원빈은 「호남불교의 거목 송만암」 (큰스님, 법보출판사, 1992, 71쪽)에서 '1948년 교정 박한영 스님이 입적하자 교정에 취임한 분이 바로 송만암이다' 라고 기록했으나 이 역시 오류이다.

2 선원빈의 위의 글 72쪽에는 '송의환의 3남' 으로 기록되어있다.

3 『만암문집』, 대성출판사, 1967, 16쪽.

4 선원빈의 위의 글 72쪽에는 '11세에 어머니가 돌아가 고아가 된 후 출가했다' 고 기록했다.

5 선원빈의 위의 글 81쪽, 김지견 교수의 증언. 이 증언에서 김지견 교수는 구암사에서 경을 배울 때라고 했으나 『초발심자경문』을 배울 시기라면 운문암에서 사미과 과정을 배울 때였을 것이다.

6 공종원은 「반농반선 주창한 대종사, 만암 스님」(25쪽)과 「만암대종사」(32쪽)에서 만암 스님의 전강 연령을 23세라 서술하고 있다. 그러나 그가 선암사에서 수의과를 3년간 공부한 것을 감안하면 전강 연령을 25세라고 기록한 선원빈의 서술이 합당한 것으로 생각된다.

7 『고불총림 백양사』, 34쪽.

8 위의 책, 2쪽. 만암 스님의 오도송 둘째 수는 「신묘제야음」(辛卯除夜吟 『만암문집』, 51쪽)이라는 오언절구인데, 시제에 나오는 신묘년은 1951년이다. 따라서 스님의 오도송 둘째 수는 1911년(36세) 오도 직후가 아니라 76세 때 읊은 것임을 알 수 있다.

9 『광주 전남의 전통사찰』(전통사찰총서 7), 사찰문화연구원, 1996, 283~284쪽.

10 위의 책, 271쪽.

11 『조선불교총보』 제8호 1918.3.20, 501쪽.

12 위의 잡지, 제19호, 1920.1.20, 652쪽.

13 위의 잡지, 제22호, 1926.4.1, 73쪽.

14 위의 잡지, 제26호, 1926.8.15, 부록.

15 위의 잡지, 제46호 제47호(합본호), 1928.5.1, 108~120쪽.

16 임혜봉, 「일제하 조선승려의 일본시찰」, 정운현 · 김삼웅 편, 『친일파 Ⅲ』, 학민사,

1993, 93~123쪽.

17 《불교》, 제50호, 1928.9.1, 217쪽.

18 위의 잡지, 제52호, 1928.10.1, 97쪽.

19 주18과 같음.

20 위의 잡지, 제56호, 1929.2.1, 121쪽.

21 위의 잡지, 제95호, 1932.5.1, 63~64쪽. 〈삼릉경〉 중에서

22 위의 잡지, 제91호, 1932.1.1, 2~4쪽.

23 위의 잡지, 17쪽.

24 위의 잡지, 신 제4집, 1937.6.

25 위의 잡지, 신 제2집, 1937.4.1, 14쪽.

26 위의 잡지, 신 제1집, 1937.3.1, 60쪽.

27 위의 잡지, 신 제8집, 1937.11.1, 52~53쪽.

28 위의 잡지, 신 제9집, 1937.12.1, 50쪽.

29 위의 잡지, 신 제10집, 1937.11.1, 30~31쪽.

30 임혜봉, 「중일전쟁과 친일불교」, 『친일불교론』, 민족사, 1993, 176~177쪽.

31 《불교》 신 제9집, 1937.12.1, 52쪽.

32 《불교시보》, 1937.12.1.

33 만암대종사문집간행회, 『만암문집』, 고불총림 백양사, 1997, 76쪽.

34 석명정 역주, 『삼소굴 소식』(근세 한국 고승 서간집), 극락선원, 1997, 265쪽.

35 만암대종사문집간행회, 『만암문집』, 51쪽 신묘제야음이라는 오언절구는 1951년 12월 말에 읊은 것인데, 윤청광이 쓴 만암 스님 전기소설 마지막 입은 옷에는 주머니가 없네(언어문화사, 1993,121쪽)에 만암 스님의 오도송 두 번째 시로 수록되어 있고, 이는 고불총림 백양사 2쪽에도 1,2 수가 그대로 등재되어 있다.

36 만암대종사문집간행회, 『만암문집』, 고불총림 백양사, 1997, 50쪽.

37 만암대종사문집간행회, 『만암문집』, 고불총림 백양사, 1997, 106~108쪽.

38 만암대종사문집간행회, 『만암문집』, 고불총림 백양사, 1997, 82~83쪽.

●정화운동 때의 종정 석우 보화

1 혜종, 「석우대종사비」, 『해동불조원류』, 불서보급사, 1978, 525쪽.

2 이성수, 《불교신문》 2399호, 2008.2.6.

3 이성수,《불교신문》2399호, 2008.2.6.

4 임혜봉,〈석우보화〉,《불일회보》, 1996.12.1.

5 《동아일보》, 1935.3.13.

6 강석주,『남은 글월 모음』, 효림, 1997, 17쪽.

7 이동술,『한국사찰보감』, 우리출판사, 1997, 426쪽.

8 조용헌,〈칠불사의 향취〉,《불일회보》, 1996.12.1.

9 선원빈,「작은 미소에는, 설석우」,『큰스님』, 법보출판사, 1992, 89쪽.

●댓잎 소리에 깨달은 설법 제일 동산 혜일

1 동산문도회,『동산대종사문집』, 범어사, 1998, 409쪽

2 위의 책, 295쪽.

3 동산 스님의 출생연도는 문헌에 따라 차이가 있다.『동산대종사문집』과 송백운 스님
   이 쓴「동산 스님」(『현대고승인물평전』(하권), 영상회보사,1994, 91쪽)에는 1890년
   으로, 김정휴 스님의「동산스님의 생애」(『역대종정 법어집』, 청산사, 1982, 255쪽)에
   는 1888년으로 되어 있다. 여기서는 동산문집과 백운 스님의 기록에 따랐다.

4 『동산대종사문집』, 범어사, 1998, 356쪽.

5 『동산대종사문집』, 범어사, 1998, 363쪽.

6 『동산대종사문집』, 범어사, 1998, 363~367쪽.

7 『동산대종사문집』, 범어사, 1998, 367쪽.

8 『동산대종사문집』, 범어사, 1998, 368쪽.

9 『동산대종사문집』, 범어사, 1998, 377쪽.

10 『동산대종사문집』, 범어사, 1998, 377~378쪽.

11 『동산대종사문집』, 범어사, 1998, 380~381쪽

12 송백운,『현대고승인물평전』(하권), 영상회보사, 1994, 96쪽.

13 송백운,『현대고승인물평전』(하권), 영상회보사, 1994, 96~98쪽.

14 송백운,『현대고승인물평전』(하권), 영상회보사, 1994, 98쪽.

15 《경향신문》, 1955.8.4:『신문으로 본 한국불교근현대사』(상권), 선우도량, 1995,
   242쪽.

16 네팔 카투만두에서 열린 제4차 세계불교도대회에 동산 효봉 청담 스님의 참석에
   대해 이철교의「한국불교사연표」(『한국불교총람』, 대한불교진흥원,1993)에는

1956년 11월 15일~21일에 참가했다고 기록되어 있다. 그러나 동산 스님의 수기
「길은 밖으로도」(『동산대종사문집』,226~233쪽)에 의하면 2월 15일부터라고 기
록되어 있다.

17 『동산대종사문집』, 범어사, 1998, 226~233쪽.

18 『동산대종사문집』, 범어사, 1998, 234~235쪽.

19 『동산대종사문집』, 범어사, 1998, 248쪽.

20 『동산대종사문집』, 범어사, 1998, 249쪽.

21 『동산대종사문집』, 390쪽: 한국불교연구원, 『범어사』, 일지사, 1979, 55쪽: 이정,
『한국불교인명사전』, 불교시대사, 1993, 349쪽. 이상의 자료에는 동산 스님이
1958년 8월 다시 종정으로 추대되었다고 기록되어 있으나, 이철교의 「한국불교사
연표」 1958년도 항목에는 동산 스님의 종정 추대 사실이 누락되어 있다.

22 『동산대종사문집』, 범어사, 1998, 236~237쪽.

23 『동산대종사문집』, 범어사, 1998, 390쪽.

24 이철교, 「한국불교사연표」, 위의 책, 1367쪽.

25 『동산대종사문집』, 217~218쪽.

26 『동산대종사문집』, 범어사, 1998, 391쪽.

27 『동산대종사문집』, 범어사, 1998, 219~220쪽.

28 『동산대종사문집』, 범어사, 1998, 252쪽.

29 이철교, 「한국불교사연표」, 위의 책, 1368쪽.

30 불교사학연구소 편, 『한국현대불교사일지』, 중앙승가대학, 1995, 72쪽.

31 『한국현대불교사일지』, 중앙승가대학, 1995, 392~393쪽.

32 『한국현대불교사일지』, 중앙승가대학, 1995, 393쪽.

33 송백운, 「평등무차의 자비실천」, 동산스님, 『현대고승인물평전』(하권), 불교영상
회보사, 1994, 99~100쪽.

34 『동산대종사문집』, 범어사, 1998, 394~395쪽.

35 『동산대종사문집』, 범어사, 1998, 225쪽.

36 선원빈, 「칠불계맥을 잇다, 하동산」, 『큰스님』, 법보출판사, 1992, 131~132쪽.

37 『큰스님』, 법보출판사, 1992, 128쪽.

38 『역대종정법어집』, 청년사, 1982, 269~270쪽.

39 『동산대종사문집』, 범어사, 1998, 396~398쪽.

참고문헌

●총류

곽철환 편저,『시공 불교사전』, 시공사, 2008

동국대학교 불교문화연구원 편,『한국불교문화사전』, 운주사, 2009

운허 용하,『불교사전』, 佛泉, 2008

이동술,『한국사찰보감』, 우리출판사, 1997

이만열,『한국사연표』, 역민사, 1991

이정,『한국불교인물사전』, 불교시대사, 1993

이철교 · 一指 · 辛奎卓,『禪學辭典』, 불지사, 1995

정승석 편,『佛典해설사전』, 민족사, 1989

한국불교총람편찬위원회편,『한국불교총람』(1993년판), 재단법인 대한불교
　　　　진흥원, 1993

한국불교총람편찬위원회편,『한국불교총람』(1998년판), 재단법인 대한불교
　　　　진흥원, 1998

한국불교총람편찬위원회편,『한국불교총람』(2008년판), 재단법인 대한불교
　　　　진흥원, 2008

한국사 사전편찬위원회 편,『한국근현대사 사전』, 가람기획, 1990

● 단행본

강석주, 박경훈 공저, 『불교근세백년』, 중앙일보사, 1980

겸전무웅(兼田茂雄) 저, 정일순 역, 『중국불교사』, 경서원, 1985

겸전무웅(兼田茂雄) 저, 신현숙 역, 『한국불교사』, 민족사, 1988

경기도문화공보담당관실, 『기내사원지(畿內寺院誌)』, 경기도, 1988

경운형준, 『해동불조원류』, 불서보급사, 1978

고암, 『자비보살의 길』, 불교영상회보사, 1990

고은, 『나, 고은(자전소설)』, 제2권, 민음사, 1994

국립민속박물관 편, 『성철 큰스님 만장』, 신유, 1994

김광식, 『마음을 잘 쓰기는 쉬우나 바른 깨달음을 얻기는 어렵다 용성』, 민
       족사, 1999

김광식, 『한국근대불교사연구』, 민족사, 1995

김광식, 『아! 청담』, 화남, 2004

김광식 편 · 윤창화 사진 『한국불교 100년』(1900~1999), 민족사, 2000

김길상, 『달마가 서쪽에서 온 까닭은』, 홍법원, 1992

김상현, 『한국불교사 산책』, 우리출판사, 1995

김순석, 『일제시대 조선총독부의 불교정책과 불교계의 대응』, 경인문화사,
       2003

김신곤 · 김봉규, 『불맥(佛脈) 한국의 선사들』, 우리출판사, 2005

김영태, 『한국불교사개설』, 경서원, 1988

김용덕, 『효봉선사』, 동아일보사, 1992

김정휴 편, 『(역대종정법어집) 달을 가리키면 달을 봐야지 손가락 끝은 왜 보고
       있나』, 청산사, 대원정사, 1982

김정휴, 『백척간두에서 무슨 절망이 있으랴』(선승들의 법어와 행장), 도서출판
       명상, 1991

김정휴,『슬플 때마다 우리 곁에 오는 超人』(소설 鏡虛), 불교시대사, 1992

김현준,『경봉 대선사 일대기 바보가 되거라』, 효림, 1993

김호성,『방한암 선사』, 민족사, 1995

남도불교문화연구소 편,『선암사』, 승주군, 1992

대한불교조계종교육원 불학연구소 편,『봉암사 결사와 현대 한국불교』, 조계종출판사, 2008

대한불교조계종교육원 불학연구소 편,『불교정화운동의 재조명』, 조계종출판사, 2008

대한불교조계종교육원 불학연구소 편,『경허 · 만공의 선풍과 법맥』, 조계종출판사, 2009

도변조굉(渡辺照宏),『불교사의 전개』, 불교시대사, 1992

명정 편찬,『三笑窟日誌』, 극락선원, 1992

박생광,『청담큰스님평전』, 불교영상회보사, 1996

박설산,『뚜껑 없는 조선 역사책』, 삼장, 1994

박한영 · 미당 서정주 편역『석전 박한영 한시집』, 동국역경원, 2006

백양사,『참사람 서옹 큰스님』,대한불교 조계종 고불총림 백양사, 2003

범해 편, 김윤세 역,『동사열전』, 광제원, 1991

법원행정처 편,『한국법관사』, 육법사, 1981

법전,『누구 없는가』(종정 법전 스님의 수행과 깨달음의 자서전), 김영사, 2009

불교사학연구소 편,『한국현대불교사일지』, 중앙승가대학, 1995

불교사학회 편,『근대한국佛敎史論』, 민족사, 1988

불교신문사 편,『한국불교인물사상사』, 민족사, 1990

불교신문사 편,『한국불교사의 재조명』, 민족시, 1993

불교전기문화연구소 편,『푸른 산의 큰 부처』, 불교영상회보사, 1993

불교전기문화연구소 편,『현대고승인물평전』(상권), 불교영상회보사, 1995

불교전기문화연구소 편,『현대고승인물평전』(하권), 불교영상회보사, 1995

불교전기문화연구소 편, 『청담 큰스님 평전·다시 태어나도 이 길을』, 불교
　　　　영상회보사, 1996

불교텔레비젼 편집실, 『인물로 본 한국불교 1600년사』(상·하), 불교텔레비
　　　　전, 2000

불학연구소 편, 『강원총람』, 대한불교조계종교육원, 1997

불학연구소, 『한국근현대불교사연표』, 시공사, 1997

불학연구소, 『불교근대화의 전개와 성격』, 조계종출판사, 2006

사암 채영, 『서역 중화 해동불조원류』(한국불교全書 제10책), 동국대출판부, 1993

사찰문화연구원, 『북한사찰연구』, 한국불교종단협의회, 1993

서종범 편, 『曹溪宗史』(자료집), 1989

석명정 역주, 『三笑窟 消息』(근세 한국고승서간집), 극락선원, 1997

석명정 역주, 『산사에서 부치는 편지』, 좋은날, 2000

선운사, 『석전 정호 스님 행장과 자료집』, 선운사, 2009

선원빈, 『큰스님 선맥(禪脈) 17인』, 법보신문사, 1992

성철, 『한국불교의 법맥』, 장경각, 1976

성철, 『영원한 자유의 길』, 장경각, 1993

송준영, 『황금털 사자의 미미소』, 여시아문, 2008

신구문화사 편, 『한국의 인간상』제3권, 신구문화사, 1965

심석구, 『길 위에서 길을 묻다』(명찰에 묻어나는 고승의 향취), 태일출판사, 1996

원택 편, 『우리시대의 부처 성철 큰스님』, 장경각, 1995

유응오, 『10·27법난의 진실』, 화남, 2005

윤선효 편저, 『고암 큰스님 평전·네게 한 물건이 있으니』, 불교영상회보사,
　　　　1994

이능화, 이병두 역주, 『조선불교통사』, 혜안, 2003

이종익, 『조계종 중흥론』, 보련각, 1976

이청, 『태어나기 전의 너는 무엇이었나』(서암 큰스님 평전), 북마크, 2009

이청 편, 『道가 본시 없는데 내가 무엇을 깨쳤겠나』(서암 스님 회고록), 도서출판 둥지, 1995

이청 편, 『서암 스님 회고록 그렇게 살다가 그렇게 갔다고 해라』, 아침나라, 1995

이혜성, 『무상 속에 영원을 산 사람들』, 홍법원, 1996

이혜성, 『혼자 걷는 이 길을-이청담 큰스님 법어집』, 상아, 1997

임혜봉, 『친일불교론』(상권), 민족사, 1993

임혜봉, 『친일불교론』(하권), 민족사, 1993

임혜봉, 『한권으로 보는 불교사 100장면』, 가람기획, 1994

정병조, 『보살도의 숨결』(한국불교위인열전), 대원정사, 1992

정의행, 『한국불교통사』, 한마당, 1991

정찬주, 『자기를 속이지 말라 암자에서 만난 성철 스님 이야기』, 열림원, 2005

정휴 스님, 『고승평전』, 우리출판사, 2000

진제 선사, 『진제선사법어집 돌사람 크게 웃네』, 창, 1993

청담문도회 엮음, 『가까이서 본 청담큰스님평전』, 삼각산 도선사, 2002

청류 남명, 『조선종교사』, 1911

최남선, 『심춘순례』, 백운사, 1926

태진 스님, 『경허와 만공의 선사상』, 민족사, 2007

한국불교기자협회, 『한국의 대종사들』(큰스님 30인의 수행이야기), 조계종출판사, 2009

한석희, 『일본의 조선지배와 종교정책』, 미래사, 1988

● 법어집 · 문집

『증곡집』, 부산 수정동 대원사 발행, 1934

『석전시초』, 동명사, 1940.

『동선노사유고』, 금강산 유점사, 1943

도림 법전, 『백척간두에서 한 걸음 더』(종정 도림 법전 큰말씀), 조계종출판사,
        2003

박한영, 『석전문초』, 법보원, 1962

한정섭, 『고봉 경욱 대선사 법어, 겹외가』, 고봉경욱대선사문도회, 1992

『한암집』, 통도사 극락선원, 1990

한암대종사문집편찬위원회, 『한암일발록』, 오대산 월정사, 1995

효봉문도회, 『효봉법어집』(효봉대종사 어록), 불일출판사, 1996

만암대종사문집간행회, 『만암문집』, 백양사 고불총림, 1997

동산대종사문집편찬위원회, 『동산 대종사 문집』, 금정산 범어사, 1998

서옹선사법어집간행회, 『서옹선사법어집 I』(상당법어), 서옹선사법어집간행
        회, 1998

서옹선사법어집간행회, 『서옹선사법어집 II』(대중법어), 서옹선사법어집간행
        회, 1998

釋明正 譯註, 『鏡虛集』, 도서출판 모아, 1990

진성 원담 편, 『진흙소의 울음』(경허선사 법어), 홍법원, 1993

『자기 부처를 찾아』(서암 큰스님 법어집1), 정토출판, 2003

『어디에도 걸림없네』(서암 큰스님 법어집2), 정토출판, 2003

혜암문도회, 『혜암대종사법어집 I』(상당법어), 해인사 원당암, 2007

혜암문도회, 『혜암대종사법어집 II』(대중법어), 해인사 원당암, 2007

『만공법어』, 덕숭총림 수덕사, 1986

『달마가 서쪽에서 온 까닭은?』, 홍법원, 1992

『역대종정법어집』, 청년사, 1982

● 발표자료집

원택, 「큰스님의 행장과 말씀」, 『학술세미나 퇴옹 성철 대선사의 생애와 사상』
　　백련불교문화재단, 1994.10.7
백파사상연구소, 『석전영호 대종사의 생애와 사상』(제2차 백파사상 연구소 학술
　　세미나 자료집), 대한불교조계종 제24교구 본사 선운사, 2009.9.20
대한불교조계종총무원·10·27법난 피해자명예회복심의위원회, 『10·27
　　법난은 우리에게 무엇을 말하고 있는가?』, 2009.10.9

● 신문

경향신문, 대한불교, 동아일보, 법보신문, 불교신문, 서울신문,
조선일보, 주간불교, 한국경제신문, 현대불교신문

● 학술지·잡지

불광, 불교, 불교시보, 불교진흥회월보, 불교춘추, 불일회보, 사상계, 승가,
신불교, 우먼센스, 조선불교계, 조선불교월보, 조선불교총보, 중앙, 퀸, 한국
독립운동사연구, 해동불보, 해인

법계도(인도·중국·한국)
法系圖(印度·中國·韓國)

한국불교 종정 법계도
韓國佛敎 宗正 法系圖

법계도(인도 · 중국 · 한국)

法系圖(印度 · 中國 · 韓國)

석가모니불 釋迦牟尼佛

인도

마하가섭摩訶迦葉(1世)→아난阿難(2世)→상나화수商那和修(3世)→우바국다優婆鞠多(4世)→제다가提多迦(5世)→미차가彌遮迦(6世)→바수밀婆須密(7世)→불타난제佛陀難提(8世)→복태밀다伏馱密多(9世)→협존자脇尊者(10世)→부나야사富那夜奢(11世)→마명馬鳴(12世)→가비마라迦毘摩羅(13世)→용수龍樹(14世)→가나제바迦那提婆(15世)→나후나다羅睺羅多(16世)→승가난제僧迦難提(17世)→가야사다伽耶舍多(18世)→구마라다鳩摩羅多(19世)→사야다闍夜多(20世)→바수반두婆須盤頭(21世)→마나라摩拏羅(22世)→학륵나鶴勒那(23世)→사자獅子(24世)→바사사다婆舍斯多(25世)→불여밀다不如密多(26世)→반야다라般若多羅(27世)

중국

보리 달마菩提 達摩(28世)→혜가慧可(29世)→승찬僧璨(30世)→도신道信(31世)→홍인弘忍(32世)→혜능慧能(33世)→남악 회양南嶽 懷讓(34世)→마조 도일馬祖 道一(35世)→백장 회해百丈 懷海(36世)→황벽 희운黃檗 希運(37世)→임제 의현臨濟 義玄(38世)→흥화 존장興化 存獎(39世)→남원 도옹南院 道顒(40世)→풍혈 연소風穴 延沼(41世)→수산 성념首山 省念(42世)→분양 선소汾陽 善昭(43世)→자명 초원慈明 楚圓(44世)→양기 방회楊岐 方會(45世)→백운 수단白雲 守端(46世)→오조 법연五祖 法演(47世)→원오 극근圓悟 克勤(48世)→호구 소융虎丘 紹隆(49世)→응암 담화應菴 曇華(50世)→밀암 함걸密菴 咸傑(51世)→파암 조선破菴 祖先(52世)→무준 원조無準 圓照(53世)→설암 혜랑雪菴 慧郎(54세)→급암 종신及菴 宗信(55世) →석옥 청공石屋 淸珙(56世)

한국

태고 보우太古 普愚(57世)

한국불교 종정 법계도

韓國佛教 宗正 法系圖

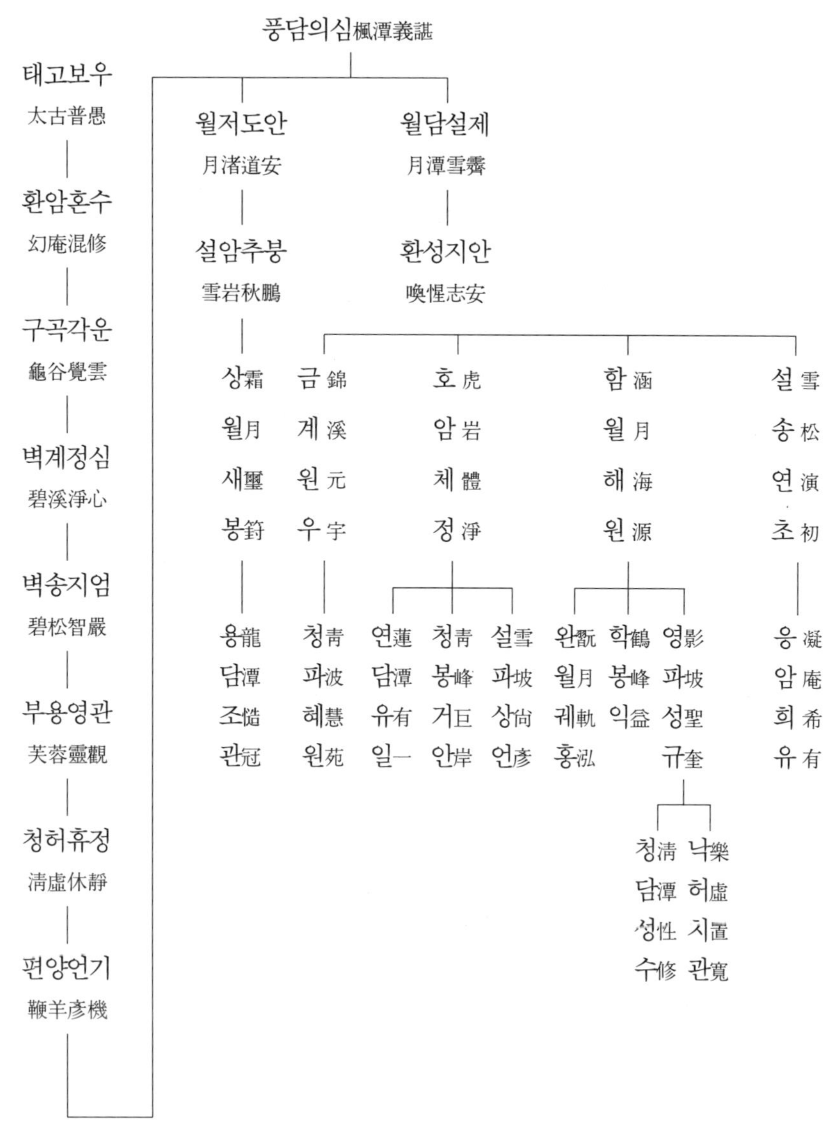
풍담의심 楓潭義諶
태고보우 太古普愚
환암혼수 幻庵混修
구곡각운 龜谷覺雲
벽계정심 碧溪淨心
벽송지엄 碧松智嚴
부용영관 芙蓉靈觀
청허휴정 清虛休靜
편양언기 鞭羊彦機
월저도안 月渚道安
월담설제 月潭雪霽
설암추붕 雪岩秋鵬
환성지안 喚惺志安
상월새봉 霜月璽篈
금계원우 錦溪元宇
호암체정 虎岩體淨
함월해원 涵月海源
설송연초 雪松演初
용담조관 龍潭慥冠
청파혜원 青波慧苑
연담유일 蓮潭有一
청봉거안 青峰巨岸
설파상언 雪坡尙彦
완월궤홍 翫月軌泓
학봉익홍 鶴峰益泓
영파성규 影坡聖奎
응암희유 凝庵希有
청담성수 清潭性修
낙허치관 樂虛置寬

☐ 안은 종정을 역임한 스님임.

○ 환성지안-금계원우-청파혜원-백인태영百忍泰榮-완진대안翫眞大安

　　- 침허허화枕虛虛華-초우영선草愚永瑄-남호행준南湖行準

　　- 용성진종龍城震鍾 ── 동산혜일東山慧日 ─ 퇴옹성철退翁性徹 ─ 도림법전道林法傳

　　　　　　　　　　 ├─ 고암상언古庵祥彦

　　　　　　　　　　 └─ 인곡창수麟谷昌洙─ 혜암성관慧菴性觀

○ 환성지안-함월해원-영파성규-낙허치관-성원의찰性圓宜察-경암신묵慶庵信黙

　　- 진암정우眞庵正旿-보운긍엽寶雲亘葉─ 회광사선晦光師璿

○ 청허휴정-편양언기-풍담의심-월저도안-설암추붕-상월새봉-용담조관

　　- 규암낭성圭岩郎成-서월경감瑞月璟鑑-회운진환會雲振桓-원담내원圓潭乃圓

　　- 풍곡덕인豊谷德仁-함명태선函溟太先-경붕익운景鵬益運─ 경운원기擎雲元奇

○ 환성지안-호암체정-설파상언-퇴암태관退庵泰瓘-설봉거일雪峰巨日

　　-백파긍선白坡亘璇-도봉국찬道峰國粲-정관쾌일正觀快逸-경담서관鏡潭瑞寬

　　─ 환응탄영幻應坦泳

○ 환성지안-함월해원-영파성규-청담성수淸潭性修-경월유경鏡月有警

　　-호월도훈湖月道訓-혜봉최성慧峰最性-환응선훈幻應善訓-벽암서호蘗庵西灝

　　─ 동선정의東宣淨義

○ 환성지안-함월해원-학봉익탄鶴峰益綻-백파묘화白坡妙華-영성금잠永惺錦潛

　　-능파이순凌波耳順-영담장학永潭藏學-용악혜견龍嶽慧堅-백하청호白荷晴昊

　　-석두보택石頭寶澤─ 효봉학눌曉峰學訥

종 정 열 전

○ 환성지안-호암체정-설파상언-백파긍선白坡亘璇-도봉국찬道峰國粲

　-정관쾌일正觀快逸-백암도원白巖道圓-설두유형雪竇有炯-다륜익진茶輪翼振

　-설유처명雪乳處明┤석전정호石顚鼎鎬┤청담순호靑潭淳浩

○ 환성지안-호암체정-청봉거안-율봉청고栗峰靑杲-금허법첨錦虛法添

　-용암혜언龍巖慧彦-영월봉율永月奉律-만화보선萬化普善

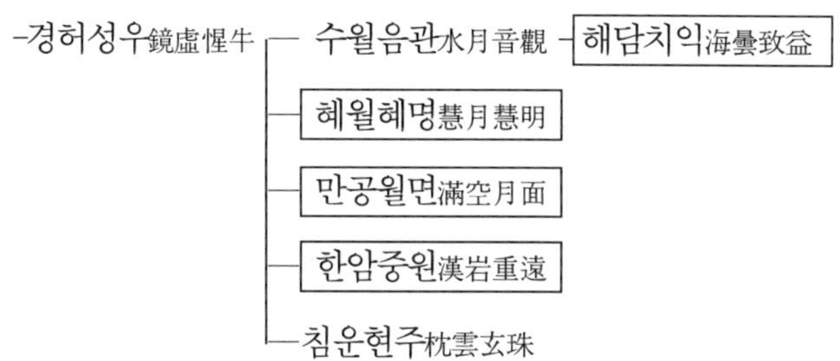

○ 환성지안-호암체정-연담유일-양악계선羊嶽啓璇-침송성순枕松聖詢

　-덕운천훈德雲天焄-한양용주漢陽龍珠-취운도진翠雲道珍┤만암종헌曼庵宗憲

　┤서옹석호西翁石虎

○ 환성지안-설송연초-응암희유-경파경심經坡景心-쌍호회관雙湖會瓘

　-보우민희普雨敏希-취봉태일鷲峰泰逸-성해남거聖海南巨-구하천보九河天輔

　┤노천월하老天月下

출진

1. 경운형준(耕雲炯俊), 『해동불조원류(海東佛祖源流)』(常·樂·我·淨:4책), 불서보급사, 1978.

2. 사암채영(獅巖采永) 찬, 『서역중화해동불조원류(西域中華海東佛祖源流)』(한국불교전서)제

　10책, 동국대학교출판부, 1993, 100~135쪽, 所收)

3. 이철교(李哲教)·일지(一指)·신규탁(辛奎卓) 편찬, 월운(月雲) 감수,

　「한국선종법계도(韓國禪宗法系圖)」, 『선학사전(禪學辭典)』, 불지사, 1995, 884~904쪽.

찾아보기

경담(경담 서관) 63, 65, 88, 89, 91,
　　102, 373, 417

경덕전등록 6, 65, 260

경보 341

경봉 67, 131, 135~137, 258, 299, 317,
　　322, 395, 396

경봉 정석 131

경성의학전문학교 434

경붕 익운 53, 54, 62, 94

경암 신묵 27

경월 유경 125

경운 원기 50~52, 54, 75, 76, 83, 94, 331,
　　374

경절문 193

경허 131, 154, 157~160, 164, 165, 167,
　　171~173, 175, 179, 180, 183~
　　190, 192~200, 204, 208, 215, 221,
　　227~230, 244, 246~249, 259,
　　260, 274, 465

경허집 200, 241

계광순 304

계명암선원 193

계오 262

계학약전 365

계합 262, 291, 292, 300, 416

고등불교강숙 329, 336

고봉 경욱 170, 231, 244

고산 90

고운사 43, 129, 130, 385

고토 42~44

고희동 341

곡천 317

공고 333

공명첩 111

곽기종 364

곽법경 38, 46~49

곽서순 319

관음종 66

관응 465

관훈 95

광성의숙 369, 376, 377, 379

괴이한 서 생원 145

교화승 371, 402~404

구곡 271, 406, 407

구산사문 335

구산선문 408, 409

구암사 24, 67, 88, 90~93, 328, 331~333,
　　340, 343, 374, 377, 378, 382, 397

국묵담 102, 407

국성우 421

국위선양무운장구기원제 393

권상로 38, 61, 64, 67, 68, 270, 300~303,
　　333~335, 342, 385, 386

권세가 475

권중현 37, 69, 70, 73, 272

귀원정종 475

김용사 35, 43, 385

김운악 59

김위석 377

김윤식 60, 64, 68, 73

김윤하 29

김인해 335

김인호 342

김일엽 206~208

김적음 201, 202

김정섭 353

김정해 70, 275

김정희 332, 378

김좌진 197

김지순 29

김침월 336

김태흡 119, 346, 385, 386

김포광 68, 386

김학산 66

김해진 313, 320

김현암 21, 32

김호성 305, 306

김환응(환응 탄영) 38, 58, 74, 344

ㄴ

나산 333

나옹(나옹 선사) 216, 386

나청호 21, 34, 38, 67, 70, 73, 383

낙허 치관 27

난덕산 172, 199

난암 322

난조 68

난주 198, 248

남화경 189, 285

내원암 141, 143, 262

농성 홍 92

능가사 90

능엄경 58, 90, 285, 331, 351, 436

능인보통학교 34, 35

능인선원 205

니르바나 6

니카라이 43

ㄷ

다륜 익진 93

다솔사 419

다신전 40

다천 361

다카하시 20, 354, 360

다케다 21, 22, 23

담화 95

대각 386

대각사 398, 435, 461, 475

대기대용 93

대동선교고 40

탁발 182, 194

탄성 227

탄월 보형 113,125

탄월 채성 174

탄허 280~285, 289, 322

태고 보우 24, 44, 59, 104, 175, 244, 347,
　　　　　403, 406, 408, 410, 441

태고사 184, 303, 304, 311, 314, 317, 347,
　　　　352, 353, 395, 396, 432, 451

태고사행 347

태백산맥 66

태사사 92

태조암 331

태허 131, 184, 189, 190

통도사 29

통도사백련사금자법화경사경연기 55

통합종단 424, 453, 454, 463

퇴암 태관 93

퇴운 원일 312

ㅍ

편양 언기 93,125

포산 231

포운(효봉 학눌) 287

표충사 207, 230, 461

표훈사 109, 115, 201, 216, 416

풍곡 덕인 94

풍담 의심 93, 125

ㅎ

하동산 203, 402, 403, 421, 424, 451, 452,
　　　　461

하세가와 38

하심 163

하의 정지 19

학명 계종 102, 348

학몽 231

학산 운 92

한국현대불교사 424

한보순 317,318

한산시 312

한성임시정부 338, 354, 363

한암일발록 267, 273, 278, 321

한영(석전 정호) 80, 87, 330, 335, 346

한용운 24, 32, 59, 66, 67, 117, 153,
　　　　167, 200, 201, 224, 268, 329,
　　　　333, 336, 345, 389

한운 가희 423

함명 태선 53, 54, 62, 63, 88, 94

함월 해원 27, 125

해관암 420

해담(해담 치익) 83, 87, 128~137, 167,
　　　　　344, 445

해동고승전 40, 41, 48